호산 박문호
『칠서주상설』 연구번역총서 6

논어집주상설 6

호산 박문호 저

책임역주[주저자]: 신창호
전임역주: 김학목 · 윤원현 · 조기영
공동역주: 김언종 · 임헌규 · 허동현

박영story

이 저서는 2017년 대한민국 교육부와 한국연구재단의 지원을 받아 수행된 연구임
(NRF-2017S1A5B4056044)

연구번역자 서문

학문 연구의 토대를 다지는 작업은 지난하면서도 즐겁다. 동양학을 탐구하는 학자들이 상생상극(相生相剋)의 학문적 이치를 노정(路程)한다면, 학문 연구의 난제(難題)와 열락(悅樂)은 서로 스며들게 마련이기 때문이다. 공자가 유교를 집대성(集大成)한 이후, 주자의 주석(註釋)을 거치면서 전변(轉變)을 거쳐 온 유학은, 그 이론과 실천의 차원에서 엄청난 심사숙고를 요청한다. 우주자연과 인간 사회에 대한 근본, 그 알파와 오메가를 진지하고 투철하게 고려하도록 채찍질한다. 선현(先賢)들의 학문 활동을 돌아보건대, 상당수가 그러한 삶을 고민했음이 분명하다.

본 저술은 호산(壺山) 박문호(朴文鎬, 1846~1918)의 『칠서주상설(七書註詳說)』을 심도있게 연구하여 한글로 완역한 연구번역 성과이다. 『칠서주상설』은 말 그대로 '칠서(七書)'의 주석에 대해 자세하게 설명한 저술이다. <칠서주>는 회암(晦庵) 주희(朱熹, 1130~1200)의 『논어집주(論語集註)』, 『맹자집주(孟子集註)』, 『대학장구(大學章句)』, 『중용장구(中庸章句)』, 『시집전(詩集傳)』, 『서집전(書集傳)』, 『주역본의(周易本義)』를 가리키는 것으로, 유교의 핵심 경전인 사서삼경(四書三經)에 관한 주희(『서집전』의 경우는 채침(蔡沈, 1167~1230))의 주석을 말한다. 주지하다시피, 사서삼경과 그 주석은 조선 주자학의 뼈대를 이루는 중심 경전이다. 호산은 이 <칠서주>에 다시 상세하게 주석을 부가하여 조선 유교를 종합해내었다. 서구 근대 문명이 밀물처럼 밀려오던 19세기 중반에서 20세기 초반에 활동하면서도, 주자학의 정통 학문을 자신의 사명처럼 여기고, 유교의 핵심 경전을 집대성한 것이다.

호산은 『칠서주상설』을 편찬하면서, 자신이 연구한 나름의 소신을 저술의 편차(編次)에 반영하였다. 중국 송대의 사상가들을 비롯하여 주자학을 신봉하는 대부분의 학자들이 사서(四書)의 독서 순서를 『대학(大學)』으로 시작했던 것과 달리, 호산은 『칠서주상설』의 순서를 주석(註釋)의 명칭에 따라 『논어집주상설(論語集註詳說)』로부터 시작했다. 그것은 유학의 핵심 경전인 『논어』가 맨 앞에 자리해야 하는 당위성이기도 하다.

그렇게 하여 『칠서주상설』은 『논어집주상설』 20권, 『맹자집주상설』 14권, 『대학장구상설』 1권, 『중용장구상설』 1권, 『시집전상설』 18권, 『시서변설상설』 2권, 『주역본의상설』 12권, 『서집전상설』 14권, 『서서변설상설』 1권으로, 전체 83권에 이르는 방대한 저작이 되었다. 마치, 조선의 주자학을 마무리하듯이, 경전의 주석을 짜임새 있게 갖추었다. 사서삼경의 경문에 대한 중국 역대의 주석을 비롯하여, 조선시대 여러 학자들의 주석을 간단·명료하게 총망라하였다. 특히, 사서삼경에 대한 주자의 주해(註解)를 의리(義理)와 훈고(訓詁), 그리고 논리(論理)를 반영하는 등, 여러 측면에서 정밀하고 명확하게 분석하면서도, 사서삼경의 주요 텍스트인 <영락대전(永樂大全)>본의 오류를 바로잡은 엄밀한 주석서로 편찬해내었다.

주자 이후 중국의 주요 주석뿐 아니라, 퇴계(退溪), 율곡(栗谷), 사계(沙溪), 우암(尤庵), 남당(南塘), 농암(農巖) 등 조선 성리학을 대표하는 학자들의 학설과 호산 자신의 견해까지 담은 저술이기에, 주자학의 심오한 이해는 물론 조선 성리학의 맥락과 계보, 발전 양상을 포괄할 수 있는 학문성을 담보한다.

본 연구번역은 2017년도 한국연구재단의 토대연구 사업으로 시작되었다. 연구 기획을 할 무렵 연구진의 생각은 좀 단순했다. '『칠서주상설』이 조선 유교 경전 주석사의 대미를 장식하는 주요한 저작이므로 이를 번역하여 학계에 기여하면 좋겠다!'는 정도였다. 그러나 기획 단계에서 초역을 하고 연구계획서를 작성하면서, '토대'연구 사업에 어울리는 작업으로서 연구범위가 상당 부분 확장되었다. 분량도 그렇지만, 원문에는 없는 표점, 찾아보기 힘들게 되어 있는 원전의 구절과 문장의 정돈, 내용 가운데 보충 설명이 필요한 부분의 주석 등, 관련 전공자들의 수준 높은 연구를 곁들인 번역의 필요성이 요청되었다. 고민을 거듭한 결과, 연구 작업이 너무나 방대해졌다.

그러나 연구진들은 매월 2,000여 매(200자 원고지 기준)에 달하는 연구 번역에 온힘을 쏟아 부었다. 열정을 바친 만큼 원고는 계획대로 생산되었고 또한 다듬어졌다. 단행본 1권에 해당하는 분량이었다. 원본의 오탈자를 바로잡고, 표점을 찍고, 구절을 바르게 맞추고, 문장을 정렬하고, 관련 전거를 확인하는 등, 초역에서 교열·윤문, 그리고 출판에 이르기까지, 여러 과정을 반복했다. 정말이지, 연구번역이라는 학문의 토대 작업을 자임한, 고난의 행군이었다. 당초 계획대로 5년 동안의 연구기간에 『칠서주상설』을 마무리한다면, 매년 20,000여 매, 전체 100,000여 매의 원고가 성과물로 쌓일 것이다. 단행본으로는 약 50여 권이 될 것으로 예상된다.

어려우면서도 엄청난 작업이지만, 학문의 토대를 구축하는 데 기여할 수 있다는 자부심과 자긍심으로, 현재 2차년도 연구번역 작업이 마무리 단계에 와 있다. 분량이 많다 보니, 본 번역연구 성과물의 출간과 관련하여 고민하지 않을 수 없었다. 모든 작업이 끝나고 한꺼번에 출간하는 것은 다소 무리라는 판단이 들었다. 이에 매년 번역연구물이 산출되면, 다음년도 연구번역이 끝나기 전, 즉 1년 이내에 출간하는 것이 연구진이나 학계에 도움이 되겠다고 생각하였다.

이 책은 1차년도(2017년 9월~2018년 8월)의 결과물이다. 1차년도에는 『논어집주상설』과 『대학장구상설』을 연구번역하고 정본화 작업을 진행하였다. 책의 권수는 경전의 편제와 분량, 그리고 내용에 따라 나누어 조정하였는데, 17,000여 매에 달하는 『논어집주상설』은 10권으로, 3,000매 가량인 『대학장구상설』은 3권으로 출간하게 되었다.

무엇보다도 본 연구번역의 과정에 매진해준 연구진에게 큰 절을 올린다. '고맙다!'는 말 이외에 서로를 격려하고 용기를 북돋우며 동기부여할 수 있는 표현은 없는 것 같다. 전임연구교수로 연구번역에 힘써준 고려대학교 교육문제연구소의 김학목 박사님, 윤원현 박사님, 조기영 박사님의 초역은 본 연구의 밑거름이 되었다. 공동연구에 참여하신 고려대학교 김언종 명예교수님, 강남대학교 임헌규 교수님, 경희대학교 허동현 교수님은 각종 자문과 조언, 윤문과 교열 등을 맡아 고생해 주셨다. 이외에 연구보조원으로 참여한 한국외국어대의 서세영, 고려대의 우버들, 위민성, 장우재 등 대학원생들의 각종 보조가 도움이 컸다. 또한 자문에 응하여 충고를 아끼지 않으신 원로 한학자 중관(中觀) 최권흥 선생님을 비롯하여, 『칠서주상설』의 가치와 중요성을 일깨워주신 일우(一愚) 이충구 선생님, 여기에서 일일이 거론하지는 못했지만, 본 연구와 관련하여 도움을 주신 여러 선생님들께 감사의 말씀을 전한다.

본 연구는 연구책임자를 비롯하여 자문에 이르기까지 우리 모두의 땀과 정성이 배어 있는 합작의 결실이다. 다시 한번 수고해주신 모든 분들에게 고마움과 감사의 인사를 건넨다. 그리고 본 연구번역을 원활하게 수행할 수 있도록 각종 편의를 제공해준 고려대학교 교육문제연구소와 행·재정적으로 지원해 준 한국연구재단, 고려대학교 산학단에도 감사드린다. 그런 지원이 없다면 본 사업은 쉽게 할 수 없는 학술 작업이다. 남은 연구기간에도 지속적인 관심을 부탁한다.

호산 박문호의 『칠서주상설』은 1921년에 발간되었다. 1918년 그의 사후 3년만이었다. 그 후 100년이 지났다. 1세기가 지난 2018년, 호산 선생 사후 100여 년 만에, 후학에 의해 본 『칠서주상설』이 연구번역되었다는 점에서 상당한 의미를 부여할 수도 있겠다. 여러 차원을 고려하여, 본 연구번역이 조선 유학을 집대성한 경전 주석서로서, 본 연구사업의 취지에 맞게 관련 학계의 연구 토대로 작용할 수 있기를 간절히 소망한다. 어떤 연구번역이건 완벽하려고 하지만, 한 점의 실수나 오류도 없이 완벽을 기하기란 쉽지 않다. 그만큼 완전한 연구번역은 어렵다. 본 연구번역도 최선을 다하려고 했지만, 미비한 부분이 있을 것이다. 오류가 있다면 많은 질정을 바라며, 잘못된 부분이 발견되면, 추후에 수정 보완할 수 있도록 노력할 것이다.

마지막으로, 심심한 감사를 표해야 할 분이 있다. 상당한 어려움을 감수하면서도 가치 있는 학술도서에 애정을 갖고 출판을 맡아준 박영스토리의 노현 대표님, 불철주야(不撤晝夜) 성심껏 원고를 꼼꼼하게 다듬어 편집해준 문선미 과장님을 비롯한 박영사 편집진에게 고마운 마음을 전한다.

2019. 6. 하지(夏至)절

연구책임자 신창호 씀

일러두기

1. 본서는 1921년 풍림정사(楓林精舍)에서 간행된 박문호의 『칠서주상설(七書註詳說)』(한국학중앙연구원 장서각 소장)을 저본으로 하였다. 아울러 아세아문화사(亞細亞文化社)에서 간행한 『호산전서(壺山全書)』 1~8(1987~1990)을 참고하였다.

2. 원전(原典)은 직역(直譯)을 원칙으로 하되, 필요한 경우에는 현대적 의미를 고려하여 의역(意譯)하며 풀이하였다. 원문은 번역문과 함께 제시하되, 원문을 앞에 번역문을 뒤에 배치하였다.

3. 역주(譯註)의 경우 각주로 처리하고 간단한 단어나 개념 설명의 경우 본문에서 그대로 병기하여 노출하였다(예 : 잡기(雜記 : 잡다하게 기록함)). 주석은 인용 출처 및 근거를 비롯한 관련 자료를 최대한 밝혀내어 제시하고, 관련 자료의 원문 내용과 번역문을 동시에 수록하는 것을 원칙으로 하였다. 자료의 성격과 독해상의 혼란을 고려하여 원문만을 그대로 노출하거나 내용이 중복되는 부분일지라도 편장이 달라질 경우 다시 수록하여 연구 토대 자료로서의 편리성을 도모하였다.

4. 원전의 원문은 칠서의 '경문(經文)', 주자의 주석인 '주주(朱註)', 박문호의 주석인 '상설(詳說)'로 구분하되, '경문-주주-상설'순으로 글자의 크기를 달리 하였다. 경문의 경우, 별도로 경문이라는 표시 없이 편장별로 번호를 붙였다(예 : 『논어』「선진」 1장 첫 구절은 「선진」이 『논어』의 11편이므로 [11-1-1]로 표시). 상설은 모든 구절에 ○를 붙여 의미를 분명하게 하였다.

5. 원문의 표점 및 정본화 작업은 연구번역 저본과 참고로 활용한 판본을 충분히 대조하여 정돈하였다. 『칠서주상설』 편제의 특성상, 혼란의 소지가 있는 부분은 글자를 추가하거나 삭제한 경우도 있으나 번역에서 원전 그대로 확인할 수 있도록 다시 전체 문장

을 제시하였다. 원문의 정본화 및 역주에서 경전(經傳; 『 』)이나 편명(篇名; 「 」), 구두(句讀; , ; .), 인용문(따옴표; “ ” ; ‘ ’), 강조점(따옴표; ‘ ’) 등을 구분하여 표시하였다.

6. 원전의 특성상, 경문의 바로 아래에 제시되어 있는 음운(音韻)이나 음가(音價)는 주자의 주석인 주주(朱註)로 처리하였다.

7. 원문이나 역주 가운데, 인명이나 개념어는 기본적으로 한글과 한문을 병기하되, 상황에 맞추어서 정돈하였다(예: ‘주자(朱子)’의 경우, 때로는 주희(朱熹)로 표기. 개념어는 원문을 그대로 노출하기도 하고 풀이하기도 하였는데, 도(道)의 경우, 도리(道理), 이치(理致), 방법(方法) 등으로 해석).

8. <참고문헌>과 인명 및 개념·용어 등은 최종 <별책 부록>으로 정돈한다.

차례

— 논어집주상설 총 목차 —

차례

— 논어집주상설 6 —

• **제11편 선진(先進)**

권10

논어집주상설

論語集註詳說

향당 ◦ 鄕黨 第十

제10편

朱註

楊氏曰 : “聖人之所謂道者, 不離乎日用之間也. 故夫子之平日, 一動一靜, 門人皆審視而詳記之.”

양씨(楊氏 : 楊時)[1]가 말하였다. “성인(聖人)의 이른바 도(道)라는 것은 날마다 쓰는 사이에서 떨어지지 않는다. 그러므로 공자[夫子: 孔子]의 평일 가운데 하나하나의 움직임을 문인들이 모두 자세히 살펴보고 상세하게 기록한 것이다.”

詳說

○ 去聲.[2]

‘불리호일용지간야(不離乎日用之間也)’에서 ‘리(離)’자는 거성(去聲)이다.

○ 雲峯胡氏曰 : “可得而直遂其辭者, 曰‘必’曰‘不’; 不可得而直遂其辭者, 曰‘如’曰‘似’.”[3]

운봉 호씨(雲峯胡氏 : 胡炳文)[4]가 말하였다. “곧잘 곧바로 그 말을 마칠 수 있는 것은 ‘필(必)’이라 하고 ‘불(不)’이라 하고, 곧잘 곧바로 그 말을 마칠 수 없는 것은 ‘여(如)’라 하고 ‘사(似)’라고 한다.”

○ 凡『語』中, 所記夫子容貌 · 言動 · 行事之散出者, 皆類聚之, 與此篇參看好矣.

무릇 『논어(論語)』 가운데 공자의 용모와 언동(言動)과 행사(行事)가 분산되어 나온 것을 기록한바, 모두 유형별로 모아서 이 「향당(鄕黨)」과 함께 참조하여 보는 것이 좋다.[5]

---

1) 양시(楊時 : 1053~1135) : 북송 시대 사람으로, 자는 중립(中立)이고, 호는 구산(龜山)이다. 먼저 정호(程顥)와 정이(程頤)에게 배워서 유작(游酢) · 여대림(呂大臨) · 사양좌(謝良佐)와 함께 ‘정문사대제자(程門四大弟子)’라고 불렸으며, 나종언(羅從彦) · 이동(李侗)과 함께 ‘남검삼선생(南劍三先生)’이라고도 불려졌다. 만면에 구산(龜山)에 은거하여 학자들이 ‘구산선생’이라고 하였다.

2) 호광 편(胡廣 編), 『논어집주대전(論語集註大全)』「향당(鄕黨)」.

3) 호광 편(胡廣 編), 『논어집주대전(論語集註大全)』「향당(鄕黨)」에는 “雲峯胡氏曰 : ‘「鄕黨」, 形容夫子之一動一靜, 可得而直遂其辭者, 曰必曰不; 不可得而直遂其辭者, 曰如曰似, 其皆隨時變易, 而無非道之所在者歟.’”로 되어 있다.

4) 호병문(胡炳文 : 1250~1333) : 원(元)나라 때 학자로, 자는 중호(仲虎)이고, 호는 운봉(雲峯)이며, 무원고천(婺源考川) 사람이다. 특히 주자학(朱子學)과 역학(易學) 공부에 조예가 있었다. 저서로는 『운봉집(雲峯集)』 · 『사서통(四書通)』 · 『주역본의통석(周易本義通釋)』과 『순정몽구(純正蒙求)』 등이 있다.

5) 『주자어류(朱子語類)』 권38, 「논어20(論語二十)」, 1조목에는 “「향당(鄕黨)」편은 성인의 행동과 일 처리함이 예에 맞지 않음이 없음을 기록하였다.(「鄕黨」記聖人動容周旋, 無不中禮.)”라고 하였고, 2조목에서는 “「향당(鄕黨)」에서 성인의 얼굴빛을 말한 곳의 경우는 일이 있다는 뜻으로

朱註

尹氏曰 : "甚矣. 孔門諸子之嗜學也! 於聖人之容色言動, 無不謹書而備録之, 以貽後世.

윤씨(尹氏 : 尹焞)[6]가 말하였다. "심하도다. 공자 문하의 여러 제자들이 배우기를 좋아함이여! 성인의 얼굴빛과 말과 행동들을 삼가 써서 갖추어 기록하여 후세에 전해주지 않음이 없다.

詳說

○ **潛室陳氏曰 : "所以示聖學之正傳, 以垂教於後世也."**[7]

잠실 진씨(潛室陳氏 : 陳埴)[8]가 말하였다. "성학(聖學 : 성인의 학문)의 정통적인 전수(傳授)를 보여서 가르침을 후세에 끼친 것이다."

朱註

今讀其書, 即其事, 宛然如聖人之在目也.

이제 그 글을 읽고 그 일에 나아가니, 완연히 마치 성인이 눈앞에 있는 것 같았다.

성인을 관찰하는 일이며, '한가히 생활함', '용모가 느긋함', '얼굴빛이 부드러움'의 경우는 일이 없을 때로 성인을 관찰하는 것이다. 배우는 사람은 여기에서 또 성인은 일이 없을 때도 처함에 자연스럽지 않음이 없음을 알 수 있다.(如「鄕黨」說聖人容色處, 是以有事觀聖人; 如言'燕居申申 · 夭夭', 是以無事時觀聖人. 學者於此, 又知得聖人無時無處而不然.)"라고 하였다.

6) 윤돈(尹焞 : 1071~1142) : 북송 시대 사람으로, 자가 언명(彦明) 또는 덕충(德充)이고, 하남(河南) 낙양(洛陽) 사람이며, 사호(賜號)가 화정처사(和靖處士)이다. 주희(朱熹)가 화정선생첩(和靖先生帖)을 얻어서 1180년에 백록동서원에 새겨 두었다고 한다. 저서로는 『화정선생집(和靖先生集)』 · 『논어해(論語解)』 등이 있다.

7) 호광 편(胡廣 編), 『논어집주대전(論語集註大全)』「향당(鄕黨)」의 내용에서 발췌한 것인데, 잠실 진씨(潛室陳氏 : 陳埴)의 언설이 아니라 경원 보씨(慶源輔氏 : 輔廣)의 언설로 되어 있다. 그 전문은 다음과 같다. "慶源輔氏曰 : '聖人之道, 無精粗無本末, 大至於平天下治國家, 立經陳紀制禮作樂; 小至於容貌辭氣一動一靜, 皆自此廣大, 心中流出, 但愈細則愈密; 愈近則愈實. 故「鄕黨」一篇, 記聖人之容貌辭色, 如是之詳且悉者, 正所以示聖學之正傳, 以垂教於後世也.'"

8) 진식(陳埴, 생몰년 미상) : 송나라 때 학자로, 자가 기지(器之)이고, 영가(永嘉) 출신이다. 주자의 제자로서 협미도(叶味道)와 함께 목종학파(木鍾學派)를 만들었는데, 이는 『예기』「학기(學記)」의 "질문을 잘하는 사람은 굳은 나무를 다스리는 것과 같으며, 질문에 잘 대하는 사람은 종을 치는 것과 같다.(善問者, 如攻堅木; 善待問者, 如撞鍾.)"라고 말한 것에서 취한 말이다. 저서로는 정주(程朱) 이학(理學) 사상에 관한 문답 형식의 내용을 실은 『목종집(木鍾集)』 등이 있다.

詳說

○ 程子曰 : 「鄕黨」, 畫出一箇聖人.9)

정자(程子 : 程頤)가 말하였다. "「향당(鄕黨)」은 하나의 성인을 그려낸 것이다."

朱註

雖然, 聖人豈拘拘而爲之者哉? 蓋盛德之至, 動容周旋, 自中乎禮耳. 學者欲潛心於聖人, 宜於此求焉."

비록 그러하나 성인(聖人)이 어찌 우물쭈물하면서 그것을 하는 사람이겠는가? 대개 성대한 덕(德)이 지극하여 행동과 용모에 두루 힘씀이 자연스럽게 예(禮)에 맞았을 뿐이다. 배우는 사람들이 성인에 마음을 두어 깊이 생각하고자 한다면 마땅히 여기에서 구해야 할 것이다."

詳說

○ 有意拘束.

'구구(拘拘 : 우물쭈물하면서)'는 구속된다는 뜻이 있다.

○ 去聲.10)

'자중호례이(自中乎禮耳)'에서 '중(中)'자는 거성(去聲 : 부합함)이다.

○ 二句出『孟子』「盡心」.

'동용주선, 자중호례(動容周旋, 自中乎禮 : 행동과 용모에 두루 힘씀이 자연스럽게 예에 맞음)'의 두 구절은 『맹자(孟子)』「진심(盡心)」에 나온다.11)

○ 南軒張氏曰 : "此篇, 於夫子言語 · 容貌 · 衣服 · 飮食之際, 察之精矣. 於此有得, 則其高深者, 可馴到矣."12)

---

9) 호광 편(胡廣 編), 『논어집주대전(論語集註大全)』「향당(鄕黨)」에는 "程子曰 : '「鄕黨」, 分明畫出一箇聖人.'"로 되어 있고, 주희, 『논어정의(論語精義)』 권5 하, 「향당(鄕黨)제10」에 의하면, "伊川曰 : …… 又曰 : '「鄕黨」所載, 善乎其形容也, 讀而味之, 想而存之, 如見乎其人.' 又曰 : '「鄕黨」, 分明畫出一箇聖人.'"라고 하였다.

10) 호광 편(胡廣 編), 『논어집주대전(論語集註大全)』「향당(鄕黨)」.

11) 동용주선, 자중호례(動容周旋, 自中乎禮 …… 『맹자(孟子)』「진심(盡心)」에 나온다 : 『맹자(孟子)』「진심하(盡心下)」에서 "孟子曰 : '堯舜性者也; 湯武反之也. 動容周旋, 中禮者, 盛德之至也. 哭死而哀, 非爲生者也; 經德不回, 非以干祿也; 言語必信, 非以正行也. 君子行法, 以俟命而已矣.'"라고 한 구절을 말한다.

남헌 장씨(南軒張氏 : 張栻)[13]가 말하였다. "이 편은 공자의 언어와 용모와 의복과 음식의 사이에서 살펴본 것이 정밀하다. 여기에서 얻음이 있으면 높고 깊은 것에 순조롭게 이를 수 있을 것이다."

○『論語』之有此篇, 如『小學』之有「敬身」篇, 實二十篇中, 最要者也. 學聖人者, 當自此篇而入也.

『논어(論語)』에 이 「향당(鄕黨)」편이 있는 것은 『소학』에 「경신(敬身)」편이 있는 것과 같으니, 실제로 20편 가운데 가장 중요한 것이다. 성인을 배우려는 사람은 마땅히 이 편으로부터 들어가야 한다.

朱註

舊說, 凡一章, 今分爲十七節.

옛날 언설(言說)에는 무릇 1장이라고 하였는데, 이제 나누어서 17절로 만들었다.

詳說

○ 當分二大章讀之, 蓋先以孔子冠之, 次以君子更端, 皆此書之變例, 而其分節之界限, 甚分明. 然旣有圈以別之, 雖作十七章讀之, 亦未爲不可. 故明決註, 特以章言之.

마땅히 두 개의 큰 장으로 나누어 읽어야 하니, 대개 먼저 공자(孔子)로써 으뜸으로 하고, 다음으로 군자(君子)로써 다시 시작하니, 모두 이 책의 변례(變例)이지만 구절을 나눈 경계가 매우 분명하다. 그러나 이미 동그라미(○ : 圈)를 두어 구별하여 비록 17장을 만들어 읽는데 또한 옳지 않음이 되지는 않는다. 그러므로 주석에서 분명하게 결단하고, 다만 장(章)으로써 말한 것이다.

---

12) 호광 편(胡廣 編), 『논어집주대전(論語集註大全)』「향당(鄕黨)」에는 "南軒張氏曰 : '此篇, 於夫子言語 · 容貌 · 衣服 · 飮食之際, 察之精矣. 聖人之道, 如是其高深也. 茫然測度, 懼夫泛而無進德之地. 故卽其著見之實而盡心焉, 存而味之則而象之, 於此有得, 則內外並進, 體用不離, 而其高深者, 可馴致矣.'"로 되어 있다.

13) 장식(張栻 : 1133~1180) : 남송 시대 사람으로, 자가 경부(敬夫) · 흠부(欽夫) · 낙재(樂齋)이고, 호가 남헌(南軒), 또는 남헌선생(南軒先生)이며, 한주(漢州) 사람이다. 시호가 '선(宣)'이라서 후세에 장선공(張宣公)으로도 불렀다. 학문의 일파를 이루어 주희(朱熹)나 여조겸(呂祖謙)과 함께 이름을 나란히 하여 한때 '동남삼현(東南三賢)'으로 칭송되었다. 남송(南宋) 이종(理宗) 원년(1241)에 공자 사당에서 제사 지낸 뒤, 이관(李寬) · 한유(韓愈) · 이사진(李士眞) · 주돈이(周敦頤) · 주희(朱熹) · 황간(黃幹)과 함께 석고서원(石鼓書院) 칠현사(七賢祠)에서 제사 지냈으며, '석고칠현(石鼓七賢)'이라고 일컬어졌다.

[10-1-1]

孔子於鄕黨, 恂恂如也, 似不能言者.
공자가 시골 마을에서는 듬직 듬직하게 믿음직스러웠는데, 능히 말하지 못하는 사람과 같았다.

朱註

'恂', 相倫反. '恂恂', 信實之貌.
'순순여야(恂恂如也)'에서 '순(恂)'은 '상(相)'과 '륜(倫)'의 반절(反切)이다. '순순(恂恂)'은 믿음직하고 참된 모양이다.

詳說

○ 朱子曰: "亦有溫恭之意."[14]
주자(朱子: 朱熹)가 말하였다. "또한 온순(溫純)하고 공손(恭遜)한 뜻이 있다."

○ 厚齋馮氏曰: "古人於言語所不能形容, 輒以連綿字狀之, 如『詩』之詠文王曰: '穆穆'·'亹亹'·'雝雝'·'肅肅', 如見文王之德容心志."[15]
후재 풍씨(厚齋馮氏: 馮椅)[16]가 말하였다. "옛사람들은 언어로써 형용할 수 없는 것에는 문득 이어지는 글자로 형상하였으니, 『시경(詩經)』에서 문왕(文王)을 읊으면서, '목목(穆穆: 아름답다)'·'미미(亹亹: 부지런하다)'·'옹옹(雝雝: 和樂하다)'·'숙숙(肅肅: 恭敬하다)'이라고 한 것[17]과 같으며, 마치 문왕의 덕과 용모와 마음과 뜻을 보는 것 같았다."

---

14) 호광 편(胡廣 編), 『논어집주대전(論語集註大全)』「향당(鄕黨)」에는 "朱子曰: …… 或問恂恂, 曰: '以詩書訓詁考之, 宜爲信實, 然亦有溫恭之意.'"로 되어 있다.

15) 호광 편(胡廣 編), 『논어집주대전(論語集註大全)』「향당(鄕黨)」에는 "厚齋馮氏曰: '古人於言語所不能形容, 輒以連綿字狀之, 如詩之詠文王曰: 穆穆·亹亹·雝雝·肅肅, 如見文王之德容心志也. 此篇, 最工於形容夫子之動容周旋, 睟然於言辭之表見之.'"로 되어 있다.

16) 풍의(馮椅, 생몰년 미상): 남송 시대의 학자로, 자가 의지(儀之)·기지(奇之)이고, 호가 후재(厚齋)이며, 남가도창(南康都昌) 사람이다. 주희(朱熹)에게 학업을 배웠으며, 저서로는 『주역(周易)』·『시경(詩經)』·『서경(書經)』·『맹자(孟子)』·『태극도설』·『서명』의 집설(輯說)이 있고, 『공문제자전(孔門弟子傳)』 등이 있다.

17) 『시경(詩經)』에서 문왕(文王)을 읊으면서 …… 이라고 한 것: 『시경(詩經)』「대아(大雅) 문왕(文王)」에서 "穆穆文王, 於緝熙敬止."라고 하고 "亹亹文王, 令聞不已."라고 하였으며, 『시경(詩經)』「대아 사제(思齊)」에서 "雝雝在宮, 肅肅在廟."라고 한 것을 말한다.

朱註

'似不能言者', 謙卑遜順, 不以賢知先人也.

'사불능언자(似不能言者 : 능히 말하지 못하는 사람과 같았다)'라는 것은 겸손하게 자신을 낮추고 온순(溫順)하여 현명함과 지혜로써 남보다 앞서가지 않은 것이다.

詳說

○ '知', 去聲.[18]

'불이현지선인야(不以賢知先人也)'에서 '지(知)'자는 거성(去聲 : 지혜)이다.

○ '先', 去聲.

'불이현지선인야(不以賢知先人也)'에서 '선(先)'은 거성(去聲 : 앞서가다)이다.

○ 訓畢.

훈고가 끝났다.

朱註

鄕黨, 父兄宗族之所在. 故孔子居之, 其容貌辭氣, 如此.

향당은 부모형제와 일가친족이 있는 곳이다. 그러므로 공자가 그곳에서 살 때 그 얼굴 모습과 말씨가 이와 같았다.

詳說

○ 師長及父之執友, 亦當在此中.

스승과 어른 및 부친의 집우(執友 : 同志)가 또한 마땅히 이 가운데 있다.

○ 恂恂.

'용모(容貌 : 얼굴 모습)'는 '순순(恂恂 : 믿음직하고 참된 모양)'이다.

○ 似不能言.

'사기(辭氣 : 밀씨)'는 '사불능인(似不能言 : 능히 말하지 못하는 사람과 같았다)'이다.

○ 釋畢.

경문의 풀이가 끝났다.

---

18) 호광 편(胡廣 編), 『논어집주대전(論語集註大全)』「향당(鄕黨)」.

[10-1-2]

其在宗廟朝廷, 便便言, 唯謹爾.
공자가 종묘와 조정에 있을 때는 또록또록 말을 잘하되 오직 삼갈 따름이었다.

朱註

'朝', 直遙反, 下同. '便', 旁連反.

'기재종묘조정(其在宗廟朝廷)'에서 '조(朝)'는 '직(直)'과 '요(遙)'의 반절(反切)이며, 아래도 같다. '편편언(便便言)'에서 '편(便)'은 '방(旁)'과 '연(連)'의 반절(反切)이다.

詳說

○ 其轉辭, 自鄕而國也.
그 말이 옮겨간 것이 시골 마을로부터 서울인 것이다.

○ 吳氏曰: "宗廟朝廷, 皆謂魯也."[19]
오씨(吳氏 : 吳浩)[20]가 말하였다. "종묘와 조정은 모두 노(魯)나라를 이르는 것이다."

朱註

'便便', 辯也.

'편편(便便)'은 변(辯 : 또록또록 말을 잘함)이다.

詳說

○ 訓.
훈고이다.

朱註

'宗廟', 禮法之所在 ; '朝廷', 政事之所出, 言不可以不明辯. 故必詳問, 而極言

---

19) 호광 편(胡廣 編), 『논어집주대전(論語集註大全)』「향당(鄕黨)」에는 "吳氏曰: '宗, 尊也, 尊奉之. 故曰 宗. 宗廟朝廷, 皆謂魯也.'"로 되어 있다.

20) 오호(吳浩, 생몰년 미상) : 송나라 때의 학자로, 자가 의부(義夫)이고, 호는 직헌(直軒)이며, 신안(新安) 사람이다. 오석주(吳錫疇 : 1215~1276)의 아들로 벼슬하지 않았으며, 저서로는 『대학강의(大學講義)』 등이 있다.

之, 但謹而不放爾.

'종묘'는 예법(禮法)이 있는 곳이며,[21] '조정'은 정사(政事)가 나오는 곳이니, 말을 분명하게 잘하지 않을 수 없다. 그러므로 반드시 상세하게 묻고, 지극하게 말하였는데, 다만 삼가고 방종(放縱)하지 않았을 따름이다.

詳說

○『大全』曰 : "總言."[22]

'종묘, 예법지소재(宗廟, 禮法之所在 : 종묘는 예법(禮法)이 있는 곳이며, 조정은 정사(政事)가 나오는 곳)'에 대해, 『논어집주대전』에서 말하였다. "총체적으로 말한 것이다."

○『大全』曰 : "據入太廟, 每事問而言, 在宗廟如此."[23]

'고필상문(故必詳問 : 반드시 상세하게 묻고)'에 대해, 『논어집주대전』에서 말하였다. "태묘(太廟 : 帝王 祖廟)에 들어갈 때 의거하여 매사 묻고 말하는 것이니,[24] 종묘에서도 이와 같다."

○『大全』曰 : "在朝廷如此."[25]

'극언지(極言之 : 지극하게 말하였는데)'에 대해, 『논어집주대전』에서 말하였다.

---

21) 종묘는 예법(禮法)이 있는 곳이며 : 『주자어류(朱子語類)』 권38, 「논어20(論語二十)」, 8조목에는 "물었다. '그가 종묘와 조정에 있을 때'의 『논어집주(論語集註)』에서 '종묘는 예법이 있는 곳이다'라고 하였다. 종묘에 있으면 '일마다 물었는데' 진실로 예법이 있는 곳이니, 성인이 이미 알면서도 오히려 물은 것인지 아니면 명물과 제도가 옛 것이 아니기 때문에 고치려고 한 것인지 모르겠습니다." 주희가 말하였다. '이곳은 내가 일찍이 '공자가 처음 벼슬했을 때 이와 같았다'고 말하였다. 처음 왔을 때 한 번 물었으며, 나중에 올 때마다 계속 물었으니, 아마 그렇지는 않았을 것이다. '누가 추나라 사람의 아들이 예를 안다고 하였는가?'라 하였는데, '추나라 사람의 아들'이라고 부른 것은 공자의 아버지와 서로 아는 사람이다. 이런 말이 있는 것은 마땅히 공자의 초년(初年)이었을 가능성이 많다.'(問: ''其在宗廟 · 朝廷', 『集注』云: '宗廟, 禮法之所在.' 在宗廟則'每事問', 固是禮法之所在, 不知聖人還已知之而猶問, 還以其名物制度之非古而因訂之?' 曰: '便是這處, 某嘗道是孔子初仕時如此. 若初來問一番了, 後番番來, 番番問, 恐不如此. '孰謂鄹人之子知禮乎?'呼曰'鄹人之子', 是與孔子父相識者有此語, 多應是孔子初年.')"라고 하였다.

22) 호광 편(胡廣 編), 『논어집주대전(論語集註大全)』「향당(鄕黨)」.

23) 호광 편(胡廣 編), 『논어집주대전(論語集註大全)』「향당(鄕黨)」.

24) 태묘(太廟 : 帝王 祖廟)에 들어갈 때 의거하여 매사 묻고 말하는 것이니 : 『논어(論語)』「팔일(八佾)」에서 "공자가 태묘에 들어갈 때 매사를 물었다.(子入太廟, 每事問.)"라고 한 것에서 그 내용이 보인다.

25) 호광 편(胡廣 編), 『논어집주대전(論語集註大全)』「향당(鄕黨)」.

"조정에서도 이와 같다."

○ 主言'言'而貌在其中.

'단근이불방이(但謹而不放爾 : 삼가고 방종(放縱)하지 않았을 따름이다)'는 '말'을 위주로 말하였는데, 용모는 그 가운데 들어 있다.

○ 釋畢.

경문의 풀이가 끝났다.

朱註

此一節, 記孔子在鄕黨 · 宗廟 · 朝廷, 言貌之不同.

이 하나의 구절은 공자가 향당과 종묘와 조정에 있을 때 말과 용모(容貌)가 같지 않음을 기록하였다.

詳說

○ 雲峰胡氏曰 : "記動, 莫先於記言. 故首一節, 以言先之."[26)]

운봉 호씨(雲峰胡氏 : 胡炳文)가 말하였다. "행동을 기록함은 말을 기록함보다 더 우선하지 않는다. 그러므로 첫머리 하나의 구절에서 말로써 우선한 것이다."

26) 호광 편(胡廣 編), 『논어집주대전(論語集註大全)』「향당(鄕黨)」에는 "雲峯胡氏曰 : '此篇, 記夫子之容貌言動. 然紀動, 莫先於紀言. 故首一節, 以言先之. 夫子在鄕黨, 非不言, 而似不能言; 在宗廟朝廷, 則當言必言, 而猶謹於言. 言, 心聲也, 此心, 信實則訥而不發; 此心, 謹慎, 雖不訥而亦不輕發, 信實謹慎, 不足以言, 夫子之聖, 而愈見夫子之所以聖.'"이라 하였고, 호병문, 『논어통(論語通)』 권5에서도 이 내용을 확인할 수 있다.

[10-2-1]

朝, 與下大夫言, 侃侃如也; 與上大夫言, 誾誾如也.
조정에서 하대부(下大夫)와 더불어 말함에 단단하게 하시며, 상대부(上大夫)와 더불어 말함에 똑똑하게 하였다.

朱註

'侃', 苦旦反. '誾', 魚巾反. 此, 君未視朝時也.
'간간여야(侃侃如也)'에서 '간(侃)'은 '고(苦)'와 '단(旦)'의 반절(反切)이다. '은은여야(誾誾如也)'에서 '은(誾)'은 '어(魚)'와 '건(巾)'의 반절(反切)이다. 이는 임금이 아직 조회(朝會)를 보지 않을 때이다.

詳說

○ 訓'朝'字.
'차, 군미시조시야(此, 君未視朝時也 : 이는 임금이 아직 조회를 보지 않은 때이다)'는 '조(朝)'자를 새긴 것이다.

○ 胡氏曰 : "以下文'君在'觀之, 知此爲未視朝時. 旣視朝, 則不當歷位而相與言."27)
호씨(胡氏 : 胡泳)28)가 말하였다. "아래 글의 '군재(君在 : 임금이 있다)'로써 살펴본다면, 이것이 아직 조회를 하지 않은 때임을 알 수 있다. 이미 조회를 본다면 마땅히 위아래의 지위를 거치면서 서로 더불어 말할 수 없다."

朱註

「王制」, 諸侯, 上大夫卿, 下大夫五人.
「왕제(王制)」에 "제후 나라에 상대부는 경(卿)이고, 하대부는 다섯 사람이다."라고 하였다.

---

27) 호광 편(胡廣 編), 『논어집주대전(論語集註大全)』「향당(鄕黨)」에는 "胡氏曰 : '以下文君在, 互觀之, 知此爲君未視朝時. 旣視朝, 則不當歷位而相與言矣.'"로 되어 있다.

28) 호영(胡泳, 생몰년 미상) : 송나라 때의 학자로, 자는 백량(伯量)이고, 호는 동원(桐原)이고, 남강(南康) 출신이다. 저서로 『논어연설(論語衍說)』이 있다.

詳說

○ 『禮記』.

'「왕제(王制)」'는 『예기』이다.

○ 侯國.

'제후(諸侯)'는 제후의 나라이다.

○ 上大夫, 即卿也.

'상대부(上大夫)'는 곧 경(卿)이다.[29]

○ 大國三卿.[30]

큰 나라에는 삼경(三卿)이 있다.

○ 厚齋馮氏曰 : "夫子仕魯, 自下大夫, 爲上大夫, 此當記爲下大夫之時."[31]

후재 풍씨(厚齋馮氏 : 馮椅)가 말하였다. "공자가 노나라에서 벼슬살이 할 때 하대부로부터 상대부가 되었으니, 이는 마땅히 하대부가 되었을 때를 기록한 것이다."

○ 若局定以下大夫時, 則圈下'接下'二字, 爲無著落矣. 蓋上大夫時, 與下大夫言; 下大夫時, 與上大夫言如此, 互言恐合.

만약 범위를 하대부 때로 정한다면 동그라미(○:圈) 아래의 '접하(接下 : 아랫사람을 대접함)' 두 글자[32]를 둘 데가 없게 된다. 대개 상대부 때는 하대부와 더불어 말하고, 하대부 때는 상대부와 더불어 말함이 이와 같으니, 서로 말을 함에 아마도 맞았을 것이다.

---

29) '상대부(上大夫)'는 곧 경(卿)이다 : 『예기』「왕제(王制)」에 의하면, "왕 노릇하는 사람이 봉록과 작위를 제정하니, …… 제후의 상대부는 경(卿)이고, 하대부 · 상사 · 중사 · 하사의 모두 다섯 등급이다.(王者之制祿爵, …… 諸侯之上大夫卿, 下大夫 · 上士 · 中士 · 下士, 凡五等.)"라고 하였는데, 정현(鄭玄)의 주(注)에 "上大夫, 曰卿."이라고 하였다.

30) 『예기』「왕제(王制)」. "大國三卿, 皆命於天子." 『춘추좌전(春秋左傳)』. "季孫爲司徒, 叔孫爲司馬, 孟孫爲司空, 此是三卿也."

31) 호광 편(胡廣 編), 『논어집주대전(論語集註大全)』「향당(鄕黨)」.

32) 동그라미(○:圈) 아래의 '접하(接下 : 아랫사람을 대접함)' 두 글자 : 아래의 『집주(集註)』 내용 가운데 "此一節, 記孔子在朝廷事上接下之不同也."에 나오는 '接下' 두 글자를 말한다.

朱註

許氏『說文』, "侃侃, 剛直也; 誾誾, 和悅而諍也."[33]

허씨(許氏 : 許愼)[34]의 『설문해자』에서 "'간간(侃侃)'은 강직함이다. '은은(誾誾)'은 온화하게 기뻐하면서 간언(諫言)하는 일이다."라고 하였다.[35]

---

33) 『설문해자(說文解字)』. "侃, 剛直也. 从㐰, 㐰, 古文信; 从川, 取其不舍晝夜. 『論語』曰 : '子路侃侃如也.'" ; "誾, 和說而諍也. 从言門聲." 『주자어류(朱子語類)』 권38, 「논어20(論語二十)」, 10조목에는 "물었다. '『논어집주(論語集註)』에 ''간간(侃侃)'은 강직(剛直)함이며, '은은(誾誾)'은 온화하게 기뻐하며 간언하는 일이다'라고 하였는데, '간언하다'의 의미가 어떤 것입니까?' 주희가 말하였다. '말하는 것이 온화하고 기뻐서 끝내 한결같이 방자하게 되지 않은 것이다. 마땅히 분별할 곳에 이르면 모름지기 분별하여야 옳다. 안으로 그 일에서의 예를 잃지 않고, 밖으로 왜곡되게 추종함에 이르지 않는 것이다. 옛 사람이 이런 글자를 사용한 것은 다만 글자의 의미를 사용한 것이 아니라 그 의미가 이와 같음을 상상해야 한다. '신실함[恂恂]'의 경우도 모두 이런 의미가 있어서 이런 글자를 사용한 것이다. 『사기(史記)』에 '노나라의 도가 쇠퇴하였으나, 수사(洙泗)의 사이에서만 평온하게 토론하였다.'라고 하였다. 여기에서 바로 '온화하게 간언한다'는 의미를 알 수 있다. 도와 교화가 왕성했던 때는 머리가 반쯤 센 노인이 손에 짐을 들지 않고, 길에서 물건을 이지 않으며, 젊은 사람들이 그 일을 대신하였다. 주나라가 쇠함에 이르러 젊은 사람들이 아직도 그 일을 맡으려고 하지만 늙은 사람들이 스스로 기꺼이 편안하게 여기지 못하여 다투어 스스로 짐을 들고 물건을 이려고 하니 이것이 바로 '온화하게 간언하는 일'이다.'(問: '「注」云: '侃侃, 剛直.' '誾誾', 是'和悅而諍'. 不知諍意思如何?' 曰: '說道和悅, 終不成一向放倒了. 到合辨別處, 也須辨別, 始得. 內不失其事上之禮, 而外不至於曲從. 如古人用這般字, 不是只說字義, 須是想像這意思是如此. 如'恂恂', 皆是有此意思, 方下此字. 如『史記』云: '魯道之衰, 洙泗之間齗齗如也.' 這正見'和悅而諍'底意思. 當道化盛時, 斑白者不提挈, 不負戴於道路, 少壯者代其事. 到周衰, 少壯者尚欲執其任, 而老者自不肯安, 爭欲自提挈, 自負戴, 此正是'和悅而諍'.)"라고 하였다.

34) 허신(許愼, 30~124) : 동한(東漢)시대의 학자로, 자가 숙중(叔重)이고, 여남 소릉(汝南召陵) 사람이다. 젊어서 경서(經書)를 넓게 배워 마융(馬融)이 항상 그를 존경하였으며, 당시 사람들이 "오경(五經)은 허숙중과 쌍벽을 이룰 사람이 없다.(五經無雙許叔重)"라고 하였다. 저서로는 『오경이의(五經異義)』·『설문해자(說文解字)』가 있다.

35) 『주자어류(朱子語類)』 권38, 「논어20(論語二十)」, 6조목에는 다음과 같이 설명하고 있다. "물었다. '선생님이 간간(侃侃)과 은은(誾誾)에 대해 해석한 것은 옛 주(注)와 같지 않습니다. 옛 주에는 간간(侃侃)은 화락(和樂)함이며, 은은(誾誾)은 중도이면서 바름이라고 하였습니다.' 주희가 말하였다. ''간(衎)'자는 화락(和樂)으로 새길 수 있는데, 여기의 '간(侃)'자와 같지 않다. 『설문해자(說文解字)』에 '간(侃)'자를 강직이라 하였고, 『후한서(後漢書)』「독행열전(獨行列傳)」에도 '강직하게 얼굴빛을 바르게 하였다'라고 되어 있다. 은은(誾誾)은 '온화하고 기뻐하면서 간언하는 일'인데, 이 뜻이 매우 좋으니, 온화하고 기뻐하면 윗사람에 대한 공경을 잃지 않고, 간언하면 스스로 의리의 바름을 잃지 않는다.'(問: '先生解'侃侃·誾誾'四字, 不與古注同. 古注

詳說

○ 『大全』曰 : "後漢許愼, 字叔重, 著『說文』."[36]

『논어집주대전』에서 말하였다. "후한(後漢)의 허신은 자가 숙중(叔重)이며, 『설문해자』를 지었다."

○ 汝南人.

허신은 여남(汝南) 사람이다.

○ 慶源輔氏曰 : "守理義而無所回屈."[37]

'간간(侃侃 : 강직함)'에 대해, 경원 보씨(慶源輔氏 : 輔廣)[38]가 말하였다. "의리(義理)를 지키면서 마음을 돌리거나 굽힘이 없는 것이다."

○ 朱子曰 : "不失事上之恭, 又不失在己義理之正."[39]

'화열이쟁(和悅而諍 : 온화하게 기뻐하면서 간언하는 것)'에 대해, 주자(朱子 : 朱熹)가 말하였다. "윗사람을 섬기는 공경함을 잃지 않는 것이며, 또 자기에게서 의리의 바름을 잃지 않는 것이다."

○ 有訓無釋.

훈고는 있으나 경문의 풀이는 없다.

以侃侃爲和樂, 誾誾爲中正.' 曰: ''衎'字乃訓和樂, 與此'侃'字不同. 說文以侃爲剛直. 後漢書中亦云'侃然正色'. 誾誾是'和說而諍', 此意思甚好. 和說則不失事上之恭, 諍則又不失自家義理之正.')"

36) 호광 편(胡廣 編), 『논어집주대전(論語集註大全)』「향당(鄕黨)」.

37) 호광 편(胡廣 編), 『논어집주대전(論語集註大全)』「향당(鄕黨)」에는 "慶源輔氏曰 : '侃侃, 謂能守理義而無所回屈.'"로 되어 있다.

38) 보광(輔廣, 생몰년 미상) : 남송 시대 학자로, 자는 한경(漢卿)이고, 호는 잠암(潛庵)이며, 하남성 경원(慶源)이다. 주돈이(周敦頤)와 이정(二程)의 학설을 전공하고, 여조겸(呂祖謙)과 주희(朱熹)를 사사하였다. 저서로는 『시동자문(詩童子問)』·『회암선생어록(晦庵先生語錄)』·『주자독서법(朱子讀書法)』·『육경집해(六經集解)』·『상서주(尙書注)』·『사서찬소(四書纂疏)』·『통감집의(通鑑集義)』 등이 있다.

39) 호광 편(胡廣 編), 『논어집주대전(論語集註大全)』「향당(鄕黨)」에는 "朱子曰 : '…… 和悅則不失事上之恭, 諍則又不失在己義理之正.'"으로 되어 있다.

[10-2-2]

君在, 踧踖如也; 與與如也.
임금이 계시거든 조심조심 걸으시며 점잖게 함께하였다.

朱註

'踧', 子六反 踖 子亦反. '與' 平聲, 或, 如字.
'축적여야(踧踖如也)'에서 '축(踧)'은 '자(子)'와 '륙(六)'의 반절(反切)이고, '적(踖)'은 '자(子)'와 '역(亦)'의 반절(反切)이다. '여여여야(與與如也)'에서 '여(與)'는 평성(平聲 : 정돈하는 모양)으로 본래의 음으로 읽는다.

詳說

○ '如'字, 謂上聲也.
'여(如)'자는 상성(上聲 : 접미사)이라고 이른다.

朱註

君在 視朝也. '踧踖', 恭敬不寧之貌.
'군재(君在)'는 조회를 봄이다. '축적(踧踖)'은 공손하게 섬기느라 편안하지 못한 모양이다.

詳說

○ 慶源輔氏曰 : "字皆從足, 蓋心懼而足不寧也."[40]
경원 보씨(慶源輔氏 : 輔廣)가 말하였다. "글자가 모두 족(足)자를 좇으니, 대개 마음이 두려워서 발이 편안하지 못한 것이다."

○ 雙峰饒氏曰 : "敬君之至也."[41]
쌍봉 요씨(雙峰饒氏 : 饒魯)[42]가 말하였다. "임금을 공경함이 지극하다."

---

40) 호광 편(胡廣 編), 『논어집주대전(論語集註大全)』「향당(鄕黨)」에는 "慶源輔氏曰 : '踧踖二字, 皆從足, 蓋心懼而立不寧也. 踧踖, 雖是恭敬不寧; 與與, 又却威儀中適, 此所以爲聖人也.'"로 되어 있다.

41) 호광 편(胡廣 編), 『논어집주대전(論語集註大全)』「향당(鄕黨)」에는 "雙峯饒氏曰 : '踧踖, 敬君之至也; 與與, 愛君之至也. 敬有餘而愛不足, 則踈; 愛有餘而敬不足, 則褻. 聖人兩皆具足, 蓋莫非中和氣象.'"으로 되어 있다.

朱註

'與與', 威儀中適之貌.

'여여(與與)'는 위의가 중정(中正)하고 적당(適當)한 모양이다.

詳說

○ 雙峰饒氏曰 : "平聲讀者."[43]

'여여(與與)'에 대해 쌍봉 요씨(雙峰饒氏 : 饒魯)가 말하였다. "평성(平聲 : 정돈하는 모양)으로 읽는 것이다."

○ 胡氏曰 : "中者, 不至於過; 適者, 當其可."[44]

호씨(胡氏 : 胡泳)가 말하였다. "중(中)이라는 것은 지나침에 이르지 않고, '적(適)'이라는 것은 그 옳음에 해당한다."

朱註

張子曰 : "與與, 不忘向君也", 亦通.

장자(張子 : 張載)[45]가 "'여여(與與)'는 잊지 않고 임금을 향하는 것이다."라고 말하였는데, 또한 통한다.

詳說

○ 如字.

'여여(與與)'는 본래의 음으로 읽는다.

○ 雙峰饒氏曰 : "與之又與, 愛君之至也."[46]

---

42) 요로(饒魯 : 1193~1264) : 남송 시대 사람으로, 자가 백여(伯輿) 또는 중원(仲元)이고, 호가 쌍봉(雙峰)이며, 시호가 문원(文元)이다. 저서로는 『오경강의(五經講義)』·『어맹기문(語孟紀聞)』·『서명도(西銘圖)』 등이 있다.

43) 호광 편(胡廣 編), 『논어집주대전(論語集註大全)』「향당(鄕黨)」에는 "雙峯饒氏曰 : '與與, 作平聲讀者, 威儀中適之貌, 言雖恭敬不寧, 而威儀却皆從容中適, 恭敬之中有和意也.'"로 되어 있다.

44) 호광 편(胡廣 編), 『논어집주대전(論語集註大全)』「향당(鄕黨)」.

45) 장재(張載 : 1020~1077) : 북송 시대 학자로, 자가 자후(子厚)이고, 봉상미현(鳳翔郿縣) 횡거진(橫渠鎭) 사람이라서 횡거선생(橫渠先生) 또는 장자(張子)라고 불렀다. 장재와 주돈이(周敦頤)·소옹(邵雍)·정이(程頤)·정호(程顥)를 북송오자(北宋五子)라고 한다. 저서로는 『정몽(正蒙)』·『횡거역설(橫渠易說)』 등이 있다.

46) 호광 편(胡廣 編), 『논어집주대전(論語集註大全)』「향당(鄕黨)」에는 "雙峯饒氏曰 : '與與, 作平

쌍봉 요씨(雙峰饒氏 : 饒魯)가 말하였다. "더불어 함께하고 또 더불어 함께하는 것이니, 임금을 사랑함이 지극하다."

○ 有訓無釋.

훈고는 있으나 경문의 풀이는 없다.

朱註

此一節, 記孔子在朝廷事上接下之不同也.

이 하나의 구절은 공자가 조정에 있을 때 윗사람을 섬기고 아랫사람을 대접함이 같지 않음을 기록하였다.

詳說

○ 通指君與上大夫.

'상(上)'은 통상적으로 임금과 상대부를 가리킨다.

○ 指下大夫.

'하(下)'는 하대부를 가리킨다.

○ 此節, 上一條, 於上節事相類; 下一條, 於下節事相類, 宜若分屬上下, 而但以未視朝, 旣視朝事, 相終始, 不容相離. 故合此二事, 別爲一節云.

이 구절의 위에 한 개 조항은 위 구절의 일과 서로 같은 것이고, 아래에 한 개 조항은 아래 구절의 일과 서로 같은 것이니, 마땅히 위와 아래로 나누어 딸리게 해야 하나, 다만 아직 조회를 보지 않은 것과 이미 조회를 본 일이 서로 시작과 끝이 되므로 서로 떨어짐을 용납할 수 없다. 그러므로 이 두 개의 일을 합하여 따로 하나의 구절로 삼은 것이라고 한다.

聲讀者, 威儀中適之貌, …… 作如字讀者, 與之又與, 不忘向君之意. 踧踖, 敬君之至也; 與與, 愛君之至也. 敬有餘而愛不足, 則踈; 愛有餘而敬不足, 則褻."로 되어 있다.

[10-3-1]

君召使擯, 色勃如也, 足躩如也.

임금이 불러서 빈객(賓客)을 접대하게 하거든 낯빛을 고친 것같이 하며, 발을 서슴는 것같이 하였다.

朱註

'擯', 必忍反. '躩', 驅若反. '擯', 主國之君, 所使出接賓者. '勃', 變色貌. '躩', 盤辟貌,

'군소사빈(君召使擯)'에서 '빈(擯)'은 '필(必)'과 '인(忍)'의 반절(反切)이다. '족곽여야(足躩如也)'에서 '곽(躩)'은 '구(驅)'와 '약(若)'의 반절(反切)이다. '빈(擯)'은 주인 나라의 임금이 나가서 빈객(賓客)을 접대하게 하는 것이다. '발(勃)'은 얼굴빛을 고치는 모양이다. '각(躩)'은 머뭇거리고 굽신거리는 모양이니,

詳說

○ 他國之君或使.

'빈(賓 : 賓客)'은 다른 나라의 임금이나 사신이다.

○ 『諺』音誤.

'각(躩)'은 『언해』의 음이 잘못되었다.[47]

○ 躄通.[48]

'벽(辟)'은 벽(躄 : 앉은뱅이)과 통한다.

○ 『大全』曰 : "盤旋曲折之意."[49]

『논어집주대전』에서 말하였다. "'반벽(盤辟)'은 머뭇거리고 굽신거리는 뜻이다."

---

47) '각(躩)'은 『언해』의 음이 잘못되었다 : 『논어집주(論語集註)』와 『논어집주대전』에서 '갹(각)'이라고 한 것과 달리 『언해(諺解)』에서 '확'이라고 한 것을 지적한 것이다. 『논어주소(論語注疏)』 권10, 육덕명(陸德明)의 「음의(音義)」에는 "躩, 駈碧反, 盤辟貌."라 하였고, 『광운』에는 "居縛切."이라 하였다.

48) 호광 편(胡廣 編), 『논어집주대전(論語集註大全)』「향당(鄉黨)」에는 "'辟', 音璧, 與躄同."이라 하였다.

49) 호광 편(胡廣 編), 『논어집주대전(論語集註大全)』「향당(鄉黨)」에는 "盤辟, 乃盤旋曲折之意."로 되어 있다.

○ 訓畢.

훈고가 끝났다.

朱註

皆敬君命故也.

모두 임금의 명령을 공경하기 때문이다.

詳說

○ 慶源輔氏曰: "聖人固未嘗不敬, 但君命之臨, 則敬心愈至耳."50)

경원 보씨(慶源輔氏: 輔廣)가 말하였다. "성인이 진실로 일찍이 공경하지 않은 적이 없었는데, 다만 임금의 명령에 임하여 공경하는 마음이 더욱 지극하였을 뿐이다."

○ 以論釋之, 下多倣此.

경문의 의미 설명으로 풀이하였고, 아래도 대부분 이에 의거한다.

[10-3-2]

揖所與立, 左右手, 衣前後襜如也.

더불어 서 있는 사람에게 읍(揖)하는데 손을 왼쪽으로 하며, 오른쪽으로 하였거늘 옷의 앞뒤가 단정하였다.

朱註

'襜', 赤占反. '所與立', 謂同爲擯者也. 擯, 用命數之半, 如上公九命, 則用五人, 以次傳命.

'의전후첨여야(衣前後襜如也)'에서 '첨(襜)'은 '적(赤)'과 '점(占)'의 반절(反切)이다. '소여립(所與立)'은 같이 빈객(賓客)을 맞는 사람을 이른다. 빈은 벼슬 등급의 반을 쓰니, 마치 상공(上公)의 구명(九命)에 곧 다섯 사람을 써서 차례로 명을 전하

50) 호광 편(胡廣 編), 『논어집주대전(論語集註大全)』「향당(鄕黨)」에는 "慶源輔氏曰: '擯, 人主使之接賓, 此見「儀禮」. 所以接賓者, 盡人主之禮意, 而欲賓之無違於禮也. 勃如, 顔色之變; 躩如, 容止之變, 心敬於中, 則容變於外, 自然之符也. 聖人固未嘗不敬, 但君命之臨, 則敬心愈至耳.'"로 되어 있다.

는 것과 같다.51)

詳說

○『周禮』「大宗伯」曰 : "'九命'者, 長諸侯, 爲方伯."52)

『주례』「대종백(大宗伯)」에서 말하였다. "'구명(九命)'이라는 것은 제후들의 우두머리이니 방백을 삼는 것이다."

○『周禮』「行人」曰 : "上公九介, 侯伯七介, 子男五介, 各隨其命數. 主國之君公, 則擯者五人, 侯伯四人, 子男三人, 各用其命数之強半. 賓立於庫門外, 直闑西北面, 介以次立於西北東面, 每介相去, 三丈六尺. 主君出立於庫門外, 直闑西南面, 擯以次立於東南西面, 每擯相去, 亦三丈六尺. 末擯與末介, 東西相對, 亦相去三丈六尺. 主君命上擯請問來. 故上擯傳承擯, 迤邐傳, 至末擯, 末擯傳, 末介以次傳, 至于賓, 賓命上介, 復命以次, 達於主君然後, 主君進迎賓以入."53)

---

51)『주자어류(朱子語類)』 권38, 「논어20(論語二十)」, 14조목에는 "물었다. '임금이 불러 손님을 맞이하는 빈(擯)을 삼았다'고 하였는데, 빈(擯)의 수는 명수(命數)의 반과 같이합니다. 만약 상공인 구명(九命)이면 빈(擯)은 다섯 명이니, 차례대로 명령을 전달합니다.' 주희가 말하였다. '옛날 빈개(擯介)의 의식은 매우 번잡하다. 구명(九命)이면 빈(擯)은 다섯 명이며, 손님 측의 사자인 개(介)는 명수(命數)와 같이 아홉 명이다. 손님과 주인이 서로 만나면 빈(擯)으로부터 이하는 두 줄로 서서 줄 끝에서 서로 가깝게 된다. 주인이 말 한 구절을 하고 주인의 빈(擯)이 여러 빈(擯)들에게 전달하는 것이 끝나면 교대로 말개(末介)를 지나 중개(中介)에게 전하고, 곧장 손님의 상개(上介)에게 이르러서야 손님에게 들게 한다.'(問: ''君召使擯', 擯如其命數之半. 如上公九命, 則擯者五人, 以次傳命.' 曰: '古者擯介之儀甚煩. 如九命擯五人, 介則如命數, 是九人. 賓主相見, 自擯以下列兩行, 行末相近. 如主人說一句, 主人之擯傳許多擯者訖, 又交過末介傳中介, 直至賓之上介, 方聞之賓.')"라고 설명하고 있다.

52)『주례주소(周禮注疏)』 권18. "九命作伯. …… 九伯者, 鄭司農云 : '長諸侯, 爲方伯.'"

53) 호광 편(胡廣 編), 『논어집주대전(論語集註大全)』「향당(鄕黨)」에는 "『周禮』「行人」, 上公九介, 侯伯七介, 子男五介, 各隨其命數, 賓次於大門之外, 主人使擯者, 出而請事, 卿爲上擯, 大夫爲承擯, 士爲紹擯. 主國之君公, 則擯者五人, 侯伯四人, 子男三人, 各用其命數之强半, 下於賓, 以示謙也. 若其傳命之制, 賓立於庫門之外, 即大門直闑西北面, 介者以次立於西北東面, 每介相去, 三丈六尺. 主君出接立於庫門之外, 直闑西南面, 擯者以次立於君之東南西面, 每擯相去, 亦三丈六尺. 末擯與末介, 相對東西, 亦相去三丈六尺. 主君命上擯請問来. 故蓋雖知其来朝, 不敢自許其朝, 已恐其或爲他事而来, 所以示謙也. 上擯受君命, 而傳之承擯, 迤邐傳, 至末擯, 末擯傳, 至末介, 末介以次繼傳, 上至於賓, 賓命上介, 復命, 復以次傳之擯, 而達於主君然後, 主君進而迎賓以入."으로 되어 있다. 진사원(陳士元), 『논어유고(論語類考)』 권5, 「관직고(官職考)·사빈(使擯)」에 의하면 위의 내용은 왕염창(汪炎昶 : 1261~1338)의 언설(言說)로 확인된다. 그 전문은 다음과 같다. "朱子曰 : '擯, 主國之君所使出接賓者.' 汪炎昶氏曰 : '『周禮』「行人」, 上公九介, 侯伯七介, 子男五介,

『주례』「행인(行人)」에서 말하였다. “상공(上公)은 구개(九介 : 아홉 隨從)이고, 후백(侯伯)은 칠개(七介)이고, 자남(子男)은 오개(五介)이니, 각각 그 명수(命數 : 벼슬 등급)를 따른다. 임금 나라의 임금과 상공은 곧 빈자(擯者 : 빈객 맞는 사람)가 다섯 사람이고, 후백은 네 사람이고, 자남은 세 사람이니, 각각 그 벼슬 등급의 과반을 쓴다. 빈객은 고문(庫門 : 궁궐 바깥문) 밖에 서니 곧바로 대문 중앙에서 서북쪽으로 향하며, 빈객의 개자(介者 : 隨從)는 차례대로 서북동쪽으로 향하여 서는데, 개자마다 서로의 거리가 3장 6척이다. 임금이 나와서 고문 밖에 서니 곧바로 대문 중앙에서 서남쪽으로 향하며, 임금의 빈자(擯者)는 차례대로 동남서쪽으로 향하여 서는데, 빈자마다 서로의 거리가 또한 3장 6척이다. 말빈(末擯 : 맨 끝의 빈객 맞는 사람)과 말개(末介 : 맨 끝의 수종)가 동쪽과 서쪽으로 서로 마주하는데, 또한 서로의 거리가 3장 6척이다. 임금이 상빈(上擯)[54]에게 명하여 온 이유를 청하여 묻게 한다. 그러므로 상빈이 승빈(承擯)에게 전하고, 점차적으로 전하여 말빈에게 이르고, 말빈이 전함에 말개가 차례대로 전하여 빈객에게 이르면 빈객이 상개(上介)에게 명하는 것이다. 이에 상빈이 차례대로 복명(復命)하여 임금에게 전달한 뒤에 임금이 나아가서 빈객을 맞아서 들어온다.”

各隨其命數, 賓次於大門之外, 主人使擯者, 出而請事. 主國之君公, 則擯者五人, 侯伯四人, 子男三人, 各用其命數之強半, 下於賓, 以示謙也. 若其傳命之制, 賓立於庫門之外, 即大門直闑西北面, 介者以次立於西北東面, 每介相去三丈六尺. 主君出接立於庫門之外, 直闑西南面, 擯者以次立於君之東南西面, 每擯相去, 亦三丈六尺. 末擯與末介, 相對東西, 亦相去三丈六尺. 主君命上擯請問來. 故盖雖知其來朝, 不敢自許其朝, 己恐其或爲他事而來, 所以示謙也. 上擯受君命, 而傳之承擯, 迤邐傳, 至末擯, 末擯傳, 至末介, 以次繼傳, 上至於賓, 賓命上介, 復命, 復以次傳之擯, 而達於主君然後, 主君進而迎賓以入.” 그리고 『주례주소(周禮注疏)』 권37, 「대행인(大行人)」에는 다음과 같은 내용이 보인다. “上公之禮, 執桓圭九寸,繅藉九寸, 冕服九章, 建常九斿, 樊纓九就, 貳車九乘, 介九人, 禮九牢, 其朝位, 賓主之間, 九十步, 立當車軹, 擯者五人, 廟中將幣三享, 王禮再祼而酢, 饗禮九獻, 食禮九舉, 出入五積, 三問三勞. 諸侯之禮, 執信圭七寸, 繅藉七寸, 冕服七章, 建常七斿, 樊纓七就, 貳車七乘, 介七人, 禮七牢, 朝位賓主之間, 七十步, 立當前疾, 擯者四人, 廟中將幣三享, 王禮壹祼而酢, 饗禮七獻, 食禮七舉, 出入四積, 再問再勞. 諸伯執躬圭, 其他皆如諸侯之禮. 諸子執穀璧五寸, 繅藉五寸, 冕服五章, 建常五斿, 樊纓五就, 貳車五乘, 介五人, 禮五牢, 朝位賓主之間, 五十步, 立當車衡, 擯者三人, 廟中將幣三享, 王禮壹祼不酢, 饗禮五獻, 食禮五舉, 出入三積, 壹問壹勞, 諸男執蒲璧, 其他皆如諸子之禮.”

54) 상빈(上擯) : 임금의 빈객을 접대하는 고급 관료로, 주로 경(卿)이 맡는다. 『의례(儀禮)』「빙례(聘禮)」에서 “卿爲上擯, 大夫爲承擯, 士爲紹賓, 擯者出請事.”라고 하였고, 『예기』「빙의(聘義)」에서 “卿爲上擯, 大夫爲承擯, 士爲紹擯.”라고 하였다.

朱註

揖左人則左其手; 揖右人則右其手. '襜', 整貌.

왼쪽 사람에게 읍하면 그 왼손을 쓰고, 오른쪽 사람에게 읍하면 그 오른손을 쓴다.[55] '첨'은 단정한 모양이다.

詳說

○ 朱子曰: "揖左人, 傳命出; 揖右人, 傳命入也."[56]

주자(朱子: 朱熹)가 말하였다. "왼쪽 사람에게 읍(揖)하는 것은 전달하는 명이 나가는 뜻이고, 오른쪽 사람에게 읍하는 것은 전달하는 명이 들어오는 뜻이다."

○ 擯, 皆西面. 故如此. 但上擯無右揖, 末擯無左揖.

빈(擯)은 모두 서쪽으로 향한다. 그러므로 이와 같다. 다만 상빈(上擯)은 오른쪽으로 읍함이 없고, 말빈(末擯)은 왼쪽으로 읍함이 없다.

○ 訓間釋.

훈고 사이에 경문을 풀이하였다.

[10-3-3]

趨進, 翼如也.

빨리 걸어 나아감에 날개를 편 듯하였다.

朱註

疾趨而進, 張拱端好, 如鳥舒翼.

빨리 걸어 나아감에 몸을 펴고 손을 모은 것이 단정하고 보기 좋으니, 마치 새

---

55) 『주자어류(朱子語類)』 권38, 「논어20(論語二十)」, 16조목에는 다음과 같이 되어 있다. "『논어집주(論語集註)』를 예로 들어 ''왼쪽 사람에게 인사할 때는 그 손을 왼쪽으로 하고, 오른쪽 사람에게 인사할 때는 그 손을 오른 쪽으로 한다. 오른 쪽 사람에게 하는 인사는 명령이 나온 것을 전달하는 뜻이며, 왼쪽 사람에게 하는 인사는 명령이 들어오는 것을 전하는 뜻입니까?'라고 하자, 주희가 말하였다. '그렇다.''(擧「注」云: ''揖左人, 則左其手; 揖右人, 則右其手.' 揖左人, 傳命出也; 揖右人, 傳命入也.' 曰: '然.')"

56) 호광 편(胡廣 編), 『논어집주대전(論語集註大全)』「향당(鄉黨)」.

가 날개를 편 것과 같다.

詳說

○ 舒而未盡. 故云'翼如'.

몸을 펴되 다하지 못하는 것이다. 그러므로 '익여(翼如 : 날개를 편 듯하다)'라고 이른 것이다.

○ 有釋無訓.

경문의 풀이는 있으나 훈고는 없다.

[10-3-4]

賓退, 必復命曰 : "賓不顧矣."
빈객(賓客)이 물러가거든 반드시 명령을 보고하여 말하기를 "빈객이 돌아보지 않았습니다."라고 하였다.

朱註

紓君敬也.
임금의 공경(恭敬)하는 마음을 풀어주는 것이다.

詳說

○ 音舒.[57]

'서(紓)'자는 음이 서(舒)이다.

○ 朱子曰 : "古者, 賓退, 主人送, 出門外拜, 賓更不顧而去. 國君於列國之卿大夫, 亦如此."[58]

주자(朱子 : 朱熹)가 말하였다. "옛날에 손님이 물러갈 때는 주인이 문밖으로 나가서 절을 하였으며, 손님은 다시 돌아보지 않고 갔다. 나라의 임금이 여러 나라의

57) 호광 편(胡廣 編), 『논어집주대전(論語集註大全)』「향당(鄉黨)」.

58) 호광 편(胡廣 編), 『논어집주대전(論語集註大全)』「향당(鄉黨)」에는 "朱子曰 : '古者, 賓退, 主人送出門外, 設兩拜, 賓更不顧而去. 國君於列國之卿大夫, 亦如此.'"로 되어 있다.

경대부에게도 한 것도 또한 이와 같다."

◯ 新安陳氏曰: "賓雖退, 主君敬猶存, 擯告賓去不顧, 則主君之敬, 可緩解也."[59]

신안 진씨(新安陳氏 : 陳櫟)[60]가 말하였다. "빈객이 비록 물러가도 임금의 공경(恭敬)이 여전히 남아 있으니, 빈자(擯者)가 빈객이 가면서 돌아보지 않았다고 말해 주면 임금의 공경을 풀 수 있다."

◯ 以論釋之, 無訓.

경문의 의미 설명으로 풀이하였고 훈고는 없다.

朱註

此一節, 記孔子爲君擯相之容.

이 하나의 구절은 공자(孔子)가 임금을 위하여 빈상(擯相)[61]이 되었을 때의 모습을 기록하였다.

詳說

◯ '爲', 去聲.[62]

'기공자위군빈상지용(記孔子爲君擯相之容)'에서 '위(爲)'자는 거성(去聲 : 위하다)이다.

◯ '相', 去聲.[63]

'기공자위군빈상지용(記孔子爲君擯相之容)'에서 '상(相)'자는 거성(去聲 : 古官名)이다.

◯ 朱子曰: "'相', 是相禮儀; '擯', 是傳言語."[64]

---

59) 호광 편(胡廣 編), 『논어집주대전(論語集註大全)』「향당(鄕黨)」에는 "新安陳氏曰: '紓, 緩也解也. 賓雖退, 主君敬猶存, 擯告賓去不顧, 則主君之敬, 可緩解也.'"로 되어 있다.

60) 진력(陳櫟 : 1252~1334) : 원나라 때의 학자로, 자가 수옹(壽翁)·휘지(徽之)이고, 호가 동부노인(東阜老人)·정우선생(定宇先生)이며, 휴녕(休寧) 사람이다. 주희(朱熹)의 학문을 조종으로 삼아 숭앙하였고, 저서로는 『정우집(定宇集)』 외에 『역략(易略)』·『사서발명(四書發明)』·『서전찬소(書傳纂疏)』·『예기집의(禮記集義)』 등이 있다.

61) 빈상(擯相) : 『주례(周禮)』「추관(秋官)·사의(司儀)」에서 "掌九儀之賓客擯相之禮, 以詔儀容辭令揖讓之節."라고 하였고, 정현(鄭玄)의 주석에 "나가서 빈객을 접대하는 사람을 빈(擯)이라 하고, 들어와서 예를 이끄는 사람을 상(相)이라고 한다.(出接賓曰擯, 入贊禮曰相.)"라고 설명하였다.

62) 호광 편(胡廣 編), 『논어집주대전(論語集註大全)』「향당(鄕黨)」.

63) 호광 편(胡廣 編), 『논어집주대전(論語集註大全)』「향당(鄕黨)」.

64) 호광 편(胡廣 編), 『논어집주대전(論語集註大全)』「향당(鄕黨)」에는 "問夾谷之會, 孔子相禮, 恐即擯相之相. 朱子曰: '相自是相, 擯自是擯, 相是相禮儀, 擯是傳道言語. 故擯用命數之半, 是以次

주자(朱子 : 朱熹)가 말하였다. "'상(相)'은 예의를 돕는 것이고, '빈(擯)'은 언어를 전하는 것이다."

○ **勉齋黃氏曰 : "'勃'·'躩', 被命之初也; '揖'·'趨', 行禮之際也; '賓退', 禮畢之後也."**[65]
면재 황씨(勉齋黃氏 : 黃幹)[66]가 말하였다. "'발(勃 : 낯빛을 고침)'과 '각(躩 : 발을 서슴음)'은 명을 받은 처음이고, '읍(揖 : 읍함)'과 '추(趨 : 빨리 걸음)'는 예를 행하는 즈음이고, '빈퇴(賓退 : 빈객이 물러감)'는 예를 마친 뒤이다."

○ **事之序也.**
일의 순서를 말하였다.

傳說.'"이라 하였고, 『주자어류(朱子語類)』 권38, 「논어20(論語二十)」, 17조목에는 "『논어집주(論語集註)』에 조씨(晁氏)의 설명을 인용하여 공자는 빈이 되어 홀을 잡은 일이 없다고 하였다. 정순(正淳)이 물었다. '정공 10년 협곡(夾谷)의 모임에서 공자가 도왔습니다. 아마 빈상(擯相)의 상(相)인 듯합니다.' 주희가 말하였다. '상(相)은 그 자체로 상이며, 빈(擯)은 그 자체로 빈이다. 상(相)은 그 예의를 돕는 것이며, 빈(擯)은 그 말을 전달하는 것이다. 때문에 빈(擯)은 명수(命數)의 반을 사용하여 차례대로 말을 전달한다.'(『集注』引晁氏說, 謂孔子無使擯執圭之事. 正淳曰: '定公十年夾谷之會, 孔子相, 恐卽擯相之相.' 曰: '相自是相, 擯自是擯. 相是相其禮儀. 擯是傳道言語, 故擯用命數之半, 以次傳說.')"라고 되어 있다.

65) 호광 편(胡廣 編), 『논어집주대전(論語集註大全)』「향당(鄕黨)」에는 "勉齋黃氏曰 : '色勃, 足躩被命之初也; 揖與, 趨進行禮之際也; 賓退, 禮畢之後也, 皆天理之節文, 所當然. 至於揖之左右, 衣之前後, 手之翼如, 皆禮文之至末者, 聖人於此動容周旋, 無不中禮, 盛德之至也.'"로 되어 있다.

66) 황간(黃幹 : 1152~1221) : 송나라 때의 학자로, 자가 직경(直卿)이고, 호가 면재(勉齋)이고, 시호가 문숙(文肅)이며, 복주 민현(福州閩縣) 사람이다. 황우(黃瑀)의 넷째 아들로 어려서부터 총영(聰穎)하였고, 1175년에 유청지(劉淸之)에게 배움을 청하였는데 기발한 재능을 본 유청지가 주희에게 학업을 배우도록 권하여 주희의 문하에 들어가서 공부하였으며, 뒤에 주희의 사위가 되었다. 주희의 학문을 지극하게 터득하여 주희의 4대 제자 가운데 한 명으로 추존되었다. 저서로는 『황면재문집(黃勉齋文集)』 외에 『오경강의(五經講義)』·『사서기문(四書紀聞)』 등이 있으며, 『주자행장(朱子行狀)』을 지었다.

[10-4-1]

入公門, 鞠躬如也, 如不容.
공당(公堂)의 문에 들어갈 때는 몸을 굽히다시피 하여 용납하지 못하는 것처럼 하였다.

朱註

'鞠躬', 曲身也.
'국궁(鞠躬)'은 몸을 굽히는 것이다.

詳說

○ 訓也.
훈고이다.

朱註

公門高大, 而若不容, 敬之至也.
공당(公堂)의 문이 높고 크거늘 마치 용납하지 못하는 것처럼 한 것은 공경함이 지극함이다.

詳說

○ 釋也.
경문의 풀이다.

[10-4-2]

立不中門, 行不履閾.
서 있을 때는 문 가운데 있지 않았으며, 다닐 때는 문지방을 밟지 않았다.

朱註

閾于逼反.[67] '中門', 中於門也, 謂當棖闑之間, 君出入處也. '閾', 門限也.

'행불리역(行不履閾)'에서 '역(閾)'은 '우(于)'와 '핍(逼)'의 반절(反切)이다. '중문(中門)'은 문에서 가운데 있는 것이니, 문설주와 문지방 중간으로 임금이 출입하는 곳임을 이르는 것이다. '역(閾)'은 문지방이다.

詳說

○ 除庚反.

'위당정얼지간(謂當棖闑之間)'에서 '정(棖)'은 '제(除)'와 '경(庚)'의 반절(反切)이다.

○ 倪結反.

'위당정얼지간(謂當棖闑之間)'에서 '얼(闑)'은 '예(倪)'와 '결(結)'의 반절(反切)이다.

○ 自闑至棖之正半.

'정얼지간(棖闑之間 : 문설주와 문지방 중간)'은 문지방부터 문설주까지의 정 가운데이다.

○ 朱子曰 : "門兩傍有棖, 如今衮頭相似; 闑, 當中礙門者, 今城門有之. 左右扉, 各有中, 所謂闔門, 左扉立于其中, 是也. 古人常掩左扉, 人君多出門外見人, 當棖闑之間, 爲君位."[68]

주자(朱子 : 朱熹)가 말하였다. "문 양쪽에 문설주가 있으니 바로 지금 곤의(衮衣)의 머리와 서로 같고, 문지방은 가운데 있으면서 문을 가로막은 것이니 지금의 성문에 있다. 왼쪽과 오른쪽의 문짝에 각각 가운데가 있으니, 이른바 문을 닫음에 왼쪽 문짝이 그 가운데 선다는 말이 이것이다. 옛사람들은 항상 왼쪽 문짝을 닫았으며, 임금이 자주 문밖으로 나가면서 사람들을 볼 때 문설주와 문지방 중간에 있게 되니, 임금의 자리가 된다."

---

67) 호광 편(胡廣 編), 『논어집주대전(論語集註大全)』「향당(鄕黨)」. 『논어주소(論語注疏)』 권10, 육덕명의 「음의(音義)」에는 "閾, 于逼反; 一音, 況逼反, 門限也."라고 하였다.

68) 호광 편(胡廣 編), 『논어집주대전(論語集註大全)』「향당(鄕黨)」에는 "朱子曰 : '棖, 如今衮頭相似, 闑, 當中礙門者, 今城門有之. 古人常掩左扉, 人君多出在門外見人, 當棖闑之間, 爲君位.'"로 되어 있고, 『주자어류(朱子語類)』 권38의 내용은 다음과 같다. "棖, 如今羇頭相似. 闑, 當中礙門者, 今城門有之. 古人常揜左扉. 人君多出在門外見人, 所以當棖闑之間, 爲君位." "問 : '立不中門, 或問謂門之左右扉, 各有中, 其制可考否?' 曰 : '門之中有闑, 扉之兩旁有棖. 棖·闑之間, 卽中. 古人常闔左扉, 所謂中門者, 謂右扉之中也.'"

○ 雙峯饒氏曰 : "'棖', 大門兩旁之木, 如今壁尺相似."[69]

쌍봉 요씨(雙峯饒氏 : 饒魯)가 말하였다. "'정(棖)'은 대문 양쪽의 나무이니, 바로 지금의 벽척(壁尺 : 가림벽기둥)과 서로 같다."

○ 訓畢.

훈고가 끝났다.

朱註

『禮』, "士大夫出入君[70]門, 由闑右, 不踐閾."[71]

『예기』에 "사대부가 임금의 궁문(宮門)을 출입함에 문지방의 오른쪽을 말미암고, 문지방을 밟지 않는다."라고 하였다.

詳說

○ 『禮記』「玉藻」.

'예(禮)'는 『예기』「옥조(玉藻)」이다.[72]

○ 一作'公'.

'군(君)'은 어떤 판본에는 '공(公)'으로 썼다.[73]

---

69) 호광 편(胡廣 編), 『논어집주대전(論語集註大全)』「향당(鄕黨)」에는 "雙峯饒氏曰 : '中間有闑, 兩旁有棖, 棖是大門兩旁之木, 如今壁尺相似; 闑是中間兩扉相合之處. 又有一木常設而不動, 東西兩扉, 各有中, 君出入則皆由左, 出則以東扉爲左; 入則以西扉爲左, 士大夫出入君門, 則皆由右, 出以闑西爲右; 入以闑東爲右. 然雖由右, 亦不敢正當棖闑之中'"으로 되어 있다.

70) 君 : 『논어집주(論語集註)』에는 '君'으로 표기되어 있고, 『논어집주대전』에는 '公'으로 표기되어 있다.

71) 由闑右, 不踐閾 : 『주자어류(朱子語類)』 권38, 「논어20(論語二十)」, 18조목에는 "'立不中門, 行不履閾.' 「注」云'棖闑之間, 由闑右, 不踐閾.' 只是自外入. 右邊門中, 乃君出入之所. 闑, 如一木拄門, 如今人多用石墩當兩門中. 臣傍闑右邊出入.('서 있을 때는 문 가운데 있지 않았으며, 다닐 때는 문지방을 밟지 않았다.'는 경문에 대해, 『논어집주(論語集註)』에서 '문설주와 문지방 사이는 문지방의 오른쪽으로 가면 문지방을 밟지 않는다.'라고 하였는데, 이는 다만 밖에서 들어오는 것이다. 오른쪽 문은 임금이 출입하는 곳이다. 문지방은 나무 하나로 문을 지탱하는 것이니, 지금 사람들은 돌을 쌓아 양쪽 문을 받치는 경우가 많다. 신하는 문지방의 오른쪽 곁에서 출입한다.)"라고 되어 있다.

72) '예(禮)'는 『예기』「옥조(玉藻)」이다 : 실제로는 『예기』「곡례상(曲禮上)」에 실려 있다.

73) '군(君)'은 어떤 판본에는 '공(公)'으로 썼다 : 『논어집주대전』에 '公'으로 표기되어 있는 것을 말한다.

○ 謂近右也.[74]

'유얼우(由闑右 : 문지방 오른쪽을 말미암다)'는 오른쪽에 가까움을 이르는 것이다.

○ 按『禮記』作'東'.

'우(右)'에 대해 살펴보건대, 『예기』에는 '동(東)'으로 썼다.[75]

○ 雙峰饒氏曰 : "挨闑旁而行."[76]

쌍봉 요씨(雙峰饒氏 : 饒魯)가 말하였다. "문지방 곁을 가까이하면서 가는 것이다."

○ 此正說者.

이는 설명을 바르게 한 것이다.

○ 此及下節, 多引『禮』釋之.

여기 및 아래 구절에서는 『예기』를 많이 인용하여 경문의 뜻풀이를 하였다.

朱註

謝氏曰 : "立中門則當尊, 行履閾則不恪."

사씨(謝氏 : 謝良佐)[77]가 말하였다. "서 있을 때 문의 가운데 있으면 높은 지위에 해당하고, 다닐 때 문지방을 밟으면 삼가지 못하는 것이다."

---

74) 『흠정의례의소(欽定儀禮義疏)』 권41. "禮云 : '士大夫出入君門, 由闑右', 蓋君出入, 皆由左出, 以東扉爲左, 而由其中入, 以西扉爲左, 而由其中. 臣出入, 皆由右出, 以西扉爲右. 傍闑而行, 在西, 扉之東闑之西, 所謂出以闑西爲右也, 入以東扉爲右. 傍闑而行, 在東, 扉之西闑之東, 所謂入以闑東爲右也."

75) '우(右)'에 대해 살펴보건대, 『예기』에는 '동(東)'으로 썼다 : 『예기』「곡례 상(曲禮上)」에도 "大夫士出入君門, 由闑右, 不踐閾."라고 되어 있다. 다만 『흠정예기의소(欽定禮記義疏)』 권2, 「곡례상(曲禮上)」 권1~2에 의하면, "孔氏穎達曰 : 門以向堂爲正, 右在東也. 主人位在門東, 客位在門西, 大夫士是臣, 皆統於君, 不敢自由. 故出入君門, 恒從闑東."이라 하고, "陳氏祥道曰 : 門以向內爲常, 由闑右, 則由闑東也."라고 하여 '동(東)'자로 썼다.

76) 호광 편(胡廣 編), 『논어집주대전(論語集註大全)』「향당(鄕黨)」에는 "雙峯饒氏曰 : '然雖由右, 亦不敢正當棖闑之中, 但挨闑旁而行, 蓋避君出入處也. 行旣不敢當中, 則立亦不可當中. 故立不中門.'"으로 되어 있다.

77) 사양좌(謝良佐 : 1050~1103) : 북송 시대 학자로, 자가 현도(顯道)이고, 호가 상채(上蔡)이며, 하남성 사람이다. 유초(游酢)·여대림(呂大臨)·양시(楊時)와 함께 정자(程子) 문하의 4대 제자로 불린다. 저서로는 『논어설(論語說)』·『상채어록(上蔡語錄)』 등이 있다.

詳說

◯ 當於尊所.

'당존(當尊 : 높은 지위에 해당함)'은 높은 곳에 해당하는 것이다.

◯ 此反說者.

이는 설명을 반추하는 것이다.

◯ 釋畢.

경문의 풀이가 끝났다.

◯ 南軒張氏曰 : "非獨入公門爲然, 特於此記之耳."[78]

남헌 장씨(南軒張氏 : 張栻)가 말하였다. "오직 공당(公堂)의 문에 들어갈 때만 그렇게 하는 것이 아님을 다만 여기에 기록하였을 뿐이다."

◯ 吳氏曰 : "按此常禮也."[79]

오씨(吳氏 : 吳仲迂)[80]가 말하였다. "살펴보건대, 이는 상례(常禮 : 보통의 예법)이다."

[10-4-3]

過位, 色勃如也, 足躩如也, 其言似不足者.

임금의 자리를 지나갈 때는 낯빛을 고친 듯이 하며, 발을 서슴듯이 하며, 그 말이 마치 모자란 사람과 같았다.

朱註

'位', 君之虛位, 謂門屛之間,

78) 호광 편(胡廣 編), 『논어집주대전(論語集註大全)』「향당(鄕黨)」에는 "南軒張氏曰 : '立不中門, 避所尊也; 行不履閾, 行以度也. 非獨入公門爲然, 特於此記之耳.'"로 되어 있다.

79) 호광 편(胡廣 編), 『논어집주대전(論語集註大全)』「향당(鄕黨)」에는 "吳氏曰 : '按「鄕黨」所記夫子之事, 有常禮者, 有夫子所行, 不與他人同者. 如入太廟每事問, 此夫子不與他人同者; 如立不中門行不履閾, 此常理也.'"로 되어 있다.

80) 오중우(吳仲迂) : 원나라 때의 학자로, 호는 가당(可堂)이고, 번양(番陽) 사람이다. 저서로는 『사서어록(四書語錄)』·『경전발명(經傳發明)』·『어류차(語類次)』 등이 있다.

‘위(位)’는 임금의 빈자리이니,[81] 문과 가리개의 사이에

詳說

○ **胡氏曰 : “言過則虛, 可知矣.”**[82]

호씨(胡氏 : 胡泳)가 말하였다. “지나가면 자리가 빈 것을 알 수 있음을 말한 것이다.”

○ **音丙.**[83]

‘위문병지간(謂門屛之間)’에서 ‘병(屛)’자는 음이 병(丙)이다.

○ **雙峰饒氏曰 : “‘屛’者, 樹小牆於當門, 以蔽內外也. 天子外屛, 在路門外; 諸侯內屛, 在路門內. 則宁立之處, 天子當在門外屛內; 諸侯當在屛外門內.”**[84]

쌍봉 요씨(雙峰饒氏 : 饒魯)가 말하였다. “‘병(屛 : 가리개)’이라는 것은 작은 담장을 문 앞에 세워서 안팎을 가리는 것이다. 천자는 가리개 바깥이니 노문(路門 : 궁궐 안길 임금 출입문) 밖에 있고, 제후는 문 안이니 노문 안에 있다. 그래서 멈추어 서 있는 곳이 천자는 마땅히 문밖이자 가리개 안에 있으며, 제후는 마땅히 가리개 밖이자 문 안에 있는 것이다.”

朱註

人君宁立之處, 所謂宁也.

임금이 멈추어 서 있는 곳[85]을 이르니, 이른바 저(宁)이다.

---

81) 임금의 빈자리이니 : 『주자어류(朱子語類)』 권38, 「논어20(論語二十)」, 22조목에는 “‘임금의 자리를 지나다’라고 한 경문의 「주(注)」에 ‘임금의 빈자리이다’라고 하였다.’라고 묻자, 주희가 말하였다. ‘지금 사람들이 말하는 관청문의 안과 병풍문의 밖은 『주례(周禮)』에서 이른바 ‘외조(外朝)’와 같다.(‘過位.’ 「注」云: ‘君之虛位, 謂門屛之間.’ 曰: ‘如今人廳門之內, 屛門之外, 似周禮所謂‘外朝’也.)”라고 되어 있다.

82) 호광 편(胡廣 編), 『논어집주대전(論語集註大全)』「향당(鄕黨)」.

83) 호광 편(胡廣 編), 『논어집주대전(論語集註大全)』「향당(鄕黨)」.

84) 호광 편(胡廣 編), 『논어집주대전(論語集註大全)』「향당(鄕黨)」에는 다음과 같이 되어 있다. “雙峰饒氏曰 : ‘天子至尊, 何以立而不坐?’ 曰 : ‘古無坐見臣下之禮, 至秦, 尊君卑臣, 始有君坐臣立之制.’ 門屛之間, 謂治朝也, 但天子外屛, 其屛在路門外; 諸侯內屛, 其屛在路門內. 則宁立之處, 天子當在門外屛內; 諸侯當在屛外門內, 此爲不同爾. 問 : ‘屛制何如?’ 曰 : ‘樹小墻於當門, 以蔽內外也.’”

85) 임금이 멈추어 서 있는 곳 : 원문의 ‘저(宁)’는 고대 임금이 멈추어 서서 조회하는 곳으로, 궁실 문과 가리개 사이이다. 『예기』「곡례하(曲禮下)」에 의하면, “천자가 저를 지키고 서 있으면 여러 공들이 동쪽을 향하고 제후들이 서쪽을 향하는 것을 조회라고 한다.(天子當宁而立, 諸公東

詳說

○ 仲呂反.[86]

'저(宁)'는 '중(仲)'과 '려(呂)'의 반절(反切)이다.

○ 朱子曰 : "古者朝會, 君臣皆立; 今之朝儀, 用秦制也."[87]

주자(朱子 : 朱熹)가 말하였다. "옛날에 조회할 때 임금과 신하가 모두 섰으며, 지금의 조회 의례는 진(秦)나라 제도를 사용한다."

○ 雙峰饒氏曰 : "秦尊君卑臣, 始有君坐臣立之制."[88]

쌍봉 요씨(雙峰饒氏 : 饒魯)가 말하였다. "진(秦)나라에서 임금을 높이고 신하를 낮추면서 비로소 임금은 앉고 신하는 서는 제도를 두었다."

○ 君坐則臣伏, 亦後世之法也, 講筵尤不便云.

임금이 앉으면 신하가 엎드리는 것은 또한 후대의 법도인데, 강연(講筵)할 때 더욱 불편하였다고 한다.

○ 因其事而名其處.

그 일에 말미암아 그 곳을 명명한 것이다.

○ 訓畢.

훈고가 끝났다.

朱註

君雖不在, 過之必敬, 不敢以虛位而慢之也. '言似不足', 不敢肆也.

임금이 비록 있지 않더라도 지나감에 반드시 공경하여 감히 빈자리로써 업신여기지 않은 것이다. '언사부족(言似不足 : 말이 모자란 사람과 같다)'은 함부로 하지

面, 諸侯西面, 曰朝.)"하였는데, 정현(鄭玄)의 주(注)에 "宁, 門屛之間."이라고 하였다.

86) 호광 편(胡廣 編), 『논어집주대전(論語集註大全)』「향당(鄕黨)」. 호병문, 『논어통(論語通)』 권5에서는 "宁, 音貯."라고 하였다.

87) 호광 편(胡廣 編), 『논어집주대전(論語集註大全)』「향당(鄕黨)」에는 "問 : '過位, 色勃如也. 位, 謂門屛之間, 人君宁立之處.' 曰 : '古今之制不同, 今之朝儀, 用秦制也. 古者朝會, 君臣皆立. 故『史記』, 謂秦王一旦捐賓客, 而不立朝, 君立於門屛之間, 屛者乃門間蕭墻也. 今殿門亦設之, 三公九卿以下, 設位於廷中. 故謂之三槐九棘者, 廷中有樹處, 公卿位, 當其下也.'"로 되어 있다.

88) 호광 편(胡廣 編), 『논어집주대전(論語集註大全)』「향당(鄕黨)」에는 "雙峰饒氏曰 : '天子至尊, 何以立而不坐?' 曰 : '古無坐見臣下之禮, 至秦, 尊君卑臣, 始有君坐臣立之制.'"로 되어 있다.

않음이다.

詳說

○ 有時出御. 故有虛時.

'임금이 비록 있지 않더라도'는 때때로 외전으로 나오거나 대궐 밖으로 행차한다. 그러므로 자리를 비울 때가 있다.

○ 釋畢.

경문의 풀이가 끝났다.

[10-4-4]

攝齊升堂, 鞠躬如也, 屛氣, 似不息者.

옷 아랫단을 거두어 들고 공당(公堂)에 오를 때는 몸을 굽히다시피 하며, 숨 기운을 감추어 숨을 쉬지 못하는 사람과 같았다.

朱註

'齊', 音咨.[89] '攝', 摳也. '齊', 衣下縫也.

'섭자승당(攝齊升堂)'에서 '자(齊)'자는 음이 자(咨)이다. '섭(攝)'은 추어올림이고, '자(齊)'는 옷의 아랫단[90]이다.

詳說

○ 驅侯反.[91]

'구야(摳也)'에서 '구(摳)'는 '구(驅)'와 '후(侯)'의 반절(反切)이다.

○ 去聲.[92]

89) 『논어주소(論語注疏)』에 육덕명의 「음의」에는 "齊, 音資, 裳下也."라고 하였다.

90) 아랫단 : 긴 옷 아래의 박음 부분을 말한다. 『예기』「곡례상(曲禮上)」에서 "兩手摳衣, 去齊尺."라고 하였는데, 정현(鄭玄)의 주에 "齊, 裳下緝也."라고 하였다. 또 하안(何晏), 『논어집해』에 공안국(孔安國)의 말을 인용하여 "衣下曰齊, 攝齊者, 摳衣也."라고 하였다.

91) 호광 편(胡廣 編), 『논어집주대전(論語集註大全)』「향당(鄕黨)」.

92) 호광 편(胡廣 編), 『논어집주대전(論語集註大全)』「향당(鄕黨)」에는 "縫, 房用反."이라고 하였다.

'의하봉야(衣下縫也)'에서 '봉(縫)'자는 거성(去聲 : 꿰맨 곳)이다.

○ 訓.

훈고이다.

朱註

『禮』, "將升堂, 兩手摳衣, 使去地尺", 恐躡之而傾跌失容也.

『예기』에서 "장차 당상(堂上)에 오르려고 할 때 두 손으로 옷을 추어올려 땅에서 한 자쯤 떨어지게 한다."라고 하였으니, 옷을 밟아서 기우뚱하거나 넘어져서 용모를 잃을까 염려한 것이다.

詳說

○ 『禮記』「曲禮」.

'『예』'는 『예기』「곡례(曲禮)」이다.[93]

○ 趙氏曰 : "古者, 諸侯之堂, 七尺, 尺一級. 使裳之齊, 去地尺, 則升堂[94]不躡之也."[95]

조씨(趙氏 : 趙順孫[96])가 말하였다. "옛날 제후의 집은 높이가 7척으로 한 척마다 하나의 계단이었다. 치마의 아랫단이 땅에서 한 자쯤 떨어지게 하였는데, 당상(堂上)에 오를 때 옷에 걸리지 않도록 한 것이다."

○ 尼輒反.[97]

'공섭지이(恐躡之而)'에서 '섭(躡)'은 '니(尼)'와 '첩(輒)'의 반절(反切)이다.

---

93) '『예』'는 『예기』「곡례(曲禮)」이다 : 『예기』「곡례 상(曲禮上)」에서 "장차 자리에 나아가려고 할 때는 얼굴에 부끄러워하는 기색을 하지 말며, 두 손으로 옷을 추어올려 땅에서 한 자쯤 떨어지게 하며, 옷이 더펄거리지 않게 하고 발이 걸려 넘어지지 않게 한다.(將即席, 容毋怍; 兩手摳衣, 去齊尺; 衣毋撥, 足毋蹶.)"라고 하였다.

94) 堂 : 『논어집주대전』「향당(鄕黨)」에는 '階'로 표기되어 있다.

95) 호광 편(胡廣 編), 『논어집주대전(論語集註大全)』「향당(鄕黨)」에는 "趙氏曰 : '古者, 諸侯之堂, 七尺, 尺一級. 使裳之齊, 去地尺, 則升階不躡之也.'"로 되어 있고, 조순손, 『논어찬소(論語纂疏)』 권5에는 "愚謂: 古者, 諸侯之堂, 七尺, 尺一級. 使裳之齊, 去地尺, 則升階不躡也."라고 하였다.

96) 조순손(趙順孫 : 1215~1277) : 남송 시대 사람으로, 자가 화중(和仲)이고, 호가 격암(格庵)이며, 진운운당(縉雲雲塘) 사람이다. 저서로는 『주초(奏草)』 29편, 『사서찬소(四書纂疏)』 10권, 『근사록(近思錄)』 등이 있다.

97) 호광 편(胡廣 編), 『논어집주대전(論語集註大全)』「향당(鄕黨)」.

○ 音迭.[98]

'경질실용야(傾跌失容也)'에서 '질(跌)'자는 음이 질(迭)이다.

○ 朱子曰 : "古者, 搢笏於腰間, 宇文周乃執笏. 於是, 攝齊鞠躬之禮廢, 升堂而蹴齊者, 多矣."[99]

주자(朱子 : 朱熹)가 말하였다. "옛날에 홀을 허리 사이에 꽂았는데, 우문주(宇文周 : 北周, 後周) 때 홀을 손에 잡았다. 이에 아랫단을 추어올리고 몸을 굽히는 예법이 없어져 당상(堂上)에 오를 때 아랫단을 발로 밟는 사람이 많았다."

○ 釋.

경문의 풀이다.

朱註

'屛', 藏也. '息', 鼻息出入者也.

'병(屛)'은 감춤이다. '식(息)'은 코로 숨이 나가고 들어오는 것이다.

詳說

○ 音丙.[100]

'병(屛)'자는 음이 병(丙)이다.

○ 訓.

훈고이다.

朱註

近至尊, 氣容肅也.

지존(至尊 : 임금)을 가까이 함에 숨 쉬는 용모를 엄숙히 하는 것이다.

98) 호광 편(胡廣 編), 『논어집주대전(論語集註大全)』「향당(鄕黨)」.

99) 호광 편(胡廣 編), 『논어집주대전(論語集註大全)』「향당(鄕黨)」에는 "朱子曰 : '攝齊者, 是謂謹恐上階時踏着裳, 有顚仆之患.' 或問 : '升堂攝齊, 則手無所執歟?' 曰 : '古者, 君臣所執, 五玉 · 三帛 · 二生 · 一死, 皆以爲贄而已. 笏則搢之, 插於腰間, 用以記事而已, 不執以爲儀也. 宇文周, 欲復古, 乃不修贄而執笏, 於是, 攝齊鞠躬之禮廢, 升堂而蹴齊者, 多矣."로 되어 있다.

100) 호광 편(胡廣 編), 『논어집주대전(論語集註大全)』「향당(鄕黨)」.

詳說

○ 此句, 出『禮記』「玉藻」.

이 구절은 『예기』「옥조(玉藻)」에 나온다.[101]

○ 釋.

경문의 풀이다.

[10-4-5]

出降一等, 逞顏色, 怡怡如也; 沒階, 趨進, 翼如也; 復其位, 踧踖如也.

나가시면서 한 계단을 내려서서는 낯빛을 펴서 기뻐하는 듯이 하며, 계단을 다 내려서서는 빨리 걸어 나아감에 새가 날개를 편 듯이 하며, 그 자리에 돌아와서는 공손하고 조심하는 듯하였다.

朱註

陸氏曰 : "'趨'下, 本無'進'字, 俗本有之, 誤也."

육씨(陸氏 : 陸元朗)[102]가 말하였다. "'추(趨)' 아래에 본래 '진(進)'자가 없는데 속본(俗本)에는 있으니, 잘못된 것이다."

詳說

○ 朱子曰 : "爲趨而退不得, 復有'進'字."[103]

주자(朱子 : 朱熹)가 말하였다. "빨리 걸어가면 물러날 수 없으니 다시 '진(進)'자를 둔 것이다."

---

101) 이 구절은 『예기』「옥조(玉藻)」에 나온다 : 『예기』「옥조(玉藻)」. "氣容肅."의 주석에 "似不息者."라고 하였다.

102) 육원랑(陸元朗 : 550~630) : 당나라 때의 학자로, 자가 덕명(德明)이고, 평강(平江) 사람이다. 보통 육덕명이라고 부르며, 저서로는 『경전석문(經典釋文)』 등이 있다.

103) 호광 편(胡廣 編), 『논어집주대전(論語集註大全)』「향당(鄕黨)」에는 "朱子曰 : '此是到末梢, 又加整頓; 衆人末稍, 便撒了. 聖人則始乎敬; 終乎敬.' 問 : '何以知進字爲衍文?' 曰 : '降而盡階, 則爲趨而退不得, 復有進字.'"로 되어 있다.

◯ 蓋因上節'趨進翼如也'之文, 而衍耳.

대개 위 구절의 '추진익여야(趨進翼如也 : 빨리 걸어 나아감에 새가 날개를 편 듯이 하였다)'[104]의 문장에 말미암은 것이어서 연문(衍文)일 뿐이다.

◯ 先正'進'字.

먼저 '진(進)'자를 바로잡은 것이다.

◯ 此圈, 與'十世可知'『註』之圈, 其例同.

이 동그라미(◯)는 '십세가지(十世可知 : 앞으로 십 대의 일을 알 수 있겠습니까?)'[105]의 『논어집주(論語集註)』에 있는 동그라미와 그 용례가 같다.[106]

朱註

'等', 階之級也. '逞', 放也.

'등(等)'은 섬돌의 층계이다. '령(逞)'은 마음을 놓음이다.

詳說

◯ 『諺』音誤.

'령(逞)'은 『언해』의 음이 잘못되었다.[107]

◯ 上蔡謝氏曰 : "逞, 非肆也, 心能使氣之意."[108]

상채 사씨(上蔡謝氏 : 謝良佐)가 말하였다. "'령(逞)'은 방자함이 아니고, 마음이 능

104) 위 구절의 추진익여야(趨進翼如也 : 빨리 걸어 나아감에 새가 날개를 편 듯이 하였다) : 앞의 구절 "趨進, 翼如也."를 말한다.

105) 십세가지(十世可知 : 앞으로 십 대의 일을 알 수 있겠습니까?) : 『논어(論語)』「위정(爲政)」의 "子張, 問 : '十世, 可知也?'"를 말한다.

106) 이 동그라미(◯ : 圈)는 …… 동그라미와 그 용례가 같다 : 위의 『논어(論語)』「위정(爲政)」 내용의 집주 가운데 "陸氏曰 : '也, 一作乎.' ◯王者, 易姓受命, 爲一世. 子張問, 自此以後, 十世之事, 可前知乎."에서 중간에 있는 권표(圈標: ◯)를 말한다. 여기서는 먼저 육덕명의 훈고(訓詁) 내용을 제시하고, 이어서 동그라미표를 한 다음 훈석(訓釋)을 전개한 것이 이와 동일한 변설의 용례라고 본 것이다.

107) '령(逞)'은 『언해』의 음이 잘못되었다 : 『논어주소(論語注疏)』에 육덕명의 「음의」에는 "逞, 勑井反."이라 하여 '령', 『당운』·『집운』·『정운』·『광운』 등에는 "丑郢切."이라 하여 '청'이라 하였는데, 박문호(朴文鎬)는 아마도 음을 '청'으로 여긴 듯하다.

108) 주희, 『논어정의(論語精義)』 권5 하, 「향당(鄕黨) 제10」에서는 "謝曰 : '逞, 非肆也, 心能使氣之意.'"라 하였다.

히 기운을 부리는 뜻이다."

○ 訓.

훈고이다.

朱註

漸遠所尊, 舒氣解顏.

점점 임금이 있는 곳에서 멀어짐에 숨기운을 펴고 얼굴빛을 푸는 것이다.

詳說

○ 釋.

경문의 풀이다.

朱註

'怡怡', 和悅也. '沒階', 下盡階也. '趨', 走就位也.

'이이(怡怡)'는 화평(和平)하고 기뻐함이다. '몰계(沒階)'는 내려와서 계단을 다함이다. '추(趨)'는 빨리 가서 그 자리에 나아감이다.

詳說

○ '怡怡和悅也', 此五字, 似當在'放也'之下, 而在此, 或傳寫之錯.

'이이화열야(怡怡和悅也 : '이이(怡怡)'는 화평(和平)하고 기뻐함이다)'의 이 다섯 글자는 마땅히 '방야(放也 : 마음을 놓다)' 아래에 있어야 할 것 같은데 여기에 있으니, 혹시 옮겨 적다가 생긴 착오인 듯하다.

○ 去聲.

'하진계야(下盡階也)'에서 '하(下)'자는 거성(去聲 : 내려오다)이다.

○ 訓.

훈고이다.

朱註

復位踧踖, 敬之餘也.

그 자리에 돌아와서는 공손하고 조심하는 것은 공경함의 남음이다.

詳說

○ 程子曰 : "復班次之序."[109]

'복위(復位 : 자리로 돌아옴)'에 대해, 정자(程子 : 程頤)가 말하였다. "반열(班列)과 위차(位次)의 차례로 돌아오는 것이다."

○ 亦有敬意.

'추익(趨翼 : 빨리 걸어 나아감에 새가 날개를 폄)'에도 또한 공경하는 뜻이 있다.

○ 釋.

경문의 풀이다.

○ 雲峰胡氏曰 : "始以爲敬之至, 末以爲敬之餘."[110]

운봉 호씨(雲峰胡氏 : 胡炳文)가 말하였다. "처음에는 공경함의 지극함으로써 하고, 끝에는 공경함의 남음으로써 하는 것이다."

朱註

○ 此一節, 記孔子在朝之容.

이 한 구절은 공자가 조정에 있을 때의 용모를 기록하였다.

詳說

○ 音潮.

'기공자재조지용(記孔子在朝之容)'에서 '조(朝)'자는 음이 조(潮)이다.

○ 勉齋黃氏曰 : "此有五節, 一入門; 二過位; 三升堂; 四下階; 五復位."[111]

면재 황씨(勉齋黃氏 : 黃幹)가 말하였다. "이것(공자가 조정에 있을 때의 용모)에는 다섯 절차가 있으니, 첫째는 궁문(宮門)에 들어감이고, 둘째는 임금의 자리를 지

109) 주희, 『논어정의(論語精義)』 권5 하, 「향당(鄕黨) 제10」에는 "伊川曰 : '自君召使擯, 至私覿愉愉如也, 此皆孔子爲大夫時, 出入起居之節也. 過位, 過君之虛位也. 出降一等, 是自堂而出降階, 當此時放氣不屛. 故逞顔色也, 復其位, 復班次之序也. 享禮者, 此享燕賓客之時, 有容色者, 葢一于莊則情不通也. 私覿怡怡如也, 私覿則又和悅矣.'"로 되어 있다.

110) 호광 편(胡廣 編), 『논어집주대전(論語集註大全)』「향당(鄕黨)」에는 "雲峯胡氏曰 : '始入門而如不容其敬, 即已可見至; 其出也, 既怡怡而復踧踖, 則其敬愈可見. 故『集注』始以爲敬之至, 末以爲敬之餘.'"로 되어 있다.

111) 호광 편(胡廣 編), 『논어집주대전(論語集註大全)』「향당(鄕黨)」에는 "勉齋黃氏曰 : '此記在朝之容, 有五節, 一入門; 二過位; 三升堂; 四下階; 五復位.'"로 되어 있다.

나감이고, 셋째는 당상(堂上)에 오름이고, 넷째는 계단을 내려옴이고, 다섯째는 자리로 돌아옴이다."

○ **事之序如此, 不言'出門'者, 與入同也.**

일의 차례가 이와 같으니, '출문(出門 : 문밖으로 나가는 것)'에 대하여 말하지 않은 것은 들어감과 같기 때문이다.

[10-5-1]

執圭, 鞠躬如也, 如不勝; 上如揖, 下如授; 勃如戰色; 足蹜蹜如有循.
명규(命圭)를 잡았는데 몸을 굽히다시피 하여 받들지 못하는 것처럼 하며, 규를 위로 올릴 때는 읍(揖)하는 것 같이 하고, 아래로 내릴 때는 남에게 주는 것 같이 하며, 낯빛이 변하여 두려워 벌벌 떠는 기색(氣色) 같으며, 발이 종종걸음을 걸어 좇음이 있는 듯하였다.

朱註

'勝', 平聲. '蹜', 色六反.[112] '圭', 諸侯命圭, 聘問鄰國, 則使大夫執以通信.
'여불승(如不勝)'에서 '승(勝)'자는 평성(平聲 : 받들다)이다. '족축축여유순(足蹜蹜如有循)'에서 '축(蹜)'은 '색(色)'과 '륙(六)'의 반절(反切)이다. '규(圭)'는 제후의 명규(命圭)이니, 이웃 나라에 예를 갖추어 방문하면 대부에게 규(圭)를 잡게 하여 신의(信義)가 통하게 한다.

詳說

○ 朱子曰 : "諸侯受封, 天子授圭, 以爲瑞節."[113]
주자(朱子 : 朱熹)가 말하였다. "제후가 봉작(封爵)을 받을 때 천자가 홀(笏)을 내려 주어 상서로운 부절(符節)로 삼은 것이다."

○ 『周禮』「考工記」曰 : "公桓圭九寸; 侯信圭七寸; 伯躬圭七寸."[114]
『주례』「고공기」에서 말하였다. "공작(公爵)은 환규(桓圭)를 잡으니 길이가 9촌이며, 후작(侯爵)은 신규(信圭)를 잡으니 길이가 7촌이며, 백작(伯爵)은 궁규(躬圭)를 잡으니 길이가 7촌이다."

---

112)『논어주소(論語注疏)』 육덕명의 「음의」에는 "勝, 音升. …… 蹜, 色六反."이라고 하였다.

113) 호광 편(胡廣 編), 『논어집주대전(論語集註大全)』「향당(鄕黨)」에는 "或問命圭, 曰 : '古者受侯受封, 天子授之以圭, 以爲瑞節.'"로 되어 있고, 손이양(孫詒讓), 『주례정의』에서 "凡玉節, 通謂之瑞節.(무릇 옥절을 통틀어서 서절이라고 이른다.)"이라고 하였다.

114) 『주례』「고공기 · 옥인(玉人)」. "命圭九寸, 謂之桓圭, 公守之; 命圭七寸, 謂之信圭, 侯守之; 命圭七寸, 謂之躬圭, 伯守之." 『주례』「춘관 · 대종백(大宗伯)」에 의하면 "公執桓圭; 侯執信圭; 伯執躬圭.(공작은 환규를 잡고, 후작은 신규를 잡고, 백작은 궁규를 잡는다.)"라고 하였고, 정현(鄭玄)의 주석에서 "桓圭, 蓋亦以桓爲瑑飾, 圭長九寸. …… 信當爲身, 聲之誤也. 身圭 · 躬圭, 蓋皆象以人形爲瑑飾, 文有麤縟耳, 欲其慎行以保身. 圭皆長七寸."라고 설명하였다.

○『大全』曰:“王所命之圭, 朝覲執焉, 居則守之, 子守穀璧; 男守蒲璧.”115)

『논어집주대전』에서 말하였다. “임금이 임명하며 하사한 규(圭)는 조회에서 알현할 때 잡으며, 집에서 지낼 때는 수장(收藏)하는데 자작(子爵)은 곡벽(穀璧)을 수장하며, 남작(男爵)은 포벽(蒲璧)을 수장한다.”

○『禮記』「郊特牲」曰:“大夫執圭, 而使所以申信也.”116)

『예기』「교특생(郊特牲)」에서 말하였다. “대부가 규(圭)를 잡고 신의를 표명하게 하는 것이다.”

○朱子曰:“只是捧至君前而已, 少間仍退還.”117)

주자(朱子:朱熹)가 말하였다. “다만 이것은 받들고 임금 앞에 이를 따름이고, 잠깐 뒤에 이에 물러나서 돌아온다.”

朱註

‘如不勝’, 執主器, 執輕如不克, 敬謹之至也. ‘上如揖, 下如授’, 謂執圭平衡, 手與心齊,

‘여불승(如不勝:받들지 못하는 것처럼 함)’은 임금의 기물을 잡을 때는 가벼운 것을 잡더라도 마치 이기지 못하는 것처럼 하는 것이니, 공경하고 삼감이 지극한 것이다. ‘상여읍 하여수(上如揖下如授:규를 위로 올릴 때는 읍하는 것같이 하고, 아래로 내릴 때는 남에게 주는 것같이 함)’는118) 규(圭)를 잡음이 기울지 않고 평평하여 손

115) 호광 편(胡廣 編), 『논어집주대전(論語集註大全)』「향당(鄉黨)」에는 “『周禮』「冬官·考工記」, …… 命圭者, 王所命之圭也, 朝覲執焉, 居則守之, 子守穀璧; 男守蒲璧; 不言之者闕耳.”로 되어 있고, 또한 『주례』「춘관·대종백(大宗伯)」에 의하면, “以玉作六瑞, 以等邦國. 王執鎭圭, 公執桓圭, 侯執信圭, 伯執躬圭, 子執穀璧, 男執蒲璧.”라고 하였고, 정현(鄭玄)의 주석에 “穀, 所以養人; 蒲爲席, 所以安人. 二玉, 蓋或以穀爲飾, 或以薄爲瑑飾, 璧皆徑五寸.”라고 하였다.

116) 호광 편(胡廣 編), 『논어집주대전(論語集註大全)』「향당(鄉黨)」. “『禮』「郊特牲」云:‘大夫執圭, 而使所以申信也.’”

117) 호광 편(胡廣 編), 『논어집주대전(論語集註大全)』「향당(鄉黨)」. “朱子曰:‘圭自通贄, 見通信之物, 只是捧至君前而已, 少間仍退還.’”

118) 상여읍 하여수(上如揖下如授:규를 위로 올릴 때는 읍하는 것같이 하고, 아래로 내릴 때는 남에게 주는 것같이 함)는:『주자어류(朱子語類)』 권38, 「논어20(論語二十)」, 25조목에는 “‘규를 위로 올릴 때는 읍하는 것같이 하고, 아래로 내릴 때는 남에게 주는 것같이 하다’라고 하였는데, 이전 선배들은 ‘계단을 올라간다’고 할 때의 상(上)과 ‘계단을 내려온다’의 하(下)라고 생각하는 경우가 많았다. 실제로 이미 내려왔다면 이미 홀을 사용하지 않으며, 자주 개(介)에

이 심장과 가지런히 하니,

詳說

○ 二句, 出『禮記』「曲禮」.119)

'집주기, 집경여불극(執主器, 執輕如不克 : 임금의 기물을 잡을 때는 가벼운 것을 잡더라도 마치 이기지 못하는 것처럼 하는 것)' 두 구절은 『예기』「곡례(曲禮)」에 나온다.

○ 亦謂平也.

'형(衡)'은 또한 평(平)을 이른다.

○ 平衡之狀.

'수여심제(手與心齊 : 손이 심장과 가지런히 함)'는 평형을 이룬 모양이다.

○ 此言其常也.

이는 그 떳떳함을 말한 것이다.

朱註

高不過揖, 卑不過授也.

높이 해도 읍(揖)하는 높이를 지나지 않고, 낮추어도 남에게 물건을 주는 높이를 지나지 않음을 이른다.

詳說

○ 朱子曰 : "如步趨之間, 其手微有上下."120)

주자(朱子 : 朱熹)가 말하였다. "종종걸음으로 걷는 사이에 그 손이 약간 위로 하고 아래로 함이 있음과 같은 것이다."

○ 又曰 : "'上'·'下', 執圭之高低也, 舊說謂'上階'·'下階'. 但旣納圭君前, 不復執之

게 준다. 높이더라도 읍하는 높이를 지나지 않기 때문에 읍하는 듯하며, 낮추어도 물건을 주는 위치보다 낮추지 않기 때문에 주는 듯하다.('執圭, 上如揖, 下如授.' 前輩多作上階之'上', 下階之'下'. 其實旣下則已不用笏, 往往授介者. 只是高不過於揖, 故如揖; 下不低於授, 故如授.')"라고 하였다.

119) 호광 편(胡廣 編), 『논어집주대전(論語集註大全)』「향당(鄕黨)」. "出『記』「曲禮下」." 『예기』「곡례 하」에는 "凡執主器, 執輕如不克, 操幣圭璧, 則尙左手, 行不擧足, 車輪曳踵."라고 되어 있다.

120) 호광 편(胡廣 編), 『논어집주대전(論語集註大全)』「향당(鄕黨)」에는 "問: '執圭, 上如揖, 下如授, 旣曰平衡, 而又有上下, 莫是心與手齊. 如步趨之間, 其手微有上下. 但高不至過揖; 下不至過授否?' 朱子曰 : '得之.'"로 되어 있다.

以下. 故說做下階[121]不得."[122]

또 말하였다. "'상(上)'과 '하(下)'는 규(圭)를 잡음의 높고 낮음이니, 옛날 변설에는 '위의 계단'과 '아래 계단'이라고 하였다. 다만 이미 임금 앞에서 규(圭)를 용납하면 다시 규를 잡고서 내리지 않는 것이다. 그러므로 계단을 내려갈 수 없다고 말한 것이다."

○ 此言其微變也.

이는 그 미묘한 변함을 말한 것이다.

朱註

'戰色', 戰而色懼也. '蹜蹜', 擧足促狹也. '如有循', 『記』所謂'擧前曳踵', 言行不離地, 如緣物也.

'전색(戰色 : 두려워 벌벌 떠는 기색)'은 두려워 벌벌 떨면서 기색(氣色)이 두려워하는 모양이다. '축축(蹜蹜 : 종종걸음을 걸음)'은 발을 들어 움직임이 꽤 좁은 것이다. '여유순(如有循 : 좇음이 있는 듯함)'은 『예기』에 이른바 '앞으로 움직이면서 발뒤꿈치를 끈다.'라는 것이니, 발걸음이 땅을 잃지 않음이 마치 사물을 좇는 것과 같음을 말한다.

詳說

○ 謂勃如其戰而色變也.

'발여전색(勃如戰色 : 낯빛이 변하여 두려워 벌벌 떠는 기색 같음)'은 낯빛이 변함이 마치 두려워 벌벌 떨면서 기색(氣色)이 변하는 것과 같음을 이른다.

○ 『諺』音誤.

'축축(蹜蹜)'에서 '축(蹜)'자는 『언해』의 음이 잘못되었다.[123]

---

121) 階 : 『논어집주대전』과 『주자어류(朱子語類)』에는 '堂'으로 표기되어 있다.

122) 호광 편(胡廣 編), 『논어집주대전(論語集註大全)』「향당(鄕黨)」에는 "'上如揖, 下如授', 舊說謂'上, 階之上; 下, 階之下', 亦好. 但此方說升堂時, 其容如此. 旣升堂納圭於君前, 卽不復執之以下. 故說做下堂不得, 所以只用平衡之說言之. '上'·'下', 謂執圭之高低也."로 되어 있고, 『주자어류(朱子語類)』 권38에도 이 내용이 보인다. "'上如揖, 下如授', 舊說亦好. 但此方說升堂時, 其容如此. 旣升堂納圭於君前, 卽不復執之以下, 故說做下堂不得, 所以只用平衡之說言之. '上'·'下', 謂執圭之高低也." 『논어집주대전』에는 "上, 上聲."이라고 하여 '올리다, 상승(上昇)하다'의 음의(音義)로 파악하였다.

○ 『禮記』「玉藻」.[124]

'『기(記)』'는 『예기』「옥조(玉藻)」이다.

○ 之隴反.[125]

'거전예종(擧前曳踵)'에서 '종(踵)'은 '지(之)'와 '롱(隴)'의 반절(反切)이다.

○ 去聲.

'언행불리지(言行不離地)'에서 '리(離)'자는 거성(去聲 : 잃다)이다.

○ 朱子曰 : "'如有循', 緣手中有圭, 不得攝齊, 亦防顚仆."[126]

주자(朱子 : 朱熹)가 말하였다. "'여유순(如有循 : 좇음이 있는 듯함)'은 손 안에 규(圭)가 있음으로 인하여 옷 아랫단을 추어올리지 못하니 또한 넘어지고 엎어짐을 방지하는 것이다."

○ 訓兼釋.

훈고에 경문의 풀이를 겸하였다.

[10-5-2]

享禮, 有容色,
예물을 헌상(獻上)하는 예(禮)를 할 때는 화평한 용모와 기색이 있으며,

朱註

'享', 獻也. 旣聘而享, 用圭璧, 有庭實.[127]

---

123) '축축(蹜蹜)'에서의 '축(蹜)'자는 『언해』의 음이 잘못되었다 : 『논어집주대전』은 물론 『논어집주(論語集註)』와 『논어주소(論語注疏)』「음의」에서 모두 "蹜, 色六反."라고 하여 '슉(숙)'의 음가를 밝힌 것과는 달리 『언해(諺解)』에서는 '츅(축)'이라고 한 것을 지적한 것이다.

124) 호광 편(胡廣 編), 『논어집주대전(論語集註大全)』「향당(鄕黨)」에 그 내용이 실려 있다. "『禮』「玉藻」, '執龜玉, 擧前曳踵, 蹜蹜如也.' 踵, 足後跟也, 略擧前趾, 拖曳後跟, 行不離地也."

125) 호광 편(胡廣 編), 『논어집주대전(論語集註大全)』「향당(鄕黨)」.

126) 호광 편(胡廣 編), 『논어집주대전(論語集註大全)』「향당(鄕黨)」에는 "朱子曰 : '蹜蹜如有循, 緣手中有圭, 不得攝齊, 亦防顚仆.'"로 되어 있다.

127) 하안(何晏), 『논어집해』에는 정현(鄭玄)의 주석을 인용하여 "享, 獻也. 聘禮, 旣聘而享, 用圭璧, 有庭實."라고 하였다.

'향(享)'은 물건을 바침이니, 이미 빙문(聘問)하여 예물(禮物)을 삼가 올릴 때는 규벽(圭璧)의 홀(笏)을 사용하며, 조정(朝廷)에 예물을 진열하여 둔다.

詳說

○ 朱子曰: "'聘', 是初見時."[128]

'빙(聘)'은 주자(朱子: 朱熹)가 말하였다. "'빙(聘)'은 처음 알현(謁見)할 때이다."

○ 朱子曰: "獻圭璧, 非命圭也. 皮幣輿馬, 皆陳於庭. 故曰: '庭實享, 則有圭璧, 以通信; 有庭實, 以將其意.'"[129]

주자(朱子: 朱熹)가 말하였다. "규벽을 바치는데 명규(命圭)가 아니다. 가죽과 폐백과 수레와 말을 모두 조정에 진열한다. 그러므로 말하였다. '조정에 예물을 진열하여 삼가 올리니, 곧 규벽을 두어서 신의(信義)가 통하게 하고, 조정에 예물을 두어 그 뜻을 드러내어 이르게 한다.'"

○ 見『儀禮』「大射」. 又『左傳』云: "庭實, 旅百奉之以玉帛."[130]

'정실(庭實)'은 『의례(儀禮)』「대사(大射)」에 보인다.[131] 또 『좌전(左傳)』에서 말하

---

128) 호광 편(胡廣 編), 『논어집주대전(論語集註大全)』「향당(鄕黨)」에는 "問: '享禮有容色, 『儀禮』, 謂發氣滿容, 何故如此?' 曰: '聘是初見時. 故其意極於恭肅, 旣聘而享, 則用圭璧以通信; 有庭實以將其意, 比聘時漸紓也.'"로 되어 있고, 『주자어류(朱子語類)』 권38, 「논어20(論語二十)」, 28조목에도 이 내용이 보인다. "'饗禮有容色,' 『儀禮』謂發氣滿容, 何故如此? 曰: '聘是初見時. 故其意極於恭肅. 旣聘而享, 則用圭璧以通信, 有庭實以將其意, 比聘時漸紓也('예물을 헌상(獻上)하는 예(禮)를 할 때는 화평한 용모와 기색이 있으며'라고 하였고, 『의례(儀禮)』에 '기운이 발하여 용모에 가득하다'고 하였는데, 무슨 까닭으로 이렇게 됩니까? 주희가 말하였다. '빙례(聘禮)는 처음 만날 때이기 때문에 그 뜻이 공손하고 엄숙함에 지극하다. 이미 빙례(聘禮)를 마치고 향례(享禮)를 한다면 규벽을 사용하여 신의를 통하게 하고 조정의 가득한 재물을 두어 그 뜻을 발전하게 하니, 빙례(聘禮)할 때에 비해 점점 느슨해진다.')"

129) 호광 편(胡廣 編), 『논어집주대전(論語集註大全)』「향당(鄕黨)」에는 "問: '聘享之禮.' 朱子曰: '正行聘禮畢而後, 行享禮, 聘是以命圭通信. 少間仍舊退還命圭, 享是獻其圭璧琮璜, 非命圭也. 皮幣輿馬之類, 皆拜跪以獻退, 而又以物獻其卿大夫, 凡三四次方畢所獻之物, 皆受, 但少間別有物以回之.' 又問: '庭實曰: 皮幣輿馬, 皆陳於庭. 故曰庭實.'"로 되어 있고, 『주자어류(朱子語類)』 권38에도 이와 유사한 내용이 보인다. 그 전문은 다음과 같다. "享禮有容色. 曰: '聘但以圭. 至享, 則更用圭璧·庭實.'" "問: '聘享之禮.' 曰: '正行聘禮畢, 而後行享禮. 聘, 是以命圭通信. 少間, 仍舊退還命圭. 享, 是獻其圭璧琮璜, 非命圭也. 幣皮輿馬之類, 皆拜跪以獻, 退而又以物獻其夫人, 凡三四次方畢. 所獻之物皆受, 但少間別有物回之.' 又問: '庭實.' 曰: '皮幣輿馬, 皆陳之於庭實. 私覿, 是所遣之大夫, 旣以君命行聘享之禮畢, 卻行私禮參見他國之君也.'"

130) 『춘추(春秋)』「장공(莊公)」 22년조에 보인다.

였다. “정실은 많은 예물을 진열하여 바침에 옥백(玉帛)으로써 한다.”

○ 新安陳氏曰 : “圭璧, 卽玉帛之玉.”132)

신안 진씨(新安陳氏 : 陳櫟)가 말하였다. “규벽(圭璧)은 곧 옥백(玉帛)의 옥이다.”

朱註

‘有容色’, 和也, 『儀禮』曰 : “發氣滿容.”

‘유용색(有容色 : 용모와 기색이 있음)’은 화평(和平)함이니, 『의례』에서 말하였다. “기색(氣色)에 드러나고 용모에 가득한 것이다.”

詳說

○ 「聘禮」.

‘『의례』’는 『의례』「빙례(聘禮)」이다.133)

○ 朱子曰 : “漸舒也.”134)

‘발기만용(發氣滿容 : 기색에 드러나고 용모에 가득함)’에 대해, 주자(朱子 : 朱熹)가 말하였다. “점점 얼굴에 화색(和色)이 펴지는 것이다.”

○ 訓兼釋.

훈고에 경문의 풀이를 겸하였다.

[10-5-3]

私覿, 愉愉如也.

사사로이 빈객을 만나 볼 때는 화평하게 반기는 듯하였다.

---

131) ‘정실(庭實)’은 『의례(儀禮)』「대사(大射)」에 보인다 : 실제로는 『의례』의 「근례(覲禮)」·「사혼례(士昏禮)」·「빙례(聘禮)」·「공식대부례(公食大夫禮)」 등에 보인다.

132) 호광 편(胡廣 編), 『논어집주대전(論語集註大全)』「향당(鄕黨)」에는 “新安陳氏曰 : ‘『記』曰 : 庭實, 旅百奉之以玉帛, 此云用圭璧, 卽玉帛之玉, 與上文執圭, 不相妨, 彼乃命圭也.’”로 되어 있다.

133) ‘『의례』’는 『의례』「빙례(聘禮)」이다 : 『의례』「빙례(聘禮)」에서 “下階, 發氣怡焉, 再三擧足又趨.”라고 하였고, 또 “及享, 發氣焉盈容.”라고 하였다.

134) 『논어집주대전』과 『주자어류(朱子語類)』에는 ‘점서(漸紓)’라고 표기하였다.

朱註

'私覿', 以私禮見也.

'사적(私覿)'은 사사로운 예로 만나는 것이다.

詳說

○ 見「聘禮」.

'사적(私覿 : 사사로이 빈객을 만나 봄)'은 『의례』「빙례(聘禮)」에 보인다.

○ 音現.[135]

'이사례현야(以私禮見也)'에서 '현(見)'자는 음이 현(現)이다.

○ 朱子曰 : "'享禮', 乃其君之信; '私覿', 則聘使, 亦有私禮物, 與所聘之國君."[136]

주자(朱子 : 朱熹)가 말하였다. "'향례(享禮 : 물건을 헌상하는 예를 함)'는 이에 그 임금에 대한 신의이고, '사적(私覿 : 사사로이 빈객을 만나 봄)'은 곧 빙사(聘使 : 명을 받들고 예물을 갖추어 방문함)이니, 또한 사사로운 예물이 있어 방문하는 나라 임금에게 주는 것이다."

○ 雖曰私, 而亦禮之公也.

비록 '사(私 : 사사로움)'라고 하더라도 또한 예의 공변됨이 있는 것이다.

朱註

愉愉, 則又和矣.

'유유(愉愉 : 화평하게 반김)'[137]는 또 화평(和平)한 것이다.

詳說

○ 照上節'容色', 而言'又'.

위의 구절의 '용색(容色 : 용모와 기색)'에 비추어서 '우(又 : 또)'를 말한 것이다.

○ 訓兼釋.

훈고에 경문의 풀이를 겸하였다.

---

135) 호광 편(胡廣 編), 『논어집주대전(論語集註大全)』「향당(鄕黨)」에는 "見, 形甸反."이라고 하였다. 『논어주소(論語注疏)』「음의」에는 "見, 賢遍反, 下同."라고 하였다.

136) 호광 편(胡廣 編), 『논어집주대전(論語集註大全)』「향당(鄕黨)」에는 "朱子曰 : '享禮, 乃其君之信; 私覿, 則聘使, 亦有私禮物, 與所聘之國君及其大臣.'"으로 되어 있다.

137) 주희, 『논어정의(論語精義)』, 권5 하에는 "伊川曰 : '私覿愉愉如也, 私覿則又和悅矣.'"라고 하였다.

朱註

○ 此一節, 記孔子爲君聘於隣國之禮也.
이 한 구절은 공자가 임금을 위하여 이웃 나라에 예물을 갖추어 방문하는 예법을 기록하였다.

詳說

○ 去聲.
'기공자위군빙(記孔子爲君聘)'에서 '위(爲)'자는 거성(去聲 : 위하다)이다.

○ 勉齋黃氏曰 : "出使有三節, '執圭', 禮之正也; '享禮', 則稍輕; '私覿', 則又輕矣."[138)]
면재 황씨(勉齋黃氏 : 黃幹)가 말하였다. "사신을 나갈 때 세 가지 절차가 있으니, '집규(執圭 : 명규를 잡음)'는 예의 정도이며, '향례(享禮 : 예물을 헌상하는 예를 함)'는 조금 가벼우며, '사적(私覿 : 사사로이 빈객을 만나 봄)'은 또 가벼운 것이다."

○ 亦事之序也.
또한 일의 차례이다.

朱註

鼂[139)]氏曰 : "孔子定公九年, 仕魯, 至十三年, 適齊,
조씨(鼂氏 : 晁說之)[140)]가 말하였다. "공자(孔子)가 정공(定公) 9년에 노(魯)나라에서 벼슬하고, 13년에 이르러 제(齊)나라로 갔으며,

詳說

○ 以「序說」考之, 齊恐衛, 傳寫之誤.

---

138) 호광 편(胡廣 編), 『논어집주대전(論語集註大全)』「향당(鄕黨)」에는 "勉齋黃氏曰 : '此章, 言出使有三節, 執圭, 禮之正也; 享禮則稍輕; 私覿則又輕矣. 故其容節之不同也, 如此.'"로 되어 있다.

139) 鼂 : 『논어집주대전』과 박문호(朴文鎬)의 『논어집주상설(論語集註詳說)』에는 모두 '鼂'자로 되어 있으나, 대체로 '晁'로 표기한다.

140) 조열지(晁說之 : 1059~1129) : 송나라 때 학자로, 자가 이도(以道)·백이(伯以)이고, 사마광(司馬光)의 사람됨을 사모하여 자호를 경우생(景迂生)이라 하고, 대대로 단주(澶州)에 살았으며, 거야(鉅野) 사람이다. 저서로는 『역상구대전(易商瞿大傳)』·『서론(書論)』·『역상소전(易商小傳)』·『상구역전(商瞿易傳)』·『친씨역식(親氏易式)』·『조씨시전(晁氏詩傳)』·『시론(詩論)』·『조씨서전(晁氏書傳)』·『조씨춘추전(晁氏春秋傳)』·『논어강의(論語講義)』·『주역태극전(周易太極傳)』·『중용전(中庸傳)』·『홍범소전(洪范小傳)』·『경우생집(景迂生集)』 등이 있다.

「서설(序說)」로써 상고해 보면 제(齊)나라는 아마도 위(衛)나라이니, 옮겨 적다가 생긴 착오인 것 같다.

朱註

其間, 絶無朝聘往來之事. 疑'使擯'·'執圭'兩條, 但孔子嘗言其禮當如此爾."
그 중간에 절대로 조회하고 빙문(聘問)하며 오고간 일이 없으니, 의심하건대 '사빈(使擯 : 빈객을 접대하라고 함)'과 '집규(執圭 : 명규를 잡음)'의 두 조항은 다만 공자가 일찍이 그 예가 마땅히 이와 같아야 한다고 말하였을 뿐이다."

詳說

○ 音潮.141)
'절무조빙(絶無朝聘)'에서 '조(朝)'자는 음이 조(潮)이다.

○ 程子曰 : "'擯'·'覿', 皆孔子爲大夫時."142)
정자(程子 : 程頤)가 말하였다. "'빈(擯 : 빈객을 접대함)'과 '적(覿 : 빈객을 만나 봄)'은 모두 공자가 대부가 되었을 때이다."

○ 厚齋馮氏曰 : "左氏·史遷, 恐不無軼事, 是書出於門人之親記, 烏得疑之?"143)
후재 풍씨(厚齋馮氏 : 馮椅)가 말하였다. "좌씨(左氏 : 左丘明)와 사천(史遷 : 司馬遷)은 아마도 일을 제대로 기록하지 않은 적이 없다. 이 글은 문인들이 직접 기록한 데서 나왔으니, 어찌 의심할 수 있겠는가?"

○ 雙峰饒氏曰 : "定公十四年, 適齊, 不知鼂氏何據而云. 十三年以上数事, 必夫子朝見擯聘時, 弟子隨從, 見而記之."144)
쌍봉 요씨(雙峰饒氏 : 饒魯)가 말하였다. "정공(定公) 14년에 제(齊)나라로 갔는데, 조씨(鼂氏 : 晁說之)가 어디에 근거하여 말하였는지 알 수 없다. 13년 이상의 몇

---

141) 호광 편(胡廣 編), 『논어집주대전(論語集註大全)』「향당(鄕黨)」.

142) 주희, 『논어정의(論語精義)』, 권5 하에는 "伊川曰 : '自君召使擯, 至私覿愉愉如也, 此皆孔子爲大夫時, 出入起居之節也. ……'"로 되어 있다.

143) 호광 편(胡廣 編), 『논어집주대전(論語集註大全)』「향당(鄕黨)」에는 "厚齋馮氏曰 : '據左氏史遷所載, 恐不無軼事, 是書出於門人之親記, 烏得而疑之?'"로 되어 있다.

144) 호광 편(胡廣 編), 『논어집주대전(論語集註大全)』「향당(鄕黨)」에는 "雙峯饒氏曰 : '按『史記』定公十四年, 孔子去魯適衛, 無十三年適齊事, 不知鼂氏何據而云. 以上數節, 必夫子朝見擯聘時, 弟子隨從, 見而記之.'"로 되어 있다.

가지 일은 반드시 공자가 조회(朝會)하고 알현(謁見)하며 빈객을 접대하고 빙문(聘問)하였을 때 제자들이 따라 다니면서 본 것을 기록한 것이다.”

○ **按, 孟子於齊, 処賓師之位, 尙有弔滕之行; 若夾谷之會, 孔子實相定公. 故上節註幷論擯相. 然則此註之取鼂說, 聊備一說, 以廣其義耳.**

살펴보건대, 맹자(孟子)는 제나라에서 빈사(賓師)의 지위에 처하여서도 오히려 등문공(滕文公)을 조상(弔喪)하는 행실이 있었으며,[145] 제나라 협곡(夾谷)과 같은 곳에서의 회합에서 공자(孔子)는 실제로 노나라 정공(定公)의 재상이 되었다.[146] 그러므로 위 구절의 주석에서 빈(擯)과 상(相)을 아울러서 진술한 것이다. 그래서 여기 주석에서는 조씨(鼂氏 : 鼂說之)의 변설을 취하였는데, 애오라지 하나의 변설을 갖추어 그 뜻을 넓혔을 뿐이다.

---

145) 맹자(孟子)는 제나라에서 빈사(賓師)의 지위에 …… 조상(弔喪)하는 행실이 있었으며 : 『사서혹문(四書或問)』「맹자」에서 “或問 : ‘孟子本欲朝王矣, 王召之則辭而不往, 何也?’ 曰 : ‘孟子於齊, 實處賓師之位, 而未嘗受祿, 蓋非齊王之所得臣也. 其相見之節, 王就而見孟子則可, 孟子自往而見王則不可, 王而召之, 則旣失禮矣, 而其託疾者, 又不誠也. 則若之何而可往哉?’”라고 하였고, 주자어류』 권55에서는 “程先生說 : ‘孔子爲乘田則爲乘田, 爲委吏則爲委吏, 爲司寇則爲司寇, 無不可者. 至孟子, 則必得賓師之位, 方能行道, 此便是他能大而不能小處. 惟聖人則無不遍, 大小方圓, 無所不可.’”라고 하였다.

146) 제나라 협곡(夾谷)과 같은 곳에서의 회합에서 …… 노나라 정공(定公)의 재상이 되었다 : 『春秋』「定公十年」에서 “夾谷之會, 令孔子爲相.”라고 하였다.

[10-6-1]

君子, 不以紺緅飾;

군자는 감색(紺色 : 津藍色)과 추색(緅色 : 眞紅色, 青赤色)으로 옷깃을 두르지 않으며,

朱註

'紺', 古暗反. '緅', 側由反. '君子', 謂孔子.

'불이감추식(不以紺緅飾)'에서 '감(紺)'은 '고(古)'와 '암(暗)'의 반절(反切)이다. '불이감추식(不以紺緅飾)'에서 '추(緅)'는 '측(側)'과 '유(由)'의 반절(反切)이다. '군자(君子)'는 공자를 이른다.

詳說

○ 新安陳氏曰 : "孟子曰 : '君子之厄於陳蔡', 正謂孔子."

신안 진씨(新安陳氏 : 陳櫟)가 말하였다. "맹자가 말하기를 '군자가 진나라와 채나라에서 곤란을 겪었다.'라고 하였는데,147) 바로 공자를 이르는 것이다."

○ 華陽范氏曰 : "言'君子'者, 不獨夫子."

화양 범씨(華陽范氏 : 范祖禹)148)가 말하였다. "'군자'라고 말한 것은 오직 공자만은 아니다."

朱註

'紺', 深青揚赤色, 齊服也.

'감(紺 : 津藍色)'은 짙은 청색에 붉은 빛을 띠는 것이니,

---

147) 맹자가 말하기를 '군자가 진나라와 채나라에서 곤란을 겪었다.'라고 하였는데 : 『맹자(孟子)』「진심하(盡心下)」에서 "맹자가 말하였다. '군자가 진나라와 채나라 사이에서 곤란을 겪은 것은 위아래로 사귐이 없었기 때문이다.(孟子曰 : '君子之戹於陳蔡之間, 無上下之交也.')"라고 하였다.

148) 범조우(范祖禹 : 1041~1098) : 송나라 때 학자로, 자가 순보(淳甫, 淳夫, 純父), 또는 몽득(夢得)이고, 성도 화양(成都華陽) 사람이다. 정자(程子)를 사사(師事)하였으며, 사마광(司馬光)을 추종하였다. 저서로는 『시해(詩解)』·『고문효경설(古文孝經說)』·『제의(祭儀)』·『경서요언(經書要言)』 등이 있다.

詳說

○ 朱子曰 : "'揚', 浮也."149)

주자(朱子 : 朱熹)가 말하였다. "'양(揚)'은 떠 있는 것이다."

○ 音齋.150)

'제복야(齊服也)'에서 '제(齊)'자는 음이 재(齋)이다.

○ 新安陳氏曰 : "『注疏』無明證."151)

신안 진씨(新安陳氏 : 陳櫟)가 말하였다. "『논어주소(論語注疏)』에는 명확한 증거가 없다."

朱註

'緅', 絳色, 三年之喪, 以飾練服也.

'추(緅)'는 진홍색(眞紅色 : 靑赤色)이니, 3년의 상사(喪事)에 연복(練服 : 喪服)에다 꾸미는 것이다.

詳說

○ 朱子曰 : "小祥後喪服, 用絳色飾, 此箇制度, 不可曉."152)

주자(朱子 : 朱熹)가 말하였다. "소상(小祥) 뒤에 상복에다 진홍색 가선을 대는데, 이러한 제도는 알 수가 없다."

---

149) 『주자어류(朱子語類)』 권38. 32조목에 "'紺, 深青揚赤色.' 揚, 浮也.(감색은 짙은 푸른색이면서 옅은 붉은 색이다. '揚[옅은]'은 '옅다[浮]'는 뜻이다.)"라고 하였다.

150) 호광 편(胡廣 編), 『논어집주대전(論語集註大全)』「향당(鄕黨)」에는 "齊, 側皆反."이라고 하였다.

151) 호광 편(胡廣 編), 『논어집주대전(論語集註大全)』「향당(鄕黨)」에는 "新安陳氏曰 : '緅, 取絹切, 緅是淺絳色, 緅則赤多黑少之色. 古註以緅當緅, 殊不相似, 至於紺, 近齊服, 考之註疏, 亦無明證要之.'"로 되어 있다.

152) 『주자어류(朱子語類)』 권38. 33조목에는 "問 : '緅以飾練服, 緅是絳色. 練服是小祥後喪服, 如何用絳色以爲飾?' 曰 : '便是不可曉. 此箇制度差異. 絳是淺紅色; 紺是青赤色, 如今之閃青也.'(물었다. '검붉은 색[緅]으로 연복(練服: 소상 뒤로부터 담제(禫祭) 전까지 입는 상제의 옷)을 장식한다'고 하였는데, 검붉은 색[緅]은 진홍색[絳]이고, 연복은 소상 뒤의 상복인데 어떻게 진홍색으로 장식할 수 있습니까?' 주희가 말하였다. '명확하게 알 수 없다. 이는 제도마다 조금씩 다르다. 강(絳)은 진홍색[淺紅]이며, 감(紺)은 검푸른 색이니 지금의 번쩍이는 푸른색이다.')"라고 되어 있다.

○ 雙峰饒氏曰："『集註』本古注說也. 「檀弓」云：'練衣縓緣'153), 古注, 誤以縓爲緅, 疑當闕."154)

쌍봉 요씨(雙峰饒氏：饒魯)가 말하였다. "『논어집주(論語集註)』본의 옛날 주석에 있는 설명이다. 『예기』「단궁(檀弓)」에 이르기를, '삼베 중의(中衣)에 분홍색 가선을 댄다.'라고 하였는데, 옛날 주석에서 잘못하여 전(縓：분홍색)을 추(緅：진홍색)라고 하였으니, 의심하건대 마땅히 빼야 한다."

朱註

'飾', 領緣也.155)

'식(飾)'은 옷깃이나 소매에 가선(加縇)을 하는 것이다.

詳說

○ 去聲.156)

'령연야(領緣也)'에서 '연(緣)'자는 거성(去聲：加縇)이다.

○ 新安陳氏曰："二色, 皆似赤非赤, 其色不正. 故不用爲飾歟."157)

신안 진씨(新安陳氏：陳櫟)가 말하였다. "두 가지 색은 모두 붉은 것 같지만 붉은 것이 아니니, 그 색이 바르지 않다. 그러므로 가선(加縇)을 하는 데는 사용하지 않는다."

○ 通凡衣而言, 且只言飾, 則與紅·紫有間矣.

통상적인 옷으로써 말한 것인데, 장차 다만 '식(飾：加縇)'을 말하였다면 분홍색이나 자주색과 더불어 간색(間色)이 있는 것이다.

○ 訓兼釋.

훈고에 경문의 풀이를 겸하였다.

---

153) 『예기』「단궁 상(檀弓上)」에는 "練衣, 黃裏縓緣.(삼베의 중의를 입되 누런색으로 안에 대고, 분홍색으로 가선을 한다.)"이라 하였고, 『예기』「한전(閒傳)」에는 "練冠縓緣.(삼베의 갓을 쓰되 분홍색으로 가선을 한다.)"이라 하였다.

154) 호광 편(胡廣 編), 『논어집주대전(論語集註大全)』「향당(鄕黨)」에는 "雙峯饒氏曰：'『集註』本古註說也.' 然「檀弓」云：'練衣縓緣, 古註, 誤以縓爲緅, 疑當闕.'"로 되어 있다.

155) 하안(何晏), 『논어집해』에는 공안국(孔安國)의 말을 인용하여 "一入曰緅, 飾者, 不以爲領袖緣也."라고 하였다.

156) 호광 편(胡廣 編), 『논어집주대전(論語集註大全)』「향당(鄕黨)」에는 "緣, 俞絹反."이라고 하였다.

157) 호광 편(胡廣 編), 『논어집주대전(論語集註大全)』「향당(鄕黨)」에는 "新安陳氏曰：'二色, 皆似赤非赤, 其色不正故, 不用爲飾歟.'"로 되어 있다.

[10-6-2]

紅·紫, 不以爲褻服.

분홍색[158]과 자주색으로 평소에 입는 옷을 만들지 않았다.

朱註

紅·紫, 間色, 不正, 且近於婦人·女子之服也. '褻服', 私居服也.

분홍색이나 자주색은 간색이니, 바르지 않으며, 또 부인과 여자의 옷에 가까운 것이다.[159] '설복(褻服)'은 사사로이 평소에 입는 옷이다.

詳說

○ 去聲.[160]

'간색(間色)'에서 '간(間)'자는 거성(去聲 : 中間)이다.

○ 朱子曰 : "青·黃·赤·白·黑, 五方之正色; 綠·紅·碧·紫·騮, 五方之間色."[161]

주자(朱子 : 朱熹)가 말하였다. "청색과 황색과 적색과 백색과 흑색은 오방(五方)의 정색(正色)이고, 녹색과 분홍색과 진녹색과 자주색과 검분홍색은 오방의 간색(間色)이다."

○ 已嫁之稱.

'부인(婦人)'은 이미 시집간 사람의 호칭이다.

○ 未行之名.

---

158) 분홍색 : 정현(鄭玄)이 설명한 "一染, 謂之縓, 今紅也."라는 내용에 의거한다.

159) 부인과 여자의 옷에 가까운 것이다 : 『주자어류(朱子語類)』 권38, 「논어20(論語二十)」, 34조목에는 "물었다. '붉은 색과 자주색은 '또 부인과 여자의 옷에 가까운 것이다.'라고 하였는데, 옛날의 부인과 여자들도 또한 붉은 색과 자주색으로 옷을 만든 것이 많았는지 모르겠습니다. 주희가 말하였다. '이것도 또한 알 수 없으나 선유(先儒)들이 이렇게 설명한 것에 근거할 뿐이다.' (問: '紅紫'且近於婦人女子之服.' 不知古之婦人女子亦多以紅紫爲服否?' 曰: '此亦不可知, 但據先儒如此說耳.')"라고 되어 있다.

160) 호광 편(胡廣 編), 『논어집주대전(論語集註大全)』「향당(鄕黨)」.

161) 호광 편(胡廣 編), 『논어집주대전(論語集註大全)』「향당(鄕黨)」에는 "朱子曰 : '紅紫, 非正色. 青黃赤白黑, 五方之正色也; 綠紅碧紫騮, 五方之間色也. 蓋以木之青, 尅土之黃, 合青黃而成綠, 爲東方之間色; 以金之白, 尅木之青, 合青白而成碧, 爲西方之間色; 以火之赤, 尅金之白, 合赤白而成紅, 爲南方之間色; 以水之黑, 克火之赤, 合赤黑而成紫, 爲北方之間色; 以土之黃, 克水之黑, 合黑黃而成騮, 爲中央之間色.'"으로 되어 있다.

‘여자(女子)’는 아직 시집가지 않은 사람의 명칭이다.

○ 下‘褻裘’同.

‘설복(褻服)’은 아래의 ‘설구(褻裘)[162]와 같다.

○ 訓畢.

훈고가 끝났다.

朱註

言此, 則不以爲朝 · 祭之服, 可知.

이것[163]을 말하였으면 그 색으로써 조회(朝會)와 제사(祭祀)의 옷을 만들지 않았음을 알 수 있다.

詳說

○ 音潮.[164]

‘즉불이위조(則不以爲朝)’에서 ‘조(朝)’자는 음이 조(潮)이다.

○ 以論釋之.

경문의 의미 설명으로 풀이하였다.

○ 朱子曰 : “隋煬帝, 令百官以戎服從, 後世遂爲朝服. 今反以紅 · 紫爲朝服.”[165]

주자(朱子 : 朱熹)가 말하였다. “수나라 양제가 모든 관료들에게 복(戎服 : 軍服)을 입고 뒤따르게 하였는데, 후세에 마침내 조복(朝服)이 되었다. 지금은 도리어 분홍색과 자주색으로 조복을 만든다.”

○ 齊氏曰 : “後世朝祭服, 不特制度盡變於拓跋魏, 而其色已失其正. 故『集註』有微意.”[166]

제씨(齊氏 : 齊夢龍)[167]가 말하였다. “후세에 조복과 제복은 다만 제도가 탁발위

162) 아래의 ‘설구(褻裘) : 아래 경문의 “褻裘長, 短右袂.”에 나오는 ‘설구(褻裘)’를 말한다.

163) 이것 : 위 경문의 “분홍색과 자주색으로 평소에 입는 옷을 만들지 않았다.(紅 · 紫, 不以爲褻服.)”라는 구절을 말한다.

164) 호광 편(胡廣 編), 『논어집주대전(論語集註大全)』「향당(鄕黨)」.

165) 호광 편(胡廣 編), 『논어집주대전(論語集註大全)』「향당(鄕黨)」에는 “朱子曰 : ‘自隋煬帝令百官以戎服從, 一品賜紫次朱次青, 後世遂爲朝服. 然唐人朝服, 猶着禮服, 京師士人行道間, 猶着衫帽, 南渡後, 變爲白衫, 後来變爲紫衫, 皆戎服也.’”로 되어 있다.

166) 호광 편(胡廣 編), 『논어집주대전(論語集註大全)』「향당(鄕黨)」에는 “齊氏曰 : ‘後世朝祭, 服緑服緋服紫. 盖不特制度盡變於拓拔魏, 而其色已失其正矣. 故『集註』有微意焉.’”으로 되어 있다.

(拓跋魏)[168] 때에 다 변하였을 뿐만 아니라, 그 색도 이미 바름을 잃어버렸다. 그러므로 『논어집주(論語集註)』에 미세한 뜻만 있는 것이다.

[10-6-3]

當暑, 袗絺綌, 必表而出之.
더위를 만나서는 홑 베옷을 반드시 겉에 덧입어서 드러냈다.

朱註

'袗', 單也. 葛之精者曰'絺', 麤者曰'綌'.
'진(袗)'은 홑옷이다. 베옷의 깨끗한 것을 '치(絺)'라 하고, 거친 것을 '격(綌)'이라고 한다.

詳說

○ 訓畢.
훈고가 끝났다.

朱註

'表而出之', 謂先著裏衣, 表絺綌而出之於外, 欲其不見體也.
'표이출지(表而出之 : 겉에 덧입어서 드러냄)'는 먼저 속옷을 입고 베옷을 겉에 입어 밖으로 드러내는 것이니, 몸을 보이지 않으려고 하는 것이다.[169]

---

167) 제몽룡(齊夢龍) : 북송 시대 학자로, 자가 절초(節初)이고, 심양(番陽) 사람이다. 저서로는 『어해(語解)』·『역해(易解)』 등이 있다.

168) 탁발위(拓跋魏) : 선비족(鮮卑族) 탁발(拓跋, 托跋)씨인 도무제(道武帝) 탁발규(拓跋珪)가 385년에 세운 나라로, 북위(北魏 : 386~534)와 동위(東魏)·서위(西魏)를 포괄한다.

169) 『주자어류(朱子語類)』 권38, 「논어20(論語二十)」, 36조목에는 다음과 같은 설명이 있다. "'더위를 당하여 가는 베와 굵은 베로 홑옷을 만들어 반드시 겉에 드러내어 입다'라고 한 것과 '저 굵은 베옷과 가는 베옷을 입다'라고 한 것은 두 가지 설명이 있다.('當暑袗絺綌, 必表而出之.'與'蒙彼縐絺.' 有兩說.)"

詳說

○ 陟略反.[170]

'위선착리의(謂先著裏衣)'에서 '착(著)'은 '척(陟)'과 '략(略)'의 반절(反切)이다.

○ 音現.[171]

'욕기불현체야(欲其不見體也)'에서 '현(見)'자는 음이 현(現)이다.

○ 暑取其涼.

더위에 그 서늘함을 취한 것이다.

朱註

『詩』, 所謂'蒙彼縐絺', 是也.

『시경(詩經)』에 이른바 '몽피추치(蒙彼縐絺 : 저 주름진 고운 베옷을 덮입다)'가 이것이다.

詳說

○「君子偕老」.

'『시(詩)』'는 『시경(詩經)』「용풍(鄘風)·군자해로(君子偕老)」이다.

○ 側救反.[172]

'몽피추치(蒙彼縐絺)'에서 '추(縐)'는 '측(側)'과 '구(救)'의 반절(反切)이다.

○ 蒙之以細絺.

'몽피추치(蒙彼縐絺)'는 섬세한 베옷을 덮입는 것이다.

○ 釋也.

경문의 풀이다.

---

170) 호광 편(胡廣 編), 『논어집주대전(論語集註大全)』「향당(鄕黨)」.

171) 호광 편(胡廣 編), 『논어집주대전(論語集註大全)』「향당(鄕黨)」에 "見, 形甸反."이라고 하였다.

172) 첨도전(詹道傳), 『논어찬전(論語纂箋)』 권5.

[10-6-4]

緇衣, 羔裘; 素衣, 麑裘; 黃衣, 狐裘.

검은 옷에는 검은 염소 갖옷이고, 흰 옷에는 사슴새끼 갖옷이고, 누른 옷에는 여우 갖옷이었다.

朱註

'麑', 研奚反.173)

'예구(麑裘)'에서 '예(麑)'는 '연(硏)'과 '해(奚)'의 반절(反切)이다.

詳說

○ 非居喪者之素衣.174)

상사(喪事)를 치르는 사람의 흰 옷이 아니다.

朱註

'緇', 黑色. '羔裘', 用黑羊皮. '麑', 鹿子, 色白. '狐', 色黃.

'치(緇)'는 검은색이다. '고구(羔裘 : 염소갖옷)'는 검은 양의 가죽을 쓴다. '예(麑)'는 사슴새끼이며, 색이 희다. '호(狐 : 여우)'는 색이 누렇다.

詳說

○ 訓畢.

훈고가 끝났다.

朱註

衣以裼裘,

갖옷에 석의(裼衣 : 조끼나 등거리 따위)를 덧입는 것은

173) 『논어주소(論語注疏)』에는 "麑, 米傒反, 鹿子也."라고 하였다.

174) 『예기』「곡례하(曲禮下)」에는 "大夫士去國, 踰竟, 爲壇位, 鄕國而哭, 素衣素裳素冠."이라 하였는데, 정현(鄭玄)의 주석에는 "言以喪禮自處也."라고 하고, 공영달(孔穎達)의 소(疏)에는 "素衣素裳素冠者, 今旣離君, 故其衣裳冠, 皆素, 爲凶飾也."라고 하였다.

詳說

○ 先的反.[175]

'석(裼)'은 '선(先)'과 '적(的)'의 반절(反切)이다.

○ 新安陳氏曰 : "裘上加單衣, 以袒裼見裘之美曰'裼', 加全衣, 重襲於裼衣上, 以充蔽其美曰'襲'. 故「玉藻」曰 : '裘之裼也, 見美也; 服之襲也, 充美也.'"[176]

신안 진씨(新安陳氏 : 陳櫟)가 말하였다. "갖옷 위에 홑옷을 덧입음에 등거리나 조끼를 입어서 갖옷의 아름다움을 드러내는 것을 '석(裼 : 裼衣. 조끼나 등거리 따위)'이라고 하며, 온전하게 옷을 갖춰 입음에 거듭 석의(裼衣) 위에 덧옷을 입어서 그 아름다움을 가리는 것을 '습(襲 : 襲衣. 덧옷)'이라고 한다. 그러므로 『예기』「옥조(玉藻)」에서 말하기를, '갖옷의 조끼는 아름다움을 드러내는 것이고, 의복의 덧옷은 아름다움을 가리는 것이다.'라고 하였다."

朱註

欲其相稱.

그것이 서로 잘 맞게 하려는 것이다.

詳說

○ 去聲.[177]

'칭(稱)'자는 거성(去聲 : 부합함)이다.

○ 胡氏曰 : "古者衣裘, 不欲其文之著. 故必加單衣以覆之. 然欲其色之稱, 「玉藻」所謂'羔裘, 緇衣以裼之', 是也."[178]

호씨(胡氏 : 胡泳)가 말하였다. "옛날에 갖옷을 입을 때는 그 무늬를 드러내고자 하지 않았다. 그러므로 반드시 홑옷을 덧입어서 무늬를 덮었다. 그러나 그 색이 잘 맞도록 하였으니, 『예기』「옥조」에서 이른바 '염소갖옷에는 검은 옷을 석의(裼衣 : 조끼나 등거리 따위)로 하였다.[179]"'라는 말이 이것이다.

---

175) 호광 편(胡廣 編), 『논어집주대전(論語集註大全)』「향당(鄕黨)」.

176) 호광 편(胡廣 編), 『논어집주대전(論語集註大全)』「향당(鄕黨)」에는 "新安陳氏曰 : '裘之上加單衣, 以袒裼見裘之美曰裼, 加全衣, 重襲於裼衣上, 以充蔽其美曰襲. 故「玉藻」曰 : 裘之裼也, 見美也; 服之襲也, 充美也.'"로 되어 있다.

177) 호광 편(胡廣 編), 『논어집주대전(論語集註大全)』「향당(鄕黨)」.

178) 호광 편(胡廣 編), 『논어집주대전(論語集註大全)』「향당(鄕黨)」.

○ 厚齋馮氏曰:“羔裘, 朝服, 見「鄭」·「晉詩」. 麑裘, 聘享之服[180], 見「聘禮」; 狐裘, 蜡祭之服, 見「郊特牲」.”[181]

후재 풍씨(厚齋馮氏 : 馮椅)가 말하였다. “고구(羔裘 : 염소갖옷)는 조복(朝服)이니, 『시경(詩經)』「정풍(鄭風)」과 「진풍(晉風)」에 보인다.[182] 예구(麑裘 : 사슴새끼 갖옷)는 빙향(聘享 : 聘問燕享)의 옷이니, 『의례(儀禮)』「빙례(聘禮)」에 보인다. 호구(狐裘 : 여우갖옷)는 사제(蜡祭)의 옷이니, 『예기』「교특생(郊特牲)」에 보인다.[183]”

○ 釋.

경문의 풀이다.

[10-6-5]

褻裘長, 短右袂.

평소에 입는 갖옷은 길게 하되 오른 소매를 짧게 하였다.

---

179) 『예기』「옥조」에서 이른바 ‘염소갖옷에는 …… 하였다.’ : 『예기』「옥조」에서 “君子, 狐青裘豹褎, 玄綃衣以裼之; 麛裘青豻褎, 絞衣以裼之; 羔裘豹飾, 緇衣以裼之; 狐裘, 黃衣以裼之; 錦衣狐裘, 諸侯之服也.”라고 하였다.

180) 『의례(儀禮)』「빙례(聘禮)」에서 “受夫人之聘璋, 享玄纁.”라고 하였고, 정현(鄭玄)이 “享, 獻也, 既聘又享, 所以厚恩惠也.”라고 설명하였다.

181) 호광 편(胡廣 編), 『논어집주대전(論語集註大全)』「향당(鄉黨)」에는 “厚齋馮氏曰 : ‘羔裘朝服, 「鄭詩」, 刺朝; 「晉詩」, 刺在位, 是也. 麑裘聘享之服, 見「聘禮」. 狐裘蜡祭之服, 見「郊特牲」.’”으로 되어 있다.

182) 『시경(詩經)』「정풍(鄭風)」과 「진풍(晉風)」에 보인다 : 『시경(詩經)』「정풍(鄭風)·고구(羔裘)」와 『시경(詩經)』「당풍(唐風)·고구(羔裘)」를 말한다. ‘晉’자는 오기인 듯하다.

183) 호구(狐裘 : 여우갖옷)는 사제(蜡祭)의 옷이니, 『예기』「교특생(郊特牲)」에 보인다 : 『예기』「교특생(郊特牲)」에는 이와 다른 내용이 실려 있다. “皮弁素服而祭, 素服, 以送終也; 葛帶榛杖, 喪殺也. 蜡之祭, 仁之至; 義之盡也. 黃衣黃冠而祭, 息田夫也, 野夫黃冠, 黃冠草服也.” 위식(衛湜), 『예기집설(禮記集說)』 권75에 실려 있는 연평 주씨(延平周氏 : 周諝)의 해설이 오히려 이 내용을 이해하는 데 유익하다. “詩曰 : ‘羔裘逍遙, 狐裘以朝’, 羔裘朝服也, 狐裘祭服也. 蓋刺其燕以朝服, 而朝以燕服者也. 狐青裘者, 玄冕而祭於己者也; 狐裘, 亦息民之祭者也. 羔裘豹飾, 朝服也; 麛裘青豻褎, 燕服也. …… 若錦衣以裼之, 則燕居之狐裘也; 玄綃衣以裼之, 則祭祀之狐裘也; 黃衣以裼之, 則息民之狐裘也. 燕居必戒者, 安不忘危也; 祭祀必戒者, 神明其德也; 息民必戒者, 慎終如始也.”

朱註

'長', 欲其溫. '短右袂', 所以便作事.

'장(長 : 길게 함)'은 그 따뜻하게 하려 함이다. '단우메(短右袂 : 오른 소매를 짧게 함)'는 일을 함에 편하려는 것이다.

詳說

○ 自領至齊.

'장(長)'은 옷깃부터 옷자락 밑단에 이르기까지다.

○ 有釋無訓.

경문의 풀이는 있으나 훈고는 없다.

[10-6-6]

必有寢衣, 長一身有半.

반드시 잠옷을 두었으니, 길이가 한 길하고 또 반이었다.

朱註

長去聲. 齊, 主於敬, 不可解衣而寢, 又不可著明衣而寢. 故別有寢衣. 其半, 蓋以覆足.

'장일신유반(長一身有半)'에서 '장(長)'자는 거성(去聲 : 많다)이다. 재계(齋戒)함은 공경함을 위주로 하니, 옷을 벗고 자서는 안 되며, 또 명의(明衣 : 깨끗하고 뽀송한 내의)를 입고 자서도 안 된다. 그러므로 따로 잠옷이 있는 것이다. 그 반은 대개 발을 덮는 것이다.

詳說

○ 音齋, 下同.[184]

'제, 주어경(齊, 主於敬)'에서 '제(齊)'자는 음이 재(齋)이니, 아래도 같다.

184) 호광 편(胡廣 編), 『논어집주대전(論語集註大全)』「향당(鄕黨)」에는 "齊, 側皆反."이라고 하였다.

○ **陟略反.**[185)]

'우불가저명의이침(又不可著明衣而寢)'에서 '착(著)'은 '척(陟)'과 '략(略)'의 반절(反切)이다.

○ **和靖尹氏曰 : "今之被也."**[186)]

화정 윤씨(和靖尹氏 : 尹焞)가 말하였다. "지금의 이불이다."

○ **長餘也.**

길어서 남는 것이다.

○ **依正錯而釋之無訓.**

착오(錯誤)를 바로잡음에 의거하여 경문을 풀이하였는데 훈고는 없다.

○ **此下乃論正錯之事.**

이 아래에서는 이에 착오(錯誤)를 바로잡는 일에 대하여 논의하였다.

朱註

程子曰 : "此錯簡, 當在'齊必有明衣布'之下." 愚謂, 如此, 則此條與'明衣'·'變食', 旣得以類相從, 而'褻裘''狐·貉'[187)], 亦得以類相從矣.

정자(程子 : 程頤)가 말하였다. "이는 간책(簡冊)의 차례가 섞인 것이니, 마땅히 '제필유명의포(齊必有明衣布 : 재계할 때는 반드시 깨끗한 내의를 두었는데 베옷이었다)'의 아래에 있어야 한다." 내가 생각하건대, 이와 같으면 이 조항은 '명의(明衣 : 깨끗하고 뽀송한 내의)'와 '변식(變食 : 음식을 바꿈)'[188)]과 더불어 이미 비슷한 유형으로 서로 좇으며, '설구(褻裘 : 평소에 입는 갖옷)'와 '호·맥(狐·貉 : 여우와 담비의 두터운 갖옷)'도 또한 능히 비슷한 유형으로 서로 좇은 것이다.

---

185) 호광 편(胡廣 編), 『논어집주대전(論語集註大全)』「향당(鄕黨)」.

186) 주희(朱熹), 『논어정의(論語精義)』 권5 하에는 "尹曰 : '寢衣, 今之被也.'"로 되어 있다.

187) 이 장의 위아래 경문 내용인 "褻裘長, 短右袂.(평소에 입는 갖옷은 길게 하되 오른 소매를 짧게 하였다.)"와 "狐貉之厚, 以居.(여우와 담비의 두터운 갖옷으로써 평소에 입고 지냈다.)"를 말한다.

188) '명의(明衣 : 깨끗하고 뽀송한 내의)'와 '변식(變食 : 음식을 바꿈)' : '명의'는 경문 아래장의 "재계할 때는 반드시 깨끗하고 뽀송한 내의를 두었는데 베옷이었다.(齊必有明衣, 布.)"라는 구절을 말하고, '변식'은 "재계할 때는 반드시 음식을 바꾸었고, 평소 지낼 때는 반드시 자리를 옮겼다.(齊必變食, 居必遷坐.)"라는 구절을 말한다.

詳說

◯ 叔子.

'정자왈(程子曰)'에서 '정자(程子)'는 동생 정이(程頤)이다.

◯ 四'必'字之文勢, 亦相蒙.

네 개의 '필(必)'자의 문세가 또한 서로 이어진다.189)

[10-6-7]

狐·貉之厚, 以居.

여우와 담비의 두터운 옷으로써 평소에 입고 지냈다.

朱註

'狐·貉', 毛深溫厚, 私居, 取其適體.

'호·맥(狐·貉)'은 털이 깊어서 따뜻하고 두터우니, 사사로이 평소 지낼 때 그 몸에 알맞음을 취한 것이다.

詳說

◯ 有釋無訓.

경문의 풀이는 있으나 훈고는 없다.

◯ 厚齋馮氏曰: "若出, 則以輕裘爲便."190)

후재 풍씨(厚齋馮氏: 馮椅)가 말하였다. "만약 외출을 한다면 가벼운 갖옷이 편할 것이다."

---

189) 네 개의 '필(必)'자의 문세가 또한 서로 이어진다: 본 경문의 "當暑, 袗絺綌, 必表而出之." "必有寢衣, 長一身有半." "非帷裳, 必殺之." "吉月, 必朝服而朝."의 네 개의 '필(必)'자가 들어간 문장을 말한다.

190) 호광 편(胡廣 編), 『논어집주대전(論語集註大全)』「향당(鄕黨)」에는 "厚齊馮氏曰: '「豳詩」云: '一之日于貉, 取彼狐狸, 爲公子裘', 則從古固然, 居不厭溫. 故取其厚者, 以爲燕服. 若出, 則以輕裘爲便也.'"로 되어 있다.

[10-6-8]

去喪, 無所不佩.
초상(初喪)을 벗고서는 차지 않은 것이 없었다.

朱註

'去', 上聲.[191] 君子無故, 玉不去身,
'거상(去喪)'에서 '거(去)'자는 상성(上聲 : 벗다. 떠나다)이다. 군자는 연고가 없으면 패옥(佩玉)이 몸에서 떠나지 않았으니,

詳說

○ 見『禮記』「玉藻」.
『예기』「옥조(玉藻)」에 보인다.[192]

朱註

觿·礪之屬, 亦皆佩也.
송곳이나 숫돌의 따위도 또한 모두 패물이다.

詳說

○ 音攜.[193]
'휴(觿)'는 음이 휴(攜)이다.

○ 覺軒蔡氏曰 : "貌如錐, 以解結者, 象骨爲之."[194]
'휴(觿)'에 대해, 각헌 채씨(覺軒蔡氏 : 蔡模)[195]가 말하였다. "모양이 송곳과 같아

---

191) 『논어주소(論語注疏)』에 의하면 "孔曰 : '去, 除也. 非喪則備佩所宜佩也.'"라고 하였다.

192) 『예기』「옥조(玉藻)」에 보인다 : 『예기』「옥조(玉藻)」가 아니라, 『예기』「곡례하(曲禮下)」에 보인다. 그 전문은 다음과 같다. "君無故, 玉不去身; 大夫無故, 不徹縣; 士無故, 不徹琴瑟."

193) 호광 편(胡廣 編), 『논어집주대전(論語集註大全)』「향당(鄕黨)」.

194) 호광 편(胡廣 編), 『논어집주대전(論語集註大全)』「향당(鄕黨)」에는 "覺軒蔡氏曰 : '按, 「玉藻」云 : 古之君子, 必佩玉, 右徵角左宮羽. 凡帶必有佩玉, 唯喪則否. 佩玉有衝牙, 君子無故, 玉不去身. …… 觿貌如錐, 以象骨爲之. 礪, 礱也, 皆所以備尊者使令也, 此是明無所不佩. …… 觿之大小, 以解大小結.'"로 되어 있다.

195) 채모(蔡模 : 1188~1246) : 남송 시대의 학자로, 자가 중각(仲覺)이고, 호가 각헌(覺軒)이며, 채

서 맺힌 것을 풀어주며, 상아나 뼈로 만든다."

○ **比諸玉, 則稍輕. 故下'亦'字.**

옥(玉)에 비하여 조금 가볍다. 그러므로 '역(亦)'자를 놓은 것이다.

○ **『禮記』「內則」曰: "子事父母, 左佩紛帨·刀·礪·小觿·金燧; 右佩玦·捍·管·遰·大觿·木燧."**

『예기』「내칙(內則)」에서 말하였다. "자식이 부모를 섬길 때는 왼쪽에 분세(紛帨 : 물건 닦는 수건)와 도(刀 : 작은 칼)와 려(礪 : 숫돌)와 소휴(小觿 : 작은 송곳)와 금수(金燧 : 부싯쇠. 청동거울)를 차고, 오른쪽에는 "결(玦 : 패옥)과 한(捍 : 팔찌)과 관(管 : 대롱)과 서(遰 : 칼집)[196]와 대휴(大觿 : 큰 송곳)와 목수(木燧 : 부시나무. 부싯돌 따위)를 찬다."

○ **慶源輔氏曰: "所當有事而不可闕耳."**[197]

경원 보씨(慶源輔氏 : 輔廣)가 말하였다. "마땅히 있어야 하는 사물이어서 빠뜨릴 수 없을 뿐이다."

○ **覺軒蔡氏曰: "去喪時, 恐不同於事父母時."**[198]

각헌 채씨(覺軒蔡氏 : 蔡模)가 말하였다. "초상을 벗을 때 부모님을 섬길 때와 같지 않을까 염려하는 것이다."

○ **有釋無訓.**

경문의 풀이는 있으나 훈고는 없다.

침(蔡沈)의 큰 아들이다.

196) 진호(陳澔), 『예기집설(禮記集說)』에 "遰, 刀室也, 音逝."라고 하였다.

197) 호광 편(胡廣 編), 『논어집주대전(論語集註大全)』「향당(鄕黨)」에는 "慶源輔氏曰: '凡佩玉所以比德, 固不可舍其他. 如觿·礪之屬, 亦所當有事而不可闕者. 故唯居喪則可去; 去喪則無所不佩也.'"로 되어 있다.

198) 호광 편(胡廣 編), 『논어집주대전(論語集註大全)』「향당(鄕黨)」에는 "覺軒蔡氏曰: '又按, 「內則」, '子事父母, 左右佩用, 左佩紛帨·刀·礪·小觿·金燧, 右佩玦·捍·管·遰·大觿·木燧.' 觿貌如錐, 以象·骨爲之. 礪, 礱也, 皆所以備尊者使令也. 此是明無所不佩. 但去喪之時, 恐不同子事父母之時爾. 紛帨, 拭物之巾也. 觿之大小, 以解大小結.'"로 되어 있다.

[10-6-9]

非帷裳, 必殺之.
유상(帷裳 : 朝服, 祭服)이 아니거든 반드시 좁게 하였다.

朱註

'殺', 去聲. 朝祭之服, 裳用正幅如帷, 要有襞積, 而旁無殺縫;
'필쇄지(必殺之)'에서 '쇄(殺)'자는 거성(去聲 : 줄이다)이다. 조회와 제사의 복장에 치마는 온폭(幅)을 사용함이 휘장 같으며, 허리에 주름이 있는데 옆으로 줄여서 꿰맨 데가 없다.

詳說

○ 音潮.[199)]
'조제지복(朝祭之服)'에서 '조(朝)'자는 음이 조(潮)이다.

○ 腰同, 下幷同.[200)]
'요유벽적(要有襞積)'에서 '요(要)'는 허리 요(腰)와 같으며, 아래도 아울러 같다.

○ 音壁.[201)]
'요유벽적(要有襞積)'에서 '벽(襞)'자는 음이 벽(壁)이다.

○ 去聲, 下同.[202)]
'이방무살봉(而旁無殺縫)'에서 '봉(縫)'자는 거성(去聲 : 봉합한 곳)이니 아래도 같다.

○ 慶源輔氏曰 : "禮服取方正. 故用正幅, 人身腰小. 故爲襞積, 即今衣摺也."[203)]
경원 보씨(慶源輔氏 : 輔廣)가 말하였다. "예복은 방정함을 취한다. 그러므로 온폭을 사용하며, 사람 몸의 허리가 작다. 그러므로 주름을 만드니, 곧 지금 옷의 주름이다."

---

199) 호광 편(胡廣 編), 『논어집주대전(論語集註大全)』「향당(鄉黨)」.
200) 호광 편(胡廣 編), 『논어집주대전(論語集註大全)』「향당(鄉黨)」에는 "要, 與腰同."이라고 하였다.
201) 호광 편(胡廣 編), 『논어집주대전(論語集註大全)』「향당(鄉黨)」.
202) 호광 편(胡廣 編), 『논어집주대전(論語集註大全)』「향당(鄉黨)」에는 "縫, 房用反."이라고 하였다.
203) 호광 편(胡廣 編), 『논어집주대전(論語集註大全)』「향당(鄉黨)」에는 "慶源輔氏曰 : '禮服取其方正. 故裳用正幅, 而人身之要爲小. 故於要之兩旁爲襞積, 即今衣摺也.'"로 되어 있다.

朱註

其餘, 若深衣, 要半下, 齊倍要, 則無襞積, 而有殺縫矣.

그 나머지에 심의(深衣 : 예복, 두루마기 따위) 같으면 허리가 아래옷의 절반이고, 옷자락이 허리의 곱이니, 주름이 없는데 줄여서 꿰맨 데가 있는 것이다.

詳說

○ '殺縫'者非一. 故舉深衣以該之.

'쇄봉(殺縫 : 줄여서 꿰맨 데)'이라는 것은 하나가 아니다. 그러므로 심의(深衣)를 들어서 갖춘 것이다.

○ 出『禮記』「深衣」.

'요반하(要半下 : 허리가 아래옷의 절반임)'는 『예기』「심의(深衣)」에 나온다.[204]

○ 音咨.[205]

'자배요(齊倍要)'에서 '자(齊)'자는 음이 자(咨)이다.

○ 出『禮記』「玉藻」.

'자배요(齊倍要 : 옷자락이 허리의 곱임)'는 『예기』「옥조(玉藻)」에 나온다.[206]

○ 深衣腰廣, 七尺二寸; 齊廣, 十四尺四寸.

심의(深衣)의 허리폭은 7척 2촌이며, 옷자락 폭은 14척 4촌이다.[207]

○ 新安陳氏曰 : "斜裁之縫."[208]

---

204) 『예기』「심의(深衣)」에 나온다 : 『예기』「심의(深衣)」에서 "허리의 꿰맨 데가 아래옷의 절반이다.(要縫半下.)"라고 하였다.

205) 호광 편(胡廣 編), 『논어집주대전(論語集註大全)』「향당(鄕黨)」.

206) '자배요(齊倍要 : 옷자락이 허리의 곱임)'는 『예기』「옥조(玉藻)」에 나온다 : 『예기』「옥조(玉藻)」에서 "아침에는 현단을 입고, 저녁에는 심의를 입는다. 심의는 소매의 3배이고, 꿰맨 옷자락은 허리의 곱이다. 옷깃은 양옆에 이르고, 옷소매는 팔꿈치를 돌릴 수 있다.(朝玄端, 夕深衣. 深衣三袪, 縫齊倍要. 衽當旁, 袂可以回肘.)"라고 하였다.

207) 심의(深衣)의 허리폭은 7척 2촌이며, 옷자락 폭은 14척 4촌이다 : 『예기대전』「옥조(玉藻)」·「복문(服問)」에 이 내용이 보인다. "要縫七尺二寸, 是比下齊之一十四尺四寸, 爲半之也. 「玉藻」云 : '縫齊倍要', 是也."

208) 『예기주소(禮記注疏)』 권58, 「고증(考證)」에는 "陳櫟曰 : '深衣之裳, 以布六幅, 斜裁爲十二幅, 三分之一, 皆在上; 三分之二, 皆在下. 要狹齊濶, 要不用襞積, 而旁有斜裁之殺縫, 善衣之次也.' 注, 善衣, 朝祭之服也."로 되어 있는데, 진사원(陳士元), 『논어유고(論語類考)』 권17, 「관복고(冠服考)」에는 진부량(陳傅良 : 1137~1203)의 논변으로 되어 있다. "陳傅良云 : '深衣之裳, 以

신안 진씨(新安陳氏 : 陳櫟)가 말하였다. "비스듬히 재단하면서 꿰매는 것이다."

○ 釋兼訓.

경문의 풀이에 훈고를 겸하였다.

[10-6-10]

羔裘玄冠, 不以弔.[209]

검은 염소가죽 갖옷과 검은 갓으로써 조상(弔喪)하지 않았다.

朱註

喪主素, 吉主玄, 弔必變服, 所以哀死.

초상(初喪)에는 흰색을 중심으로 하고, 길사(吉事 : 관례나 혼례 따위)에는 검은색을 중심으로 한다. 조상(弔喪)할 때 반드시 옷을 바꿔 입는 것은 죽음을 슬퍼하기 때문이다.

詳說

○ 李氏曰 : "羔裘朝服, 玄冠祭服, 用之於吉. 故不以弔."[210]

이씨(李氏 : 李閎祖)[211]가 말하였다. "염소 갖옷은 조회 복장이고, 검은 갓은 제사 복장이니, 길사(吉事)에 착용하는 것이다. 그러므로 조상(弔喪)하지 않는다."

○ 有釋無訓.

경문의 풀이는 있으나 훈고는 없다.

布六幅, 斜裁爲十二幅, 三分之一在上; 三分之二在下. 要狹齊闊, 要不用劈積, 而旁有斜裁之殺縫殺也者', 謂要殺於齊一半也."

209) 『예기주소(禮記注疏)』 권8, 「단궁상(檀弓上)」. "夫子曰 : '始死羔裘玄冠者, 易之而已.' 羔裘玄冠, 夫子不以弔. 注, 不以吉服弔喪."

210) 호광 편(胡廣 編), 『논어집주대전(論語集註大全)』「향당(鄕黨)」.

211) 이굉조(李閎祖) : 남송 시대의 학자로, 자가 수약(守約)이고, 호가 경재(絅齋)이며, 복건광택(福建光澤) 사람이다. 저서로는 『혹문집략(或問輯略)』·『사서의의(四書疑義)』 등이 있다.

[10-6-11]

吉月, 必朝服而朝.

길월(吉月 : 초하룻날)에 반드시 조회 복장으로 조회하였다.

詳說

○ '朝'音, 蒙首節, 下'廐焚'·'拖紳'二節同.

'필조복이조(必朝服而朝)'에서 '조(朝)'자의 음은 머릿절[212]을 이어받았으며, 아래의 '구분(廐焚)'[213]과 '타신(拖紳)' 두 구절과 같다.[214]

朱註

'吉月', 月朔也.

'길월(吉月 : 초하룻날)'은 한 달의 초하루이다.

詳說

○ 李氏曰 : "『周禮』'月吉', 讀邦法."[215]

이씨가 말하였다. "『주례』의 '월길(月吉)'은 우리나라 방식으로 읽은 것이다."

○ 猶『儀禮』言'朔月'也.[216]

---

212) 머릿절 : 제1절의 『논어집주대전』 소주 내용인 "朝, 直遙反, 下同."을 말한다.

213) 구분(廐焚) : 제12절의 "마구간이 불탔는데 공자가 조회에서 물러와서 말하기를, '사람이 다쳤느냐?'라 하고 말에 대해서는 묻지 않았다.(廐焚, 子退朝曰 : '傷人乎?' 不問馬.)"에 나오는 '朝'자를 말한다.

214) '구분(廐焚)'과 '타신(拖紳)' 두 구절과 같다 : '구분'은 제12절의 "마구간이 불탔는데 공자가 조회에서 물러와서 말하기를, '사람이 다쳤느냐?'라 하고 말에 대해서는 묻지 않았다.(廐焚, 子退朝曰 : '傷人乎?' 不問馬.)"라는 구절을 말하며 '타신'은 제13절의 "병듦에 임금이 와서 살펴보거든 동쪽으로 머리를 두고, 조회 복장을 걸치고 큰 띠를 끌어당겨 둘렀다.(疾, 君視之, 東首, 加朝服拖紳.)"라는 구절을 말하는데, 이 두 구절에 나오는 '朝'자와 같음을 의미한다.

215) 호광 편(胡廣 編), 『논어집주대전(論語集註大全)』「향당(鄕黨)」에는 "李氏曰 : '『周禮』云 : 正月之吉. 又云 : 月吉, 讀邦法. 皆因吉禮, 以別凶賓軍嘉爾, 所謂月吉也.'"로 되어 있고, 호병문(胡炳文), 『논어통』에는 '周禮'가 '周官'으로 표기되어 있다.

216) 『의례주소(儀禮注疏)』, 권12, 「사상례(士喪禮)」에는 "朔月, 奠用特豚魚腊, 陳三鼎, 如初東方之饌, 亦如之. 注, 朔月, 月朔日也."로 되어 있고, 『예기』「옥조(玉藻)」. "朔月少牢, 五俎四簋."

『의례(儀禮)』에서 '삭월(朔月)'이라고 말한 것과 같다.

朱註

孔子在魯致仕時, 如此.

공자(孔子)가 노(魯)나라에 있으면서 벼슬살이를 하고 물러날 때 이와 같았다.

詳說

○ 此本伊川語.[217]

이는 본래 이천(伊川 : 程頤)의 말이다.

○ 華陽范氏曰 : "旣告老, 猶月朝. 故請討陳恒, 則沐浴而朝."[218]

화양 범씨(華陽范氏 : 范祖禹)가 말하였다. "이미 노쇠함을 알린 것이 오히려 월초(月初)이다. 그러므로 제(齊)나라 진항(陳恒)을 칠 것을 청하고자 곧 목욕하고 조회한 것이다."

○ 釋.

경문의 풀이다.

○ 慶源輔氏曰 : "未致仕時, 乃常禮不必記."[219]

경원 보씨(慶源輔氏 : 輔廣)가 말하였다. "아직 벼슬살이를 그만두지 않았을 때이니, 이에 보통의 예법은 반드시 기록하지 않았다."

朱註

○ 此一節, 記孔子衣服之制.

이 하나의 구절은 공자의 의복 제작을 기록하였다.

에 대하여 왕인지(王引之), 『경의술문(經義述聞)』에서 "一月之始, 謂之朔日, 或謂朔月."라고 하였다.

217) 주희(朱熹), 『논어정의(論語精義)』 권5 하에는 "伊川曰 : '孔子在魯致仕時, 月朔朝也.'"로 되어 있다.

218) 주희(朱熹), 『논어정의(論語精義)』 권5 하에는 "范曰 : '吉月, 必朝服而朝者, 旣告老, 猶月朝於君也, 月朝於君, 何也? 國有大事, 猶將預焉. 故請討陳恒, 則沐浴而朝.'"라고 하였다.

219) 호광 편(胡廣 編), 『논어집주대전(論語集註大全)』「향당(鄕黨)」에는 "慶源輔氏曰 : '若未致仕時, 乃常禮有不必記.'"로 되어 있다.

詳說

◯ 勉齋黃氏曰："衣身之章, 輕用之, 是輕其身也."[220]

면재 황씨(勉齋黃氏 : 黃榦)가 말하였다. "옷과 몸의 전장(典章 : 제도나 법령 따위)이니, 가벼이 사용하면 이는 그 몸을 가벼이 여기는 것이다."

朱註

蘇氏曰："此孔氏遺書, 雜記曲禮,

소씨(蘇氏 : 蘇軾)[221]가 말하였다. "이는 공씨(孔氏)가 남긴 글로서 잡다하게 다방면의 예법을 기록한 것이니,

詳說

◯ 謂'孔氏遺書'中, 所'雜記'之'曲禮', 非指『禮記』二篇名.

'공씨유서(孔氏遺書 : 공씨가 남긴 글)'라고 이른 가운데 '잡기(雜記 : 잡다하게 기록함)'한 바의 '곡례(曲禮 : 다방면의 예법)'는 『예기』의 두 편명을 가리키는 것이 아니다.

朱註

非特孔子事也.

다만 공자(孔子)의 일만은 아닌 것이다.

詳說

◯ 朱子曰："前註'君子', 謂孔子; 此謂'非特孔子事', 二義兼存, 以待學者之自擇."[222]

---

220) 호광 편(胡廣 編), 『논어집주대전(論語集註大全)』「향당(鄕黨)」에는 "勉齋黃氏曰 : '古人衣服, 不苟如此, 蓋衣身之章也. 輕用之, 是輕其身也. 後世朝祭之服, 皆不如古, 而士君子之服, 其色其制, 無一合於禮矣.'"로 되어 있다.

221) 소식(蘇軾 : 1037~1101) : 송나라 때의 학자로, 자가 자첨(子瞻) 또는 화중(和仲)이고, 호가 철관도인(鐵冠道人) 또는 동파거사(東坡居士)이며, 세상 사람들이 소동파(蘇東坡) 또는 소선(蘇仙)이라 불렀으며, 한족(漢族)으로 미주미산(眉州眉山) 사람이다. 시부(詩賦) 등 문예와 학문에 뛰어난 재능을 보였으며, 한유(韓愈)와 구양수(歐陽脩) 등과 고문운동을 전개한 공헌이 크다. 저서로는 『동파집(東坡集)』·『동파역전(東坡易傳)』·『서전(書傳)　등이 있다.

222) 호광 편(胡廣 編), 『논어집주대전(論語集註大全)』「향당(鄕黨)」.

주자(朱子 : 朱熹)가 말하였다. “앞의 『집주(集註)』의 ‘군자(君子)’는 공자를 이르고, 여기서 ‘비특공자사(非特孔子事 : 다만 공자의 일만은 아님)’라고 이른 것은 두 가지 의미가 아울러 존재하니, 배우는 사람이 스스로 선택하기를 기다린다.”

○ 按, 蘊氏此說, 其意與上節鼂氏說, 略同. 但此本文‘君子’二字, 微有廣其事之意云.

살펴보건대, 소씨(蘇氏 : 蘇軾)의 이 설명은 그 의미가 위 구절의 조씨(鼂氏 : 鼂說之)의 설명과 더불어 대략 같다. 다만 이 본분의 ‘군자’ 두 글자는 은미하게 그 일의 의미를 넓게 함이 있는 것이다.

○ 雲峯胡氏曰 : “此以前, 記夫子之容貌, 容貌無一定之象. 故以‘如’字‘似’字, 形容之, 而‘不’字僅二見. 此以後, 記孔子之衣服飮食, 衣服飮食, 有一定之則. 故但以‘必’字‘不’字, 直言之, 而‘如’字僅一見.”223)

운봉 호씨(雲峯胡氏 : 胡炳文)가 말하였다. “이 이전에는 공자의 용모를 기술하였는데, 용모에는 일정한 형상이 없었다. 그러므로 ‘여(如)’자와 ‘사(似)’자로써 형용하였으며, ‘불(不)’자는 겨우 두 번 보였다. 이 이후에는 공자의 의복과 음식을 기술하였는데, 의복과 음식에는 일정한 규칙이 있었다. 그러므로 다만 ‘필(必)’자와 ‘불(不)’자로써 직접 말하였으며, ‘여(如)’자는 겨우 한 번 보였다.”

---

223) 호광 편(胡廣 編), 『논어집주대전(論語集註大全)』「향당(鄕黨)」에는 “雲峯胡氏曰 : ‘此以前, 記夫子之容貌; 此後, 記夫子之衣服, 飮食容貌無一定之象. 故以如字似字, 形容之, 而不字僅二見焉. 衣服飮食, 有一定之則. 故但以必字不字, 直言之, 而如字, 僅一見焉.’”로 되어 있다.

[10-7-1]

齊, 必有明衣, 布.

재계하실 때는 반드시 명의(明衣 : 깨끗하고 뽀송한 내의)를 두었으니, 베옷이었다.

朱註

'齊', 側皆反.[224]

'제(齊)'은 '측(側)'과 '개(皆)'의 반절(反切)이다.

詳說

○ 一'齊'字, 幷蒙下二'必有'.

하나의 '재(齊 : 재계함)'자가 아래 두 글자 '필유(必有)'에 아울러 이어진다.[225]

朱註

齊必沐浴, 浴竟, 卽著明衣, 所以明潔其體也, 以布爲之.

재계할 때는 반드시 목욕하고, 목욕을 마치면 바로 명의(明衣 : 깨끗하고 뽀송한 내의)[226]를 입으니, 그 몸을 밝고 깨끗이 하기 위해서이며, 베로써 그것을 만든다.

詳說

○ 陟略反.[227]

'즉착명의(卽著明衣)'에서 '착(著)'은 '척(陟)'과 '략(略)'의 반절(反切)이다.

○ 釋兼訓.

경문의 풀이에 훈고를 겸하였다.

---

224) 『논어주소(論語注疏)』「음의」에는 "齊, 本或作齋同, 側皆反, 下及注同."이라고 하였다.

225) 하나의 '재(齊 : 재계함)'자가 아래 두 글자 '필유(必有)'에 아울러 이어진다 : '齊必有明衣'를 가리킨다.

226) 『주자어류(朱子語類)』 권38, 「논어20(論語二十)」, 38조목에는 "'명의(明衣 : 죽은 사람을 염습할 때 맨 먼저 입히는 옷)'는 베로 만든 적삼으로 길이가 일신(一身) 반(半)이니 발을 덮으려고 하는 것이다. 또 말하였다. '옷을 씻는 것인데, 『예기』「옥조(玉藻)」의 주(注)에 보인다.' ('明衣'卽是箇布衫. 長一身有半, 欲蔽足爾. 又曰: '卽浴衣也. 見「玉藻」注.')"라고 하였다.

227) 호광 편(胡廣 編), 『논어집주대전(論語集註大全)』「향당(鄕黨)」.

○ 此下, 論錯簡事.

이 아래에서는 착간(錯簡)의 일에 대하여 논의하였다.

朱註

此下, 脫前章'寢衣'一簡.

이 아래에 앞의 장 '침의(寢衣 : 잠옷)'에 관한 하나의 간책(簡冊)이 빠졌다.

[10-7-2]

齊必變食, 居必遷坐.

재계할 때는 반드시 음식을 바꾸었으며, 평소 지낼 때는 반드시 자리를 옮겼다.

詳說

○ 一'齊'字, 幷蒙下二'必'字.

하나의 '재(齊 : 재계함)'자가 아래 두 개의 '필(必)'자에 아울러 이어진다.228)

朱註

'變食', 謂不飮酒; 不茹葷.229)

'변식(變食 : 음식을 바꿈)'은 술을 마시지 않으며, 마늘을 먹지 않음을 이른다.

詳說

○ 朱子曰 : "葷五辛."230)

---

228) 하나의 '재(齊 : 재계함)'자가 아래 두 개의 '필(必)'자에 아울러 이어진다 : '재(齊 : 齋戒)'자 아래에 나오는 "必變食, 居必遷坐."의 두 개의 '必'자를 말한다.

229) 『주자어류(朱子語類)』 권38, 「논어20(論語二十)」, 39조목에는 "問: ''變食,' 謂不飮酒, 不茹葷.' 而今之致齋者有酒, 何也? 曰: '飮酒非也. 但禮中亦有'飮不至醉'之說.'('변식(變食 : 음식을 바꿈)'은 술을 마시지 않으며, 마늘을 먹지 않음을 이른다'고 하였는데, 지금 재계할 때 술을 마련하는 것은 무엇 때문입니까? 주희가 말하였다. '술을 마시는 것은 잘못이다. 다만 『예기』에 '술을 마시되 취하는 지경에 이르지는 않는다'는 말이 있다.')"라고 되어 있다.

주자(朱子 : 朱熹)가 말하였다. "다섯 가지 매운 음식[파·달래·부추·생강·겨자]을 관장함이다."

○ **慶源輔氏曰 : "變食, 致潔."**[231]

경원 보씨(慶源輔氏 : 輔廣)가 말하였다. "음식을 바꾸는 것은 청결함을 이루려는 뜻이다."

朱註

'遷坐', 易常處也.

'천좌(遷坐 : 자리를 옮김)'는 평소의 거처(居處)를 바꾸는 것이다.

詳說

○ 才卧反.[232]

'천좌(遷坐)'에서 '좌(坐)'는 '재(才)'와 '와(卧)'의 반절(反切)이다.

○ 致靜.

'천좌(遷坐 : 자리를 옮김)'는 정숙(靜肅)함을 이루려는 것이다.

○ 訓兼釋.

훈고에 경문의 풀이를 겸하였다.

朱註

○ 此一節, 記孔子謹齊之事.

이 하나의 구절은 공자(孔子)가 근신(謹愼)하며 재계(齋戒)한 일을 기록하였다.

詳說

○ 見「述而」.

---

230) 호광 편(胡廣 編), 『논어집주대전(論語集註大全)』「향당(鄕黨)」에는 "朱子曰 : '不茹葷, 謂不食五辛.'"이라 하였는데, 『주자어류(朱子語類)』 권38, 「논어20(論語二十)」, 40조목에는 "'재계할 때는 반드시 음식을 바꾸었다.' 주희가 말하였다. '냄새나는 음식은 다섯 가지 매운 야채를 먹지 않는 것이다.'(問: '齋必變食.' 曰: '葷, 是不食五辛.')"라고 되어 있다.

231) 호광 편(胡廣 編), 『논어집주대전(論語集註大全)』「향당(鄕黨)」에는 "慶源輔氏曰 : '變食以致潔; 遷坐以易常. 君子致敬, 無所不用, 其至也, 豈簡細? 故一思慮而已哉.'"로 되어 있다.

232) 『논어주소(論語注疏)』「음의」에는 "좌의 소리와 뜻은 원래 글자 그대로와 같다(坐, 如字)."라고 하였다.

‘신재(愼齊)’는 『논어(論語)』「술이(述而)」에 보인다.[233]

朱註

楊氏曰 : “‘齊’, 所以交神. 故致潔變常, 以盡敬.”

양씨(楊氏 : 楊時)가 말하였다. “‘재(齊 : 재계함)’는 신과 사귀는 일이다. 그러므로 청결함을 이루려고 평상(平常)을 바꾸며, 공경(恭敬)함을 다하는 것이다.”

詳說

○ 『大全』曰 : “明衣.”[234]

‘치결(致潔 : 청결함을 이룸)’은 『논어집주대전』에서 말하였다. “명의(明衣 : 깨끗하고 뽀송한 내의)이다.”

○ 『大全』曰 : “變食 · 遷坐.”[235]

‘변상(變常 : 평상을 바꿈)’은 『논어집주대전』에서 말하였다. “음식을 바꿈과 자리를 옮김이다.”

---

233) ‘신재(愼齊)’는 『논어(論語)』「술이(述而)」에 보인다 : 『논어(論語)』「술이(述而)」에서 “공자가 근신한 것은 재계함과 전쟁과 질병이었다.(子之所愼, 齊 · 戰 · 疾.)”라고 하였다.

234) 호광 편(胡廣 編), 『논어집주대전(論語集註大全)』「향당(鄉黨)」.

235) 호광 편(胡廣 編), 『논어집주대전(論語集註大全)』「향당(鄉黨)」.

[10-8-1]

食不厭精, 膾不厭細.

밥은 정미한 쌀로 지은 것을 싫어하지 않으며 회는 가늘게 썬 것을 싫어하지 않았다.

朱註

'食', 音嗣.[236] '食', 飯也. '精', 鑿也.

'사불염정(食不厭精)'에서 '사(食)'자는 음이 사(嗣)이다. '사(食)'는 밥이다. '정(精)'은 정(精)은 곡식을 깨끗하게 찧다[정미함]이다.

詳說

○ 音作.[237]

'착야(鑿也)에서 '착(鑿)'자는 음이 작(作)이다.

○ 雲峰胡氏曰 : "'鑿', 通作'糳', 糲米一斛, 舂米九斗."[238]

운봉 호씨(雲峰胡氏 : 胡炳文)가 말하였다. "'착(鑿)'은 보통 '착(糳)'으로도 쓰니, 여미(糲米 : 糙米. 매조미)로는 1곡이면, 용미(舂米 : 精白米. 입쌀)로는 9말이다."

朱註

牛·羊與魚之腥, 聶而切之爲膾.

소나 양과 물고기의 생선(生鮮)을 저미어 절단(切斷)한 것이 회(膾)가 된다.

詳說

○ 生肉.

'성(腥 : 生鮮)'은 날고기다.

○ 見『禮記』「少儀」註云 : "先藿葉切之, 復報切之."[239]

---

236) 『논어주소(論語注疏)』에서도 "食, 音嗣, 飯也."라고 하였다.

237) 호병문, 『논어통』 권5에는 "通曰 : '鑿, 通作糳, 即各反. 糲米一斛, 舂米九斗."로 되어 있고, 『광운(廣韻)』에서는 "則落切."라고 하였다.

238) 호광 편(胡廣 編), 『논어집주대전(論語集註大全)』「향당(鄕黨)」에는 "雲峯胡氏曰 : '鑿, 通作糳, 即各反. 糲米一斛, 舂米九斗.'"로 되어 있다.

239) 호광 편(胡廣 編), 『논어집주대전(論語集註大全)』「향당(鄕黨)」에는 "『禮記』「少儀篇」注云 : '聶

『예기』「소의(少儀)」에 보이니, 주석에 이르렀다. “먼저 콩잎처럼 절단(切斷)하고, 다시 반복하여 절단하는 것이다.”

○ 訓畢.

훈고가 끝났다.

朱註

食精則能養人, 膾麤則能害人. 不厭, 言以是爲善, 非謂必欲如是也.

밥이 깨끗하면 능히 사람을 길러주고, 회가 거칠면 능히 사람을 해친다. ‘불염(不厭 : 싫어하지 않음)’은 이것을 좋게 여김을 말하고, 반드시 이와 같이 하고자 함을 이르는 것이 아니다.

詳說

○ **慶源輔氏曰 : “‘以是爲善’, 理也; ‘必欲如是’, 欲也.”**240)

경원 보씨(慶源輔氏 : 輔廣)가 말하였다. “‘이시위선(以是爲善 : 이것을 좋게 여김)’은 리(理 : 天理)이고, ‘필욕여시(必欲如是 : 이와 같이 하고자 함)’는 욕(欲 : 人欲)이다.

○ **‘以是爲善’, 是聖人之與人同處也; 非‘必欲如是’, 是與人異處也. 此所謂‘天理人欲同行異情’241)者也.**

‘이시위선(以是爲善 : 이것을 좋게 여김)’은 성인이 사람들과 더불어 거처를 같이함이고, ‘필욕여시(必欲如是 : 이와 같이 하고자 함)’가 아님은 사람들과 더불어 거처를 달리함이다. 이는 이른바 ‘천리(天理)와 인욕(人欲)이 행위를 같이 하면서 뜻을 달리한다.’라는 말이다.

○ 釋畢.

경문의 풀이가 끝났다.

之爲言, 牒也, 先藿葉切之, 復報切之, 則成膾.’ 「郊特牲」疏云 : ‘先牒而大臠, 切之而復切之.’ 聶, 「少儀」, 音之涉反, 一音泥涉反. 牒, 「少儀」, 音直輒反. 「郊特牲」注, 聶本作攝, 又作牒, 皆之涉反.”으로 되어 있다.

240) 호광 편(胡廣 編), 『논어집주대전(論語集註大全)』「향당(鄕黨)」에는 “慶源輔氏曰 : ‘以是爲善, 理也; 必欲如是, 欲也. 其流則爲窮口腹之欲矣.’”로 되어 있다.

241) 『주자어류(朱子語類)』 권40, 「논어22(論語二十二)」, 33조목에는 “五峯所謂天理人欲同行異情.”이라 하였고, 유인(劉因), 『사서집의정요(四書集義精要)』 권22, 「논어18」에는 “和同周比, 五峯所謂天理人欲同行異情者也.”라 하였다.

[10-8-2]

食饐而餲, 魚餒而肉敗, 不食; 色惡不食; 臭惡不食; 失飪不食; 不時不食.
밥이 상하여 맛이 변한 것과 물고기가 부패하고 고기가 부패한 것을 먹지 않으며, 색깔이 좋지 않은 것을 먹지 않으며, 냄새가 좋지 않은 것을 먹지 않으며, 잘 익히지 않은 것을 먹지 않으며, 제때가 되지 않은 것을 먹지 않았다.

朱註

'食饐'之'食', 音嗣. '饐', 於冀反. '餲', 烏邁反. '飪', 而甚反.[242] '饐', 飯傷熱濕也. '餲', 味變也. 魚爛曰'餒'; 肉腐曰'敗'. '色惡'·'臭惡', 未敗而色·臭變也. '飪', 烹調生熟之節也.

'사의이애(食饐而餲)'에서 '사(食)'는 음이 사(嗣)이고, '의(饐)'는 '어(於)'와 '기(冀)'의 반절(反切)이고, '애(餲)'는 '오(烏)'와 '매(邁)'의 반절(反切)이다. '실임불식(失飪不食)'에서 '임(飪)'은 '이(而)'와 '심(甚)'의 반절(反切)이다. '의(饐)'는 밥이 열기와 습기에 상한 것이다. '애(餲)'는 음식 맛이 변한 것이다. 물고기가 문드러진 것을 '뇌(餒)'라고 하며, 고기가 썩은 것을 '패(敗)'라고 한다. '색악(色惡 : 색깔이 좋지 않은 것)'과 '취악(臭惡 : 냄새가 좋지 않은 것)'은 아직 썩지 않았으나 색깔과 냄새가 변한 것이다. '임(飪)'은 날 것과 익은 것을 삶아서 조리하는 절차이다.

詳說

○ 『諺』音誤.
'취악(臭惡)'에서 '취(臭)'자는 『언해』의 음이 잘못되었다.[243]

○ 將敗.
'미패(未敗 : 아직 썩지 않았음)'는 장차 썩으려고 함이다.

○ 吳氏曰 : "'餒'自內出; '敗'自外入. '色惡'·'臭惡', 廣言衆物. 聖人譏恥惡食, 謂疏

---

242) 『논어주소(論語注疏)』에는 "膾, 古外反, 又作鱠. 饐, 於冀反. 『字林』云 : '飯傷熱濕也, 央莅·央冀二反.' 餲, 烏邁反, 一音遏. 『字林』 : '乙例反.' 餒, 奴罪反. 『說文』云 : '魚敗曰餒, 本又作鯘.' 『字書』 : '同.' 飪, 而甚反."이라고 하였다.

243) '취악(臭惡)'에서 '취(臭)'자는 『언해』의 음이 잘못되었다 : 『논어언해』「향당(鄕黨)」에는 '취'로 되어 있는데, 『광운』·『집운』·『운회』 등에서 "尺救切."이라 하고, 『운보(韻補)』에서 "初尤切, 音簉."라고 하였듯이 박문호(朴文鎬)는 '臭'의 음을 '추'라고 본 것이다.

食菜羹之類, 非謂腐壞[244]之物."[245]

오씨(吳氏 : 吳仲迂)가 말하였다. "'뇌(餒)'는 안으로부터 나오고, '패(敗)'는 밖으로부터 들어오는 것이다. '색악(色惡 : 색깔이 좋지 않은 것)'과 '취악(臭惡 : 냄새가 좋지 않은 것)'은 두루 뭇 음식물을 말한 것이다. 성인이 좋지 않은 음식을 부끄러워함을 나무란 것은[246] 거친 밥과 나물국 따위를 이른 것이고, 부패하고 문드러진 음식물을 이른 것은 아니다."

○ 味之調和, 熟之淺深, 物各有其宜.

음식 맛의 조화와 익힘의 얕고 깊음은 음식물 각각에 그 마땅함이 있다.

朱註

'不時', 五穀不成 · 果實未熟之類.

'불시(제때가 되지 않은 것)'는 오곡(五穀 : 쌀 · 보리 · 콩 · 조 · 기장)이 여물지 못한 것이나 과실이 아직 익지 못한 따위이다.

詳說

○ 『禮記』「王制」曰 : "五穀不時, 果實未熟, 不粥於市."[247]

『예기』「왕제(王制)」에서 말하였다. "오곡(五穀)이 제때에 맞지 않은 것과 과실이 아직 익지 않은 것은 저자에서 팔지 않는다."

○ 朱子曰 : "'不時', 漢詔所謂'穿掘萌芽, 鬱養強熟'之類."[248]

주자(朱子 : 朱熹)가 말하였다. "'불시(不時 : 제때가 되지 않은 것)'는 한나라 조서

---

244) 腐壞 : 호광 편(胡廣 編), 『논어집주대전(論語集註大全)』「향당(鄕黨)」에는 '腐爛'으로 표기되어 있다.

245) 호광 편(胡廣 編), 『논어집주대전(論語集註大全)』「향당(鄕黨)」에는 "吳氏曰 : '餒自內出; 敗自外入. 臭, 氣也. 色惡臭惡, 廣言衆物, 物害而食, 必害人, 常人且謹, 況聖人乎. 或問 : 聖人譏耻惡食者, 何也? 曰 : 惡食, 謂蔬食菜羹之類, 以其粗菲. 故曰 : 惡爾, 非謂腐爛之物, 不可食而食之也.'"로 되어 있다.

246) 성인이 좋지 않은 음식을 부끄러워함을 나무란 것은 : 『논어(論語)』「이인(里仁)」의 "子曰 : '士志於道, 而恥惡衣惡食者, 未足與議也.'"에 나오는 내용을 가리킨다.

247) 호광 편(胡廣 編), 『논어집주대전(論語集註大全)』「향당(鄕黨)」에는 "『禮』「王制」, '五穀不時, 果實未熟, 不粥於市', 物未成, 不利人. 粥, 音育."로 되어 있고, 『예기』「왕제(王制)」에는 "衣服飮食, 不粥於市; 五穀不時, 果實未孰, 不粥於市."라고 하였다.

248) 호광 편(胡廣 編), 『논어집주대전(論語集註大全)』「향당(鄕黨)」.

(詔書)에 이른바, '새로 돋아나는 싹을 구멍 내서 파내거나 막힌 온실에서 채소를 길러서 억지로 성숙시키는'[249] 따위인 것이다."

◯ 訓畢.

훈고가 끝났다.

朱註

此數者, 皆足以傷人. 故不食.

이 몇 가지 사안들은 모두 충분히 사람을 상하게 할 수 있다. 그러므로 먹지 않았다.

詳說

◯ 合釋.

경문의 풀이를 종합하였다.

[10-8-3]

割不正, 不食; 不得其醬, 不食.

자른 것이 바르지 않거든 먹지 않으며, 그 장(醬)을 얻지 못하거든 먹지 않았다.

朱註

割肉, 不方正者, 不食, 造次不離於正也. 漢陸續之母, 切肉, 未嘗不方, 斷葱, 以寸爲度,

고기를 잘라서 나누어 놓은 것이 모나도록 바르지 않은 것은 먹지 않았으니, 아무리 바쁜 사이라도 바름을 잃지 않았다. 한나라 육속(陸續)의 어머니는 고기를 자름에 일찍이 방정하지 않은 적이 없었으며, 파를 자름에도 한 치를 한도로 삼았으니,

249) 한나라 조서(詔書)에 이른바 …… 채소를 길러서 억지로 성숙시키는 : 『후한서(後漢書)』「황후기상(皇后紀上) · 화희등황후(和熹鄧皇后)」에서 "凡供薦新味, 多非其節, 或鬱養強孰, 或穿掘萌芽, 味無所至, 而夭折生長, 豈所以順時育物乎!" 王先謙集解引胡三省曰 : "謂爲土室蓄火, 使土氣蒸鬱而養之, 強使成熟也."라고 하였다.

詳說

○ 音糙.[250]

'조차불리어정야(造次不離於正也)'에서 '조(造)'자는 음이 조(糙)이다.

○ 去聲.[251]

'조차불리어정야(造次不離於正也)'에서 '리(離)'자는 거성(去聲 : 잃다)이다.

○ 音短.[252]

'단총(斷蔥)'에서 '단(斷)'자는 음이 단(短)이다.

○ 見『後漢書』本傳.

『후한서』 본전에 보인다.[253]

朱註

蓋其質美, 與此暗合也. 食肉用醬, 各有所宜, 不得則不食, 惡其不備也.

대개 그 자질이 아름다워 공자의 일과 우연히 맞은 것이다. 고기를 먹고 장(醬)을 씀에는 각각 마땅한 것이 있으니, 그것을 얻지 못하거든 먹지 않음은 그 갖추지 못함을 싫어하는 것이다.

詳說

○ 續母.

'개기질미(蓋其質美 : 대개 그 자질이 아름다워)'에서 '기(其)'는 육속(陸續)의 어머니이다.

○ 孔子事.

'여차암합야(與此暗合也 : 공자의 일과 우연히 맞은 것이다)'에서 '차(此)'는 공자(孔子)의 일이다.

○ 不學而能.

'암합(暗合)'은 배우지 않고도 능한 것이다.

250) 호광 편(胡廣 編), 『논어집주대전(論語集註大全)』「향당(鄕黨)」에는 "造, 七到反."이라고 하였다.
251) 호광 편(胡廣 編), 『논어집주대전(論語集註大全)』「향당(鄕黨)」.
252) 호광 편(胡廣 編), 『논어집주대전(論語集註大全)』「향당(鄕黨)」.
253) 『후한서』 본전에 보인다 : 범욱(范煜), 『후한서(後漢書)』 권111, 「육속전(陸續傳)」에서 "續曰 : '母嘗截肉未嘗不方, 斷蔥以寸爲度.'"라고 하였다.

○ 去聲.[254]

'오기불비야(惡其不備也)'에서 '오(惡)'자는 거성(去聲 : 싫어하다)이다.

○ 雙峰饒氏曰 : "'其'字, 是指所食物而言. '醬'之爲品, 非一, 如食魚膾, 宜用芥醬; 食濡魚, 用卵醬; 食麋腥·濡鷄·濡鼈, 用醢醬, 如「內則」所云也. 食物用醬, 必是相制, 不特不備, 食之, 亦必有害."[255]

쌍봉 요씨(雙峰饒氏 : 饒魯)가 말하였다. "'기(其)'자는 먹는 음식물을 가리켜서 말한 것이다. '장(醬)'이라는 물건은 하나가 아니니, 만약 어회(魚膾)를 먹으면 마땅히 개장(芥醬 : 겨자간장)을 써야 하며, 삶은 물고기를 먹으면 난장(卵醬 : 魚卵간장)을 써야 하며, 사슴고기와 삶은 닭고기와 삶은 자라고기를 먹으면 해장(醢醬 : 고기간장)을 써야 하니, 「내칙(內則)」에 말한 것과 같다.[256] 음식물에 간장을 쓰는 것은 반드시 서로 조절해주기 때문이니 다만 갖추지 않을 수 없지만, 그것을 먹으면 또한 반드시 해로움이 있다."

朱註

此二者, 無害於人, 但不以嗜味而苟食耳.

이 두 가지 사안은 사람에게 해로움이 없으나, 다만 맛을 즐기면서 구태여 먹지 않았을 뿐이다.

詳說

○ 猶爲也.

'이(以)'는 위(爲)와 같다.

○ 有釋無訓.

경문의 풀이는 있으나 훈고는 없다.

---

254) 호광 편(胡廣 編), 『논어집주대전(論語集註大全)』「향당(鄕黨)」.

255) 호광 편(胡廣 編), 『논어집주대전(論語集註大全)』「향당(鄕黨)」에는 "雙峯饒氏曰 : '當看其字, 其是指其所食物而言. 醬之爲品, 非一飮食, 各有所宜, 如食魚膾, 宜入芥醬; 食濡魚, 用卵醬; 食麋腥·濡雞·濡鱉, 用醯醬, 如「內則」所云是也. 古之制飮食者, 使人食某物, 則用某醬, 必有意義, 不是氣味相宜, 必是相制, 不得之, 則非特不備, 食之, 亦必有害. 故不食也.'"로 되어 있다.

256) 「내칙(內則)」에 말한 것과 같다 : 『예기』「내칙(內則)」에서 "濡豚, 包苦實蓼; 濡雞, 醢醬實蓼; 濡魚, 卵醬實蓼; 濡鼈, 醢醬實蓼. 腶脩, 蚳醢; 脯羹, 兎醢; 麋膚, 魚醢; 魚膾, 芥醬; 麋腥, 醢醬; 桃諸梅諸, 卵鹽."라고 하였다.

○ **朱子曰 : "聖人一動作一飮食, 無非天理. 口腹之人, 不時也食, 不正也食, 失飪也食者, 是人欲."**[257]

주자(朱子 : 朱熹)가 말하였다. "성인의 하나의 동작이나 하나의 음식은 천리(天理)가 아님이 없다. 먹고 마시기를 즐기는 사람이 제때가 되지 않은 것을 먹으며, 바르게 자르지 않은 것을 먹으며, 잘 익히지 않은 것을 먹는 것은 인욕(人欲)이다."

---

257) 호광 편(胡廣 編), 『논어집주대전(論語集註大全)』「향당(鄕黨)」에는 "朱子曰 : '一言語一動作一飮食, 都有是有非, 是底便是天理, 非底便是人欲. 如孔子失飪不食, 不時不食, 割不正不食, 無非天理; 如口腹之人, 不時也食, 不正也食, 失飪也食, 便都是人欲, 都是逆天理.'"라고 하였다. 『주자어류(朱子語類)』 권38, 「논어20(論語二十)」, 41조목에는 더욱 자세하게 "一言一語, 一動一作, 一坐一立, 一飮一食, 都有是非. 是底便是天理, 非底便是人欲. 如孔子'失飪不食, 不時不食, 割不正不食, 不多食', 無非天理. 如口腹之人, 不時也食, 不正也食, 失飪也食, 便都是人慾, 便都是逆天理. 如只喫得許多物事, 如不當喫, 纔去貪喫不住, 都是逆天理. 看道理只管進, 只管細, 便好. 只管見上面, 只管有一重, 方好. 如一物相似, 剝一重, 又剝一重; 又有一重, 又剝一重; 剝到四五重, 剝得許多皮殼都盡, 方見眞實底. 今人不是不理會道理, 只是不肯子細, 只守著自底便了, 是是非非, 一向都沒分別. 如詖淫邪遁之辭, 也不消得辨; 便說道是他自陷, 自蔽, 自如此, 且恁地和同過, 也不妨.(한 번 말하고, 한 번 행동하며, 한 번 앉고 일어서며, 한 번 마시고 먹는 것에도 모두 옳고 그름이 있다. 이것은 바로 천리(天理)이고 사람이 하고자 하는 것이 아니다. 공자가 '익히지 않은 것은 먹지 않으며, 때에 맞지 않는 것은 먹지 않으며, 자른 것이 바르지 않으면 먹지 않았으며, 많이 먹지 않았다'는 것도 천리가 아님이 없다. 배부르기는 구하는 사람은 때에 맞지 않아도 먹으며, 바르지 않아도 먹으며, 익히지 않아도 먹으니 모두 사람의 욕심이며, 천리를 거스르는 일이다. 많은 음식을 먹을 수 있으나 마땅히 먹지 않아야 할 것이 있으니, 먹기를 탐내어 그치지 않으면 모두 천리를 거스르는 일이다. 도리를 보면 나아갈 것에 관여하고 자세함에 관여해야 좋다. 위에서 본 것에 관여하고 중요한 것이 있음에 관여해야 바야흐로 좋다. 마치 물건이 서로 비슷한 것과 같으니 한 겹 벗겨내고 또 한 겹 벗겨내면, 또 한 겹이 있어 또 한 겹 벗겨내어, 네다섯 번 벗겨내서 많은 껍질을 모두 다 벗겨내야 바야흐로 참된 실상을 볼 수 있다. 지금 사람들은 도리를 이해하지 않는 것은 아니지만 자세하게 이해하려 하지 않고 자기가 편한 것만 지키니 옳고 그름이 모두 분별이 없어진다. 편벽된 말, 방탕한 말, 사특한 말, 회피하는 말의 경우도 또한 분별하는데 힘쓰지 않으면 말하는 것이 그 스스로 빠지고, 가리는 것이 저절로 이와 같으니, 이렇게 부화뇌동(附和雷同)하는 것도 방해되지 않는다.)"로 되어 있다.

[10-8-4]

肉雖多, 不使勝食氣; 惟酒無量, 不及亂.
고기가 비록 많더라도 밥 기운을 이기게 하지 않으며, 오직 술은 정한 양 없이 마시되 어지러움에 미치지 않았다.

朱註

'食', 音嗣. '量', 去聲. 食, 以穀爲主. 故不使肉勝食氣.
'불사승식기(不使勝食氣)'에서 '사(食)'자는 음이 사(嗣)이다. '유주무량(惟酒無量)'에서 '량(量)'자는 거성(去聲 : 定量)이다. 먹는 것은 곡식을 중심으로 한다. 그러므로 고기를 많이 먹어 밥 기운을 이기도록 해서는 안 된다.

詳說

◯ 如字.[258]
'식(食)'은 본래의 음으로 읽는다.

◯ 朱子曰 : "非特肉也, 凡蔬果之類, 皆然."[259]
주자(朱子 : 朱熹)가 말하였다. "다만 고기뿐만이 아니라 무릇 채소와 과일 따위도 모두 그러하다."

◯ 北山陳氏曰 : "人得元氣以生, 穀氣以養; 肉氣以補. 肉氣勝則滯穀氣; 穀氣勝則滯元氣, 不使肉勝食氣者, 養生之理, 當然也."[260]
북산 진씨(北山陳氏 : 陳文蔚)[261]가 말하였다. "사람은 원기를 얻어서 사는데 곡식

258) 호광 편(胡廣 編), 『논어집주대전(論語集註大全)』「향당(鄕黨)」.

259) 호광 편(胡廣 編), 『논어집주대전(論語集註大全)』「향당(鄕黨)」에는 "朱子曰 : '肉雖多, 不使勝食氣. 非特肉也, 凡蔬果之類, 皆不可使勝食氣.'"로 되어 있다.

260) 호광 편(胡廣 編), 『논어집주대전(論語集註大全)』「향당(鄕黨)」에는 "北山陳氏曰 : '聞以養, 肉氣以輔, 肉氣勝則滯穀氣; 穀氣勝則滯元氣, 元氣充行者壽. 夫子不使多肉勝穀食氣者, 養生之理, 當然也.'"로 되어 있는데, 『논어집주대전』에 누락되고 부족한 부분은 호병문, 『논어통』에서 "陳氏曰 : '聞之老壽者, 言人得元氣以生, 穀氣以養, 肉氣以輔. 肉氣勝則滯穀氣; 穀氣勝則滯元氣, 元氣充行者壽. 夫子不使多肉穀勝食氣者, 養生之理, 當然也.'"라고 하였다.

261) 진문울(陳文蔚) : 송나라 때의 학자로, 자가 재경(才卿)이고, 호가 극재(克齋) 또는 북산(北山)이며, 상요(上饒) 사람이다. 주자의 문인으로 학문에 열중하여 저서에서 자기 논리를 세웠으며, 학자들이 추앙하며 극재선생(克齋先生)이라고 불렀다. 저서로는 『극재집(克齋集)』·『사고총목(四庫總目)』 등이 있다.

기운으로 기르며, 고기 기운으로 보충한다. 고기 기운이 이기면 곡식 기운이 막히고, 곡식 기운이 이기면 원기가 막히니, 고기를 많이 먹어 밥 기운을 이기도록 하지 않는 것은 양생(養生)의 이치가 마땅히 그러한 것이다."

朱註

酒, 以爲人合懽. 故不爲量,

술은 사람들을 도와서 화합하고 환락(歡樂)하게 만드는 것이다. 그러므로 양을 정하지 않는다.

詳說

○ 去聲.[262]

'고불위량(故不爲量)'에서 '위(爲)'자는 거성(去聲 : 돕다)이다.

○ 見『禮記』「樂記」.

'주이위인합환(酒以爲人合懽 : 술은 사람들을 도와서 화합하고 환락하게 만듦)'은 『예기』「악기(樂記)」에 보인다.[263]

○ 慶源輔氏曰 : "人之飮量, 各不同. 故不預爲之量."[264]

경원 보씨(慶源輔氏 : 輔廣)가 말하였다. "사람이 마시는 양은 각각 같지 않다. 그러므로 미리 양을 정하지 않는 것이다."

朱註

但以醉爲節, 而不及亂耳.

다만 취하는 것으로써 절도로 삼아서 어지러움에 미치지 않을 뿐이었다.

---

262) 호광 편(胡廣 編), 『논어집주대전(論語集註大全)』「향당(鄕黨)」.

263) 『예기』「악기(樂記)」에 보인다 : 『예기』「악기(樂記)」에 "酒食者, 所以合歡也; 樂者, 所以象德也, 禮者, 所以綴淫也."라고 한 데서 나온 말이다. 『논어집주대전』에는 "「樂記」曰 : '酒食者, 所以懽合也.'"라고 하였다.

264) 호광 편(胡廣 編), 『논어집주대전(論語集註大全)』「향당(鄕黨)」에는 "慶源輔氏曰 : '酒以爲人合懽, 而人之飮量, 各不同也. 故不預爲之量, 而以醉爲節. 雖以醉爲節, 而又不及於亂, 此亦聖人從心所欲不踰矩之一端.'"으로 되어 있다.

詳說

○ 覺軒蔡氏曰 : "'醉'字, 所以釋經文之'無量'."265)

각헌 채씨(覺軒蔡氏 : 蔡模)가 말하였다. "'취(醉)'자는 경문의 '무량(無量 : 정한 양이 없다)'을 풀이하는 말이다."

○ 謂'浹洽'也.266)

'협흡(浹洽 : 기분 좋게 화해함)'을 이르는 것이다.

○ 胡氏曰 : "內昏其心志; 外喪其威儀."267)

호씨(胡氏 : 胡寅)268)가 말하였다. "안으로 그 마음의 뜻을 어둡게 하고, 밖으로는 그 위엄 있는 몸가짐을 잃게 한다."

○ 是'無量'之量也.

'불급란(不及亂 : 어지러움에 미치지 않음)'은 '무량(無量 : 정한 양이 없음)'의 양이다.

○ 有釋無訓.

경문의 풀이는 있으나 훈고는 없다.

○ 此下, 申論'不及亂'三字, 其戒酒之意, 溢於言外矣.

이 아래에서는 거듭하여 '불급란(不及亂 : 어지러움에 미치지 않음)'의 세 글자에 대하여 논의하였는데, 술을 경계하는 뜻이 말 밖에 넘쳤다.

---

265) 호광 편(胡廣 編), 『논어집주대전(論語集註大全)』「향당(鄕黨)」에는 "覺軒蔡氏曰 : '『集註』謂以醉爲節, 或者猶過疑其或導人於醉也, 殊不知醉字. 所以釋經文之無量, 而繼之以爲節二字, 而以不及亂承之, 正所以戒人之溺於醉也. 況詩中如旣醉如賓之初筵, 未嘗不言醉, 但醉甚至於亂威儀, 則爲失耳. 所謂『集註』一字, 不可增減移易者, 正謂此也.'"로 되어 있다.

266) 아래 집주 내용에 나오는 정자의 말이다. "程子曰 : "不及亂者, 非惟不使亂志, 雖血氣, 亦不可使亂, 但浹洽而已, 可也." 이에 대하여 호광 편(胡廣 編), 『논어집주대전(論語集註大全)』「향당(鄕黨)」에서 진력(陳櫟)이 다음과 같이 해석하였다. "新安陳氏曰 : '無量不及亂, 以夫子則可, 程子是以浹洽而已, 爲限量. 此學者所當法, 學者當以有量, 學聖人之無量, 否則恐致亂矣.'"

267) 호광 편(胡廣 編), 『논어집주대전(論語集註大全)』「향당(鄕黨)」에는 "胡氏曰 : '亂者, 內昏其心志; 外喪其威儀. 甚則班伯所謂淫亂之源, 皆在於酒, 是也. 聖人飮無定量, 亦無亂態, 蓋從心所欲不踰矩, 是以如此.'"로 되어 있는데, 이는 진덕수(眞德秀)의 『서산독서기(西山讀書記)』 권4에도 "致堂胡氏曰 : '惟酒無量不及亂, 亂者, 內昏其心志; 外喪其威儀, 甚則班伯所謂淫亂之原, 皆在於酒, 是也.'"로 실려 있다.

268) 호인(胡寅 : 1098~1156) : 송나라 때의 학자로, 자가 명중(明仲)이고, 건주 숭안(建州崇安)이며, 학자들이 치당선생(致堂先生)이라고 불렀다. 저서로는 『논어상설(論語詳說』·『독사관견(讀史管見)』·『비연집(斐然集)』 등이 있다.

朱註

程子曰 : "'不及亂'者, 非惟不使亂志, 雖血氣, 亦不可使亂, 但浹洽而已, 可也."

정자(程子 : 程頤)가 말하였다. "'불급란(不及亂 : 어지러움에 미치지 않음)'이라는 것은 오직 뜻을 어지럽게 할 뿐 아니라, 비록 혈기(血氣)라도 또한 어지럽게 해서는 안 되니, 다만 사람들과 기분 좋게 화해(和諧)할 따름이면 좋다."

詳說

○ 當考.

말한 사람이 동생 정이인지 형 정호인지 마땅히 살펴보아야 한다.[269)]

○ 醉之過, 則先亂血氣, 而後乱志.

술에 취함이 지나치면 먼저 혈기(血氣)를 어지럽히고, 그 뒤에 뜻을 어지럽힌다.

[10-8-5]

沽酒市脯, 不食,

파는 술과 저자의 포를 먹지 않으며,

朱註

'沽'·'市', 皆買也,

'고(沽)'와 '시(市)'는 모두 사는 것이니,

詳說

○ 訓也.

훈고이다.

---

269) 주희, 『논어정의(論語精義)』 권5 하에 의하면 '이천(伊川)'의 말이다. "伊川曰 : '飮酒不可使醉不及亂者, 不獨不可亂志, 只血氣, 亦不可使亂, 但浹洽而已, 可也.'"

朱註

恐不精潔, 或傷人也, 與不嘗康子之藥, 同意.

깔끔하고 깨끗하지 못하여 혹시 사람을 상하게 할까 염려함이며, 공자가 계강자(季康子)[270]의 약을 맛보지 못한 것[271]과 뜻이 같다.

詳說

◯ 慶源輔氏曰 : "聖人衛生之嚴也."[272]

경원 보씨(慶源輔氏 : 輔廣)가 말하였다. "성인의 위생(衛生 : 養生. 攝養)이 엄격한 것이다."

◯ 不精潔, 則必害人.

깔끔하고 깨끗하지 않으면 반드시 사람을 해친다.

◯ 釋也.

경문의 풀이다.

[10-8-6]

不撤薑食,

생강 먹음을 거두지 않으며,

朱註

'薑', 通神明, 去穢惡. 故不撤.

270) 계강자(季康子 : ?~B.C.468) : 춘추 시대 노(魯)나라 정치가로, 희성(姬姓)이고 계씨(季氏)이며, 이름이 비(肥)이고 시호가 강(康)이다. 계환자(季桓子) 계손사(季孫斯)의 아들로, 계손비(季孫肥)라고도 불린다.

271) 공자가 계강자(季康子)의 약을 맛보지 못한 것 : 뒤에 나오는 경문[10-11-2] "계강자가 약을 보내오자 절을 하고 받으면서 말하였다. '내가 아직 통달하지 못하였기 때문에 감히 맛보지 못하겠다.'(康子饋藥, 拜而受之曰 : '丘未達, 不敢嘗.')"라는 구절을 말한다.

272) 호광 편(胡廣 編), 『논어집주대전(論語集註大全)』「향당(鄕黨)」에는 "慶源輔氏曰 : '沽酒市脯不食, 聖人衛生之嚴也. 不撤薑食, 聖人養生之周也. 不多食, 當食者不去; 可食者不多, 惟理, 是從所欲不存也.'"로 되어 있다.

‘강(薑 : 생강)’은 신명(神明 : 정신)을 통하게 하고, 더럽고 나쁜 기운을 없앤다. 그러므로 거두지 않았다.

詳說

○ 上聲.[273]

‘거예악(去穢惡)’에서 ‘거(去)’자는 상성(上聲 : 제거하다)이다.

○ 『本草』曰 : “去臭氣, 通神明.”[274]

『본초』에서 말하였다. “냄새를 없애고, 정신을 통하게 한다.”

○ 慶源輔氏曰 : “聖人養生之周也.”[275]

경원 보씨(慶源輔氏 : 輔廣)가 말하였다. “성인의 양생(養生)이 주밀(周密)함이다.”

○ 釋兼訓.

경문의 풀이에 훈고를 겸하였다.

[10-8-7]

不多食.

많이 먹지 않았다.

朱註

適可而止, 無貪心也.

적당함에 이르러서 그쳤으니, 식탐(食貪)하는 마음이 없는 것이다.

---

273) 호광 편(胡廣 編), 『논어집주대전(論語集註大全)』「향당(鄕黨)」.

274) 호광 편(胡廣 編), 『논어집주대전(論語集註大全)』「향당(鄕黨)」에는 “『本草』云 : ‘薑味辛微温, 久服去臭氣, 通神明.’”로 되어 있는데, 왕호구(王好古), 『탕액본초(湯液本草)』 권하에는 “珍云 : ‘益脾胃, 散風寒, 久服去臭氣, 通神明.’”이라 하였고, 이시진(李時珍), 『본초강목』 권26에는 “主治久服, 去臭氣, 通神明.”이라 하였다.

275) 호광 편(胡廣 編), 『논어집주대전(論語集註大全)』「향당(鄕黨)」에는 “慶源輔氏曰 : ‘沽酒市脯不食, 聖人衛生之嚴也. 不撤薑食, 聖人養生之周也. 不多食, 當食者不去; 可食者不多, 惟理, 是從所欲不存也.’”로 되어 있다.

詳說

◯ 華陽范氏曰:"適飽而已."[276)]

화양 범씨(華陽范氏 : 范祖禹)가 말하였다. "적당하게 배부르게 할 따름이다."

◯ 通凡食物而言. 故特爲一節.

모든 음식물을 통틀어서 말한 것이다. 그러므로 특별하게 하나의 장절(章節)로 삼은 것이다.

◯ 有釋無訓.

경문의 풀이는 있으나 훈고는 없다.

[10-8-8]

祭於公, 不宿肉; 祭肉, 不出三日; 出三日, 不食之矣.

공실(公室)에서 제사 지냄에 고기를 하룻밤 묵히지 않았으며, 제사 고기는 사흘을 가지 않았으니, 사흘을 가면 먹지 않은 것이다.

朱註

助祭於公,

공실(公室)의 제사를 도와주고

詳說

◯ 南軒張氏曰:"公家."[277)]

남헌 장씨(南軒張氏 : 張栻)가 말하였다. "공가(公家 : 公室)이다."

---

276) 주희, 『논어정의(論語精義)』 권5 하에 다음과 같이 실려 있다. "范曰 : '凡養體主於穀, 肉勝食氣, 非其理也. 飮酒無多少, 主於不亂而已. 沽酒市脯, 其所從來, 不可得而知. 故君子不食也. 不多食者, 適飽而已, 貪於飮食, 四凶之徒也.'"

277) 호광 편(胡廣 編), 『논어집주대전(論語集註大全)』「향당(鄕黨)」에는 "南軒張氏曰 : '公家之祭, 不宿肉, 受神惠於公所, 欲亟以及人也. 家祭之肉, 不出三日, 懼其或敗, 而起人之褻易, 非事神之道也. 故或出三日, 則寧不食焉.'"이라 하였다.

○ 或讀'所'字, 屬上句.

간혹 '소(所)'자에서 구두(句讀 : 구두점을 찍음)하여 위의 구절에 이었다.[278]

朱註

所得胙肉, 歸即頒賜, 不俟經宿者, 不留神惠也. 家之祭肉, 則不過三日, 皆以分賜, 蓋過三日, 則肉必敗, 而人不食之,

제사 지낸 고기를 얻은바, 돌아온 즉시 나누어 주어, 하룻밤이 지나도록 기다리지 않는 것은 귀신의 은혜를 머물게 하지 않은 것이다. 집에서 지낸 제사 고기는 3일이 지나기 전에 모두 나누어 주었는데, 대개 3일이 지나면 고기가 반드시 부패하여 사람이 그것을 먹지 못하니,

詳說

○ 音祚.

'소득조육(所得胙肉)'에서 '조(胙)'자는 음이 조(祚)이다.

○ 家人·宗族·隣里.

'반사(頒賜)'는 집안사람과 종친들과 이웃 마을이다.

○ 添'家'字.

'가지제육(家之祭肉 : 집에서 지낸 제사 고기)'의 경우, '가(家)'자를 보탠 것이다.[279]

○ 出三日不食, 即'不出三日'之註脚也.

3일이 간 것을 먹지 않았다는 것은 곧 '불출삼일(不出三日 : 사흘을 가지 않았음)'의 각주이다.

朱註

是, 褻鬼神之餘也. 但比君所賜胙, 可少緩耳.

이는 귀신이 남긴 고기를 더럽히는 것이다. 다만 임금이 준 것의 제사 지낸 고기에 비하여 조금 늦어질 수 있을 뿐이다.

---

278) 간혹 '소(所)'자에서 구두(句讀 : 구두점을 찍음)하여 위의 구절에 이었다 : '助祭於公, 所得胙肉'으로 끊어 읽지 않고, '助祭於公所, 得胙肉'로 읽는 경우가 있음을 말한 것이다.

279) '가지제육(家之祭肉 : 집에서 지낸 제사 고기)'의 경우, '가(家)'자를 보탠 것이다 : 경문에 나오는 '祭肉'에 '家之'를 보태서 주석한 것이다.

詳說

○ 綏, 至三日.

늦어짐은 3일까지이다.

○ 有釋無訓.

경문의 풀이는 있으나 훈고는 없다.

[10-8-9]

食不語, 寢不言.
음식을 먹음에 말대꾸하지 않으며, 잠을 잠에 혼잣말하지 않았다.

朱註

答述曰語, 自言曰言.
대답하여 말하는 것을 '어(語)'라고 하며, 스스로 말하는 것을 '언(言)'이라고 한다.

詳說

○ 朱子曰:"食對人, 寢獨居. 故卽其事而言之."280)

주자(朱子:朱熹)가 말하였다. "음식을 먹는 것은 사람과 함께하고, 잠을 자는 것은 홀로 거처한다. 그러므로 그 일에 나아가서 말한 것이다."

○ 訓畢.

훈고가 끝났다.

朱註

范氏曰:"聖人, 存心不他, 當食而食, 當寢而寢, 言語非其時也."281)
범씨(范氏:范祖禹)가 말하였다. "성인은 마음가짐을 다른 데 두지 않아서 먹음에

280) 호광 편(胡廣 編), 『논어집주대전(論語集註大全)』「향당(鄕黨)」.
281) 주희, 『논어정의(論語精義)』 권5 하에는 다음과 같이 실려 있다. "范曰:'以事語人曰語, 發端曰言. 君子存其誠意, 當食而食; 當寢而寢, 言語非其時也.'"

당면해서는 먹고 잠을 자는 데 당면해서는 자니, 말을 함은 그때가 아닌 것이다."

詳說

○ 他適.

'타(他)'는 다른 데로 감이다.

○ 値也.

'당(當)'은 만남이다.

○ 釋畢.

경문의 풀이가 끝났다.

○ 此下, 則餘意也.

이 아래는 나머지 뜻이다.

朱註

楊氏曰 : "肺爲氣主, 而聲出焉, 寢食則氣窒而不通, 語言, 恐傷之也",[282] 亦通.

양씨(楊氏 : 楊時)가 말하였다. "폐는 기(氣 : 숨)의 중심이 되어 소리가 나오는데, 잠자고 먹으면 숨이 막혀서 통하지 못하니, 말을 하면 폐를 상하게 할까 염려되는 것이다."라고 하였으니, 또한 의미가 통한다.

詳說

○ 『素問』曰 : "諸氣, 皆屬於肺."[283]

『소문(素問)』에서 말하였다. "여러 기(氣 : 숨)가 모두 폐에 속한다."

○ 新安陳氏曰 : "范說主理; 楊說主氣, 范爲優楊, 亦不可廢."[284]

신안 진씨(新安陳氏 : 陳櫟)가 말하였다. "범씨(范氏 : 范祖禹)의 해설은 리(理)를 중심으로 하고, 양씨(楊氏 : 楊時)의 해설은 기(氣)를 중심으로 하여 범씨가 양씨보다 우월함이 되지만, 또한 없애서는 안 된다."

---

282) 주희, 『논어정의(論語精義)』 권5 하.

283) 호광 편(胡廣 編), 『논어집주대전(論語集註大全)』「향당(鄕黨)」에는 "『素問』「五藏生成篇」, 諸脈者, 皆屬於目; 諸髓者, 皆屬於腦; 諸筋者, 皆屬於節; 諸血者, 皆屬於心; 諸氣者, 皆屬於肺; 肺藏主氣故也."로 되어 있다.

284) 호광 편(胡廣 編), 『논어집주대전(論語集註大全)』「향당(鄕黨)」.

[10-8-10]

雖疏食菜羹, 瓜祭, 必齊如也.
비록 거친 밥과 나물국이라도 반드시 제사를 지냈는데, 반드시 공경하듯이 하였다.

朱註

'食', 音嗣.[285] 陸氏曰 : "『魯論』, '瓜'作必."[286]

'수소사채갱(雖疏食菜羹)'에서 '사(食)'자는 음이 사(嗣)이다. 육씨(陸氏 : 陸元朗. 陸德明)가 말하였다. "『노논어(魯論語)』에는 '과(瓜)'를 필(必)로 썼다."

詳說

○ 新安陳氏曰 : "'瓜'字, 本『齊論』, 然'瓜'卽菜, 意重, 作'必'爲是."[287]
신안 진씨(新安陳氏 : 陳櫟)가 말하였다. "'과(瓜)'자는 『제논어(齊論語)』에 근본하는 것이다. 그러나 '과(瓜 : 오이)'는 채소이니 의미가 중복되므로 '필(必)'로 쓰는 것이 옳다."

○ 以一'瓜'字, 承'疏食菜羹'之下, 則不成文勢.
하나의 '과(瓜)'자가 '소사채갱(疏食菜羹 : 거친 밥과 나물국)'의 아래를 이어받으면 글의 형세가 이루어지지 않는다.

○ 先正'瓜'字.
먼저 '과(瓜)'자를 바로잡은 것이다.

○ 『魯論』中'必', 時有『齊論』章句, 攙入如此條者, 而今不可考. 其以文體可断者, 「季氏」一篇, 是也.
『노논어(魯論語)』 가운데 '필(必)'자는 당시에 『제논어(齊論語)』 장구에 있었으며, 이와 같은 조항에 찔러 넣은 것을 이제는 상고(詳考)할 수 없다. 그 문체로써 판단할 수 있는 것은 「계씨(季氏)」 한 편이 이것이다.

---

285) 『논어주소(論語注疏)』에도 "食, 音嗣, 又如字."라고 하였다.

286) 『논어주소(論語注疏)』 권10, 육덕명의 「음의(音義)」에 의하면 "瓜, 古華反, 魯讀瓜爲必, 今從古."라고 하였다.

287) 호광 편(胡廣 編), 『논어집주대전(論語集註大全)』「향당(鄕黨)」.

朱註

○ 古人飮食, 每種, 各出少許, 置之豆間之地, 以祭先代始爲飮食之人, 不忘本也. ‘齊’, 嚴敬貌.

옛사람은 마시고 먹을 때 늘 종류마다 각각 조금씩 꺼내서 식기(食器) 사이의 땅바닥에 두고, 선대에 처음으로 음식을 만든 사람에게 제사를 하여 근본을 잊지 않았다. ‘제(齊)’는 엄숙하고 공경하는 모양이다.

詳說

○ 上聲.[288]

‘매종(每種)’에서 ‘종(種)’자는 상성(上聲 : 종류)이다.

○ 新安陳氏曰 : “古席地而食.”[289]

신안 진씨(新安陳氏 : 陳櫟)가 말하였다. “옛날에는 땅에 자리를 깔고 앉아서 먹었다.”

○ 始敎大化者.

‘선대시위음식지인(先代始爲飮食之人 : 선대에 처음으로 음식을 만든 사람)’은 비로소 대화(大化 : 위대한 교화)를 베푼 사람이다.

○ 訓畢.

훈고가 끝났다.

朱註

孔子, 雖薄物必祭, 其祭必敬, 聖人之誠也.

공자는 비록 보잘것없는 음식물이라도 반드시 제사를 지냈으며, 제사를 지낼 때는 반드시 공경하였으니, 성인의 정성인 것이다.

詳說

○ 添‘其祭’字.

‘기제필경(其祭必敬 : 제사를 지낼 때는 반드시 공경하였음)’의 경우, ‘기제(其祭)’라

288) 호광 편(胡廣 編), 『논어집주대전(論語集註大全)』「향당(鄕黨)」.

289) 호광 편(胡廣 編), 『논어집주대전(論語集註大全)』「향당(鄕黨)」에는 “新安陳氏曰 : ‘古席地而坐, 置豆於地. 故置祭物於豆間之地.’”로 되어 있다.

는 두 글자를 보탠 구절이다.[290]

○ 朱子曰 : "曰'必祭', 則明無不祭之食也; 曰'必齊', 則明無不敬之祭也."[291]

주자(朱子 : 朱熹)가 말하였다. "'필제(必祭 : 반드시 제사 지냈음)'라고 하였다면 제사를 지내지 않은 음식이 없었음을 밝힌 것이고, '필제(必齊 : 반드시 공경하듯이 하였음)'라고 하였다면 공경하지 않은 제사가 없었음을 밝힌 것이다."

○ 釋畢.

경문의 풀이가 끝났다.

朱註

○ 此一節, 記孔子飮食之節. 謝氏曰 : "聖人, 飮食如此, 非極口腹之欲. 蓋養氣體, 不以傷生, 當如此. 然聖人之所不食, 窮口腹者, 或反食之, 欲心勝而不暇擇也."

이 하나의 장절(章節)은 공자의 음식의 절도를 기록한 것이다. 사씨(謝氏 : 謝良佐)가 말하였다. "성인은 음식이 이와 같으니, 입과 배의 욕구를 극진히 함이 아니다. 대개 정기(精氣)와 신체를 길러서 생명을 다치지 않게 함은 마땅히 이와 같아야 한다. 그러나 성인이 먹지 않는 것을 입과 배의 욕구를 다하는 사람은 도리어 먹으니, 욕심이 이겨서 가릴 틈이 없는 것이다."

詳說

○ '不時'·'失飪'之類.

'성인지소불식(聖人之所不食 : 성인이 먹지 않는 것)'은 '불시(不時 : 제때가 되지 않은 것)'와 '실임(失飪 : 잘 익히지 않은 것)'의 따위이다.

---

290) '기제필경(其祭必敬 …… '기제(其祭)'라는 두 글자를 보탠 것이다 : 경문에는 '必齊'라고 하였는데, 집주에서 '必敬'이라고 한 것은 주자(朱子 : 朱熹)가 같은 의미임을 말해 준 것이다.

291) 호광 편(胡廣 編), 『논어집주대전(論語集註大全)』「향당(鄕黨)」에는 "朱子曰 : '曰必祭, 則明無不祭之食也; 曰必齊如, 則明無不敬之祭也.'"로 되어 있다.

[10-9-1]

席不正, 不坐.
자리가 바르지 않거든 앉지 않았다.

朱註

謝氏曰 : "聖人心安於正. 故於位之不正者, 雖小, 不處."
사씨(謝氏 : 謝良佐)가 말하였다. "성인은 마음이 바른 것을 편안하게 여긴다. 그러므로 자리가 바르지 않은 것에는 비록 작더라도 있지 않았다."

詳說

○ 上聲.[292)]
'불처(不處)'에서 '처(處)'자는 상성(上聲 : 居處함)이다.

○ 有釋無訓.
경문의 풀이는 있으나 훈고는 없다.

○ 覺軒蔡氏曰 : "與'割不正不食'同."[293)]
각헌 채씨(覺軒蔡氏 : 蔡模)가 말하였다. "'할부정불식(割不正不食 : 자른 것이 바르지 않거든 먹지 않음)'과 같다."

○ 雲峯胡氏曰 : "此曰'不坐', 後曰'必正', 一席之微, 亦致嚴於'不'與'必'二字."[294)]
운봉 호씨(雲峯胡氏 : 胡炳文)가 말하였다. "여기서 '불좌(不坐 : 앉지 않음)'라 하고, 뒤에서 '필정(必正 : 반드시 바르게 함)'이라고 하였는데, 하나의 좌석의 하찮은 물건이라도 또한 '불(不)'과 '필(必)' 두 글자에 엄격함을 다하였다."

---

292) 호광 편(胡廣 編), 『논어집주대전(論語集註大全)』「향당(鄕黨)」.

293) 호광 편(胡廣 編), 『논어집주대전(論語集註大全)』「향당(鄕黨)」에는 "覺軒蔡氏曰 : '此句, 與割不正不食同.'"으로 되어 있다.

294) 호광 편(胡廣 編), 『논어집주대전(論語集註大全)』「향당(鄕黨)」에는 "雲峯胡氏曰 : '此曰不正不坐, 後曰必正席, 一席之微, 亦致嚴於不與必之二字, 聖人之心, 無不正也.'"로 되어 있다.

[10-10-1]

鄕人飮酒, 杖者出, 斯出矣.
마을 사람들과 술을 마심에 지팡이를 짚은 사람이 나가거든 이에 뒤따라 나갔다.

朱註

杖者, 老人也, 六十, 杖於鄕.
지팡이를 짚은 사람은 노인이니, 예순 살이면 마을에서 지팡이를 짚는다.

詳說

○ 出『禮記』「王制」.
『예기』「왕제(王制)」에 나온다.[295]

○ 訓.
훈고이다.

朱註

未出, 不敢先; 旣出, 不敢後.
노인이 아직 나가지 않거든 감히 먼저 나가지 않았고, 이미 나가거든 감히 뒤에 처지지 않았다.

詳說

○ 慶源輔氏曰 : "鄕黨尙齒. 故其出視老者爲節."[296]
경원 보씨(慶源輔氏 : 輔廣)가 말하였다. "마을에서는 상치(尙齒 : 나이 많은 사람을 존숭함)한다. 그러므로 노인이 나감에 살펴보는 것을 예절로 삼는다."

○ 釋.
경문의 풀이다.

295) 『예기』「왕제(王制)」에 나온다 : 『예기』「왕제(王制)」가 아니라, 『예기』「내칙(內則)」에 실려 있다. 『논어집주대전』에는 "『禮』「王制」, 五十杖於家; 六十杖於鄕; 七十杖於國; 八十杖於朝; 九十者, 天子欲有問焉, 則就其室, 以珍從."으로 되어 있다.
296) 호광 편(胡廣 編), 『논어집주대전(論語集註大全)』「향당(鄕黨)」.

[10-10-2]

鄕人儺, 朝服而立於阼階.
마을 사람들이 굿을 함에 조회 복장을 하고 동쪽 계단에 서 있었다.

朱註

'儺', 乃多反. '儺', 所以逐疫, 『周禮』, 方相氏掌之. '阼階', 東階也.
'향인나(鄕人儺)'에서 '나(儺)'는 '내(乃)'와 '다(多)'의 반절(反切)이다. '나(儺 : 굿)'는 역귀(疫鬼)를 쫓아내는 일이니, 『주례』에 방상씨(方相氏)가 관장하였다. '조계(阼階)'는 동쪽 계단이다.

詳說

○ 「夏官」, 方相氏曰 : "掌蒙熊皮, 黃金四目, 玄衣朱裳, 執戈揚盾. 帥百隷而時儺, 以索室歐疫."[297]
「하관(夏官)」에서 방상씨(方相氏)가 말하였다. "곰 가죽을 잡아 쓰고 황금빛 네 개의 눈과 검은 옷에 붉은 치마를 입고 창을 잡고 방패를 올린다. 많은 노예들을 이끌고 때마다 굿을 하며 방안을 뒤져서 역귀(疫鬼)를 몰아낸다."

○ 『諺』音誤.
'계(階)'자는 『언해』의 음이 잘못되었다.[298]

○ 訓畢.
훈고가 끝났다.

朱註

'儺', 雖古禮而近於戲, 亦必朝服而臨之者, 無所不用其誠敬也.
'나(儺 : 굿)'는 비록 옛날 예제(禮制)이지만 놀이에 가까운데, 또한 반드시 조례

---

297) 호광 편(胡廣 編), 『논어집주대전(論語集註大全)』「향당(鄕黨)」에는 "「夏官」方相氏, 掌蒙熊皮, 黃金四目, 玄衣朱裳, 執戈揚盾. 方相, 猶言放想, 如今魌頭, 是也. 帥與率同, 百隷肄同, 而時難, 儺儺以索室歐疫, 索室中疫鬼而驅逐之也."로 되어 있고, 『주례』「하관(夏官) · 사마(司馬)」에는 "方相氏, 掌蒙熊皮, 黃金四目, 玄衣朱裳, 執戈揚盾. 帥百隷而時難, 以索室毆疫."이라 하였다.

298) '계(階)'자는 『언해』의 음이 잘못되었다 : 『논어언해』「향당(鄕黨)」에서 '階'자는 음이 '계'라고 되어 있는데, 『당운(唐韻)』에서 '古諧切'이라 하고, 『집운』 · 『운회』 · 『정운』 등에서 '居諧切'이라 하여 '音皆'라고 한 것을 염두에 두어 '개'라고 해야 한다고 본 것이다.

복장으로 임한 것은 정성과 공경을 쓰지 않은 데가 없음이다.

詳說

◯ 一無‘必’字.

‘역필(亦必)’의 경우, 어떤 판본에는 ‘필(必)’자가 없다.

◯ 時王之制, 不敢忽也.

당시 임금의 제도는 감히 소홀히 못하는 것이다.

◯ 釋畢.

경문의 풀이가 끝났다.

◯ 此下, 則餘意也.

이 아래에는 곧 나머지 뜻이다.

朱註

或曰 : “恐其驚先祖五祀之神, 欲其依己而安也.”

어떤 사람이 말하였다. “선조(先祖)와 오사(五祀 : 門·戶·中霤·竈·行)의 귀신을 놀라게 할까 염려하여 자기에게 의지하여 편안하게 하고자 한 것이다.”[299]

---

299) 자기에게 의지하여 편안하게 하고자 한 것이다 : 『주자어류(朱子語類)』 권38, 「논어20(論語二十)」, 46조목에는 “물었다. ‘마을 사람들이 굿을 함에 조회 복장을 하고 동쪽 계단에 서 있었다.’라고 한 경문의 『논어집주(論語集註)』에 ‘자기에게 의지하여 편안하게 하고자 한 것이다.’라고 하였는데, 어떤 이는 실신(室神)을 두는 것이니 대개 다섯 가지 제사의 종류라고 하였습니다. 자손들의 정신은 조고(祖考: 돌아가신 할아버지)의 정신이기 때문에 조고의 정신이 나에게 의지합니다. 문이나 부엌 같은 것은 내 몸이 아침저녁으로 드나드는 곳이니 귀신도 반드시 나를 의지하여 존재합니다.’ 주희가 말하였다. ‘그렇다. 한 집안의 주인에게는 한 집안의 귀신이 붙어 있으니, 제후가 한 나라를 지키면 한 나라의 귀신이 붙어 있으며, 천자가 천하를 소유하면 천하의 귀신이 붙어 있다. 천자가 되는 사람을 보면 이 신명(神明)이 크다. 크고 작은 것이 어떻게 사소한 차이가 있겠는가? 욕심을 따라 제어함이 없다면 하늘의 많은 별들과 땅의 많은 산과 내가 어찌 변하여 괴이해지지 않겠는가?’(問: ‘‘鄕人儺, 朝服而立於阼階.’ 『集注』云: ‘庶其依己而安.’ 或云, 存室神, 蓋五祀之屬. 子孫之精神, 卽祖考之精神, 故祖考之精神依於己. 若門·行·戶·灶之屬, 吾身朝夕之所出處, 則鬼神亦必依己而存.’ 曰: ‘然. 一家之主, 則一家之鬼神屬焉; 諸侯守一國, 則一國鬼神屬焉; 天子有天下, 則天下鬼神屬焉. 看來爲天子者, 這一箇神明是多少大, 如何有些子差忒得! 若縱欲無度, 天上許多星辰, 地下許多山川, 如何不變怪!’)”라고 되어 있다.

詳說

○ 『禮記』「郊特牲」曰 : "存室神也."[300)]

『예기』「교특생(郊特牲)」에서 말하였다. "사당 안의 귀신을 편안하게 하려는 것이었다."

朱註

○ 此一節, 記孔子居鄕之事.

이 하나의 장절은 공자가 마을에서 지낼 때의 일을 기록하였다.

詳說

○ 首節, 以鄕黨朝廷相形而記之, 此則單記居鄕之事.

머리 장절에서는 마을과 조정을 서로 비교하여 기록하였고, 여기서는 오직 마을에서 지낼 때의 일을 기록한 것이다.

300) 『예기』「교특생(郊特牲)」에는 "鄕人禓, 孔子, 朝服立於阼, 存室神也.(마을 사람들이 굿을 할 때 공자가 조례 복장으로 계단에 서 있었는데, 사당 안의 귀신을 편안하게 하려는 것이었다.)"라고 하였다.

[10-11-1]

問人於他邦, 再拜而送之.
다른 나라에 사람을 방문(訪問)시킬 때 두 번 절하고서 보냈다.

朱註

拜送使者,
심부름 가는 사람에게 절하고서 보낸 것은

詳說

○ 去聲.[301]
'사(使)'자는 거성(去聲 : 使者)이다.

○ 朱子曰 : "古人遣使, 則主人從背後拜送."[302]
주자(朱子 : 朱熹)가 말하였다. "옛사람이 사자(使者)를 보낼 때는 주인이 등 뒤로부터 절을 하고서 보냈다."[303]

○ 上蔡謝氏曰 : "同國則不必然."[304]
상채 사씨(上蔡謝氏 : 謝良佐)가 말하였다. "나라가 같으면 반드시 그렇게 하지 않았다."

301) 호광 편(胡廣 編), 『논어집주대전(論語集註大全)』「향당(鄉黨)」.

302) 호광 편(胡廣 編), 『논어집주대전(論語集註大全)』「향당(鄉黨)」에는 "朱子曰 : '古人有此禮, 遣使問人於他邦, 則主人從背後, 拜而送之.'"로 되어 있다.

303) 『주자어류(朱子語類)』 권38, 「논어20(論語二十)」, 47조목에는 "소실(蘇實)이 '다른 나라에 사람을 방문(訪問)시킬 때 두 번 절하고서 보냈다.'라고 한 경문에 대해 물었다. 주희가 말하였다. '옛사람은 이 예를 중하게 여겼으니 사신을 파견하여 다른 나라에서 사람의 안부를 묻게 할 때는 주인이 절하고 그를 전송하고 등 뒤에서 또 절하였다.' 이를 받아 반자선(潘子善)이 말하였다. '절(浙) 지방에서는 부인을 맞이하고 결혼하는 성대한 예를 치를 때는 사람을 보내 혼인하는 집안에 말을 전하게 할 때도 또한 절하고 그를 전송한다. 돌아와 복명(復命)할 때는 절하지 않는다.'(蘇實問: '問人於他邦, 再拜而送之.' 曰: '古人重此禮, 遣使者問人於他邦, 則主人拜而送之, 從背脊後拜.' 潘子善因言: '浙中若納婦嫁娶盛禮時, 遣人入傳語婚姻之家, 亦拜送之. 至反命, 則不拜也.')"라고 되어 있다.

304) 주희, 『논어정의(論語精義)』 권5 하에는 다음과 같이 실려 있다. "謝曰 : '再拜而送, 若於同國, 則不必拜也.'"

朱註

如親見之, 敬也.

직접 그를 만나 보는 것같이 하였으니 공경함이다.

詳說

○ 句.

'여친견지(如親見之)'에서 구절이 끊어진다.

○ 親見則必相拜爲禮.

직접 만나 보면 반드시 서로 절을 하는 것이 예(禮)가 된다.

○ 慶源輔氏曰 : "不以遠而廢敬."[305]

경원 보씨(慶源輔氏 : 輔廣)가 말하였다. "멀리 있다고 하여 공경하는 마음을 없애서는 안 된다."

○ 有釋無訓.

경문의 풀이는 있으나 훈고는 없다.

○ 見問者, 必當拜受, 以下條推之可見.

방문하는 사람을 만나 봄에 반드시 마땅히 절을 하고 받았으니, 아래 조목으로 미루어 보면 알 수 있다.

[10-11-2]

康子饋藥, 拜而受之曰 : "丘未達, 不敢嘗."

계강자(季康子)가 약을 보냈거늘 절을 하고 받으면서 말하였다. "내가 아직 통달하지 못하였기 때문에 감히 맛보지 못하겠습니다."

詳說

○ 蓋季康子也, 此及衛靈公無道章[306], 獨不以氏冠之, 未詳.

---

305) 호광 편(胡廣 編), 『논어집주대전(論語集註大全)』「향당(鄕黨)」에는 "慶源輔氏曰 : '使者, 所以將我之命, 往見其人, 拜而送之, 則如親見其人矣, 不以遠而廢敬也.'"로 되어 있다.

아마도 계강자(季康子)일 것이니, 이 장 및 '위령공무도장(衛靈公無道章)'에서는 오직 성씨(姓氏)를 맨 앞에 놓지 않아서 상세하지 않다.

○ 時必夫子有疾. 故有饋藥之事. 凡『語』中康子事, 皆在夫子晩年.

당시에 반드시 공자가 병환이 있었다. 그러므로 약을 보내오는 일이 있었다. 무릇 『논어(論語)』 가운데 계강자의 일은 모두 공자의 만년에 해당한다.

朱註

范氏曰 : "凡賜食, 必嘗以拜, 藥未達, 則不敢嘗, 受而不飮, 則虛人之賜. 故告之如此.

범씨(范氏 : 范祖禹)가 말하였다. "무릇 음식을 주면 반드시 맛을 보고 절을 하는 것이다. 약에 대해서 통달하지 못하여 감히 맛을 보지 못하였는데, 약을 받고서 마시지 않는다면 남이 준 것을 허사(虛事)로 만들게 된다. 그러므로 이와 같이 말한 것이다.

詳說

○ 常禮也.

'필상이배(必嘗以拜 : 반드시 맛을 보고 절을 하는 것)'는 일상적인 예절이다.

○ 胡氏曰 : "所用之品, 所療之病, 皆不知."307)

'약미달(藥未達 : 약에 대해서 통달하지 못하여)에 대해, 호씨(胡氏 : 胡泳)가 말하였다. "사용한 약품이나 치료할 병환은 모두 알지 못한다."

○ 一作'食'.

'수이불음(受而不飮)'에서 '음(飮)'자는 어떤 판본에는 '식(食)'으로 썼다.308)

---

306) 『논어(論語)』「헌문(憲問)」에서 "子言衛靈公之無道也, 康子曰 : '夫如是, 奚而不喪?' 孔子曰 : '仲叔圉, 治賓客; 祝鮀, 治宗廟; 王孫賈, 治軍旅, 夫如是, 奚其喪?'"이라 하였다.

307) 호광 편(胡廣 編), 『논어집주대전(論語集註大全)』「향당(鄕黨)」에는 ""胡氏曰 : '孟子謂大夫有賜於士, 而得受於其家, 此必拜其賜之禮也. 未達者, 所用之品, 所療之病, 皆不知也. 一有不宜, 則疾生焉, 聖人謹疾, 不敢嘗也. 受之以禮, 而告之以實.'"로 되어 있다.

308) '수이불음(受而不飮)'에서 '음(飮)'자는 어떤 판본에는 '식(食)'으로 썼다 : 호광(胡廣) 등이 편집한 영락(永樂) 『사서대전(四書大全)』본의 『논어집주대전』에는 '飮'으로 표기되어 있으나, 조선 영조 23년(1758)에 간행된 『논어집주대전』에는 '食'으로 표기되어 있다.

○ 猶言'孤'也.

'허(虛)'는 '고(孤 : 輕賤之)'라고 말하는 것과 같다.

○ 變禮也.

'수이불음, 즉허인지사(受而不飮, 則虛人之賜 : 약을 받고서 마시지 않는다면 남이 준 것을 허사(虛事)로 만드는 것이다.)'는 변칙적인 의례(儀禮)이다.

○ 有釋無訓.

경문의 풀이는 있으나 훈고는 없다.

○ 此下, 又推廣餘意.

이 아래에 또 나머지 뜻을 유추하여 넓혔다.

朱註

然則可飮而飮, 不可飮而不飮, 皆在其中矣.

그렇다면 마셔도 되는 것은 마시고, 마셔서 안 되는 것은 마시지 않았다는 뜻이 모두 그 가운데 들어 있는 것이다.

詳說

○ 朱子曰 : "已而達."[309]

'가음(可飮 : 마셔도 되는 것)'에 대해, 주자(朱子 : 朱熹)가 말하였다. "이미 통달한 것이다."

○ 終未達.

'불가음(不可飮 : 마셔서 안 되는 것)'은 끝내 통달하지 못한 것이다.

○ 所告之中.

'기중(其中)'은 말한 가운데이다.

朱註

楊氏曰 : "大夫有賜, 拜而受之, 禮也. '未達不敢嘗', 謹疾也. 必告之, 直也."[310]

---

309) 호광 편(胡廣 編), 『논어집주대전(論語集註大全)』「향당(鄕黨)」에는 "朱子曰 : '古者, 賜之車, 則乘以拜; 賜之衣服, 則服以拜; 賜之飮食, 則嘗而拜之. 蓋今未達. 故不敢拜而嘗耳. 已而達焉, 則可飮而飮, 不可飮而不飮, 皆在其中矣.'"로 되어 있다.

310) 주희, 『논어정의(論語精義)』 권5 하에도 이 내용이 실려 있는데, 전문은 다음과 같다. "楊曰

양씨(楊氏 : 楊時)가 말하였다. "대부가 내려 주는 물건이 있거든 절을 하고 받는 것이 예이다. '미달불감상(未達不敢嘗 : 통달하지 못하여 감히 맛보지 않는 것)'은 병을 경계하는 것이다. 반드시 사실을 말하는 것은 정직함이다.

詳說

○ 見『孟子』「滕文公」.

'대부유사(大夫有賜 : 대부가 내려 주는 물건)'는 『맹자(孟子)』「등문공하(滕文公下)」에 보인다.[311]

○ 見「述而」.

'근질(謹疾 : 병을 경계하는 것이다)'은 『논어(論語)』「술이(述而)」에 보인다.[312]

: '大夫有賜, 拜而受之, 禮也. 未達不敢嘗, 所以愼疾, 必告之, 直也, 直而有禮. 故其直不絞.'" 『주자어류(朱子語類)』 권38, 「논어20(論語二十)」, 48조목에는 "물었다. ''계강자(季康子)가 약을 보냈거늘 절을 하고 받았다'라고 하였는데, 이 일을 보면 성인이 응접하는 사이의 도리가 드러나는 것이 지극히 빈틈없이 치밀함을 볼 수 있습니다.' 주희가 말하였다. '이런 것이 있는 곳은 도리어 귀산(龜山)도 자세히 보고, 말하기를, '대부는 대부가 내려 주는 물건이 있거든 절을 하고 받는 것이 예이다. 자세히 알지 못하여 먹지 않는다는 것은 병을 삼가는 까닭이다. 반드시 아뢰는 것은 강직함이다. 강직하면서 예가 있기 때문에 박절하지 않다.'라고 하였다. 귀산은 사람됨이 끈기가 있기 때문에 말하는 것이 비교적 치밀하다.(問: ''康子饋藥, 拜而受之.' 看此一事, 見聖人應接之間, 義理發見, 極其周密.' 曰: '這般所在, 卻是龜山看得子細, 云: '大夫有賜, 拜而受之, 禮也; 未達不敢嘗, 所以愼疾; 必告之, 直也. 直而有禮, 故其直不絞.' 龜山爲人粘泥, 故說之較密.)"라고 되어 있다.

311) '대부유사(大夫有賜 : 대부가 내려 주는 물건)'는 『맹자(孟子)』「등문공하(滕文公下)」에 보인다 : 『맹자(孟子)』「등문공하(滕文公下)」에서 "공손추가 물었다. '제후를 만나보지 않음은 무슨 뜻입니까?' 맹자가 말하였다. '옛날에 신하가 되지 않거든 만나보지 않았다. …… 양화가 공자를 만나보고자 하였는데 무례함을 미워하였다. 대부가 사에게 물건을 줄 때 그 집에서 받지 못하였거든 대부의 집에 가서 절하였다. 양화가 공자가 없는 것을 엿보고 공자에게 찐 돼지고기를 보내자, 공자도 또한 양화가 없는 것을 엿보고 가서 절하였는데, 이때에 양화가 먼저 한 것이니 어찌 만나보지 않을 수 있었겠는가?'(公孫丑問曰 : '不見諸侯, 何義?' 孟子曰 : '古者不爲臣, 不見. …… 陽貨欲見孔子, 而惡無禮. 大夫有賜於士, 不得受於其家, 則往拜其門. 陽貨矙孔子之亡也, 而饋孔子蒸豚, 孔子亦矙其亡也, 而往拜之, 當是時, 陽貨先, 豈得不見?')"라고 하였다.

312) '근질(謹疾 : 병을 경계하는 것이다)'은 『논어(論語)』「술이(述而)」에 보인다 : 『논어(論語)』「술이(述而)」가 아니라, 『논어(論語)』「옹야(雍也)」에 있는 내용이다. 그 전문은 다음과 같다. "백우가 병이 들자 공자가 문병을 가서 창으로부터 그의 손을 잡고 말하였다. '무슨 수가 없는가! 운명인가! 이 사람이 이 병에 걸릴 줄이야! 이 사람이 이 병에 걸릴 줄이야!'(伯牛有疾, 子問之, 自牖, 執其手曰 : '亡之! 命矣夫! 斯人也而有斯疾也! 斯人也而有斯疾也!')" 여기서 공자가

○ 句.

'필고지(必告之 : 반드시 사실을 말하는 것)'에서 구절이 끊어진다.

○ 南軒張氏曰 : "一事而得三善."313)

남헌 장씨(南軒張氏 : 張栻)가 말하였다. "하나의 일에서 세 가지 선(善 : 禮 · 謹疾 · 直)을 얻었다."

○ 此雖係論, 足以當正釋矣.

이는 비록 연계된 논의이지만, 경문의 의미 설명을 마땅히 바르게 하는 데 충분한 것이다.

朱註

○ 此一節, 記孔子與人交之誠意.

이 하나의 장절은 공자가 남과 더불어 사귀는 성의(誠意)를 기록하였다.

詳說

○ 表裏如一.

겉과 속이 한결같다.

염백우를 문병할 때 창문 밖에서 손을 내밀어 그의 손을 잡고 영결(永訣)을 한 것이 바로 '근질(謹疾)'의 사례이다. 주자는 이에 대하여 "그렇다면 그 질병을 능히 삼가지 않아서 병에 걸림이 있는 것이 아님을 또한 볼 수 있다.(然則非其不能謹疾而有以致之, 亦可見矣.)"라고 하였다.

313) 호광 편(胡廣 編), 『논어집주대전(論語集註大全)』「향당(鄕黨)」에는 "南軒張氏曰 : '於此一事之間, 而得三善焉.'"으로 되어 있다.

[10-12-1]

廐焚, 子退朝曰 : "傷人乎?" 不問馬.

외양간이 불타자 공자가 조회에서 물러나와 말하기를 "사람이 다쳤느냐?"하시고 말에 대해서는 묻지 않았다.

詳說

○ 邢氏曰 : "家廐也, 以退朝知之."314)

형씨가 말하였다. "집안의 외양간이니, 조회에서 물러나와 알게 된 사안이다."

朱註

非不愛馬, 然恐傷人之意多. 故未暇問, 蓋貴人賤畜, 理當如此.

말을 아끼지 않은 것이 아니나 사람이 다쳤을까 염려하는 뜻이 많았던 것이다. 그러므로 물을 겨를이 없었으니, 대개 사람을 귀하게 여기고 가축을 천하게 여김에 도리가 마땅히 이와 같아야 한다.

詳說

○ 許又反.315)

'개귀인천휵(蓋貴人賤畜)'에서 '휵(畜)'은 '허(許)'와 '우(又)'의 반절(反切)이다.

○ 以論釋之, 無訓.

경문의 의미 설명으로 풀이하였고 훈고는 없다.

○ 南軒張氏曰 : "仁民愛物, 固有間也."316)

---

314) 호광 편(胡廣 編), 『논어집주대전(論語集註大全)』「향당(鄕黨)」에는 "邢氏曰 : '孔子家廐也, 以退朝知之.'"로 되어 있다.

315) 호광 편(胡廣 編), 『논어집주대전(論語集註大全)』「향당(鄕黨)」. 『광운(廣韻)』 등에서 '許竹切'이라고 하였듯이 아마도 '又'는 '竹'이나 '六'의 오자인 것 같다. 이는 경문 다음 장절의 "君賜生, 必畜之."의 『논어집주대전』에서 "許六反"이라고 한 것으로 알 수 있다. 『언해』본에서도 '휵'이라고 하였다.

316) 호광 편(胡廣 編), 『논어집주대전(論語集註大全)』「향당(鄕黨)」에는 "南軒張氏曰 : '仁民愛物, 固有間也. 方退朝, 始聞之時, 惟恐人之傷. 故未暇及於馬耳.'"로 되어 있다. 범조우(范祖禹)는 이에 대하여 다음과 같이 말하였다. 『논어정의』 권5 하. "范曰 : '君子之行, 必本於仁, 問人而不問馬者, 貴人賤畜, 所以敎人.'" 또한 윤돈(尹焞)도 같은 곳에서 다음과 같이 말하였는데 그

남헌 장씨(南軒張氏 : 張栻)가 말하였다. "백성을 인애(仁愛)하고 동물을 애호(愛好)함에는 진실로 간격이 있다."

○ **吳氏曰 : "恐人救馬而傷. 故問人而已, 更不問馬, 『記』之所以示教. 「雜記」·『家語』, 皆載此事, 『家語』云 : '國廐恐非, 若國廐, 則馬當問. 路馬則又重矣.'"**[317]

오씨(吳氏 : 吳仲迂)가 말하였다. "사람들이 말을 구원할까 염려하였다. 그러므로 사람을 물었을 따름이고, 다시 말에 대해 묻지 않은 것이니, 『예기』에서 보인 바의 가르침이다.[318] 『예기』「잡기(雜記)」와 『공자가어(孔子家語)』에 모두 이 일이 실려 있으니, 『공자가어(孔子家語)』에 이르기를, '나라의 외양간이 그릇될까 염려하니 만약 나라의 외양간이라면 말에 대해 마땅히 물었을 것이다. 노마(路馬 : 임금의 말)가 또 중요하기 때문이다.'라고 하였다.

○ **雖國廐, 亦當先問人, 後問馬.**

비록 나라의 외양간이라도 또한 마땅히 먼저 사람을 물어야 하고, 뒤에 말에 대해 물어야 한다.

○ **農巖曰 : "彼以'傷人乎', 不爲一句. 『論語』中, 無此宂長句法. '問馬'一句, 又何其短也?"**[319]

농암(農巖 : 金昌協)[320]이 말하였다. "저 사람은 '상인호(傷人乎 : 사람이 다쳤느

맥락이 동일하다. "尹曰 : '貴人賤畜, 理當然也. 君子親親而仁民, 仁民而愛物之意.'"

317) 호광 편(胡廣 編), 『논어집주대전(論語集註大全)』「향당(鄕黨)」에는 "吳氏曰 : '廐焚, 問馬, 人之常情, 聖人恐人救馬而傷. 故問人傷否而已, 更不問馬, 『記』之所以示教. 「雜記」·『家語』, 皆載此事, 『家語』云 : 國廐恐非, 國廐則馬當問, 路馬則又重矣.'"로 되어 있다.

318) 『예기』에서 보인 바의 가르침이다 : 『예기』「잡기하(雜記下)」에서 "외양간이 불탔는데 공자가 마을 사람 가운데 불길에서 달려온 사람에게 절을 하였다. 사에게는 한 번 절하고, 대부는 두 번 절하였으니, 또한 서로 문안하는 도리인 것이다.(廐焚, 孔子拜鄕人爲火來者, 拜之, 士壹; 大夫再, 亦相弔之道也.)"라고 하였다.

319) 김창협(金昌協), 『농암집(農巖集)』 권15, 「서(書) · 여권유도논사변록변(與權有道論思辨錄辨) · 구분장(廄焚章)」. "按, 常人之情, 若聞廄焚, 當急先問馬, 而夫子則不然. 於其始聞, 不暇問馬而先問人. 故門人記之如此, 所謂不問馬者. 亦曰 : '當先問而不問耳, 豈謂其終無一語問馬耶?' 此正門人善於記事處, 而今不能活看, 妄生疑難, 其淺陋拘滯, 甚矣. 且以'傷人乎', 不爲一句. 『論語』中, 無此冗長句法, 而'問馬'一句, 又何其短也? 此固不足深論, 而亦宜以一語辨破." 이 내용은 柳健休(1768~1834), 『동유사서해집평(東儒四書解集評) · 논어(論語)』에도 다음과 같이 실려 있다. "農巖曰 : '常人之情, 當急先問馬, 而夫子則不然. 於其始聞, 不暇問馬, 而先問人. 故門人記之如此, 所謂不問馬者. 亦曰 : 當先問而不問耳, 豈謂其終無一語問馬耶? 此正門人善於記事處, 而今人不能活看, 妄生疑難, 且以傷人乎, 不爲一句. 『論語』中, 無此冗長句法, 而問馬一句, 又何其短也? 此不足深論.'"

냐?)'로써 하나의 구절로 삼지 않았다. 『논어(論語)』 가운데 이러한 아주 쓸모없는 구법은 없다. '문마(問馬 : 말을 묻다)'의 한 구절은 또 어찌 그리도 짧은 것인가?"

○ 指尹鑴也.

'피(彼)'는 윤휴(尹鑴)[321]를 가리킨다.

---

320) 김창협(金昌協 : 1651~1708) : 조선 숙종 때 학자로, 자가 중화(仲和)이고, 호가 농암(農巖) 또는 삼주(三洲)이며, 본관이 안동(安東)이다. 좌의정을 지낸 김상헌(金尙憲)의 증손자이고, 영의정을 지낸 김수항(金壽恒)의 아들이며, 또한 영의정을 지낸 김창집(金昌集)의 아우이다. 현종 10년(1669)에 진사시에 합격하고, 숙종 8년(1682)에 증광 문과에서 장원으로 급제한 뒤 벼슬길에 올라 대사간까지 역임하고 기사환국(己巳換局) 때 부친이 죽은 이후로 포천에 은거하면서 학문에 몰두하였다. 저서로는 『주자대전차의문목(朱子大全箚疑問目)』·『논어상설(論語詳說)』·『오자수언(五子粹言)』·『이가시선(二家詩選)』·『농암집(農巖集)』 등이 있다.

321) 윤휴(尹鑴 : 1617~1680) : 조선 현종·숙종 때 학자로, 자가 희중(希仲)이고, 호가 백호(白湖)이며. 본관은 남원(南原)이다. 현종 때 인조의 계비인 장렬왕후(莊烈王后) 조씨(趙氏)의 복제 문제를 놓고 허목(許穆)·윤선도(尹善道)와 함께 송시열의 서인 일파를 공박하여 뒤에 서인의 공격을 받아 사문난적(斯文亂賊)으로 지목되고 귀양 갔다가 사사(賜死)되었다. 저서로는 『백호집(白湖集)』·『백호독서기(白湖讀書記)』 등이 있다.

[10-13-1]

君賜食, 必正席先嘗之; 君賜腥, 必熟而薦之; 君賜生, 必畜之.

임금이 음식을 주시거든 반드시 자리를 바르게 하고 먼저 맛보았으며, 임금이 생고기를 주시거든 반드시 익혀서 사당(祠堂)에 올렸으며, 임금이 산 짐승을 주시거든 반드시 길렀다.

朱註

‘食’, 恐或餕餘. 故不以薦.

‘식(食 : 음식)’이 혹시 먹고 남은 음식일까 염려하였다. 그러므로 사당(祠堂)에 올리지 않았다.

詳說

○ 音俊.[322]

‘공혹준여(恐或餕餘)’에서 ‘준(餕)’자는 음이 준(俊)이다.

○ 『禮記』「曲禮」曰 : “餕餘不祭.”[323]

『예기』「곡례(曲禮)」에서 말하였다. “먹고 남은 음식으로 제사 지내지 않는다.”

朱註

‘正席先嘗’, 如對君也.

‘정석선상(正席先嘗 : 자리를 바르게 하고 먼저 맛봄)’은 임금을 마주한 것처럼 함이다.

詳說

○ 朱子曰 : “席固正矣, 至此又正, 蓋敬愼之至耳. 「曲禮」, ‘主人請入爲席, 賓旣升, 又跪正席’.”[324]

주자(朱子 : 朱熹)가 말하였다. “앉는 자리가 진실로 바른 것인데, 이때에 이르러

---

322) 호광 편(胡廣 編), 『논어집주대전(論語集註大全)』「향당(鄕黨)」.

323) 호광 편(胡廣 編), 『논어집주대전(論語集註大全)』「향당(鄕黨)」. 『예기』「곡례상(曲禮上)」에는 “餕餘不祭, 父不祭子, 夫不祭妻.”로 되어 있다.

324) 호광 편(胡廣 編), 『논어집주대전(論語集註大全)』「향당(鄕黨)」에는 “或問 : ‘不正不坐, 豈必賜食而從正之?’ 朱子曰 : ‘席固正矣, 至此又正, 以爲禮也. 「曲禮」, 主人請入爲席矣. 賓旣升, 又跪正席, 豈先爲不正之席, 至此然後正之哉? 蓋敬愼之至耳.’”라고 하였다.

또 바르게 함이니, 대개 공경하고 삼감이 지극할 뿐이다. 『예기』「곡례」에서 '주인이 들어가서 자리에 앉기를 청함에 손님이 이미 당상(堂上)으로 올라가서 또 무릎을 꿇고 자리를 바르게 한다.'[325]라고 하였다."

○ 雙峯饒氏曰 : "有親, 當先以奉親, 夫子時已孤. 故先嘗."[326]

쌍봉 요씨(雙峰饒氏 : 饒魯)가 말하였다. "어버이가 계시면 마땅히 먼저 어버이를 봉양해야 하는데, 공자가 이때 이미 어버이가 안 계셨기 때문에 먼저 맛본 것이다."

○ 君旣賜己, 己嘗而拜然後爲受. 雖奉親, 恐亦當在拜後, 蓋嘗與食有間. 故臣子於君父, 有先嘗之禮.

임금이 이미 자기에게 음식을 내려 주면 자기가 맛을 보고 절을 한 뒤라야 받는 것이 된다. 비록 어버이를 봉양하더라도 또한 마땅히 절을 한 뒤에 해야 한다. 대개 맛봄과 먹음에는 간격이 있다. 그러므로 신하와 자식이 임금과 어버이에 대하여 먼저 맛보는 예법이 있는 것이다.

朱註

言'先嘗', 則餘當以頒賜矣. '腥', 生肉, 熟而薦之祖考, 榮君賜也.

먼저 맛봄을 말하였으면 나머지는 마땅히 나누어주는 것이다. '성(腥)'은 생고기이니, 익혀서 조상에게 올리는 일은 임금의 하사품(下賜品)을 영예롭게 여기는 것이다.

詳說

○ 祖與考.

'조고(祖考)'는 조상(祖上)과 선고(先考)이다.

○ 添二字.

'천지조고(薦之祖考)'의 경우, '조고(祖考)' 두 글자를 더한 구절이다.

○ 以君之賜爲榮, 下'仁'字, 倣此.

임금이 내려 준 것을 영예로 여기니, 아래의 '인(仁)'자도 이에 의거한다.[327]

---

325) 주인이 들어가서 자리에 앉기를 청함에 …… 무릎을 꿇고 자리를 바르게 한다 : 『예기』「곡례상」에서 "凡與客入者, …… 主人請入爲席, 然後出迎客, …… 賓旣升, …… 若非飮食之客, 則布席, 席間函杖. 主人, 跪正席, 客跪, 撫席而辭, ……"라고 하였다.

326) 호광 편(胡廣 編), 『논어집주대전(論語集註大全)』「향당(鄕黨)」에는 "雙峯饒氏曰 : '賜食, 有親, 當先以奉親, 夫子先嘗, 時已孤故矣.'"로 되어 있다.

朱註

'畜之'者, 仁君之惠, 無故, 不敢殺也.
'휵지(畜之)'라는 말은 임금의 은혜를 사모함이니, 이유 없이 감히 죽이지 않은 것이다.

詳說

○ 許六反.
'휵지(畜之)'에서 '휵(畜)'은 '허(許)'와 '륙(六)'의 반절(反切)이다.

○ 見『禮記』「玉藻」.
『예기』「옥조(玉藻)」에 보인다.[328]

○ 慶源輔氏曰: "聖人之時中也."[329]
경원 보씨(慶源輔氏: 輔廣)가 말하였다. "성인의 시중(時中: 時宜適切)이다."

○ 釋間訓.
경문을 풀이하는 사이에 훈고하였다.

[10-13-2]

侍食於君, 君祭, 先飯.
임금을 모시고 식사할 때 임금이 제(祭)를 지내거든 먼저 먹었다.

---

327) 임금이 내려 준 것을 영예로 여기니, 아래의 '인(仁)'자도 이에 의거한다: '以君之賜爲榮(임금이 내려준 것을 영예로 여김)'의 구문처럼, "畜之者, 仁君之惠."도 또한 '以君之惠爲仁(임금의 은혜를 사모함으로 삼음)'으로 풀이해야 한다. 『예기』「교특생(郊特牲)」에서 "蠟之祭也, …… 仁之至, 義之盡也."라고 하였는데, 공영달(孔穎達)이 "不忘恩而報之, 是仁."이라고 하여 '인(仁)'을 임금의 은혜를 잊지 않고 보답하여 사모하는 마음을 다하는 것으로 본 것이 이에 해당한다.

328) 『예기』「옥조(玉藻)」에 보인다: '無故不殺'에 대한 내용은 먼저 『예기』「왕제(王制)」에 다음과 같이 보인다. "諸侯無故不殺牛; 大夫無故不殺羊; 士無故不殺犬豕; 庶人無故不食珍." 또한 『예기』「옥조(玉藻)」에도 다음과 같은 내용이 보인다. "君無故不殺牛; 大夫無故不殺羊; 士無故不殺犬豕. 君子遠庖廚, 凡有血氣之類, 弗身踐也."

329) 호광 편(胡廣 編), 『논어집주대전(論語集註大全)』「향당(鄕黨)」에는 "慶源輔氏曰: '所賜既殊, 所處亦異, 如鑑照形, 毫釐不差, 聖人之時中也.'"로 되어 있다.

詳說

◯ '飯', 扶晩反.330)

'선반(先飯)'에서 '반(飯)'은 '부(扶)'와 '만(晩)'의 반절(反切)이다.

朱註

『周禮』, "王日一擧,

『주례』에 "임금은 날마다 한 번 성찬(盛饌)을 거행하였는데,

詳說

◯「天官·膳夫」.

'『주례(周禮)』'는 「천관(天官)·선부(膳夫)」이다.331)

◯『大全』曰 : "古注云 : '殺牲盛饌曰擧, 每日一番盛饌也.'"332)

『논어집주대전』에서 말하였다. "옛날 주에 이르기를, '희생을 죽여서 성대하게 음식을 차리는 것을 거(擧)라고 하니, 날마다 한 번 성찬(盛饌)을 거행하였다.'"

朱註

膳夫, 授祭品嘗食, 王乃食."

선부(膳夫 : 궁정요리사)333)가 제(祭)를 지낼 음식과 맛볼 음식을 드리면 임금이 이에 식사하였다."라고 되어 있다.

詳說

◯ 時戰反.334)

---

330) 호광 편(胡廣 編), 『논어집주대전(論語集註大全)』「향당(鄕黨)」. 『논어주소(論語注疏)』에서도 "飯, 扶晩反."이라고 하였다.

331) '『주례』'는 「천관(天官)·선부(膳夫)」이다 : 『주례』「천관(天官)·선부(膳夫)」에서 "王日一擧, 鼎十有二, 物皆有俎, 以樂侑食. 膳夫授祭品嘗食, 王乃食."라고 하고, 정현(鄭玄)의 주석에서 "殺牲盛饌曰擧, 王日一擧以朝食也."라고 하였다.

332) 호광 편(胡廣 編), 『논어집주대전(論語集註大全)』「향당(鄕黨)」.

333) 선부(膳夫 : 궁정요리사) : 『주례』「천관(天官)·선부(膳夫)」에서 "선부는 임금의 음식과 반찬을 관장한다.(膳夫, 掌王之食飮膳羞.)"라고 하였다.

334) 호광 편(胡廣 編), 『논어집주대전(論語集註大全)』「향당(鄕黨)」.

‘선부(膳夫)’에서 ‘선(膳)’은 ‘시(時)’와 ‘전(戰)’의 반절(反切)이다.

○ 『大全』曰: “授王所祭之物.”[335]

‘수제(授祭)’는 『논어집주대전』에서 말하였다. “임금이 제사 지낼 음식물을 드리는 것이다.”

○ 『大全』曰: “每品物, 皆先嘗, 示無毒也.”[336]

『논어집주대전』에서 말하였다. “음식 물품마다 모두 먼저 맛을 보아 독이 없음을 보인다.”

○ 『周禮』止此.

‘왕내식(王乃食: 왕이 이에 식사하였다)’ 구절까지, 『주례』의 내용이 여기서 그친다.

朱註

故侍食者, 君祭, 則己不祭而先飯,

그러므로 임금을 모시고 식사하는 사람은, 임금이 제사를 지내면 자기는 제사를 지내지 않고 먼저 먹었는데,

詳說

○ 不云‘孔子’而云‘侍食者’, 方承上『周禮』之文而言故耳.

‘공자(孔子)’라고 이르지 않고 ‘시식자(侍食者)’라고 이른 것은, 바야흐로 위의 『주례』의 문장을 이어서 말하였기 때문일 뿐이다.

○ 程子曰: “恐君之客己也.”[337]

정자(程子)가 말하였다. “임금이 자기를 손님으로 여길까 염려한 것이다.”

朱註

若爲君嘗食然, 不敢當客禮也.

---

335) 호광 편(胡廣 編), 『논어집주대전(論語集註大全)』「향당(鄕黨)」에는 “飮食必祭, 授王所祭之物.”로 되어 있다.

336) 호광 편(胡廣 編), 『논어집주대전(論語集註大全)』「향당(鄕黨)」에는 “每品物, 皆先嘗之, 示無毒也.”로 되어 있다.

337) 주희(朱熹), 『논어정의(論語精義)』 권5 하에는 “『禮』云: ‘若賜之食, 而君客之, 則命之祭然後, 祭; 先飯, 辯嘗羞, 飮而俟. 故侍食於君, 君祭, 先飯, 恐君之客己也.’”로 되어 있고, 『예기』「옥조(玉藻)」에는 “若賜之食, 而君客之, 則命之祭然後, 祭; 先飯, 辯嘗羞, 飮而俟.”라 하였다.

마치 임금을 위하여 음식을 맛보는 것처럼 하였으니, 감히 손님의 예를 감당하지 못한 것이다.

詳說

○ 去聲.[338]

'약위군상식연(若爲君嘗食然)'에서 '위(爲)'자는 거성(去聲 : 위하다)이다.

○ 句.

'약위군상식연(若爲君嘗食然)'에서 구절이 끊어진다.

○ 南軒張氏曰 : "君客之, 則命之祭然後, 祭."[339]

남헌 장씨(南軒張氏 : 張栻)가 말하였다. "임금이 손님으로 대하면 제사 지내라고 명한 뒤에 제사를 지낸다."

○ 有釋無訓.

경문의 풀이는 있으나 훈고는 없다.

[10-13-3]

疾, 君視之, 東首, 加朝服拖紳.

병듦에 임금이 와서 살펴보거든 동쪽으로 머리를 두고, 조복(朝服)으로 몸을 덮고 큰 띠를 끌어당겨 놓았다.

詳說

○ '首', 去聲. '拖', 徒我反.[340]

'동수(東首)'에서 '수(首)'자는 거성(去聲 : 머리가 향하다)이다. '가조복타신(加朝服拖紳)'에서 '타(拖)'는 '도(徒)'와 '아(我)'의 반절(反切)이다.

---

338) 호광 편(胡廣 編), 『논어집주대전(論語集註大全)』「향당(鄕黨)」.

339) 호광 편(胡廣 編), 『논어집주대전(論語集註大全)』「향당(鄕黨)」에는 "南軒張氏曰 : '『禮』, 賜之食, 而君客之, 則命之祭然後, 祭. 今於君之祭, 己則先飯, 恐君之客己也, 必先飯者, 以食爲先也.'"로 되어 있다.

340) 호광 편(胡廣 編), 『논어집주대전(論語集註大全)』「향당(鄕黨)」.

朱註

> ‘東首’, 以受生氣也.
>
> ‘동수(東首)’는 생기(生氣)를 받는 뜻이다.

詳說

○ 首東向也, 亦見『禮記』「喪大記」.

‘동수(東首)’는 머리가 동쪽으로 향함이니, 또한 『예기』「상대기(喪大記)」에 보인다.

○ 朱子曰 : “常時多東首, 亦有隨意卧時. 常寢於北牖下, 君問疾, 則移南牖下.”[341]

주자(朱子 : 朱熹)가 말하였다. “평상시에는 대부분 동쪽으로 머리를 두지만, 또한 자기 맘대로 누울 때가 있다. 항상 북쪽 창문 아래에서 잠자는데, 임금이 문병(問病)함에 남쪽 창문 아래로 옮긴 것이다.”

○ 新安陳氏曰 : “天地生氣, 始於東方.”[342]

신안 진씨(新安陳氏 : 陳櫟)가 말하였다. “천지의 생기(生氣)는 동쪽 방향에서 시작한다.”

---

341) 호광 편(胡廣 編), 『논어집주대전(論語集註大全)』「향당(鄕黨)」에는 “問: ‘疾, 君視之, 方東首, 常時首當在那邊? 『禮記』自云 : 寢常當東首矣. 平時亦欲受生氣, 恐不獨於疾時爲然.’ 朱子曰 : ‘常時多東首, 亦有隨意卧時節. 如『記』云 : 請席何向, 請衽何趾. 這見得有隨意向時節. 然多時東首. 故「玉藻」云 : 居常當戶, 寢常東首也. 常寢於北牖下, 君問疾, 則移於南牖下.’”로 되어 있다. 『주자어류(朱子語類)』 권38, 「논어20(論語二十)」, 50조목에는 좀더 자세하게 “問: ‘‘疾, 君視之’, 方東首. 常時首當在那邊? 『禮記』自云寢常當東首矣. 平時亦欲受生氣, 恐不獨於疾時爲然.’ 曰: ‘常時多東首, 亦有隨意臥時節. 如記云: ‘請席何向, 請衽何趾.’ 這見得有隨意向時節. 然多是東首, 故「玉藻」云‘居常當戶, 寢常東首’也. 常寢於北牖下, 君問疾, 則移南牖下.’(물었다. ‘병이 나자 임금이 병문안을 왔는데’ 바야흐로 머리를 동쪽으로 두고 있었습니다. 항상 머리는 어느 쪽에 두어야 합니까? 『예기』에서 스스로 ‘잠잘 때는 항상 마땅히 머리를 동쪽으로 두어야 한다’고 하였습니다. 평소에는 또한 생기(生氣)를 받고자 하는 것이니 아마 병들었을 때만 그렇게 한 것은 아닐 것입니다.’ 주희가 말하였다. ‘평상시에는 대부분 동쪽으로 머리를 두지만, 또한 자기 맘대로 누울 때가 있다. 『예기』에 ‘자리를 어느 방향을 둘 지를 묻고, 요를 깔 때 어느 방향을 발을 둘지 물었다’고 하였으니, 이것은 마음대로 방향을 정한 때가 있었음을 볼 수 있다. 그러나 대부분 머리를 동쪽으로 두었기 때문에 『예기』「옥조(玉藻)」에서 ‘생활할 때는 항상 문의 가운데 앉으며, 잠잘 때는 항상 머리를 동쪽으로 하였다’고 하였다. 항상 북쪽 창 아래서 자기 때문에 임금이 병문안을 왔을 때는 남쪽 창 아래로 옮긴 것이다.’)”로 되어 있다.

342) 호광 편(胡廣 編), 『논어집주대전(論語集註大全)』「향당(鄕黨)」.

○ 受生氣者, 所以順君來問之意也.

생기(生氣)를 받아야 하는 사람이 임금이 찾아와서 문병하는 뜻에 순응한 것이다.

朱註

病卧, 不能著衣束帶, 又不可以褻服見君. 故加朝服於身, 又引大帶於上也.

병들어 누웠을 때 옷을 입고 띠를 묶을 수 없지만, 또 평상복으로 임금을 뵈어서는 안 된다. 그러므로 조복(朝服)으로 몸을 덮고, 또 큰 띠를 조복 위에 끌어 당겨 놓은 것이다.

詳說

○ 陟略反.[343]

'불능착의속대(不能著衣束帶)'에서 '착(著)'은 '척(陟)'과 '략(略)'의 반절(反切)이다.

○ 蓋横加帶於衣上也.

대개 큰 띠를 옷 위에 가로질러 올려놓은 것이다.

○ 慶源輔氏曰: "一息尚存, 不敢廢禮. 然亦必病不能支, 方可如此."[344]

경원 보씨(慶源輔氏: 輔廣)가 말하였다. "한 번의 호흡이 아직 남아 있으면 감히 예를 그만둘 수 없다. 그러나 또한 반드시 병들어서 몸을 가눌 수 없으면 바야흐로 이와 같을 수 있다."

○ 有釋無訓.

경문의 풀이는 있으나 훈고는 없다.

[10-13-4]

君命召, 不俟駕行矣.

임금이 명하여 부르거든 멍에 씌운 수레를 기다리지 않고 걸어서 갔다.

343) 호광 편(胡廣 編), 『논어집주대전(論語集註大全)』「향당(鄕黨)」.

344) 호광 편(胡廣 編), 『논어집주대전(論語集註大全)』「향당(鄕黨)」에는 "慶源輔氏曰: '一息尚存, 不敢廢禮, 況有疾而君視之乎. 加朝服拖紳, 蓋禮之變也, 亦禮之宜也. 然亦必病不能支, 方可如此.'"로 되어 있다.

朱註

急趨君命, 行出而駕車隨之.

임금의 명을 급히 좇아서 걸어 나감에 멍에 씌운 수레가 따라오는 것이다.

詳說

○ 『禮記』「玉藻」曰 : "君命召, 在官不俟屨; 在外不俟車."345)

『예기』「옥조(玉藻)」에서 말하였다. "임금이 명하여 부르거든 관청에 있으면 신발을 기다리지 않고, 밖에 있으면 수레를 기다리지 않는다."

○ 有釋無訓.

경문의 풀이는 있으나 훈고는 없다.

○ 華陽范氏曰 : "此謂魯君, 異邦之君則不然."346)

화양 범씨(華陽范氏 : 范祖禹)가 말하였다. "이는 노나라 임금을 이르는 것이니, 다른 나라의 임금이라면 그렇지 않다."

朱註

○ 此一節, 記孔子事君之禮.

이 하나의 장절은 공자가 임금을 섬기는 예를 기록하였다.

詳說

○ 此節, 當與上'召擯''公門'諸節, 參看, 蓋亦不出乎'敬'一字矣.

이 장절은 마땅히 위의 '소빈(召擯)'과 '공문(公門)' 등의 여러 장절347)과 더불어 참조하여 보아야 하니, 대개 또한 '경(敬)' 하나의 글자를 벗어나지 않는다.

---

345) 『예기』「옥조(玉藻)」에는 "凡君召, 以三節, 二節以走; 一節以趨, 在官不俟屨; 在外不俟車."로 되어 있다.

346) 주희(朱熹), 『논어정의(論語精義)』 권5 하에는 "范曰 : '孔子當仕, 有官職, 而以其官召之也. 臣以爲此止謂魯君, 不必有官職也. 或不仕; 或旣老, 召之斯往矣. 若異邦之君則不然, 當如『孟子』道不合則不見也.'"로 되어 있다.

347) '소빈(召擯)'과 '공문(公門)' 등의 여러 장절 : 앞의 경문에 나온 "君召使擯, 色勃如也; 足躩如也." "趨進, 翼如也." "入公門, 鞠躬如也, 如不容."라는 구절 등을 말한다.

[10-13-5]

入太廟, 每事問.

태묘(太廟)에 들어가서는 모든 일을 물었다.

朱註

重出.

거듭 나온다.[348]

詳說

○ 平聲.[349]

'중(重)'자는 평성(平聲 : 거듭)이다.

○ 無訓無釋.

훈고도 없고, 경문의 뜻풀이도 없다.

○ 此節之重出, 與他處重出不同. 盖就全章中, 摘取其羈於容貌行事者, 而特著之, 擧此一條, 以該其餘, 此記者之意也.

이 장절(章節)이 거듭 나온 것은 다른 곳에서 거듭 나오는 것과 더불어 같지 않다. 대개 모든 장절(章節) 가운데 용모(容貌)나 행사(行事)에 연계된 것을 가려 취하여 특별히 드러냈는데, 이 하나의 조항을 들어서 그 나머지를 갖추었으니, 이는 기술하는 사람의 의도이다.

---

348) 거듭 나온다 : 『논어(論語)』「팔일(八佾)」에 "子入大廟, 每事問, 或曰 : '孰謂鄹人之子, 知禮乎? 入大廟, 每事問.' 子聞之曰 : '是禮也.'"로 되어 있는데, 태묘(太廟)는 노(魯)나라 주공(周公)의 사당이니, 이는 공자가 처음 벼슬할 때 태묘에 들어가서 제사를 도왔던 때의 일이다.

349) 호광 편(胡廣 編), 『논어집주대전(論語集註大全)』「향당(鄕黨)」.

[10-14-1]

朋友死, 無所歸, 曰 : "於我殯."
벗이 죽어서 돌아갈 곳이 없거든 말하였다. "나의 집에 빈소(殯所)를 차려라."

朱註

'朋友', 以義合, 死無所歸,
'벗'은 의리로써 결합하는 것이니, 죽어서 돌아갈 곳이 없거든

詳說

○ 胡氏曰 : "無父族 · 母族 · 妻族 · 旁親."350)

'죽어서 돌아갈 곳이 없는' 것에 대해, 호씨(胡氏 : 胡泳)가 말하였다. "아버지의 친족과, 어머니의 친족과, 아내의 친족과, 방계(傍系) 친족이 없는 것이다."

朱註

不得不殯.
빈소(殯所)를 차려주지 않을 수 없다.

詳說

○ 吳氏曰 : "蓋有館於夫子者, 死使殯於其館耳. 「檀弓」, '賓客至, 無所館, 夫子曰 : 生, 於我乎館; 死, 於我乎殯'351)."352)

오씨(吳氏 : 吳仲迂)가 말하였다. "대개 공자에게 머무를 집을 둔 사람은 죽어서 그 집에 빈소를 차리게 하였을 뿐이다. 『예기』「단궁(檀弓)」에서 '빈객이 이르러 머무를 집이 없으니, 공자가 말하기를, 살아서는 내 집에 머무를 집을 두고, 죽어서는 내 집에 빈소(殯所)를 차리게 할 것이라고 하였다.'"

350) 호광 편(胡廣 編), 『논어집주대전(論語集註大全)』「향당(鄕黨)」에는 "胡氏曰 : '朋友, 人倫之一, 其死也, 無父族母族妻族無旁親, 主之, 是無所歸也, 爲朋友者, 不任其責, 則轉於溝壑而已. 故曰 : 於我殯.'"으로 되어 있다.

351) 『예기』「단궁상(檀弓上)」에는 "賓客至, 無所館, 夫子曰 : '生, 於我乎館; 死, 於我乎殯.'"이라 하였다.

352) 호광 편(胡廣 編), 『논어집주대전(論語集註大全)』「향당(鄕黨)」에는 "吳氏曰 : '殯於堂曰殯, 瘞於野曰葬. 殷人殯於兩楹之間; 周人殯於西階之上. 此殯, 盖有館於夫子者. 故死而就使殯於其館耳. 「檀弓」曰 : 賓客至, 無所館, 夫子曰 : 生於我乎館, 死於我乎殯.'"으로 되어 있다.

○ 有釋無訓.

경문의 풀이는 있으나 훈고는 없다.

○ 胡氏曰 : "此節, 獨記一'曰'字, 必昔有是事, 人莫知所處, 而夫子有是言也. 但曰'殯'而不曰'葬', 則其親者, 在遠未及故也."353)

호씨(胡氏 : 胡泳)가 말하였다. "이 장절(章節)에 오직 하나의 '왈(曰)'자를 기술한 것은 반드시 옛날에 이 일이 있었는데 사람들이 있는 것을 알지 못하여 공자가 이 말을 둔 것이다. 다만 '빈(殯 : 殯所)'이라 말하고 '장(葬 : 葬禮)'이라 말하지 않은 것은 곧 그 친한 사람들이 멀리 있어서 미칠 수 없기 때문이다."

○ 旣言'殯', 則'葬'不消言耳.

이미 '빈(殯)'을 말하였으니, 곧 '장(葬)'은 소모적으로 말하지 않았을 뿐이다.

[10-14-2]

朋友之饋, 雖車馬, 非祭肉, 不拜.
벗이 주는 것은 비록 수레와 말이라도 제사고기가 아니거든 절하지 않았다.

朱註

朋友, 有通財之義. 故雖車馬之重, 不拜; 祭肉, 則拜者, 敬其祖考, 同於己親也.
벗은 재물을 소통하는 의리가 있다. 그러므로 수레와 말의 중대한 선물이라도 절하지 않는데, 제사고기에 곧 절하는 것은 그 조상(祖上)과 선고(先考)를 공경하기를 자기의 어버이와 동등하게 하는 것이다.

詳說

○ 歸胙.

'제육(祭肉)'은 보내 준 제사고기이다.

353) 호광 편(胡廣 編), 『논어집주대전(論語集註大全)』「향당(鄕黨)」에는 "胡氏曰 : '朋友, 人倫之一, …… 此節, 獨記一曰字, 必嘗有是事, 人莫知所處, 而夫子有是言也. 古者, 三日而殯, 三月而葬, 但曰「殯」而不曰「葬」, 則其親者在遠, 必訃告之未及故也.'"로 되어 있다.

○ 有釋無訓.

경문의 풀이는 있으나 훈고는 없다.

○ 車馬不拜, 義也; 祭肉必拜, 禮也.[354]

수레와 말이 절하지 않음은 의리이고, 제사고기에 반드시 절함은 예의이다.

朱註

○ 此一節, 記孔子交朋友之義.

이 하나의 장절은 공자의 벗 사귀는 의리를 기술하였다.

詳說

○ 雲峰胡氏曰 : "此節, 註於'義'一字, 凡三見之."

운봉 호씨(雲峰胡氏 : 胡炳文)가 말하였다. "이 장절에서 '의(義)' 한 글자를 주석함에 무릇 세 가지로 보여주었다."[355]

---

354) 호광 편(胡廣 編), 『논어집주대전(論語集註大全)』「향당(鄉黨)」에는 신안 진씨(新安陳氏 : 陳櫟)의 말로 표기되어 있다.

355) 이 장절에서 '의(義)' 한 글자를 주석함에 무릇 세 가지로 보여주었다 : '붕우지의(朋友之義)'의 세 가지에 주목한 것 같다. 호병문(胡炳文)의 논변을 보면, "벗은 이미 의리로 결합하였으니, 마땅히 빈소를 차려주어야 해서 빈소를 차려 주는 것이 의(義)이고, 마땅히 선물을 보내 주어야 해서 보내 주는 것이 또한 의(義)이다. 벗 사이에 의(義)는 마땅히 해야 할 것은 사양하지 않으며, 벗 사이에 의(義)는 마땅히 받은 것은 반드시 절하지 않는다."라고 하였다. 『논어집주대전』의 내용은 다음과 같다. "雲峯胡氏曰 : '此節, 集註於義之一字, 凡三見之. 朋友既以義合, 當殯而殯, 義也; 當饋而饋, 亦義也. 義所當爲不可辭; 義所當受不必拜.'" 『논어통(論語通)』 권5에도 약간의 차이가 있지만 유사한 내용이 실려 있다. "通曰 : '此一節, 集註於義之一字, 凡三見之. 難莫重於死, 當殯而殯, 義也; 朋友之饋, 莫重於車馬, 當饋而饋, 亦義也; 義所當爲不可辭, 義所當受不必拜.'"

[10-15-1]

寢不尸, 居不容.

잠을 잠에 시신(屍身)처럼 하지 않으며, 집에서 지냄에 용모(容貌)를 차리지 않았다.

朱註

'尸', 謂偃臥似死人也. '居', 居家. '容', 容儀.

'시(尸)'는 누워 있는 것이 죽은 사람과 같음을 이른다. '거(居)'는 집에서 지냄이다. '용(容)'은 용모(容貌)를 차림이다.

詳說

○ 訓畢.

훈고가 끝났다.

朱註

范氏曰: "'寢不尸', 非惡其類於死也. 惰慢之氣, 不設於身體, 雖舒布其四體, 而亦未嘗肆耳.

범씨(范氏 : 范祖禹)가 말하였다. "'침불시(寢不尸 : 잠을 잠에 시신처럼 하지 않음)'는 죽은 사람과 유사(類似)함을 싫어하는 것이 아니다. 게으르고 태만한 기운을 몸에 베풀지 않아서 비록 그 네 몸뚱이를 쭉 펴더라도 또한 일찍이 방사(放肆 : 함부로 내놓음)하지 않았을 뿐이다.

詳說

○ 去聲.[356]

'비오기류어사야(非惡其類於死也)'에서 '오(惡)'자는 거성(去聲 : 憎惡함)이다.

○ 龜山楊氏曰: "論養生者, 以爲睡則欲踡; 覺則欲舒, 引孔子不尸卧爲證, 理或然也."[357]

구산 양씨(龜山楊氏 : 楊時)가 말하였다. "양생(養生)을 말하는 사람은 잠자면 오므

---

356) 호광 편(胡廣 編), 『논어집주대전(論語集註大全)』「향당(鄕黨)」.

357) 주희(朱熹), 『논어정의(論語精義)』 권5 하에는 "楊曰 : '昔之論養生者, 以爲睡則欲踡; 覺則欲舒, 引孔子不尸卧爲證, 理或然也. 居不容, 蓋申申, 其體胖也.'"로 되어 있다.

리고자 해야 하고, 잠깨면 펴고자 해야 한다고 하면서, 공자의 시신처럼 눕지 않아야 한다는 것으로써 증거로 삼으니, 이치가 간혹 그러하다."

朱註

'居不容', 非惰也, 但不若奉祭祀 · 見賓客而已, '申申' · '夭夭', 是也."

'거불용(居不容 : 집에서 지냄에 용모를 차리지 않음)'은 게으른 것이 아니다. 다만 제사를 받들고 빈객을 만나는 것과 같지 않을 따름이니, '신신(申申)' · '요요(夭夭)'가 이것이다."

詳說

○ 平聲.358)

'요요(夭夭)'에서 '요(夭)'자는 평성(平聲 : 和舒貌)이다.

○ 見「述而」.

'신신(申申)' · '요요(夭夭)'는 「술이(述而)」에 보인다.359)

○ 厚齊馮氏曰 : "居而容, 則過於拘."360)

후재 풍씨(厚齊馮氏 : 馮椅)가 말하였다. "집에서 지내면서 용모를 차리면 몸을 구속하는 것이 지나치다."

○ 釋畢.

경문의 풀이가 끝났다.

---

358) 『논어주소(論語注疏)』, 육덕명의 「음의」에는 "夭, 於驕反, 和舒貌."라고 하였다.

359) '신신(申申)' · '요요(夭夭)'는 「술이(述而)」에 보인다 : 『논어(論語)』「술이(述而)」에서 "子之燕居, 申申如也; 夭夭如也."라고 하였고, 하안(何晏), 『논어집해(論語集解)』에 마융(馬融)의 주석을 인용하여 '신신(申申)' · '요요(夭夭)'를 "和舒之貌.(화창하게 펴진 모양)"라고 하였다.

360) 호광 편(胡廣 編), 『논어집주대전(論語集註大全)』「향당(鄉黨)」에는 "厚齋馮氏曰 : '寢, 所以休息, 易於放肆也, 放肆則氣散而神不聚. 居, 所以自如, 無事乎容儀也, 爲容則體拘而氣不舒. 蓋寢而尸, 則過於肆; 居而容, 則過於拘, 二者皆非養心之道.'"로 되어 있다.

[10-15-2]

見齊衰者, 雖狎, 必變; 見冕者與瞽者, 雖褻, 必以貌.
거친 베옷[상복] 입은 사람을 보면 비록 친한 사이라도 반드시 낯빛을 바꾸었으며, 면류관을 쓴 사람과 장님을 보면 비록 자주 만나더라도 반드시 예모(禮貌 : 예의 있는 몸가짐)를 갖췄다.

朱註

'狎', 謂素親狎. '褻', 謂燕見.
'압(狎)'은 평소에 친압(親狎)함을 이른다. '설(褻)'은 한가하게 지낼 때 만나 봄을 이른다.

詳說

○ 私見, 非禮見.
사사로이 만나봄[褻]은 예를 갖춰서 만나 봄이 아니다.361)

○ 南軒張氏曰 : "見之頻數."362)
남헌 장씨(南軒張氏 : 張栻)가 말하였다. "만나봄을 자주하는 것이다."

朱註

'貌', 謂禮貌. 餘見前篇.
'모(貌)'는 예의 있는 체모(體貌)를 이른다. 나머지는 전편에서 보였다.

詳說

○ 音現.363)
'여현전편(餘見前篇)'에서 '현(見)'자는 음이 현(現)이다.

---

361) 사사로이 만나봄[褻]은 예를 갖춰서 만나 봄이 아니다 : '설(褻)'의 의미에 대하여 형병(邢昺)은 "褻, 謂數相見也, 言孔子見大夫與盲者, 雖數相見, 必當以貌禮之."라고 하였고, 유보남(劉寶楠)은 "褻與狎同. 故解爲數相見."이라 하여 '자주 서로 만나봄'으로 풀이하였다. 이와 달리 박문호(朴文鎬)는 '설(褻)'의 의미를 '사견(私見 : 사사로이 만나봄)'으로 보았다.

362) 호광 편(胡廣 編), 『논어집주대전(論語集註大全)』「향당(鄕黨)」에는 "南軒張氏曰 : '狎, 謂與習熟者; 褻, 謂見之頻數者.'"로 되어 있다.

363) 호광 편(胡廣 編), 『논어집주대전(論語集註大全)』「향당(鄕黨)」에는 "見, 形甸反."이라고 하였다.

○「子罕」.

'전편(前篇)'은 「자한(子罕)」이다.[364)]

○ 有訓無釋.

훈고는 있으나 경문의 풀이는 없다.

○ 洪氏曰 : "前篇, 謂不相識者; 此, 謂素所親比者."[365)]

홍씨(洪氏 : 洪興祖)[366)]가 말하였다. "전편에서는 서로 알지 못하는 사람을 이른 것이고, 여기서는 평소에 친하고 가까운 사람을 이른 것이다."

○ 華陽范氏曰 : "每如此, 是以重記, 而文不同."[367)]

화양 범씨(華陽范氏 : 范祖禹)가 말하였다. "늘 이와 같았다. 이 때문에 거듭 기록하여도 글이 같지 않다."

○ 此節, 以'齊衰者', 特作一說之文, 又申言'凶服者', 蓋有歸重於此之意云.

이 장절에서 '자최자(齊衰者 : 거친 베옷[상복] 입은 사람)'로써 특별히 하나의 설명하는 글을 지었으며, 또 '흉복자(凶服者 : 상복 입은 사람)'를 거듭하여 말하였으니, 대개 이러한 뜻을 미루어서 중요하게 여김이 있었던 것이다.

---

364) '전편(前篇)'은 「자한(子罕)」이다 : 『논어(論語)』「자한(子罕)」에서 "공자가 거친 베옷[상복] 입은 사람, 면류관을 쓰고 옷을 차려입은 사람, 장님을 보고 있다가 그들을 만나게 되면 비록 나이가 적더라도 반드시 일어나고, 지나갈 때는 반드시 빨리 걸어갔다.(子見齊衰者; 冕衣裳者; 與瞽者, 見之, 雖少, 必作; 過之, 必趨.)"라고 하였다.

365) 호광 편(胡廣 編), 『논어집주대전(論語集註大全)』「향당(鄕黨)」에는 "洪氏曰 : '雖少必作, 過之必趨, 謂不相識者也. 雖狎必變, 雖褻必以貌, 謂素所親比者也.'"로 되어 있다.

366) 홍흥조(洪興祖 : 1090~1155) : 송나라 때의 학자로, 자가 경선(慶善)이고, 호가 연당(練塘)이며, 단양(丹陽) 사람이다. 젊어서 『예기』와 『중용(中庸)』을 정독하여 이학(理學)의 방도를 깊이 깨달았다. 저서로는 『논어설(論語說)』·『초사보주(楚辭補注)』·『초사고이(楚辭考異)』 등이 있다.

367) 주희(朱熹), 『논어정의(論語精義)』 권5 하에는 "范曰 : '夫子見此三者, 每如此. 是以重記之, 而其文不同. 聖人之德有常, 則人見其未嘗有改故也.'"로 되어 있다.

[10-15-3]

凶服者, 式之; 式負版者.

흉복(凶服) 입은 사람을 공경하고, 책판(冊版) 짊어진 사람을 공경하였다.

詳說

○ '凶服', 蓋識五服言.

'흉복(凶服)'은 대개 오복(五服 : 다섯 가지 상복)368)을 바꿔서 말한 것이다.

朱註

'式', 車前橫木, 有所敬, 則俯而憑之. '負版', 持邦國圖籍者.

'식(式)'은 수레 앞의 가로대 나무이니, 공경할 것이 있으면 몸을 구부려서 기대는 것이다. '부판(負版)'은 나라의 지도와 호적을 소지(所持)한 사람이다.

詳說

○ 因事而得名, 又別作'軾'.

'식(式)'은 일에 말미암아 이름을 얻은 것이며, 또 별도로 '식(軾)'으로도 쓴다.

○ 『大全』曰 : "'版', 今戶籍."369)

『논어집주대전』에서 말하였다. "'판(版)'은 지금의 호적이다."

○ 訓畢.

훈고가 끝났다.

---

368) 오복(五服 : 다섯 가지 상복) : 『예기』의 소(疏)에서 공영달(孔穎達)이 "五服, 斬衰也; 齊衰也; 大功也; 小功也; 緦麻也."라고 하였다. 하안(何晏), 『논어집해(論語集解)』에서 공안국(孔安國)의 말을 인용하여 "凶服, 送死之衣物."라고 하였다.

369) 이는 정현(鄭玄)의 주석을 인용한 것으로, 호광 편(胡廣 編), 『논어집주대전(論語集註大全)』 「향당(鄉黨)」에는 "『周禮』「秋官」. 司民掌登萬民之數, 自生齒以上, 皆書於版. 男八月女七月而生齒, 版今戶籍也, 歲登下其死生. 及三年大比, 以萬民之數詔司冦. 司冦獻其數於王, 王拜受之, 登於天府."로 되어 있다. 『논어집주대전』 가운데 "男八月女七月而生齒, 版今戶籍也."는 정현(鄭玄)의 주석인데 경문과 섞여 있다. 그 밖에도 『주례』의 내용과도 차이가 있다. 『주례주소(周禮注疏)』 권35, 「추관(秋官)·사민(司民)」에는 "司民掌登萬民之數, 自生齒以上, 皆書於版, 辨其國中與其都鄙及其郊野, 異其男女, 歲登下其死生. 及三年大比, 以萬民之數詔司寇. 司寇及孟冬祀司民之日, 獻其數于王, 王拜受之, 登于天府. 內史司會冢宰貳之, 以贊王治."로 되어 있다.

朱註

式此二者, 哀有喪, 重民數也.
이 두 사람을 공경한 것은 상사(喪事) 있는 사람을 불쌍히 여기고, 백성의 숫자를 중요하게 여기기 때문이다.

詳說

○ '變', 以家見言; '式', 以路逢言.
'변(變 : 낯빛을 바꿈)'370)은 집안에서 만나 보는 것으로써 말하였고, '식(式 :공경함)'371)은 길에서 만나는 것으로써 말하였다.

○ 釋畢.
경문의 풀이가 끝났다.

○ 此下, 又申論版籍之事.
이 아래에 또 책판(冊版)과 호적(戶籍)의 일에 대해 거듭하여 논의하였다.

朱註

人惟萬物之靈, 而王者之所天也.
사람은 오직 만물의 영장(靈長)이고, 임금된 사람이 하늘로 삼아야 하는 것이다.

詳說

○ 出『書』「泰誓」.
'인유만물지령(人惟萬物之靈 : 사람이 오직 만물의 영장이다)'는 『서경(書經)』「태서(泰誓)」에 나온다.372)

○『漢書』曰 : "王者以民爲天."373)

---

370) 변(變 : 낯빛을 바꿈) : 위의 경문 내용의 "거친 베옷[상복] 입은 사람을 보면 비록 친한 사이라도 반드시 낯빛을 바꾸었으며, 면류관을 쓴 사람과 장님을 보면 비록 자주 만나더라도 반드시 예모를 갖췄다.(見齊衰者, 雖狎, 必變; 見冕者與瞽者, 雖褻, 必以貌.)"에 나오는 '變'을 말한다.

371) 식(式 :공경함) : 위의 경문 내용의 "흉복 입은 사람을 공경하고, 책판 짊어진 사람을 공경하였다.(凶服者, 式之; 式負版者.)"에 나오는 '式'을 말한다.

372) 『서경(書經)』「태서(泰誓)」에 나온다 : 『서경(書經)』「주서(周書) · 태서 상(泰誓上)」에서 "惟天地, 萬物父母; 惟人, 萬物之靈, 亶聰明, 作元后; 元后, 作民父母."라고 하였다.

373) 호광 편(胡廣 編), 『논어집주대전(論語集註大全)』「향당(鄕黨)」에는 "『前漢書』, 酈食其[音異基]曰 : '王者以民爲天; 民以食爲天, 天者人資而生者也.'"로 되어 있는데, 『전한서(前漢書)』 권

『한서(漢書)』에서 말하였다. “임금된 사람은 백성을 하늘로 삼아야 한다.”

朱註

> 故『周禮』, “獻民數於王, 王拜受之.”
> 그러므로 『주례』에 “백성의 숫자[호적]를 임금에게 바치면 임금이 절을 하고 받는다.”라고 하였다.

詳說

○「司民」.

‘『주례(周禮)』’는 「사민(司民)」이다.[374)]

○ ‘哀有’以下, 本謝氏說.[375)]

‘식차이자, 애유상(式此二者, 哀有喪 : 이 두 사람을 공경한 것은 상사(喪事) 있는 사람을 불쌍히 여기고)’에서 ‘애유(哀有)’ 아래로는 본래 사씨(謝氏 : 謝良佐)의 설명이다.[376)]

朱註

> 況其下者, 敢不敬乎?
> 하물며 그 아래의 사람이 감히 공경하지 않겠는가?

詳說

○ 臣.

‘하(下)’는 신하이다.

43, 「여육주류숙손전(酈陸朱劉叔孫傳)제13」에는 “王者以民爲天, 而民以食爲天.”이라 하였다.

374) ‘『주례』’는 「사민(司民)」이다 : 「사민(司民)」이 아니고 「소사구(小司寇)」이다. 『주례주소』 권35, 「추관(秋官) · 사구(司寇)제5 · 소사구(小司寇)」에 실려 있는 내용은 다음과 같다. “孟冬祀司民, 獻民數於王, 王拜受之, 以圖國用而進退之.”

375) 주희(朱熹), 『논어정의(論語精義)』 권5 하에 의하면 사양좌(謝良佐)가 아니라 범조우(范祖禹)의 해설로 되어 있다. 그 내용은 다음과 같다. “范曰 : ‘此在車之容也. 式凶服者, 哀有喪也; 式負版者, 重民數也. 『周禮』, 司民獻民數于王, 王再拜受之, 登于天府, 所以重民也. 人君其可以不敬乎?’”

376) ‘애유(哀有)’ 아래로는 본래 사씨(謝氏 : 謝良佐)의 설명이다 : ‘애유(哀有)’ 아래로는 『논어집주(論語集註)』의 “式此二者, 哀有喪(이 두 사람을 공경한 것은 상사 있는 사람을 불쌍히 여김)”의 ‘哀有’를 말한다.

○ 式.

'경(敬)'은 식(式)이다.

[10-15-4]

有盛饌, 必變色而作.
풍성한 음식이 있거든 반드시 낯빛을 바꾸고 일어났다.

朱註

敬主人之禮, 非以其饌也.

주인의 예우(禮遇)를 공경해서 그런 것이고, 그 풍성하게 차려진 음식 때문이 아니다.

詳說

○ 慶源輔氏曰: "改容而起, 以致敬."377)

경원 보씨(慶源輔氏: 輔廣)가 말하였다. "용모를 고쳐서 일어난 것은 공경함을 다한 것이다."

○ 新安陳氏曰: "若不敢當."378)

신안 진씨(新安陳氏: 陳櫟)가 말하였다. "마치 감당하지 못하는 것같이 하였다."

○ 有釋無訓.

경문의 풀이는 있으나 훈고는 없다.

○ 此下一句, 又推其言外意, 以別解耳.

이 아래 하나의 구절에서는 또 그 말 밖의 뜻을 유추하여 따로 풀이하였을 뿐이다.

---

377) 호광 편(胡廣 編), 『논어집주대전(論語集註大全)』「향당(鄕黨)」에는 "慶源輔氏曰: '變色而作, 謂改容而起, 以致敬也.'"로 되어 있다.

378) 호광 편(胡廣 編), 『논어집주대전(論語集註大全)』「향당(鄕黨)」에는 "新安陳氏曰: '主敬客. 故爲設盛饌, 客敬主. 故變色而作, 若不敢當也. 怡然當之, 則爲不敬, 不知禮矣.'"로 되어 있다.

[10-15-5]

迅雷風烈, 必變.
빠른 우뢰와 바람이 맹렬함에는 반드시 낯빛을 바꾸었다.

朱註

'迅', 疾也. '烈', 猛也.
'신(迅)'은 빠름이다. '렬(烈)'은 맹렬함이다.

詳說

○ 訓畢.
훈고가 끝났다.

○ '迅雷風烈', 是交互之文勢也.
'신뢰풍렬(迅雷風烈)'은 서로 호환되는 문장의 기세(氣勢)이다.

朱註

'必變'者, 所以敬天之怒. 『記』曰 : "若有疾風迅雷甚雨, 則必變,
'필변(必變 : 반드시 낯빛을 바꿈)'은 하늘의 노여워함을 공경하는 것이다. 『예기』에서 말하였다. "만약 빠른 바람과 빠른 우레와 심한 비가 있으면 반드시 낯빛을 바꾸며,

詳說

○ 四字, 出『詩』「板」.[379]
'경천지노(敬天之怒 : 하늘의 노여워함을 공경함)'의 네 글자는 『시경(詩經)』「판(板)」에 나온다.

○ 『禮記』「玉藻」.
'『기(記)』'는 『예기』「옥조(玉藻)」이다.[380]

---

379) 호광 편(胡廣 編), 『논어집주대전(論語集註大全)』「향당(鄕黨)」에는 "『詩』之「大雅 · 板篇」曰 : '敬天之怒.'"로 되어 있고, 『시경(詩經)』「대아(大雅) · 생민지십(生民之什) · 판(板)」에는 "敬天之怒, 無敢戱豫; 敬天之渝, 無敢馳驅."라고 하였다.

380) '『기(記)』'는 『예기』「옥조(玉藻)」이다 : 『예기』「옥조(玉藻)」에서 "君子之居, 恒當户; 寢, 恒東

○ 下文, 則其所變之事也.

아래 글은 곧 그 낯빛이 바뀌는 일이다.

朱註

雖夜必興, 衣服冠而坐."

비록 밤중이라도 반드시 일어나서 옷과 갓을 갖추어 입고 앉는다."

詳說

○ 釋畢.

경문의 풀이가 끝났다.

○ 朱子曰 : "有事也, 只得應, 無相妨."[381]

주자(朱子 : 朱熹)가 말하였다. "일이 있거든 다만 대응해야 하니, 서로 무방한 것이다."

朱註

○ 此一節, 記孔子容貌之變.

이 하나의 장절은 공자의 용모가 바뀌는 것을 기술하였다.

首. 若有疾風迅雷甚雨, 則必變, 雖夜必興, 衣服冠而坐."라고 하였다.

381) 호광 편(胡廣 編), 『논어집주대전(論語集註大全)』「향당(鄉黨)」에는 "問 : '有終日之雷, 終夜之雨, 如何得常如此?' 朱子曰 : '固當常如此, 但亦主於疾風迅雷甚雨, 若平平底風雨也, 不消如此.' 問 : '當應接之際, 無相妨否?' 曰 : '有事也, 只得應.'"으로 되어 있다.

[10-16-1]

升車, 必正立執綏.
수레에 오를 때는 반드시 바르게 서서 줄을 잡았다.

朱註

'綏', 挽以上車之索也.
'수(綏)'는 잡고서 수레에 오르는 동아줄이다.

詳說

○ 『諺』音誤.
'수(綏)'자는 『언해』에 음이 잘못되었다.[382]

○ 上聲.[383]
'만이상거지색야(挽以上車之索也)'에서 '상(上)'자는 상성(上聲 : 오르다)이다.

○ 訓也.
훈고이다.

○ '升車', 諺讀恐誤.
'승거(升車)'는 한글로 읽을 때 잘못될까 염려된다.[384]

朱註

范氏曰 : "正立執綏, 則心體無不正, 而誠意肅恭矣. 蓋君子莊敬, 無所不在, 升車則見於此也."[385]
범씨(范氏 : 范祖禹)가 말하였다. "바르게 서서 줄을 잡으면 마음과 몸이 바르지

---

382) '수(綏)'자는 『언해』에 음이 잘못되었다 : 『논어언해』「향당(鄕黨)」에서 '綏'자의 음을 '유'라고 한 것이 잘못되었다고 지적한 것이다. 『광운』 등에서 '息遺切'이라고 하였듯이 그 음의를 '수'라고 해야 한다는 말이다.

383) 호광 편(胡廣 編), 『논어집주대전(論語集註大全)』「향당(鄕黨)」.

384) '승거(升車)'는 한글로 읽을 때 잘못될까 염려된다 : '승거(升車)'가 아니라 '승차(升車)'로 읽을까 염려한 것이다.

385) 주희(朱熹), 『논어정의(論語精義)』 권5 하에는 "范曰 : '此, 升車之容也. 正立執綏, 則心體無不正, 而誠意肅恭矣. 君子之于莊敬, 無不在焉, 升車, 則見於執綏也.'"로 되어 있다.

않음이 없어서 뜻이 정성되고 엄숙하며 공경하게 되는 것이다. 대개 군자는 장엄(莊嚴)하고 공경함이 있지 않는 곳이 없으니, 수레에 오르면 이에 보인다."

詳說

○ 心與身.

'심체(心體)'는 마음과 몸이다.

○ 音現.386)

'거즉현어차야(車則見於此也)'에서 '현(見)'자는 음이 현(現)이다.

○ 釋也.

경문의 풀이다.

[10-16-2]

車中, 不內顧; 不疾言; 不親指.
수레를 타고 가는 도중에는 안쪽을 돌아보지 않으며, 빨리 말하지 않으며, 몸소 가리키지 않았다.

朱註

'內顧', 回視也, 『禮』曰 : "顧不過轂."
'내고(內顧)'는 돌아봄이다. 『예기』에서 말하였다. "돌아봄에 수레바퀴를 지나지 않았다."

詳說

○ 以內外配前後, 則後當爲內.

안과 밖으로써 앞과 뒤에 짝하였으니, 곧 뒤는 마땅히 안이 되는 것이다.

○ 『禮記』「曲禮」.

'『예(禮)』'는 『예기』「곡례(曲禮)」이다.387)

---

386) 호광 편(胡廣 編), 『논어집주대전(論語集註大全)』「향당(鄕黨)」에는 "見, 形甸反."이라고 하였다.
387) '『예(禮)』'는 『예기』「곡례(曲禮)」이다 : 『예기』「곡례상(曲禮上)」에서 "나라의 임금은 기이한

○ 訓也.

훈고이다.

朱註

三者, 皆失容, 且惑人.

세 가지는 모두 의용(儀容 : 몸가짐)을 잃고, 또 남에게 의혹을 사는 일이다.

詳說

○ 是以不爲.

이 때문에 하지 않는 것이다.

○ 覺軒蔡氏曰 : "「曲禮」, '車上不廣欬; 不妄指; 顧不過轂', 三句, 正與此相合."388)

각헌 채씨(覺軒蔡氏 : 蔡模)가 말하였다. "『예기』「곡례」에서 '수레 위에서 크게 기침하지 않으며, 망령되이 손가락으로 가리키지 않으며, 돌아봄에는 바퀴통을 넘지 않는다.'라고 하였는데. 이 세 구절은 바로 이것과 서로 딱 맞는다."

○ 釋也.

경문의 풀이다.

朱註

○ 此一節, 記孔子升車之容.

이 하나의 장절은 공자가 수레에 오르는 용모를 기술하였다.

詳說

○ 上節特升, 下節已升.

위의 구절에서는 다만 수레에 오르는 것이고, 아래 구절에서는 이미 수레에 오른

수레를 타지 않으며, 수레 위에서는 크게 기침하거나 소리 내지 않으며, 망령되이 손가락으로 가리키지 않는다. 서서는 멀리 앞을 보며, 구부려서는 말꼬리를 보며, 돌아봄에는 바퀴통을 넘지 않는다.(國君, 不乘奇車, 車上不廣欬; 不妄指. 立視五巂; 式視馬尾; 顧不過轂.)"라고 하였다.

388) 호광 편(胡廣 編), 『논어집주대전(論語集註大全)』「향당(鄕黨)」에는 "覺軒蔡氏曰 : '「曲禮」篇, 車上不廣欬; 不妄指. 立視五巂; 式視馬尾; 顧不過轂. 『正義』曰 : 車上不廣欬者, 欬, 聲也; 廣, 弘大, 車高大也. 欬, 似驕矜, 又驚衆也. 不妄指者, 妄虛也, 在車上, 無事忽虛以手指, 亦爲惑衆也. 顧不過轂者, 車轂也轉, 頭不得過轂, 過轂則掩人私也. 此三句, 正與此篇相合.'"으로 되어 있다.

것이다.

○ **新安陳氏曰 : "大夫乘車, 觀瞻所係, 夫子謹之."**[389]

신안 진씨(新安陳氏 : 陳櫟)가 말하였다. "대부가 수레를 탈 때 관계되는 것을 쳐다보고 공자가 삼가 조심한 것이다."

389) 호광 편(胡廣 編), 『논어집주대전(論語集註大全)』「향당(鄉黨)」에는 "新安陳氏曰 : '大夫得乘車, 觀瞻所係, 夫子謹之, 非勉而能. 蓋動容周旋, 自中乎禮, 其見於乘車者, 知此.'"로 되어 있다.

[10-17-1]

色斯擧矣, 翔而後集.
눈치 채고 날아올라 돌아난 뒤 모이도다.

朱註

言鳥見人之顔色不善, 則飛去, 回翔審視而後[390], 下止;
새가 사람의 얼굴빛이 착하지 않음을 보면, 날아가서 돌아 날며 살펴본 뒤 내려와 앉으니,

詳說

○ 欲執之色.
'인지안색불선(人之顔色不善 : 사람의 얼굴빛이 착하지 않음)'은 잡고자 하는 기색(氣色 : 낌새)이다.

○ 擧.
'칙비거(則飛去)'에서 '거(去)'는 날아오름이다.

○ 去聲.
'하지(下止)'에서 '하(下)'자는 거성(去聲 : 降下)이다.

○ 有釋無訓.
경문의 풀이는 있으나 훈고는 없다.

○ 此下, 又釋其設喩之正意.
이 아래에는 또 비유를 설정하여 진정한 뜻을 해석하였다.

朱註

人之見幾而作, 審擇所處, 亦當如此.
사람이 기미(幾微)를 보고 일어나서 머물 곳을 살펴 선택하기를 또한 마땅히 이와 같이 해야 함을 말하였다.

390) 하안(何晏), 『논어집해(論語集解)』에서 주생렬(周生烈)의 말을 인용하여 "迴翔審觀而後, 下止也."라고 하였다.

詳說

○ 四字, 出『易』「繫辭」.[391]

'견기이작(見幾而作 : 사람이 기미를 보고 일어남)'의 네 글자는 『주역(周易)』「계사(繫辭)」에 나온다.

○ 上聲.[392]

'심택소처(審擇所處)'에서 '처(處)'자는 상성(上聲 : 居住)이다.

○ 藍田呂氏曰 : "'未嘗三年淹', '色擧翔集'之義也."[393]

남전 여씨(藍田呂氏 : 呂大臨)[394]가 말하였다. "'미상삼년엄(未嘗三年淹 : 공자가 일찍이 3년이 되도록 머물러 있지 않았음)'[395]은 '색거상집(色擧翔集 : 눈치 채고 날아올라 돌아난 뒤 모이도다)'라는 뜻이다."

朱註

然此上下, 必有闕文矣.

그러나 여기의 위와 아래에 반드시 빠진 글이 있다.

---

391) 『주역(周易)』「계사하(繫辭下)」에 "子曰 : '知幾其神乎! 君子上交不諂; 下交不瀆, 其知幾乎! 幾者, 動之微, 吉之先見者也. 君子見幾而作, 不俟終日.'"이라 하였다.

392) 호광 편(胡廣 編), 『논어집주대전(論語集註大全)』「향당(鄕黨)」.

393) 주희(朱熹), 『논어정의(論語精義)』 권5 하에는 "呂曰 : '孔子之於諸侯, 未嘗三年淹也者, 色斯擧矣, 翔而後集之義也. 孔子觀山雉之作, 有似乎此. 故曰 : 時哉! 以況乎已也? 言雌雉者, 又見應而不倡.'"으로 되어 있다.

394) 여대림(呂大臨 : 1040~1092) : 북송 시대 학자로, 자가 여숙(與叔)이고, 호가 운각(芸閣)이며, 경조남전(京兆藍田) 사람이다. 처음에는 장재(張載)에게 학문을 배우고, 금석학(金石學)에 조예가 있었으며, 유초(游酢)·사양좌(謝良佐)·양시(楊時)와 함께 정문사대제자(程門四大弟子)이다. 저서로는 『예기해』·『대학해』·『여씨가례』·『역장구(易章句)』·『대학설』·『예기전』·『논어해』·『맹자강의』 등이 있다.

395) 미상삼년엄(未嘗三年淹 : 공자가 일찍이 3년이 되도록 머물러 있지 않았음) : 『맹자(孟子)』「만장하(萬章下)」에 나오는 내용이다. 그 대강은 다음과 같다. "맹자가 말하였다. '공자가 노나라에서 벼슬할 적에 노나라 사람들이 사냥시합을 하면 공자도 사냥시합을 하였으니, 사냥시합이 오히려 괜찮다고 한다면 하물며 내려 주는 물건을 받는 것이야 어떠하랴? …… 바르게 다스릴 징조를 위한 것이니, 징조가 충분히 행해지다가 행해지지 않은 뒤에 그만두고 떠나갔다. 이 때문에 일찍이 3년이 되도록 머물러 있은 적이 있지 않은 것이다.(孟子曰 : '…… 孔子之仕於魯也, 魯人獵較, 孔子亦獵較, 獵較猶可, 而況受其賜乎? …… 爲之兆也, 兆足以行矣, 而不行而後去. 是以未嘗有所終三年淹也.')"

詳說

○ 胡氏曰:"上不知爲何人之言, 下不知爲何事而發."[396]

호씨(胡氏:胡泳)가 말하였다. "위에서는 누구를 위한 말인지 알 수 없고, 아래에서는 무슨 일 때문에 나온 것인지 알 수 없는 것이다."

○ 此八字, 必是古有此語, 而夫子引之, 以言'雉'耳.

이 여덟 글자[397]는 반드시 옛날부터 이 말이 있었을 것인데, 공자가 인용하면서 '치(雉)'를 말하였을 뿐이다.

○ 程子曰:"山梁雌雉, 時哉時哉! 色斯擧矣, 翔而後集. 子路共之, 三嗅而作. 文字如此順, 恐簡編脫錯."

정자(程子:程頤)가 말하였다. "'산골짝에 암꿩이여! 제때로고 제때로다! 눈치 채고 날아올라 돌아난 뒤 내리도다. 자로 잡아 올렸거늘 세 번 맡고 일어섰다.' 문자가 이와 같이 순조로워야 하는데 아마도 간책을 엮음에 빠지고 섞인 것 같다."

○ 新安陳氏曰:"'色擧翔集', 卽謂雉也."

신안 진씨(新安陳氏:陳櫟)가 말하였다. "'눈치 채고 날아올라 돌아난 뒤 모이도다.'는 곧 꿩을 이르는 말이다."

[10-17-2]

曰:"山梁雌雉, 時哉時哉!" 子路共之, 三嗅而作.

공자가 말하였다. "산골짝에 암꿩이여! 제때로고 제때로다!" 자로가 잡아서 올렸거늘 여러 번 그 냄새를 맡고서 일어섰다.

朱註

'共', 九用反, 又居勇反. '嗅', 許又反. 邢氏曰:"'梁', 橋也.[398]

396) 호광 편(胡廣 編), 『논어집주대전(論語集註大全)』「향당(鄕黨)」. 호영(胡泳)은 "위에서는 누구를 위한 말인지 알 수 없고, 아래에서는 무슨 일 때문에 나온 것인지 알 수 없는 것이다."라 하고, 그러므로 빠진 글이 있는 것처럼 여긴 것이라고 하였다.

397) 여덟 글자: "此上下, 必有闕文矣.(여기의 위와 아래에 반드시 빠진 글이 있다.)"를 말한다.

'자로공지(子路共之)'에서 '공(共)'은 '구(九)'와 '용(用)'의 반절(反切)이고, 또 '거(居)'와 '용(用)'의 반절(反切)이다. '삼후이작(三嗅而作)'에서 '후(嗅)'는 '허(許)'와 '우(又)'의 반절(反切)이다. 형씨(邢氏 : 邢昺)399)가 말하였다. '량(梁)'은 외나무다리이다.

詳說

○ 音形.

'형씨왈(邢氏曰)'에서의 '형(邢)'자는 음이 형(形)이다.

○ 『大全』曰 : "名昺, 濟陰人."400)

'형씨(邢氏)'에 대해, 『논어집주대전』에서 말하였다. "이름은 병(昺)이고, 제음(濟陰) 사람이다."

○ 仕宋眞宗時, 撰『論語疏』, 其人亦無足觀.

송나라 진종(眞宗) 때 벼슬하고, 『논어소』를 지었는데, 그 사람에 관해서 또한 충분히 살펴볼 만한 것이 없다.

○ 訓也.

훈고이다.

朱註

'時哉', 言雉之飮啄, 得其時.

'시재(時哉)'는 꿩이 마시고 쪼아 먹음이 그때에 맞음을 말한다.

詳說

○ 新安陳氏曰 : "時當飛而飛, 時當下而下."401)

신안 진씨(新安陳氏 : 陳櫟)가 말하였다. "때에 마땅히 날아야 하면 날고, 때에 마땅히 내려야 하면 내리는 것이다."

---

398) 유보남(劉寶楠), 『논어정의(論語正義)』에서 "山梁, 則山澗中橋, 以通人行也."라고 하였다.

399) 형병(邢昺 : 932~1010) : 송나라 때의 학자로, 자가 숙명(叔明)이고, 조주 제음군(曹州濟陰郡) 사람이다. 저서로는 『논어주소(論語注疏)』·『이아주소(爾雅注疏)』·『효경주소(孝經注疏)』 등이 있다.

400) 호광 편(胡廣 編), 『논어집주대전(論語集註大全)』「향당(鄕黨)」에는 "邢氏, 名昺, 濟陰人."으로 되어 있다.

401) 호광 편(胡廣 編), 『논어집주대전(論語集註大全)』「향당(鄕黨)」에는 "新安陳氏曰 : '此章, 文義畧不順而意亦可通. 色擧翔集, 卽謂雉也. 夫子見雉如此曰 : 此山橋邊之雌雉, 其見幾而擧, 詳審而集, 時哉時哉. 蓋謂時當飛而飛, 時當下而下, 皆得其時也.'"로 되어 있다.

朱註

子路不達, 以爲時物而共具之,
자로(子路)가 통달하지 못하고 철에 맞는 음식물이라고 여겨서 잡아 바쳤는데,

詳說

○ 認爲.
'이위(以爲)'는 여기는 것이다.

○ 時食之物.
'시물(時物)'은 제철의 음식물이다.

○ 九用反.402)
'공구지(共具之)'에서의 '공(共)'은 '구(九)'와 '용(用)'의 반절(反切)이다.

○ 龜山楊氏曰 : "異日子路共之."403)
구산 양씨가 말하였다. "다른 날에 자로가 잡아서 바친 것이다."

朱註

孔子不食, 三嗅其氣而起."
공자가 먹지 않고 여러 번 그 냄새를 맡고서 일어섰다."

詳說

○ 示子路之不達己意.
'공자불식(孔子不食 : 공자가 먹지 않음)'은 자로가 자기 뜻을 통달하지 못한 것을 보인 것이다.

○ 去聲.
'삼후기기이기(三嗅其氣而起)'에서 '삼(三)'자는 거성(去聲 : 再三)이다.

○ 鼻取氣也.
'후(嗅)'는 코로 냄새를 취하는 것이다.

○ 新安陳氏曰 : "聖人寬洪, 不直拒人."404)

---

402) 호광 편(胡廣 編), 『논어집주대전(論語集註大全)』「향당(鄕黨)」. 앞에서 나온 내용이다.
403) 호광 편(胡廣 編), 『논어집주대전(論語集註大全)』「향당(鄕黨)」.
404) 호광 편(胡廣 編), 『논어집주대전(論語集註大全)』「향당(鄕黨)」의 내용에서 발췌하였다. 그 전

'삼후기기(三嗅其氣 : 여러 번 그 냄새를 맡고서 일어섰다)'에 대해, 신안 진씨(新安陳氏 : 陳櫟)가 말하였다. "성인이 너그럽고 넓어서 곧바로 사람을 거절하지 못한 것이다."

○ 不欲與其事.

'기(起)'는 그 일에 관여하려고 하지 않은 것이다.

○ 邢說至此.

형씨(邢氏 : 邢昺)의 설명이 여기까지이다.

○ 釋畢.

경문의 풀이가 끝났다.

○ 此下, 又著一說以廣其義. 蓋以一章内'色擧'之事斷之, 則鼂劉說似長. 若以一篇論之, 則夫子之容貌行事, 在所當取. 且兩章而作, 不可異同看. 又不改嗅字爲優. 故『集註』, 以邢說爲正義云.

이 아래에 또 하나의 설명을 드러내서 그 뜻을 넓혔다. 대개 하나의 장절 안에서 '색거(色擧)'의 일로써 판단한다면 곧 조씨(鼂氏 : 鼂說之)와 유씨(劉氏 : 劉聘君)의 설명이 나은 것 같다. 만약 하나의 편으로써 논의한다면 공자의 용모와 행사(行事)에 마땅히 취할 것에 있다. 또 두 개의 장절로 만들었지만 서로 같지 않은 것으로 보아서는 안 된다. 또 '후(嗅)'자를 고치지 않은 것은 우수함이 된다. 그러므로 『집주(集註)』에서 형씨(邢氏 : 邢昺)의 해설을 바른 뜻이라고 여긴 것이다.

朱註

鼂氏曰 : "『石經』, '嗅'作'戛', 謂雉鳴也."

조씨(鼂氏 : 鼂說之)가 말하였다. "『석경』에는 '후(嗅)'를 '알(戛)'로 썼는데, 꿩의 울음을 이른다."

詳說

○ 漢熹平 · 唐開成, 皆有『石經』, 此必指漢『石經』.

'『석경』'은 한나라 희평(熹平)405)과 당나라 개성(開成)406)에 모두 『석경』이 있었

문은 다음과 같다. "新安陳氏曰 : '此章, 文義畧不順而意亦可通. …… 子路不悟, 以爲時物, 取雉供之. 夫子不食三嗅而起, 聖人寬洪, 不直拒人也. 雉一禽耳, 去就猶得其時如此. 君子之去就, 何可不得其時哉? 若移山梁雌雉一句, 冠於此章之首, 則辭意似尤明云.'"

405) 희평(熹平) : 후한(後漢) 영제(靈帝) 때 연호(172~177)이다.

는데, 이는 반드시 한나라 『석경』을 가리키는 것이다.

◯ 當作'戛'.

'알(戞)'은 마땅히 '알(戛)'로 써야 한다.

◯ 此四字, 鼂氏以己意, 解『石經』字之意也.

'위치명야(謂雉鳴也 : 꿩의 울음을 이른다)'의 이 네 글자는 조씨(鼂氏 : 鼂說之)가 자기 생각으로 『석경』 글자의 뜻을 풀이한 것이다.

朱註

劉聘君曰 : "'嗅', 當作'狊', 古闃反, 張兩翅也. 見『爾雅』."

유빙군(劉聘君 : 劉勉之)[407]이 말하였다. "'후(嗅)'는 마땅히 '격(狊)'으로 써야 하며, '고(古)'와 '격(闃)'의 반절(反切)이니, 두 날개를 펼치는 것이다. 『이아』에 보인다."

詳說

◯ 古壁[408]反.[409]

'고격반(古闃反)'에서 '격(闃)'은 '고(古)'와 '벽(壁)'의 반절(反切)이다.

◯ 『大全』曰 : "張兩翅, 狊狊然搖動."[410]

『논어집주대전』에서 말하였다. "두 날개를 펼친다는 것은 푸드득푸드득 흔들어 움직이는 것이다."

◯ 音現.[411]

'현『이아』(見『爾雅』)'에서 '현(見)'자는 음이 현(現)이다.

406) 개성(開成) : 당나라 문종(文宗) 때 연호(836~840)이다.

407) 유빙군(劉聘君) : 남송 시대의 학자로, 이름이 면지(勉之)이고, 자가 치중(致中)이며, 건주 숭안(建州崇安) 사람이다. 일생 동안 벼슬하지 않고 어려서부터 정자(程子)의 학문을 공부하였고, 역학(易學)에 정통하였다. 주희(朱熹)가 일찍이 그에게 수학(受學)함에 조카처럼 여기면서 가르쳤는데, "熹之得道, 自勉之始."라고 말하였다.

408) 壁 : 호광 편(胡廣 編), 『논어집주대전(論語集註大全)』「향당(鄕黨)」에는 '璧'으로 표기되어 있다.

409) 호광 편(胡廣 編), 『논어집주대전(論語集註大全)』「향당(鄕黨)」.

410) 호광 편(胡廣 編), 『논어집주대전(論語集註大全)』「향당(鄕黨)」에는 "『爾雅』「釋獸」, …… 鳥曰狊, 鳥之張兩翼, 狊狊然搖動者, 名狊. 此皆氣倦體罷, 其所須若此. 故題云須屬也."로 되어 있다.

411) 호광 편(胡廣 編), 『논어집주대전(論語集註大全)』「향당(鄕黨)」에는 "見, 形甸反."이라고 하였다.

○ 『爾雅』曰 : "獸曰釁; 人曰撟; 魚曰須; 鳥曰狊."[412]

『이아』에서 말하였다. "짐승은 흔(釁)이라 하며, 사람은 교(撟)라 하며, 물고기는 수(須)라 하며, 새는 격(狊)이라 한다."

○ 『大全』曰 : "此皆氣倦體罷, 所須若此. 故題云'須屬'也."[413]

『논어집주대전』에서 말하였다. "이는 모두 기운이 피로하고 몸이 지쳐서 기다리는 것이 이와 같다는 말이다. 그러므로 명칭을 붙여서 이르기를, '수속(須屬)'이라고 한다."

○ 二說, 只著字訓而文義在其中, 惟共字義未備. 故此下遂明之.

두 가지 해설은 다만 글자의 새김만 드러내서 경문의 뜻이 그 안에 있게 한 것인데, 오직 함께 글자의 뜻도 갖추지 못하였다. 그러므로 이 아래에서 마침내 밝히는 것이다.

朱註

愚按, 如後兩說, 則'共'字, 當爲拱執之義. 然此必有闕文, 不可強爲之說. 姑記所聞, 以俟知者.

내가 살펴보건대, 뒤의 두 해설과 같다면 '공(共)'자는 마땅히 두 손으로 잡는다는 뜻이 된다. 그러나 이는 반드시 빠진 글귀가 있으니, 억지로 갖다 붙여 설명해서는 안 된다. 그래서 우선 들은 것을 기술하여 아는 사람을 기다리는 것이다.

詳說

○ 居勇反.[414]

'즉'공'자(則'共'字)'에서 '공(共)'은 '거(居)'와 '용(勇)'의 반절(反切)이다.

○ 欲執.

---

412) 호광 편(胡廣 編), 『논어집주대전(論語集註大全)』「향당(鄕黨)」에는 "『爾雅』「釋獸」, 須屬, 獸曰釁, 許靳反. 獸之自奮迅動作, 名釁. 人曰撟, 紀小反. 人之罷倦頻伸夭撟, 舒展屈折, 名撟. 魚曰須, 魚之鼓動, 兩頰 若人之欠, 須導其氣息者, 名須. 鳥曰狊, 鳥之張兩翼, 狊狊然搖動者, 名狊. 此皆氣倦體罷, 其所須若此. 故題云須屬也."로 되어 있다.

413) 호광 편(胡廣 編), 『논어집주대전(論語集註大全)』「향당(鄕黨)」에는 "『爾雅』「釋獸」, …… 此皆氣倦體罷, 其所須若此. 故題云須屬也."로 되어 있다. 곽박(郭璞)은 "張兩翅."라 하고, 형병(邢昺)은 "鳥之張兩翅, 狊狊然搖動者名狊, 此皆氣倦體罷所須."라고 하였다.

414) 호광 편(胡廣 編), 『논어집주대전(論語集註大全)』「향당(鄕黨)」.

‘공집지의(拱執之義 : 두 손으로 잡는다는 뜻)’는 잡으려고 하는 것이다.

○ 上聲.[415]

‘불가강위지설(不可強爲之說)’에서의 ‘강(強)’자는 상성(上聲 : 억지로)이다.

○ 申上註‘闕文’二字.

위의 집주에 ‘궐문(闕文 : 빠진 글귀)’ 두 글자를 거듭 펼친 것이다.

○ 此, 又和正義與一說, 而同歸之於可疑之地, 蓋無定論耳.

이는 또 바른 의의와 하나의 해설을 합쳐서, 같이 의심할 만한 데로 돌아가니, 대개 정한 논의가 없을 뿐이다.

415) 호광 편(胡廣 編), 『논어집주대전(論語集註大全)』「향당(鄕黨)」.

권11

논어집주상설

論語集註詳說

제11편

선진 ◦ 先進 第十一

朱註

此篇, 多評弟子賢否,

이 편은 대부분 공자 제자들의 현명함과 현명하지 못함을 논평한 것이니,

詳說

○ 厚齋馮氏曰: "故以次於夫子言動之後."[1]

후재 풍씨(厚齋馮氏 : 馮椅)[2]가 말하였다. "그러므로 공자[夫子 : 孔子]의 말과 행동 다음에 이은 것이다."

○ 趙氏曰: "稱賢者, 三倍於否, 足以見賢之衆矣."[3]

조씨(趙氏 : 趙順孫)[4]가 말하였다. "현명한 사람이라고 칭송한 것이 현명하지 못하다고 한 것에 3배이니, 충분히 현명한 사람이 많음을 볼 수 있다."

○ 第五篇之古今人物賢否得失[5], 其事汎; 此篇之弟子賢否, 其事切. 然亦時有他事, 故不云'皆'而云'多'.[6]

제5편[공야장(公冶長)]의 옛날과 지금의 인물에 대한 현명함과 현명하지 못함 및 잘잘못은 그 일이 일반적이고, 이 편의 공자 제자들의 현명함과 현명하지 못함은 그 일이 절실하다. 그러나 또한 당시에 다른 일이 있었으므로, 멋대로 '개(皆 : 모두)'라고 말하지 않고 '다(多 : 대부분)'라고 말하였다.

---

1) 호광 편(胡廣 編), 『논어집주대전(論語集註大全)』「선진(先進)」에는 "厚齋馮氏曰: '此篇, 多評弟子賢否. 故以次於夫子言動之後.'"로 되어 있다.

2) 풍의(馮椅, 생몰년 미상) : 남송 시대의 학자로, 자가 의지(儀之)·기지(奇之)이고, 호가 후재(厚齋)이며, 남강도창(南康都昌) 사람이다. 주희(朱熹)에게 학문을 배웠으며, 저서로는 『논어해(論語解)』 외에 『주역(周易)』·『시경(詩經)』·『서경(書經)』·『맹자(孟子)』·『태극도설』·『서명』의 집설(輯說)이 있고, 『공문제자전(孔門弟子傳)』 등이 있다.

3) 호광 편(胡廣 編), 『논어집주대전(論語集註大全)』「선진(先進)」에는 "趙氏曰: '評其賢, 則能者勸; 評其否, 則不能者勉, 無非敎也. 然此篇, 稱賢者, 三倍於否, 亦足以見賢之衆矣.'"로 되어 있다.

4) 조순손(趙順孫 : 1215~1277) : 남송 시대 사람으로, 자가 화중(和仲)이고, 호가 격암(格菴)이며, 진운운당(縉雲雲塘) 사람이다. 저서로는 『주초(奏草)』 29편, 『사서찬소(四書纂疏)』 10권, 『근사록(近思錄)』 등이 있다.

5) 『논어(論語)』「공야장(公冶長)」 서설에서 "此篇, 皆論古今人物賢否得失, 蓋格物窮理之一端也, 凡二十七章. 胡氏以爲疑多子貢之徒所記云."라고 하였다.

6) 『논어(論語)』「공야장(公冶長)」 서설에서 "此篇, 皆論古今人物賢否得失."라고 하여 '皆'자를 쓴 것과는 달리, 이 편에서는 "此篇, 多評弟子賢否."라고 하여 '多'자를 쓴 것을 두고 한 말이다.

朱註

凡二十五章. 胡氏曰 : "此篇, 記閔子騫言行者四, 而其一, 直稱'閔子', 疑閔氏門人所記也."

모두 25장이다. 호씨(胡氏 : 胡安國)[7]가 말하였다. "이 편에 민자건(閔子騫)[8]의 언행을 기술한 것이 넷인데, 그 하나는 곧바로 '민자(閔子)'라고 불렀으니, 의심하건대 민씨(閔氏 : 閔子騫)의 문인이 기술한 것 같다."

詳說

○ 去聲.[9]

'언행자사(言行者四)'에서 '행(行)'자는 거성(去聲 : 행동. 행실)이다.

○ 顔淵·子路者九, 最多; 冉有次之, 六; 子貢與閔子騫.

안연(顔淵)과 자로(子路)는 아홉 번으로 가장 많으며, 염유(冉有)가 그 다음으로 여섯 번이며, 자공(子貢)은 민자건(閔子騫)과 같다.

---

7) 호안국(胡安国 : 1074~1138) : 북송 시대 학자로, 또 이름이 호적(胡迪)이고, 자가 강후(康候)·자인(子寅)·명중(明仲)이고, 호가 청산(青山)·치당(致堂)이며, 건안(建安) 사람이다. 학자들이 무이선생(武夷先生)이라 불렀으며, 시호가 문정(文定)이라 후세에 호문정공(胡文定公)이라고도 불렀다. 특히 『춘추(春秋)』 연구에 집중하여 『춘추전(春秋傳)』을 지었고, 또 『자치통감거요보유(資治通鑒擧要補遺)』 등의 저서가 있다.

8) 민자건(閔子騫 : B.C.536~B.C.487) : 이름이 민손(閔損)이고, 자가 자건(子騫)이며, 높여서 민자(閔子)라고 부른다. 공자의 제자 가운데 덕행(德行)으로써 안회(顔回)와 나란히 칭송되었으며, 72현 가운데 한 명이다.

9) 호광 편(胡廣 編), 『논어집주대전(論語集註大全)』「선진(先進)」.

[11-1-1]

子曰："先進, 於禮樂, 野人也; 後進, 於禮樂, 君子也,
공자가 말하였다. "선진(先進)은 예악(禮樂)에서 야인(野人)이고, 후진(後進)은 예악(禮樂)에서 군자라고 하니,

朱註

'先進'·'後進', 猶言前輩·後輩. '野人', 謂郊外之民; '君子', 謂賢士大夫也.
'선진(先進)'과 '후진(後進)'은 전배(前輩)와 후배(後輩)라고 말하는 것과 같다. '야인(野人)'은 교외의 백성을 이르고, '군자(君子)'는 현명(賢明)한 사대부를 이른다.

詳說

○ 此本明道語.[10)]
이는 본래 명도(明道 : 程顥)[11)]의 말이다.

○ 華陽范氏曰 : "古人·今人."[12)]
화양 범씨(華陽范氏 : 范祖禹)[13)]가 말하였다. "옛날 사람과 지금 사람이다."

○ 凡言君子, 有以德言者, 有以位言者, 此章君子, 蓋兼位與德言.
무릇 군자를 말할 때는 덕(德)으로써 말하는 것이 있고, 지위로써 말하는 것이 있는데, 이 장에서 군자는 대개 지위와 덕을 아울러서 말하였다.

---

10) 주희(朱熹), 『논어정의(論語精義)』 권6 상에는 "明道曰 : '先進, 猶言前輩也; 後進, 猶言後輩也. 先進之於禮樂, 有其誠意而質者也. 故曰野人. 後進之於禮樂, 習其容止而文止也. 故曰君子. 孔子患時之文弊, 而欲救之以質. 故曰 : 如用之則吾從先進, 取其誠意之多也.'"로 되어 있다.

11) 정호(程顥 : 1032~1085) : 북송 시대 사람으로, 자가 백순(伯淳)이고, 학자들이 명도선생(明道先生)이라 불렀다. 일찍이 주돈이(周敦頤)에게 배웠으며, 세상에서 동생 정이(程頤)와 함께 '이정(二程)'이라 불렀다. 저서로는 『이정전서(二程全書)』 등이 있다.

12) 주희(朱熹), 『논어정의(論語精義)』 권6 상에는 "范曰 : '先進者, 古之人也; 後進者, 今之人也. 先進於禮樂, 質多而文少. 故曰野人. 後進於禮樂, 文質相副. 故曰君子. 世衰文弊, 則當反之於質. 故曰 : 如用之, 則吾從先進, 所以適時也.'"로 되어 있다.

13) 범조우(范祖禹 : 1041~1098) : 송나라 때 학자로, 자가 순보(淳甫)·순부(淳夫)·순부(純父), 또는 몽득(夢得)이고, 성도화양(成都華陽) 사람이다. 정자(程子)를 사사(師事)하였으며, 사마광(司馬光)을 추종하였다. 저서로는 『시해(詩解)』·『고문효경설(古文孝經說)』·『제의(祭儀)』·『경서요언(經書要言)』 등이 있다.

○ 訓畢.

훈고가 끝났다.

朱註

程子曰 : "先進, 於禮樂, 文質得宜, 今反謂之質朴, 而以爲野人; 後進之於禮樂, 文過其質, 今反謂之彬彬, 而以爲君子.

정자(程子 : 程頤)[14]가 말하였다. "선진(先進)은 예악(禮樂)에서 문(文 : 文飾)과 질(質 : 본질)이 마땅함을 얻었거늘, 지금 도리어 질박하다고 말하면서 야인(野人)이라고 여기며, 후진(後進)들은 예악(禮樂)에서 문식(文飾)이 그 본질에 지나친데도 지금 도리어 빈빈(彬彬 : 훌륭하다)하다고 말하면서 군자라고 여긴다.

詳說

○ 叔子.

'정자(程子)'는 동생 정이(程頤)이다.

○ 朱子曰 : "古人, 只是誠實用禮樂."[15]

---

14) 정이(程頤 : 1033~1107) : 북송 시대 학자로, 자가 정숙(正叔)이고 호가 이천(伊川)이며, 낙양 이천(洛陽伊川) 사람으로, 세상에서는 이천선생(伊川先生)이라 일컬었다. 명도(明道) 정호(程顥)의 동생으로, 같이 주돈이(周敦頤)에게 학문을 배워 낙학(洛學)을 세상에 열었으며, 이학(理學)의 기초를 마련하여 세상 사람들이 '이정(二程)'이라고 불렀다. 저서로는 『주역정씨전(周易程氏傳)』·『유서(遺書)』·『역전(易傳)』·『경설(經說)』·『정이문집(程頤文集)』 등이 있다. 명나라 이후에 정호(程顥)의 문집과 합편(合編)한 『이정전서(二程全書)』가 있으며, 근세 중화서국에서 간행한 교점본인 『이정집(二程集)』이 있다.

15) 호광 편(胡廣 編), 『논어집주대전(論語集註大全)』「선진(先進)」에는 "朱子曰 : '禮樂, 只是一箇禮樂, 用得自不同, 如升降揖遜. 古人只是誠實行, 許多威儀, 後人便忒好看; 古人只正容謹節, 後人便近於巧言令色. 如古樂, 雖不可得而見, 只如誠實底人彈琴, 便雍容平淡, 自是好聽. 若弄手弄脚, 撰出無限不好底聲音, 只是繁碎耳.'"로 되어 있다. 『주자어류(朱子語類)』 권39, 「논어21(論語二十一)」, 1조목에는 "立之問: '先進、後進, 於禮樂文質何以不同?' 曰: '禮, 只是一箇禮, 用得自不同. 如升降揖遜, 古人只是誠實依許多威儀行將去, 後人便自做得一般樣忒好看了. 古人只是正容謹節, 後人便近於巧言、令色. 樂, 亦只是一箇樂, 亦是用處自不同. 古樂不可得而見矣. 只如今人彈琴, 亦自可見. 如誠實底人彈, 便雍容平淡, 自是好聽. 若弄手弄脚, 撰出無限不好底聲音, 只見繁碎耳.' 因論樂: '黃鍾之律最長, 應鍾之律最短, 長者聲濁, 短者聲清. 十二律旋相爲宮, 宮爲君, 商爲臣. 樂中最忌臣陵君, 故有四清聲. 如今響板子有十六箇, 十二箇是正律, 四箇是四清聲. 清聲是減一律之半. 如應鍾爲宮, 其聲最短而清. 或蕤賓爲商, 則是商聲高似宮聲, 是爲臣陵君, 不

주자(朱子 : 朱熹)가 말하였다. "옛날 사람은 다만 성실하게 예(禮)와 악(樂)을 사용하였다."

○ '之'字, 有外之之意.

'후진지어예악(後進之於禮樂)'의 '지(之)'자는 소원(疏遠)하게 여기는 뜻이 있다.

○ 釋畢.

경문의 풀이가 끝났다.

○ 此下, 乃論其言之所出而正其失.

이 아래에서는 이에 그 말이 나온 것을 논의하여 그 잘못을 바로잡았다.

朱註

蓋周末文勝. 故時人之言如此, 不自知其過於文也."

可用; 遂乃用蕤賓律減半爲清聲以應之. 雖然減半, 然只是此律, 故亦自能相應也. 此是通典載此一項. 徽宗朝作大晟樂, 其聲是一聲低似一聲, 故其音緩散. 太祖英明不可及. 當王朴造樂時, 聞其聲太急, 便令減下一律, 其聲遂平.'(입지가 물었다. '선진과 후진은 예악에 대한 문질이 어떻게 다릅니까?'주자(朱子 : 朱熹)가 말하였다. '예는 다만 하나의 예일 뿐인데, 사용하는 것이 본디 다르다. 예를 들어 오르고 내리며 읍을 하고 겸손한 것도 옛날 사람들은 성실히 많은 위엄과 예의에 따라 행하였지만, 후대 사람들은 스스로 일종의 양식이 특별히 보기 좋은 것으로 만들어 버렸다. 옛날 사람들은 용모를 바르게 하고 예절을 삼갔지만, 후대 사람들은 교묘한 말과 얼굴색을 바꾸는 것에 가깝다. 악도 하나의 음악일 뿐이지만, 또한 사용되는 곳이 본디 다르다. 옛 음악은 얻어 볼 수도 없다. 예를 들어 오늘날 사람이 거문고를 타는 것은 또한 자연스럽게 볼 수 있을 것이다. 성실한 사람이 타는 것은 태도가 온화하고 점잖으며 평이(平易)하고 담박해서 본디 듣기가 좋다. 손발을 놀려서 끝없이 좋지 않은 소리를 만들어 내면 귀를 번거롭고 시끄럽게 할 뿐이다.' 계속하여 악을 논하면서 '황종의 악률이 가장 길고, 응종의 악률이 가장 짧은데, 긴 것은 소리가 탁하고, 짧은 것은 소리가 맑다. 12율은 돌아 서로 궁이 되는데, 궁은 임금이고 상은 신하이다. 악 가운데 가장 꺼리는 것은 신하가 임금을 능가하는 것이므로 네 가지의 청탁이 있다. 예를 들어 지금 곡을 울리는 16개가 있다면 12개는 바른 악률이고 4개는 4개의 맑은 소리이다. 맑은 소리는 한 음률의 반을 줄인 것이다. 예를 들어 응종이 궁이 되면 그 소리는 가장 짧으면서 맑다. 혹은 유빈이 상이 되었을 때는 상의 소리가 높아서 마치 궁 소리 같은데 이는 신하가 임금을 능가하게 되므로 사용해서는 안 된다. 이에 유빈의 음률로 반을 줄여서 맑은 소리로 삼아 그것에 응하게 한다. 비록 반으로 줄였지만 그 음률이므로 또한 저절로 상응할 수 있다. 이는 『통전』에 항목이 실려 있다. 휘종은 재위 기간에 「대성악」을 제작하였는데, 그 소리는 한 소리가 낮아서 마치 한 소리 같았으므로 그 음은 느슨하다. 태조의 영명함은 미칠 수 없는데, 왕박이 음악을 제작했을 때, 그 소리가 너무 빠른 것을 듣고 곧바로 한 음률을 줄이고 내리자 그 소리는 마침내 평온해졌다.')"이라고 하여, 예와 악을 나누어 설명하고 있다.

대개 주나라 말기에는 문식(文飾)이 도에 지나쳤다. 그러므로 당시 사람들의 말이 이와 같았는데, 스스로 문식(文飾)에 지나쳤음을 알지 못한 것이다."

詳說

○ 按, '子曰'下直接以此十六字, 以文勢則難以知, 其爲時人之言, 程子直以義斷之耳.
살펴보건대, '자왈(子曰)' 아래 이 열여섯 글자[16]를 곧바로 이어서 글의 기세를 알기가 어려운데, 그 당시 사람들의 말에 대해 정자(程子 : 程頤)가 그 뜻으로써 판단하였을 뿐이다.

○ 預爲'吾從先進'之地.
미리 '오종선진(吾從先進 : 나는 선진을 좇을 것이다)'의 입지를 갖추었다.

[11-1-2]

如用之, 則吾從先進."
만일 예악(禮樂)을 쓰게 되면 나는 선진(先進)을 좇을 것이다."

朱註

'用之', 謂用禮樂.
'용지(用之)'는 예악(禮樂)을 쓰는 것을 이른다.

詳說

○ 訓也.
훈고이다.

朱註

孔子旣述時人之言, 又自言其如此,
공자가 이미 당시 사람들의 말을 기술하고, 또 스스로 말한 것이 이와 같으니,

16) 열여섯 글자 : "先進, 於禮樂, 野人也; 後進, 於禮樂, 君子也."의 열여섯 자를 말한다.

詳說

○ 上節.

'공자기술시인지언(孔子旣述時人之言 : 공자가 이미 당시 사람들의 말을 기술함)'은 위의 구절이다.

○ '吾如用之從先進'.

'기(其)'는 '내가 만일 예악(禮樂)을 쓰게 되면 선진(先進)을 좇을 것이다.'라는 구절이다.

○ 潛室陳氏曰 : "從先進, 是欲復文 · 武 · 周公之舊, 卽從周也."[17)]

잠실 진씨(潛室陳氏 : 陳埴)[18)]가 말하였다. "선진(先進)을 좇을 것이라는 말은 문왕과 무왕과 주공의 옛날 예악(禮樂)을 회복하려는 뜻이니, 곧 주(周)나라를 좇겠다는 것이다."

○ 釋畢.

경문의 풀이가 끝났다.

○ 此下一句, 乃其言外之正意也.

이 아래의 한 구절은 이에 그 말 밖의 진정한 뜻이다.

朱註

蓋欲損過以就中也.

대개 과실을 덜어서 중도(中道)로 나아가고자 하였다.

詳說

○ 雙峯饒氏曰 : "在當時則爲崇質; 在理則爲適中."[19)]

---

17) 호광 편(胡廣 編), 『논어집주대전(論語集註大全)』「선진(先進)」에는 "潛室陳氏曰 : '從先進, 是夫子欲復文武周公之舊, 卽從周也. 文必以周公之舊, 方可從, 周末文弊, 已不足爲文矣. 從周者, 三代損益之勢, 當然從先進者, 周末文弊, 救之當然, 竝行不悖.'"로 되어 있다.

18) 진식(陳埴, 생몰년 미상) : 송나라 때 학자로, 자가 기지(器之)이고, 영가(永嘉) 출신이다. 주자의 제자로서 협미도(叶味道)와 함께 목종학파(木鍾學派)를 만들었는데, 이는 『예기』「학기(學記)」의 "질문을 잘하는 사람은 굳은 나무를 다스리는 것과 같으며, 질문에 잘 대하는 사람은 종을 치는 것과 같다.(善問者, 如攻堅木; 善待問者, 如撞鍾.)"라고 말한 것에서 취한 말이다. 저서로는 정주(程朱) 이학(理學) 사상에 관한 문답 형식의 내용을 실은 『목종집(木鍾集)』 등이 있다.

19) 호광 편(胡廣 編), 『논어집주대전(論語集註大全)』「선진(先進)」에는 "雙峯饒氏曰 : '聖人之道,

쌍봉 요씨(雙峯饒氏 : 饒魯)[20]가 말하였다. "당시에 있어서는 본질을 숭상함이 되고, 도리에 있어서는 중도(中道)에 적합함이 된다."

○ **此句, 與上註末句, 相照應.**

이 구절은 위 집주의 끝 구절[21]과 서로 조응해야 한다.

○ **'先進', 此章之題目.**

'선진(先進 : 먼저 나아간 사람)'이 이 장의 제목이다.

無適不中, 用禮樂而從先進. 在當時則爲崇質, 在理則爲適中.'"으로 되어 있다.

20) 요로(饒魯 : 1193~1264) : 남송 시대 학자로, 자가 백여(伯輿) 또는 중원(仲元)이고, 호가 쌍봉(雙峰)이며, 시호가 문원(文元)이다. 저서로는 『오경강의(五經講義)』·『어맹기문(語孟紀聞)』·『서명도(西銘圖)』 등이 있다.

21) 위 집주의 끝 구절 : 위 장절의 "不自知其過於文也.(스스로 문식에 지나쳤음을 알지 못한 것이다.)"를 말한다.

[11-2-1]

子曰："從我於陳·蔡者, 皆不及門也."
공자가 말하였다. "진(陳)나라와 채(蔡)나라에서 나를 좇던 사람들이 모두 내 문하(門下)에 이르지 않았다."

朱註

'從', 去聲. 孔子嘗厄於陳·蔡之間, 弟子多從之者, 此時皆不在門. 故孔子思之, 蓋不忘其相從於患難之中也.

'종아어진(從我於陳)'에서 '종(從)'자는 거성(去聲 : 縱. 뒤쫓다)이다. 공자가 일찍이 진(陳)나라와 채(蔡)나라에서 어려운 일을 당할 사이에 제자들 가운데 대부분 좇던 사람들이 이때에 모두 문하에 있지 않았다. 그러므로 공자가 그들을 생각한 것이니, 대개 환난(患難) 가운데 서로 좇던 일을 잊지 못한 것이다.[22]

詳說

○ 今日.
'차시(此時)'는 오늘이다.

○ 及.
'재(在)'는 미치는 것이다.

○ 各歸其家.
'개부재문(皆不在門 : 모두 문하에 있지 않았다)'은 각각 그 집으로 돌아간 것이다.

○ 去聲.[23]
'환난지중야(患難之中也)'에서 '난(難)'자는 거성(去聲 : 재난)이다.

---

22) 『주자어류(朱子語類)』 권39, 「논어21(論語二十一)」, 4조목에는 "이것은 응당 밝은 도를 따라야 함을 말한 것이다. 이때는 마침 제자들이 공자의 문하에 있지 않음을 말하는데, 그들이 환난에서도 서로 따르던 것을 생각하고 그들이 이곳에 있지 않음을 말한 것이다. 제자가 그것을 기록했기 때문에 안자 이하 열 사람을 열거하였고, 아울러 그들의 장점을 보고 말하였다.(此說當從明道. 謂此時適皆不在孔子之門, 思其相從於患難, 而言其不在此耳. 門人記之, 因歷數顏子而下十人, 幷目其所長云耳.)"라고 하였다.

23) 호광 편(胡廣 編), 『논어집주대전(論語集註大全)』「선진(先進)」.

○ 有釋無訓.

경문의 풀이는 있으나 훈고는 없다.

○ 居則思陳·蔡之從者, 遊則思吾黨之小子, 夫子之於門人, 情之至義之切, 如此.

집에서 지낼 때는 진나라와 채나라에서 좇던 사람들을 생각하고, 집 밖에서 놀 때는 우리 마을의 어린 제자들을 생각한 것이니, 공자가 문인(門人)에게 애정이 지극하고 의리가 절실함이 이와 같다.

[11-2-2]

德行, 顏淵·閔子騫·冉伯牛·仲弓; 言語, 宰我·子貢; 政事, 冉有·季路; 文學, 子游·子夏.

덕행(德行)에는 안연과 민자건과 염백우와 중궁이고, 언어(言語)에는 재아와 자공이고, 정사(政事)에는 염유와 계로이고, 문학(文學)에는 자유와 자하이다.

朱註

'行', 去聲. 弟子因孔子之言, 記此十人,

'덕행(德行)'에서 '행(行)'자는 거성(去聲 : 행동. 행실)이다. 제자가 공자의 말에 말미암아 이 열 사람을 기술하고 나서

詳說

○ 上節.[24]

'공자지언(孔子之言)'은 위의 구절이다.

○ 朱子曰 : "'何以知其爲弟子所記?' 吳氏例云 : '凡稱名者, 夫子之辭, 或弟子師前相謂之辭; 稱字者, 弟子自相謂之辭, 或弟子門人之辭. 或以此章盡爲夫子之言者, 考之不審也.'"[25]

---

24) 공자가 말한 "從我於陳·蔡者, 皆不及門也."를 가리킨다.

25) 호광 편(胡廣 編), 『논어집주대전(論語集註大全)』「선진(先進)」에는 "問 : '何以知其爲弟子所記?' 朱子曰 : '吳氏例云 : 凡稱名者, 夫子之辭, 或弟子師前相謂之辭; 稱字者, 弟子自相謂之辭, 或弟子門人之辭. 或以此章盡爲夫子所言者, 考之不審也.'"로 되어 있다. 『사서혹문(四書或問)』

주자(朱子 : 朱熹)가 말하였다. "'어떻게 제자들이 기술한 것임을 알 수 있습니까?' 물었는데, 오씨(吳氏 : 吳棫)[26]가 예를 들어 이르기를 '무릇 이름을 지칭한 사람은 공자의 말이거나, 혹은 제자들이 스승 앞에서 서로 이른 말이다. 자(字)를 지칭한 사람은 제자들이 스스로 서로 이른 말이거나, 혹은 제자들과 문인들의 말이다. 혹은 이 장으로써 공자의 말을 다한 것이라고 하는데, 상고하기에 자세하지 않다.' 라고 하였다."

朱註

而并目其所長, 分爲四科,

이어서 그 장점을 지목하여 네 개의 과목으로 나누어 놓았으니,

詳說

○ 去聲.

'이병목기소장(而并目其所長)'에서 '병(并)'자는 거성(去聲 : 연잇다. 잇달다)이다.[27]

○ 等也.

'분위사과(分爲四科)'에서 '과(科)'는 구별함이다.

○ 朱子曰 : "德者, 行之本, 言德則行在其中; 德行, 是兼内外貫本末, 全體底物事, 那三件, 各是一物見於用者也. 如顏子之德行, 固可以兼言語·政事·文學, 他人有短於才者."[28]

권16, 「논어·선진(先進)제11」에 이 내용이 실려 있는데, 그 내용은 다음과 같다. "曰 : '何以知其爲門人所記也?' 曰 : '吳氏例曰 : 凡稱名者, 夫子之辭, 弟子師前相謂之辭; 稱字者, 弟子自相謂之辭, 亦或弟子門人之辭, 得之矣. 諸說, 或以此章盡爲夫子之言者, 考之不審也.'"

26) 오역(吳棫 : 1100?~1154) : 송나라 때의 학자로, 자가 재로(才老)이고, 서주(舒州) 사람이다. 음운학과 훈고학에 통달한 학자로 칭송되었다. 훈석(訓釋)의 학문에 정통하여 『패전(稗傳)』 13권 등을 지었으나 전하지 않고, 『운보(韻補)』 5권만 전한다.

27) '이병목기소장(而并目其所長)'에서 '병(并)'자는 거성(去聲 : 연잇다. 잇달다)이다 : 여기서 '并'은 '아울러'의 뜻이 아니라, '연이어'의 뜻으로 쓰였음을 밝힌 것이다.

28) 호광 편(胡廣 編), 『논어집주대전(論語集註大全)』「선진(先進)」에는 "朱子曰 : '德者, 行之本, 君子以成德爲行. 言德則行在其中, 德行, 是兼内外貫本末, 全體底物事. 那三件, 各是一物見於用者也.' 問 : '德行不知, 可兼言語·政事·文學否?' 曰 : '當就逐項上看. 如顏子之德行, 固可以備, 若他人固有, 有德行而短於才者.'"라 하였고, 『주자어류(朱子語類)』 권39, 「논어21(論語二十一)」, 6조목에는 "問: '德行·言語·政事·文學之別.' 曰: '德行, 是箇兼内外貫本末, 全體底物事. 那三件, 各是一物見於用者也.'"로 되어 있다.

주자(朱子 : 朱熹)가 말하였다. "덕(德)이라는 것은 행실의 근본이니, 덕을 말하면 행실이 그 가운데 있다. 덕행(德行)은 안과 밖을 아우르고, 근본과 말단을 꿰뚫은 전체의 사물이다. 저 세 가지 사안은 각각 하나의 사물이 작용에 나타난 것이다. 안자(顔子 : 顔回)의 덕행 같으면 진실로 언어(言語)와 정사(政事)와 문학(文學)을 아우를 수 있지만, 다른 사람은 재능에 단점이 있는 것이다."

○ 又曰 : "文學者, 學於詩書禮樂之文, 而能言其意者也."[29]

주자(朱子 : 朱熹)가 또 말하였다. "문학(文學)이라는 것은 시서예악(詩書禮樂 : 『시경(詩經)』·『서경(書經)』·『예기(禮記)』·『악기(樂記)』)의 글을 배움이니, 능히 그 뜻을 말할 수 있게 하는 것이다."

○ 勉齋黃氏曰 : "四科, 因其所得, 擧其最優者."[30]

면재 황씨(勉齋黃氏 : 黃幹)[31]가 말하였다. "사과(四科 : 네 가지 과목. 덕행·언어·정사·문학)은 그 얻은 것에 말미암음이니, 가장 뛰어난 사람을 거명(擧名)한 것이다."

朱註

孔子教人, 各因其材, 於此可見.

공자가 사람을 가르침에 각각 그 재능에 말미암았음을 여기서 볼 수 있다.

詳說

○ 朱子曰 : "各因其所長, 以入於道. 然其序, 則必以德行爲先."[32]

---

29) 호광 편(胡廣 編), 『논어집주대전(論語集註大全)』「선진(先進)」에는 "問 : '四科之目.' 曰 : '德行者, 潛心體道, 黙契於中, 篤志力行, 不言而信者也. 言語者, 善爲辭令者也. 政事者, 達於爲國治民之事者也. 文學者, 學於詩書禮樂之文, 而能言其意者也.'"로 되어 있다.

30) 호광 편(胡廣 編), 『논어집주대전(論語集註大全)』「선진(先進)」에는 "勉齋黃氏曰 : '四科之目, 因其所得而稱之, 擧其最優者, 爲言也.'"로 되어 있다.

31) 황간(黃幹 : 1152~1221) : 송나라 때의 학자로, 자가 직경(直卿)이고, 호가 면재(勉齋)·삼산(三山)이고, 시호가 문숙(文肅)이며, 복주 민현(福州閩縣) 사람이다. 황우(黃瑀)의 넷째 아들로 어려서부터 총영(聰穎)하였고, 1175년에 유청지(劉清之)에게 배움을 청하였는데 기발한 재능을 본 유청지가 주자에게 학업을 배우도록 권하여 주자의 문하에 들어가서 공부하였으며, 뒤에 주자의 사위가 되었다. 주자의 학문을 지극하게 터득하여 주자의 4대 제자 가운데 한 명으로 추존되었다. 저서로는 『황면재문집(黃勉齋文集)』 외에 『논어통석(論語通釋)』·『맹자강의(孟子講義)』 등이 포함된 『오경강의(五經講義)』·『사서기문(四書紀聞)』 등이 있으며, 『주자행장(朱子行狀)』을 지었다.

32) 호광 편(胡廣 編), 『논어집주대전(論語集註大全)』「선진(先進)」에는 "問 : '四科之目.' 曰 : '……

주자(朱子 : 朱熹)가 말하였다. “각각 그 장점에 말미암아 도(道)에 들어가는 것이다. 그러나 그 차례는 반드시 덕행으로써 우선으로 한다.”

○ 雲峰胡氏曰 : “德行, 卽『孟子』所謂‘成德’; 言語 · 政事 · 文學, 卽『孟子』所謂‘達才[33]’. 然『孟子』於成德上, 有‘時雨化者’, 『集註』謂顔 · 曾, 是也. 於此見‘四科’不過門人所記, 而『孟子』‘五敎’, 又能發門人之所未發.”[34]

운봉 호씨(雲峰胡氏 : 胡炳文)[35]가 말하였다. “덕행은 곧 『맹자(孟子)』에서 이른바 ‘성덕(成德)’이고, 언어와 정사와 문학은 곧 『맹자(孟子)』에서 이른바 ‘달재(達才)’이다. 그러나 『맹자(孟子)』의 성덕 위에는 ‘시우화자(時雨化者)’가 있으니,[36] 『논어집주(論語集註)』에서 안자(顔子)와 증자(曾子)를 이른 것이 이것이다.[37] 여기서 ‘사과(四科)’는 문인들이 기술한 것에 지나지 않으며, 『맹자(孟子)』의 ‘오교(五敎)’[38]는 또 능히 문인들이 계발되지 못한 것을 계발할 수 있음을 보인 것이다.”

夫子敎人, 使各因其所長, 以入於道. 然其序, 則必以德行, 爲先, 誠以躬行實造具體, 聖人學之所貴, 尤在於此. 非若三者, 各爲一事之長而已也.’”로 되어 있다.

33) 才 : 『맹자(孟子)』「진심 상(盡心上)」에는 ‘財’로 표기되어 있다.

34) 호병문(胡炳文), 『논어통(論語通)』 권6에 실려 있는 내용은 다음과 같다. “雲峯胡氏曰 : ‘德行, 卽『孟子』所謂有成德者; 言語 · 政事 · 文學, 卽『孟子』所謂有達才者. 然『孟子』於成德之上, 有如時雨化之者. 『集註』所謂顔 · 曾, 是也. 於此見『論語』四科不過門人所記, 而『孟子』五敎, 又能發門人之所未發.’”

35) 호병문(胡炳文 : 1250~1333) : 원(元)나라 때 학자로, 자는 중호(仲虎)이고, 호는 운봉(雲峯)이며, 무원고천(婺源考川) 사람이다. 특히 주자학(朱子學)과 역학(易學) 공부에 조예가 있었다. 저서로는 『운봉집(雲峯集)』 · 『사서통(四書通)』 · 『주역본의통석(周易本義通釋)』과 『순정몽구(純正蒙求)』 등이 있다.

36) 『맹자(孟子)』의 성덕 위에는 ‘시우화자(時雨化者)’가 있으니 : 『맹자(孟子)』「진심상(盡心上)」에서 “君子之所以敎者五, 有如時雨化之者; 有成德者; 有達財者; 有答問者; 有私淑艾者.”라고 하였다.

37) 『논어집주(論語集註)』에서 안자(顔子)와 증자(曾子)를 이른 것이 이것이다 : 『논어집주(論語集註)』「위령공(衛靈公)」에는 다음과 같이 설명하였다. “尹氏曰 : ‘孔子之於曾子, 不待其問而直告之以此, 曾子復深喩之曰唯, 若子貢則先發其疑而後, 告之, 而子貢, 終亦不能如曾子之唯也, 二子所學之淺深, 於此可見. 愚按, 夫子之於子貢 屢有以發之, 而他人不與焉, 則顔 · 曾以下諸子所學之淺深, 又可見矣.’”

38) 오교(五敎) : 『맹자(孟子)』의 오교(五敎) : 오교(五敎)는 『맹자(孟子)』「등문공상(滕文公上)」의 “父子有親, 君臣有義, 夫婦有別, 長幼有序, 朋友有信”을 말하는데, 흔히 인륜(人倫)이라고 한다. 오교(五敎)는 원래 『서경(書經)』「순전(舜典)」의 ‘오전(五典)’에서 유래하는데, 오전(五典)은 ‘오상(五常)’이라고도 한다. 『춘추좌전(春秋左傳)』 문공(文公) 18년 기사에는 오교(五敎)를 “父義, 母慈, 兄友, 弟恭, 子孝”라고 하였다.

朱註

○ 程子曰："'四科', 乃從夫子於陳·蔡者爾, 門人之賢者, 固不止此, 曾子傳道而不與焉.

정자(程子 : 程顥)가 말하였다. "사과(四科)'는 바로 진(陳)나라와 채(蔡)나라에서 공자를 좇던 사람들일 뿐이고, 문인 가운데 현명한 사람은 진실로 이것에 그치지 않으며, 증자(曾子)는 도를 전수(傳授)함에도 이에 들어가지 못하였다.

詳說

○ 伯子.

정자(程子)는 형 정호(程顥)이다.

○ 去聲.[39]

'증자전도이불여언(曾子傳道而不與焉)'에서 '여(與)'자는 거성(去聲 : 그 안에 들다)이다.

○ 新安陳氏曰："曾子, 時尙少, 不與從; 有若亦以不從, 而不在列焉."[40]

신안 진씨(新安陳氏 : 陳櫟)[41]가 말하였다. "증자(曾子 : 曾參)는 이때 아직 어려서 더불어 좇지 못하였으며, 유약(有若)은 또한 좇지 못하여 위차(位次)에 들지 못하였다."

○ 陳·蔡時, 游·夏年皆未二十. '四科'之目, 蓋通其終身而言耳. 子游少子夏一歲, 曾子又少子游一歲.

진(陳)나라와 채(蔡)나라 때는 자유(子游)와 자하(子夏)는 나이가 모두 스물이 되지 못하였다. '사과(四科)'의 항목은 대개 그 몸을 마치도록 통달한 것을 말할 뿐이다. 자유(子游)는 자하(子夏)보다 한 살 어렸고, 증자(曾子)는 또 자유(子游)보다 한 살 어렸다.

---

39) 호광 편(胡廣 編), 『논어집주대전(論語集註大全)』「선진(先進)」.

40) 호광 편(胡廣 編), 『논어집주대전(論語集註大全)』「선진(先進)」에는 "新安陳氏曰：'曾子, 晳之子, 是時尙少, 不得與陳·蔡之從. 故不在列. 又如有若, 雖賢, 亦以不從此行, 而不在列焉.'"으로 되어 있다.

41) 진력(陳櫟 : 1252~1334) : 원나라 때의 학자로, 자가 수옹(壽翁)·휘지(徽之)이고, 호가 동부노인(東阜老人)·정우선생(定宇先生)이며, 휴녕(休寧) 사람이다. 주희(朱熹)의 학문을 조종으로 삼아 숭앙하였고, 저서로는 『정우집(定宇集)』 외에 『역략(易略)』·『사서발명(四書發明)』·『서전찬소(書傳纂疏)』·『예기집의(禮記集義)』 등이 있다.

朱註

故知十哲, 世俗論也."[42]

그러므로 열 명의 명철(名哲)은 세상 사람들의 논조(論調)임을 알 수 있다."

詳說

○ '世俗', 見此章之記十人, 因以哲目之, 而拔出於七十子. 其後, 又拔出顔子於十哲, 而以子張足之, 至近世, 又升有若, 列於子張之次云.

'세속(世俗)'은 이 장의 열 사람을 기술한 것에서 보이는데, 명철(名哲)로써 지목한 것에 말미암아 칠십 제자에서 뽑아낸 것이다. 그 뒤에 또 열 명의 명철에서 안자(顔子)를 빼내고 자장(子張)으로써 채워 넣었다. 근세에 이르러서는 또 유약(有若)을 올려서 자장의 다음에 열거하였다.

42) 주희, 『논어정의(論語精義)』 권6상에는 "明道曰 : '從我於陳 · 蔡者, 皆不及門, 言此時皆無及孔子之門者, 思其人. 故類顔子已下十人, 有德行者 · 政事者 · 言語文學者, 皆從於陳 · 蔡者也.'" "又曰 : '四科, 乃從夫子於陳 · 蔡者爾. 門人之賢者, 固不止此, 曾子傳道而不與焉. 故知十哲, 世俗論也.'"라고 하였다.

[11-3-1]

子曰 : "回也, 非助我者也. 於吾言, 無所不說."
공자가 말하였다. "회(回)는 나를 돕는 사람이 아니로다. 나의 말에 기뻐하지 않는 것이 없구나."

朱註

'說', 音悅.43) '助我', 若'子夏之起予', 因疑問而有以相長也.
'무소불설(無所不說)'에서 '열(說)'자는 음이 열(悅)이다. '조아(助我)'는 '자하지기여(子夏之起予 : 자하는 나를 일으킴)'와 같으니, 의문함에 말미암아 서로 성장함이 있는 것이다.

詳說

○ 見「八佾」.
'자하지기여(子夏之起予 : 자하는 나를 일으킴)'은 『논어(論語)』「팔일」에 보인다.44)

○ 上聲.45)
'인의문이유이상장야(因疑問而有以相長也)'에서 '장(長)'자는 상성(上聲 : 성장함)이다.

○ 厚齋馮氏曰 : "於事物之理, 因人疑問而遂得以發明之, 是亦助也."46)
후재 풍씨(厚齋馮氏 : 馮椅)가 말하였다. "사물의 이치에서 사람이 의문함에 말미암아 마침내 터득하여 발명하게 되니, 이 또한 돕는 일이다."

○ 所謂'相長', 亦謂推類引長之理耳. 若義理之正者, 又何待相長乎?

---

43) 호광 편(胡廣 編), 『논어집주대전(論語集註大全)』「선진(先進)」.

44) '자하지기여(子夏之起予 : 자하는 나를 일으킴)'은 『논어(論語)』「팔일」에 보인다 : 『논어(論語)』「팔일(八佾)」에서 "자하가 물어 말하였다. '어여쁜 보조개 있으며, 아름다운 눈이 분명함이여! 흰 것으로써 채색을 한다 하니 무엇을 이른 것입니까?' 공자가 말하였다. '그림 그리는 일이 흰 것 뒤에 하는 것이다.'자하가 말하였다. '예를 뒤에 합니까?' 공자가 말하였다. '나를 일으키는 사람은 상이로다. 비로소 가히 더불어 시를 말할 만하도다.'(子夏問曰 : '巧笑倩兮, 美目盼兮! 素以爲絢兮; 何謂也?' 子曰 : '繪事後素.' 曰 : '禮後乎?' 子曰 : '起予者, 商也. 始可與言詩已矣.')"라고 하였다.

45) 호광 편(胡廣 編), 『논어집주대전(論語集註大全)』「선진(先進)」.

46) 호광 편(胡廣 編), 『논어집주대전(論語集註大全)』「선진(先進)」에는 "厚齋馮氏曰 : '夫子固無待於助. 然於事物之理, 因人之疑問而遂得以發明之, 是亦助也.'"로 되어 있다.

이른바 '상장(相長 : 서로 성장함)'은 또한 유추(類推)하여 성장시키는 이치를 이를 뿐이다. 만약 의리의 바른 것이라면 또 어찌 상장(相長)을 기다리겠는가?

○ 訓也.

훈고이다.

朱註

顔子於聖人之言, 默識心通, 無所疑問. 故夫子云然,

안자(顔子 : 顔回)는 성인의 말을 말없이 조용히 알고 마음으로 통달하여 의문하는 것이 없었다. 그러므로 공자가 그렇게 이른 것인데,

詳說

○ 『大全』曰 : "釋'悅'字."[47]

『논어집주대전』에서 말하였다. "'열(悅)'자를 풀이한 것이다."

○ 新安陳氏曰 : "終日不違, 語之不惰, 皆無所不悅之驗."[48]

신안 진씨(新安陳氏 : 陳櫟)가 말하였다. "하루 종일 어기지 아니하고, 하는 말이 게으르지 아니하니, 모두 기뻐하지 않음이 없는 증험이다."

○ 『大全』曰 : "釋'非助'字."[49]

'무소의문(無所疑問 : 의문하는 것이 없었다)'에 대해, 『논어집주대전』에서 말하였다. "'비조(非助)'자를 풀이한 것이다."

○ 釋畢.

경문의 풀이를 마쳤다.

○ 此下, 乃論言外之正意.

이 아래에는 이에 말 밖의 진정한 뜻을 논의하였다.

朱註

其辭若有憾焉, 其實乃深喜之.

---

47) 호광 편(胡廣 編), 『논어집주대전(論語集註大全)』「선진(先進)」.

48) 호광 편(胡廣 編), 『논어집주대전(論語集註大全)』「선진(先進)」에는 "新安陳氏曰 : '如終日不違, 語之不惰, 皆無所不說之驗.'"으로 되어 있다.

49) 호광 편(胡廣 編), 『논어집주대전(論語集註大全)』「선진(先進)」.

그 말이 마치 유감이 있는 것 같지만, 그 실제는 이에 마음속 깊이 기뻐한 것이다.

詳說

○ 按, 朱子亦嘗有此言於其高足弟子. 故言之悅, 切而有味如此云.

살펴보건대, 주자(朱子)도 또한 일찍이 높은 재주의 우수한 제자들에게 이런 말을 두었다. 그러므로 말함의 기뻐함이 간절하면서 의미가 있음이 이와 같다고 한 것이다.

朱註

○ 胡氏曰 : "夫子之於回, 豈眞以助我望之? 蓋聖人之謙德, 又以深賛顏子云爾."
호씨(胡氏 : 胡安國)가 말하였다. "공자가 안회(顏回)에 대하여 어찌 진정으로 나를 도와줄 것을 바라겠는가? 대개 성인의 겸손한 덕이니, 또 마음속 깊이 안자(顏子)를 칭찬한 것일 뿐이다."

詳說

○ 先言餘意.

'개성인지겸덕(蓋聖人之謙德 : 대개 성인의 겸손한 덕)'은 먼저 나머지 뜻을 말한 것이다.

○ 一作氏.

'안자(顏子)'는 어떤 판본에는 '씨(氏)'로 썼다.[50]

○ 後言正意.

뒤에 진정한 뜻을 말하였다.

○ 助字, 此章之題目.

'조(助 : 돕다)'자가 이 장의 제목이다.

50) '안자(顏子)'는 어떤 곳에는 '씨(氏)'로 썼다 : 『논어집주(論語集註)』에서는 '顏子'라고 표기하였으나 『논어집주대전』 등에는 '顏氏'라고 표기하였다.

[11-4-1]

子曰："孝哉. 閔子騫! 人不間於其父母昆弟之言."
공자가 말하였다. "효성스럽도다. 민자건이여! 사람이 그 부모와 형제의 말에 이간질하지 못하도다."

朱註

'間', 去聲.
'인불간(人不間)'에서 '간(間)'자는 거성(去聲 : 離間)이다.

詳說

○ 吳氏曰："夫子於弟子, 未嘗稱字, 此或集『語』者之誤.[51]
오씨가 말하였다. "공자가 제자들에게 일찍이 자(字)를 호칭한 적이 없었는데, 이는 혹시 『논어(論語)』를 편집한 사람의 착오일 것이다."

○ 豈果子騫門人記之, 而稍檃栝其本語歟.
어찌 과연 민자건(閔子騫)의 문인들이 기술하면서 그 본래의 말을 약간만 바로잡았겠는가?

朱註

胡氏曰："父母兄弟, 稱其孝友, 人皆信之, 無異辭者,
호씨(胡氏 : 胡安國)가 말하였다. "부모와 형제가 그 효성과 우애(友愛)를 칭찬함에 사람들이 모두 그것을 믿고 다른 말이 없었던 것은

詳說

○ 新安陳氏曰："兼及友者, 就昆弟之言, 見其友也."[52]
신안 진씨(新安陳氏 : 陳櫟)가 말하였다. "아울러서 우애(友愛)에 미친 것이니, 형

---

51) 호광 편(胡廣 編), 『논어집주대전(論語集註大全)』「선진(先進)」.

52) 호광 편(胡廣 編), 『논어집주대전(論語集註大全)』「선진(先進)」에는 "新安陳氏曰 : '夫子惟稱其孝, 『集註』兼及於友者, 蓋友于兄弟, 就昆弟之言, 見其友也. 『詩』曰 : 兄弟既翕, 和樂且耽. 子曰 : 父母其順矣乎! 蓋孝友一理, 孝者必友, 不友則非孝矣. 只觀三子單之語, 友之實可見. 間字, 不必訓, 非只訓別異, 自明白. 外人稱之, 不異於父母兄弟之言, 非孝友之實, 積中著外, 能如是乎? 夫孝德之本也, 人之行莫大於孝, 閔子以德行, 稱亞於顏子宜哉.'"로 되어 있다.

제에 대한 말에서 그 우애를 볼 수 있다."

○ 終是帶過說也.

마침내 이어서 말한 것이다.

○ 釋'間'字, 與前篇註之'非議', 同.

'이사(異辭 : 다른 말)'는 '간(間)'자를 풀이한 말이니, 전편[「태백(泰伯)」] 집주의 '비의(非議 : 비난하고 의논함)'와 더불어 같은 말이다.[53)]

朱註

蓋其孝友之實, 有以積於中而著於外. 故夫子歎而美之.

대개 그 효성과 우애의 실질이 마음속에 쌓여서 밖으로 드러남이 있었던 것이다. 그러므로 공자가 감탄하고 찬미(讚美)한 것이다.

詳說

○ 勉齋黃氏曰 : "父母昆弟之言, 或出於私情, 人無所非間於其言, 是爲公論."[54)]

면재 황씨(勉齋黃氏 : 黃幹)가 말하였다. "부모와 형제의 말이 간혹 사사로운 감정에서 나오면 사람들이 그 말에 트집 잡지 않음이 없으니, 이것이 공론(公論)이 된다."

○ 胡氏曰 : "『韓詩外傳』, 子騫继母, 衣以蘆花, 父欲逐母, 子騫曰 : '母在一子寒, 母去三子單', 母得免逐.[55)] 今誦其言, 藹然惻怛之意, 溢於詞表."[56)]

호씨(胡氏 : 胡泳)[57)]가 말하였다. "『한시외전』에, 자건(子騫)의 계모가 갈대꽃의

---

53) 전편[「태백(泰伯)」] 집주의 '비의(非議 : 비난하고 의논함)'과 더불어 같은 말이다 : 『논어(論語)』「태백」의 집주에 나오는 "'간(間)'은 흠이니, 그 흠을 지적하여 비난하고 의논하는 것이다. ('間', 罅隙也, 謂指其罅隙而非議之也.)"라는 구절을 가리킨다.

54) 호광 편(胡廣 編), 『논어집주대전(論語集註大全)』「선진(先進)」에는 "勉齋黃氏曰 : '父母昆弟之言, 或出於私情, 人無所非間於其言, 是爲公論, 夫子所以稱之.'"로 되어 있다.

55) 진덕수(眞德秀), 『서산독서기(西山讀書記)』 권11에 의하면, "『韓詩外傳』, 子騫早喪母, 父娶後妻, 生三子, 疾恶子騫, 以蘆花衣之. 父察知之, 欲逐後母, 子騫啓曰 : '母在一子寒, 母去三子單.' 父喜之而止, 母悔改之, 後至均平, 遂成慈母."라고 하였다. 또 도종의(陶宗儀), 『설부(說郛)』 권58하, 「효자전(孝子傳) 서광(徐廣)」에 의하면 "閔子騫事後母極孝, 騫衣以蘆花, 御車失靷, 父怒笞之, 撫背之, 衣单, 父欲去後妻, 騫啟父曰 : '母在一子寒, 母去三子单.'"라고 하였다.

56) 호광 편(胡廣 編), 『논어집주대전(論語集註大全)』「선진(先進)」에는 "胡氏曰 : '按, 『韓詩外傳』, 閔子早喪母, 父再娶, 生二子, 繼母獨以蘆花衣子騫. 父覺之, 欲逐其妻, 子騫曰 : 母在一子寒, 母去三子單. 母得免逐, 其母聞之, 待之均平, 遂成慈母. 今誦其言, 藹然惻怛之意, 溢於詞表. 故「内則」有以孚其家, 外則有以孚於人. 自内及外, 無有異詞也.'"로 되어 있다.

솜털로 만든 옷을 입혀서 아버지가 계모를 내쫓으려 하자 자건이 말하기를 '어머니가 있으면 한 자식이 춥지만, 어머니가 나가면 세 자식이 외롭게 된다.'라고 하여 어머니가 내쫓김을 면할 수 있었다. 지금 그 말을 외워 보니 그득하게 가여워하고 슬퍼한 뜻이 말 밖에 넘쳐 난다."

○ 雲峰胡氏曰 : "孔門, 豈獨閔子孝? 他人之孝, 處人倫之常, 閔子處變而不失其常. 故夫子稱之."

운봉 호씨(雲峰胡氏 : 胡炳文)가 말하였다. "공자 문하에서 어찌 오직 민자(閔子)만 효성스럽겠는가? 다른 사람들의 효도는 인륜의 떳떳한 도리에 처한 것이지만, 민자는 처함이 변하여도 그 떳떳함을 잃지 않았다. 그러므로 공자가 칭찬한 것이다."

○ 有釋無訓.

경문의 풀이는 있으나 훈고는 없다.

○ '孝'字, 此章之題目.

'효(孝: 효도하다)'자가 이 장의 제목이다.

57) 호영(胡泳) : 송나라 때의 학자로, 자는 백량(伯量)이고, 호는 동원(桐原)이고, 남강(南康) 출신이다. 저서로 『논어연설(論語衍說)』 등이 있다.

[11-5-1]

南容, 三復白圭, 孔子以其兄之子, 妻之.
남용(南容)이 「백규(白圭)」를 세 번 거듭하여 외우거늘, 공자가 그 형의 딸로써 아내 삼게 하였다.

朱註

'三'·'妻', 幷去聲.58)
'삼복백규(三復白圭)'에서 '삼(三)'자와 '처지(妻之)'에서 '처(妻)'자는 모두 거성(去聲 : 再三, 아내 삼다)이다.

詳說

○ 此稱'孔子'者, 未詳, 豈『齊論』歟?
여기서 '공자(孔子)'를 지칭한 것은 자세하지 않지만, 어찌 『제논어(齊論語)』이겠는가?

朱註

『詩』「大雅·抑」之篇曰 : "白圭之玷, 尙可磨也; 斯言之玷, 不可爲也."
『시경(詩經)』「대아(大雅)·억(抑)」편에서 말하였다. "하얀 옥홀의 흠은 오히려 갈 수 있지마는, 지껄이는 말의 흠은 어찌 할 수 없도다."

詳說

○ 丁添·丁念, 二反.59)
'백규지점(白圭之玷)'에서 '점(玷)'은 '정(丁)'과 '첨(添)', '정(丁)'과 '념(念)'의 두 가지 반절(反切)이다.

○ 訓也.
훈고이다.

---

58) 『논어주소(論語注疏)』「음의」에는 "三, 息暫反, 又如字. …… 妻, 七細反."이라고 하였다.

59) 호광 편(胡廣 編), 『논어집주대전(論語集註大全)』「선진(先進)」. 『논어주소(論語注疏)』에는 "玷, 丁簟反, 又丁念反."이라고 하였다.

朱註

南容, 一日三復此言. 事見『家語』, 蓋深有意於謹言也.

남용이 하루에 세 번 이 말을 반복하여 외웠다. 일이 『공자가어(孔子家語)』에 보이니, 대개 말을 삼감에 깊이 뜻을 둔 것이다.

詳說

○ 朱子曰 : "日日讀之."[60)]

'일일삼복차언(一日三復此言 : 하루에 세 번 이 말을 반복함)'에 대해, 주자(朱子 : 朱熹)가 (朱子)가 말하였다. "날마다 읽은 것이다."

○ 音現.[61)]

'사현『가어』(事見『家語』)'에서의 '현(見)'은 음이 현(現)이다.

○ 「弟子行篇」.[62)]

『공자가어(孔子家語)』는 「제자행편(弟子行篇)」이다.

○ 雖終身誦之, 可也.

비록 몸을 마치도록 외워도 괜찮은 것이다.

朱註

此, 邦有道, 所以不廢; 邦無道, 所以免禍. 故孔子以兄子妻之.

이는 나라에 도가 있을 때는 없애지 않은 것이고, 나라에 도가 없을 때는 재앙을 면할 수 있을 것이다. 그러므로 공자가 형의 딸로써 아내 삼게 한 것이다.

---

60) 호광 편(胡廣 編), 『논어집주대전(論語集註大全)』「선진(先進)」에는 "朱子曰 : '南容三復白圭, 不是一旦讀, 此乃是日日讀之, 玩味此詩而欲謹於言行也.'"로 되어 있고, 『주자어류(朱子語類)』 권39, 「논어21(論語二十一)」, 9조목에는 "先生令接讀問目 '南容三復白圭.' 云: '不是一旦讀此, 乃是日日讀之, 玩味此詩而欲謹於言行也. 此事見家語, 自分明.'(선생이 이어서 읽도록 하고, '남용이 「백규」시를 여러 번 읽고 또 읽는 것'을 보며 물었다. 말하였다. '하루아침에 이것을 다 읽는 것이 아니고, 곧 날마다 그것을 읽되, 이 시를 완미하는 것은 언행을 삼가고자 하려는 것이다. 이 일은 『공자가어(孔子家語)』에도 보이는데, 저절로 분명하다.')"라고 하였다.

61) 호광 편(胡廣 編), 『논어집주대전(論語集註大全)』「선진(先進)」에는 "見, 形甸反."이라고 하였다.

62) 호광 편(胡廣 編), 『논어집주대전(論語集註大全)』「선진(先進)」에는 "『家語』「弟子行篇」云 : '獨居思仁, 公言仁義, 其於詩也, 則一日三復白圭之玷, 是宮縚之行也, 孔子信其能仁, 以爲異士."로 되어 있다.

詳說

○ 『大全』曰："合「公冶長」章解之."[63]

『논어집주대전』에서 말하였다. "「공야장(公冶長)」의 편장(篇章)과 합쳐서 해석해야 한다."[64]

○ 彼註, 亦幷及謹言, 蓋互釋也.

저 「공야장(公冶長)」의 집주도 또한 아울러 근언(謹言 : 말을 삼감)에 미친 것이니, 대개 함께 해석해야 한다.

○ 釋畢.

경문의 풀이가 끝났다.

朱註

○ 范氏曰："言者, 行之表; 行者, 言之實,

범씨(范氏 : 范祖禹)가 말하였다. "말이라는 것은 행실의 표면이고, 행실이라는 것은 말을 실체이다.

詳說

○ 去聲, 下幷同.[65]

'행(行)'은 거성(去聲 : 행동. 행실)이니, 아래도 아울러 같다.

○ 雙峰饒氏曰："表裏·華實, 擧一以互見."[66]

쌍봉 요씨(雙峰饒氏 : 饒魯)가 말하였다. "겉과 속, 꽃과 열매에서 하나를 들어서

---

63) 호광 편(胡廣 編), 『논어집주대전(論語集註大全)』「선진(先進)」에는 "此是合公冶長篇子謂南容章, 解之."로 되어 있다.

64) 「공야장(公冶長)」의 편장(篇章)과 합쳐서 해석해야 한다 : 『논어(論語)』「공야장(公冶長)」에서 "공자가 남용을 이르기를, '나라에 도가 있음에 없애지 않으며, 나라에 도가 없음에 형륙에 면하리라.' 하시고 그 형의 딸로써 아내 삼게 하였다.(子謂南容, '邦有道, 不廢; 邦無道, 免於刑戮', 以其兄之子, 妻之.)"라는 구절을 말한다.

65) 호광 편(胡廣 編), 『논어집주대전(論語集註大全)』「선진(先進)」에는 "行, 去聲, 下同."이라고 하였다.

66) 호광 편(胡廣 編), 『논어집주대전(論語集註大全)』「선진(先進)」에는. "雙峯饒氏曰 : '表與裏, 對實與華, 對言爲表而行爲裏; 行爲實而言爲華, 各擧其一以互見. 免於刑戮, 只是不以輕言妄動, 取禍. 若當言而言, 雖箕子之囚, 比干之死, 豈容苟免?'"으로 되어 있다.

함께 보인 것이다."

朱註

未有易其言而能謹於行者. 南容, 欲謹其言如此, 則必能謹其行矣."

그 말을 쉽게 하면서 능히 행실을 삼가는 사람이 있지 않다. 남용(南容)이 그 말을 삼가고자 하는 것이 이와 같았다면, 반드시 능히 그 행실을 삼가 하였을 것이다."

詳說

◯ 去聲.[67]

'미유이기언(未有易其言)'에서 '이(易)'자는 거성(去聲 : 쉽다)이다.

◯ 所以「公冶」註, '以謹於言行', 幷言之.

「공야장(公冶長)」 집주에서 '언행(言行)을 삼가 하였기 때문'인 것이니,[68] 아울러 말한 것이다.

---

67) 호광 편(胡廣 編), 『논어집주대전(論語集註大全)』「선진(先進)」.

68) 「공야장(公冶長)」 집주에서 '언행(言行)을 삼가 하였기 때문'인 것이니 : 『논어(論語)』「공야장(公冶長)」 집주에서 "不廢, 言必見用也, 以其謹於言行. 故能見用於治朝; 免禍於亂世也, 事又見第十一篇."이라고 한 것을 말한다.

[11-6-1]

季康子問 : "弟子孰爲好學?" 孔子對曰 : "有顔回者好學, 不幸短命死矣, 今也則亾."
계강자(季康子)가 물었다. "제자 가운데 누가 배우기를 좋아합니까?" 공자가 대답하여 말하였다. "안회(顔回)라는 사람이 있어 배우기를 좋아하더니 불행히 목숨이 짧아 죽은지라 이제는 없다."

朱註

好', 去聲.
'호학(好學)'에서 '호(好)'자는 거성(去聲 : 愛好함)이다.

詳說

○ 此稱'孔子'者, 以其非門人而外之之辭也. 抑亦『齊論』歟.
여기서 '공자'를 지칭한 것은 문인이 아니라서 소원(疏遠)하게 여긴 말이다. 그렇지 않으면 또한 『제논어(齊論語)』일 것이다.

朱註

范氏曰 : "哀公·康子問同, 而對有詳·略者, 臣之告君, 不可不盡, 若康子者, 必待其能問,
범씨(范氏 : 范祖禹)가 말하였다. "애공(哀公)과 계강자(季康子)의 질문이 같은데 대답함에 상세하고 간략한 것이 있으니, 신하가 임금에게 말할 때는 다하지 않을 수 없지만, 계강자(季康子)와 같은 사람이면 반드시 그 능히 물어봄을 기다려서

詳說

○ 見「雍也」.
'애공(哀公)'은 「옹야(雍也)」에 보인다.[69]

---

69) '애공(哀公)'은 「옹야(雍也)」에 보인다 : 『논어(論語)』「옹야(雍也)」에서 "哀公問 : '弟子孰爲好學?' 孔子對曰 : '有顔回者, 好學, 不遷怒, 不貳過, 不幸短命死矣, 今也則亡, 未聞好學者也.'"라고 하였다.

○ 指'不遷怒 · 不貳過 · 未聞好學'句.[70]

'상(詳)'은 '노여움을 옮기지 않으며, 허물을 두 번 하지 않으며, 배움을 좋게 여김을 듣지 못한다'라는 구절을 가리킨다.

○ 問好之如何.

'기능문(其能問 : 그 능히 물어봄)'은 좋게 여김이 어떠한지를 물어봄이다.

朱註

乃告之, 此敎誨之道也."

이에 말해주어야 하는 것이니, 이는 가르쳐서 인도(引導)하는 방도이다."

詳說

○ 不遷 · 不貳.

'고지(告之)'는 노여움을 옮기지 않음과 허물을 두 번 하지 않음이다.

○ 論也.

경문의 의미를 설명을 하였다.

○ 無訓釋.

훈고나 경문의 풀이는 없다.

70) 호광 편(胡廣 編), 『논어집주대전(論語集註大全)』「선진(先進)」에는 "詳, 見「雍也篇 · 不遷怒章」."이라고 하였다.

[11-7-1]

顔淵死, 顔路請子之車, 以爲之椁,
안연이 죽음에 안로(顔路)가 청하여 공자[夫子 : 孔子]의 수레로써 덧널을 만들고자 하였는데

朱註

'顔路', 淵之父, 名無繇, 少孔子六歲, 孔子始敎而受學焉.
'안로(顔路)'는 안연(顔淵)의 아버지이니 이름이 무유(無繇)이며, 공자보다 여섯 살 적은데 공자가 비로소 가르칠 때 배움을 받았다.

詳說

○ 音由[71], 義亦與由同.
'명무유(名無繇)'에서 '유(繇)'자는 음이 유(由)이니, 뜻도 또한 유(由)와 같다.

○ 『家語』曰 : "名由."
『공자가어(孔子家語)』에서 말하였다. "이름이 유(由)이다."

○ 去聲.[72]
'소공자륙세(少孔子六歲)'에서 '소(少)'자는 거성(去聲 : 年少)이다.

○ 門人中, 年最長. 故特著之.
문인 가운데 나이가 가장 많았다. 그러므로 특별하게 드러낸 것이다.

○ 『史記』「仲尼弟子傳」曰 : "父子異時, 事孔子."[73]
『사기(史記)』「중니제자열전(仲尼弟子列傳)」에서 말하였다. "아버지와 아들이 시기를 달리하여 공자(孔子)를 스승으로 섬겼다."

朱註

'椁', 外棺也.
'곽(椁)'은 덧널이다.

---

71) 호광 편(胡廣 編), 『논어집주대전(論語集註大全)』「선진(先進)」.

72) 호광 편(胡廣 編), 『논어집주대전(論語集註大全)』「선진(先進)」.

73) 『사기(史記)』 제67, 「중니제자열전(仲尼弟子列傳) 제칠(第七)」에는 "父子嘗各異時, 事孔子."로 되어 있다.

詳說

◯ 訓畢.

훈고가 끝났다.

朱註

請爲椁, 欲賣車以買椁也.

청하여 덧널을 만들고자 한 것은 수레를 팔아서 덧널을 사고자 한 것이다.

詳說

◯ 非以車爲槨也.

수레로써 덧널을 만드는 것이 아니다.

◯ 釋也.

경문의 뜻을 풀이하였다.

[11-7-2]

子曰:"才不才, 亦各言其子也. 鯉也死, 有棺而無椁, 吾不徒行以爲之椁, 以吾從大夫之後, 不可徒行也."

공자가 말하였다. "재능이 있든지 재능이 없든지 또한 각각 그 아들이라고 말할 것이다. 리(鯉)가 죽음에 관(棺)이 있고 곽(椁)을 없이 하였으니, 내가 걸어 다니고 곽을 하지 않음은 내가 대부의 뒤를 좇아야 되기 때문에 걸어 다닐 수 없었던 것이다."[74]

朱註

'鯉', 孔子之子伯魚也, 先孔子卒. 言鯉之才雖不及顔淵,

74) 『사기(史記)』 제67, 「중니제자열전(仲尼弟子列傳) 제칠(第七)」에서 "孔子曰: '材不材, 亦各言其子也. 鯉也死, 有棺而無槨, 吾不徒行以爲之槨, 以吾從大夫之後, 不可以徒行.'"이라 하고, "『集解』, 孔安國曰: '鯉, 孔子子伯魚, 孔子時爲大夫, 言從大夫之後, 不可徒行, 謙辭也.'"라고 하였다.

'리(鯉)'는 공자의 아들 백어(伯魚)인데, 공자보다 일찍 죽었다. 리(鯉)의 재능이 비록 안연에게는 미치지 못하지만,

詳說

○ 去聲.[75]

'선공자졸(先孔子卒)'에서 '선(先)'자는 거성(去聲 : 早)이다.

○ 厚齋馮氏曰 : "伯魚聞『詩』聞『禮』, 未爲不才, 視淵則不及耳, 唯自言其子. 故曰 : '不才.'"[76]

후재 풍씨(厚齋馮氏 : 馮椅)가 말하였다. "백어(伯魚)가 『시경(詩經)』을 듣고 『삼례(三禮)』를 들음에 재능이 없음이 되지 않으나, 안연(顔淵)에 비하면 미치지 못할 뿐이니, 오직 스스로 그 아들에 대해서만 말한 것이다. 그러므로 말하기를 '재능이 없다.'라고 한 것이다."

○ 夫子開口, 便說'才不才'三字, 已足使聽者不安, 豈路之請車也, 有挾子才之意歟?

공자가 입을 열어서 곧바로 '재부재(才不才 : 재능이 있든지 재능이 없든지)' 세 글자를 말한 것이 이미 충분히 듣는 사람에게 편안하게 하지 않거늘, 어찌 안로(顔路)가 수레를 청함에 아들의 재능을 끼고 도는 뜻이 있었겠는가?

朱註

然己與顔路以父視之, 則皆子也. 孔子時已致仕, 尙從大夫之列, 言'後', 謙辭.

그러나 자기와 안로(顔路)가 아버지로서 보면 모두 아들임을 말한 것이다. 공자가 이때에 이미 벼슬을 그만두었는데도 오히려 대부의 서열을 좇았다. '뒤'라고 말한 것은 겸양의 말이다.

詳說

○ 南軒張氏曰 : "夫子視淵, 猶子, 不得舍車於鯉, 則亦不得舍車於淵矣."[77]

75) 호광 편(胡廣 編), 『논어집주대전(論語集註大全)』「선진(先進)」.

76) 호광 편(胡廣 編), 『논어집주대전(論語集註大全)』「선진(先進)」에는 "厚齋馮氏曰 : '伯魚聞詩聞禮, 未爲不才, 視子淵, 則才不及耳, 唯自言其子. 故曰 : 不才.'"로 되어 있다.

77) 호광 편(胡廣 編), 『논어집주대전(論語集註大全)』「선진(先進)」에는 "南軒張氏曰 : '聖人正大之情, 天地之情也. 鯉雖不可以竝淵, 然在己則子也, 無槨則亦已矣. 淵雖賢而父之葬子也, 亦稱家之, 有無而已, 又何必强爲之槨乎? 夫子視淵, 固猶子也, 不得舍車於鯉, 則亦不得舍車於淵矣.'"로 되어 있다.

남헌 장씨(南軒張氏 : 張栻)[78]가 말하였다. "공자[夫子 : 孔子]가 안연(顏淵)을 볼 때 아들처럼 여겼는데, 리(鯉)에게서 수레를 버릴 수 없었다면 또한 안연에게도 수레를 버릴 수 없는 것이다."

○ 訓間釋.

훈고 사이에 경문을 풀이하였다.

○ 朱子曰 : "以弟子之年考之, 回死先於鯉. 故有以鯉也死, 爲設言者, 以人情言之, 不應如此."[79]

주자(朱子 : 朱熹)가 말하였다. "제자들의 나이로써 살펴보면 안회(顏回)의 죽음이 리(鯉)보다 앞선다. 그러므로 리(鯉)가 죽음으로써 말을 설정한 것이 있으니, 인정으로써 말한다면 응당 이와 같지 않다."

○ 是必顏子死久後, 乃葬耳.

이는 반드시 안자(顏子)의 죽음이 오래된 뒤에, 이에 장사 지냈을 뿐이다.

朱註

○ 胡氏曰 : "孔子遇舊館人之喪, 嘗脫驂以賻之矣.

호씨(胡氏 : 胡安國)가 말하였다. "공자가 옛날 여관 주인의 초상을 만나서는 일찍이 참마(驂馬 : 곁마)를 빼서 부의(賻儀)하였다.

詳說

○ 孔子, 之衛.[80]

---

78) 장식(張栻 : 1133~1180) : 남송 시대 사람으로, 자가 경부(敬夫) · 흠부(欽夫) · 낙재(樂齋)이고, 호가 남헌(南軒), 또는 남헌선생(南軒先生)이며, 한주(漢州) 사람이다. 시호가 '선(宣)'이라서 후세에 장선공(張宣公)으로도 불렸다. 학문의 일파를 이루어 주희(朱熹) · 여조겸(呂祖謙)과 이름을 나란히 하여 '동남삼현(東南三賢)'으로 칭송되었다. 이종(理宗) 원년(1241)에 공자 사당에서 제사 지냈고, 이관(李寬) · 한유(韓愈) · 이사진(李士眞) · 주돈이(周敦頤) · 주희(朱熹) · 황간(黃幹)과 함께 석고서원(石鼓書院) 칠현사(七賢祠)에서 제사 지내 '석고칠현(石鼓七賢)'이라고 일컬어졌다.

79) 호광 편(胡廣 編), 『논어집주대전(論語集註大全)』「선진(先進)」에는 "問 : '以弟子之年考之, 則回之死, 先於鯉. 故有以鯉也, 爲夫子之設言者, 信乎?' 朱子曰 : '以人情言之, 不應如此, 且王肅信『家語』最篤, 而亦以此爲年數之錯誤, 今安得固守而必信之乎?'"로 되어 있다.

80) 호광 편(胡廣 編), 『논어집주대전(論語集註大全)』「선진(先進)」에는 "『禮』「檀弓篇」, 孔子之衛, …….."로 되어 있다.

공자가 위(衛)나라에 갔을 때이다.

○ 音附.[81]

'상탈참이부지의(嘗脫驂以賻之矣)'에서 '부(賻)'자는 음이 부(附)이다.

○ 見『禮記』「檀弓」.[82]

『예기』「단궁(檀弓)」에 보인다.

朱註

今乃不許顏路之請, 何耶[83]? 葬可以無槨, 驂可以脫而復求, 大夫不可以徒行, 命車不可以與人而鬻諸市也.

지금 안로(顏路)의 부탁을 허락하지 않은 것은 어째서인가? 장례(葬禮)에 덧널이 없을 수 있으며, 참마(驂馬)는 뺐다가 다시 구할 수 있지만, 대부(大夫)는 걸어 다녀서는 안 되고, 명거(命車)는 남에게 주거나 저자에서 팔아서도 안 되는 것이다.

詳說

○ 慶源輔氏曰 : "貧不能具, 則可廢."[84]

경원 보씨(慶源輔氏 : 輔廣)가 말하였다. "가난하여 갖출 수 없으면 그만둘 수 있다."

○ 去聲.[85]

'참가이탈이부구(驂可以脫而復求)'에서 '부(復)'자는 거성(去聲 : 다시)이다.

---

81) 호광 편(胡廣 編), 『논어집주대전(論語集註大全)』「선진(先進)」.

82) 호광 편(胡廣 編), 『논어집주대전(論語集註大全)』「선진(先進)」에는 "『禮』「檀弓篇」, 孔子之衛, 遇舊館人之喪, 入而哭之哀, 使子貢說驂[音脫], 參而賻之, 騑馬曰驂. 賻, 助也, 助喪用也." ; 『예기』「단궁상(檀弓上)」. "孔子之衛, 遇舊館人之喪, 入而哭之哀, 出使子貢說驂而賻之, 子貢曰 : '於門人之喪, 未有所說驂, 說驂於舊館, 無乃已重乎?' 夫子曰 : '予鄉者入而哭之, 遇於一哀而出涕, 予惡夫涕之無從也. 小子行之.'"로 되어 있다.

83) 耶 : 『논어집주(論語集註)』에는 '邪'로 표기되었으며, 『논어집주대전』에는 "邪, 俗作耶."라고 하였다.

84) 호광 편(胡廣 編), 『논어집주대전(論語集註大全)』「선진(先進)」에는 "慶源輔氏曰 : '葬之禮, 槨周於棺宜也. 然貧不能具, 則槨亦可廢. 車之制, 驂參於服宜也. 然欲輟而用, 則驂或可脫, 義之所可則脫. 驂以賻舊館人而不吝, 義不可, 則於顏淵之厚, 而不從其父爲槨之請, 此可見聖人處事之權衡.'"으로 되어 있다.

85) 호광 편(胡廣 編), 『논어집주대전(論語集註大全)』「선진(先進)」에는 "復, 扶又反."이라고 하였다.

○ **朱子曰 : "大夫賜命車."**[86)]

주자(朱子 : 朱熹)가 말하였다. "대부에게 명거(命車)를 내리는 것이다."

○ **余六反.**[87)]

'죽저시야(鬻諸市也)'에서 '육(鬻)'은 '여(余)'와 '륙(六)'의 반절(反切)이다.

○ **『禮記』「王制」曰 : "命服命車, 不粥於市."**[88)]

『예기』「왕제(王制)」에서 말하였다. "명복(命服 : 命爵衣服. 관복)과 명거(命車)는 저자에 팔지 않는다."

○ **朱子曰 : "若有錢, 必與之."**[89)]

주자(朱子 : 朱熹)가 말하였다. "만약 돈이 있으면 반드시 주었다."

○ **二可二不可, 反覆辨論.**[90)]

두 가지는 괜찮고 두 가지는 괜찮지 않으니, 반복하여 변론한 것이다.

朱註

且爲所識窮乏者得我, 而勉強以副其意, 豈誠心與直道哉? 或者以爲君子行禮, 視吾之有無而已.

또 아는 궁핍한 사람이 나에게 얻어 가게 하기 위하여 억지로 그 뜻에 부응한다면 어찌 정성스러운 마음과 정직한 도리이겠는가? 어떤 사람은 군자가 예(禮)를 행함에 자기에게 있고 없음을 살펴볼 따름이라고 여겼다.

---

86) 호광 편(胡廣 編), 『논어집주대전(論語集註大全)』「선진(先進)」에는 "問命車, 朱子曰 : 『禮記』云 : '大夫賜命車.'"라고 하였고, 『주자어류(朱子語類)』 권39, 「논어21(論語二十一)」, 11조목에는 "問: '「注」以爲命車, 何以驗之?' 曰: '『禮記』言: 大夫賜命車.'(물었다. '『논어집주(論語集註)』에서 임금께서 내린 명거로 여긴 것은 무엇으로 증명할 수 있습니까?' 주자(朱子 : 朱熹)가 말하였다. '『예기』에서 말했다: '대부에게 명거를 내리는 것이다.'"로 되어 있다.

87) 호광 편(胡廣 編), 『논어집주대전(論語集註大全)』「선진(先進)」.

88) 호광 편(胡廣 編), 『논어집주대전(論語集註大全)』「선진(先進)」에는 "「王制」曰 : '命服命車, 不粥[與鬻同]於市.'"로 되어 있다.

89) 호광 편(胡廣 編), 『논어집주대전(論語集註大全)』「선진(先進)」.

90) 호광 편(胡廣 編), 『논어집주대전(論語集註大全)』「선진(先進)」. 여기서 괜찮은 두 가지는 '葬可以無椁(장례에 덧널이 없을 수 있음)'과 '驂可以脫而復求(참마는 뺐다가 다시 구할 수 있음)'이며, 괜찮지 않은 것은 '大夫不可以徒行(대부는 걸어 다녀서는 안 되는 것)'과 '命車不可以與人而鬻諸市(명거는 남에게 주거나 저자에서 팔아서도 안 되는 것)'이라고 보았다.

詳說

○ 去聲.[91]

'위(爲)'자는 거성(去聲 : 위하다)이다.

○ 見『孟子』「告子」.[92]

'위소식궁핍자득아(爲所識窮乏者得我 : 아는 궁핍한 사람이 나에게 얻어 가게 하기 위함)'는 『맹자(孟子)』「고자(告子)」에 보인다.

○ 上聲.[93]

'이면강이부기의(而勉強以副其意)'에서 '강(強)'자는 상성(上聲 : 억지로 함)이다.

○ 『大全』曰 : "此, 蘇氏說."[94]

『논어집주대전』에서 말하였다. "이는 소씨(蘇氏 : 蘇軾)[95]의 해설이다."

朱註

夫君子之用財, 視義之可否, 豈獨視有無而已哉?"

대저 군자가 재물을 씀에는 의리의 옳고 그름을 살펴보니, 어찌 오직 있고 없음만 살펴볼 따름이겠는가?"

詳說

○ 音扶.[96]

'부군자지용재(夫君子之用財)'에서 '부(夫)'자는 음이 부(扶)이다.

○ 與原思章註程子說, 同意.

---

91) 호광 편(胡廣 編), 『논어집주대전(論語集註大全)』「선진(先進)」.

92) 호광 편(胡廣 編), 『논어집주대전(論語集註大全)』「선진(先進)」. 『맹자(孟子)』「고자상(告子上)」에서 "今爲所識窮乏者, 得我而爲之, 是亦不可以已乎? 此之謂失其本心."이라고 하였다.

93) 호광 편(胡廣 編), 『논어집주대전(論語集註大全)』「선진(先進)」.

94) 호광 편(胡廣 編), 『논어집주대전(論語集註大全)』「선진(先進)」.

95) 소식(蘇軾 : 1037~1101) : 송나라 때의 학자로, 자가 자첨(子瞻) 또는 화중(和仲)이고, 호가 철관도인(鐵冠道人) 또는 동파거사(東坡居士)이며, 세상 사람들이 소동파(蘇東坡) 또는 소선(蘇仙)이라 불렀으며, 한족(漢族)으로 미주미산(眉州眉山) 사람이다. 시부(詩賦) 등 문예와 학문에 뛰어난 재능을 보였으며, 한유(韓愈)와 구양수(歐陽脩) 등과 고문운동을 전개한 공헌이 크다. 저서로는 『동파집(東坡集)』·『동파역전(東坡易傳)』·『서전(書傳)』 등이 있다.

96) 호광 편(胡廣 編), 『논어집주대전(論語集註大全)』「선진(先進)」에는 "夫, 平聲."이라고 하였다.

‘시의지가부(視義之可否 : 의리의 옳고 그름을 살펴봄)’는 ‘원사장(原思章)’의 집주 정자(程子)의 해설과 더불어 뜻이 같다.[97]

97) ‘원사장(原思章)’의 집주 정자(程子)의 해설과 더불어 뜻이 같다 : 원사장(原思章)은 『논어(論語)』「옹야(雍也)」에서 “원사가 가신이 되었더니 곡식 구백을 주시거늘 사양하였는데, 공자가 말하였다. ‘사양하지 말고 너의 이웃과 마을과 고을 사람들에게 주거라.’(原思爲之宰, 與之粟九百, 辭, 子曰 : ‘毋, 以與爾隣里鄕黨乎.’)”라고 한 구절을 말한다. 『집주(集註)』에서 정자(程子)가 말한 “원사가 가신이 되어 떳떳한 봉록이 있어서 원사가 그 많음을 사양하였다. 그러므로 또 이웃과 마을의 가난한 사람들에게 나누어주도록 가르쳤으니, 대개 또한 의리가 아님이 없는 것이다.(原思爲宰, 則有常祿, 思辭其多. 故又敎以分諸隣里之貧者, 蓋亦莫非義也.)”라는 내용과 같은 뜻으로 보았다.

[11-8-1]

顔淵死, 子曰 : “噫! 天喪予. 天喪予.”
안연이 죽었거늘 공자가 말하였다. “아! 하늘이 나를 망하게 하는구나. 하늘이 나를 망하게 하는구나.”

朱註

‘喪’, 去聲. ‘噫’, 傷痛聲.
‘천상여(天喪予)’에서 ‘상(喪)’자는 거성(去聲 : 멸망함)이다. ‘희(噫)’는 마음 아파하고 슬퍼하는 소리이다.

詳說

○ 訓.
훈고이다.

朱註

悼道無傳, 若天喪己也.
도(道)가 전해지지 못함을 슬퍼함이 마치 하늘이 자기를 망하게 하는 것과 같다고 하였다.

詳說

○ 重言者, 深悼也.
거듭 말한 것은 깊이 슬퍼함이다.

○ 勉齋黃氏曰 : “顔子在, 則夫子雖死, 而不亾以道存也; 顔子死, 則夫子雖存, 道固無傳, 終亦必亾而已. 故以顔子之死, 爲己之喪.”[98]
면재 황씨(勉齋黃氏 : 黃幹)가 말하였다. “안자(顔子)가 살아 있으면 공자가 비록 죽더라도 잃지 않고 도가 존속되겠지만, 안자가 죽으면 공자가 비록 살아 있더라도 도가 진실로 전해짐이 없어서 마침내 또한 반드시 잃을 따름이다. 그러므로 안자의 죽음으로써 자기의 망함으로 여긴 것이다.”

98) 호광 편(胡廣 編), 『논어집주대전(論語集註大全)』「선진(先進)」.

○ 釋.

경문의 풀이다.

○ **洪氏曰："孔·顔一體也, 回何敢死? 子在故也. '天喪予', 回死故也."**[99]

홍씨(洪氏 : 洪興祖)[100]가 말하였다. "공자와 안자는 한 몸이니, 안회(顔回)가 어찌 감히 죽을 수 있겠는가? 공자가 살아 있기 때문이다. '하늘이 나를 망하게 했다는 것'은 안회가 죽었기 때문이다."

○ **雲峰胡氏曰："上接文王之傳, 則曰 : '天將喪斯文'; 下失顔淵之傳, 則曰 : '天喪予', 道統之絶續, 皆天也."**[101]

운봉 호씨(雲峰胡氏 : 胡炳文)가 말하였다. "위로는 문왕(文王)의 전함을 접하면서 곧 말하기를 '하늘이 장차 사문(斯文)을 잃게 하려는구나.'라고 하였으며,[102] 아래로는 안연(顔淵)의 전함을 잃고서 곧 말하기를 '하늘이 나를 망하게 하는구나.' 하였는데, 도통(道統)의 끊어짐과 이어짐이 모두 하늘의 뜻인 것이다."

---

99) 호광 편(胡廣 編), 『논어집주대전(論語集註大全)』「선진(先進)」.

100) 홍흥조(洪興祖 : 1090~1155) : 남송 시대의 학자로, 자가 경선(慶善)이고, 호가 연당(練塘)이며, 단양(丹陽) 사람이다. 젊어서 『예기』와 『중용(中庸)』을 정독하여 이학(理學)의 방도를 깊이 깨달았다. 『송사(宋史)』「홍흥조열전(洪興祖列傳)」에서 "옛글을 좋아하고 넓게 배웠는데 어려서부터 늙을 때까지 일찍이 하루도 책을 떠난 적이 없었다.(好古博學, 自少至老, 未嘗一日去書.)"라고 하였다. 저서로는 『논어설(論語說)』·『초사보주(楚辭補注)』·『초사고이(楚辭考異)』 등이 있다.

101) 호광 편(胡廣 編), 『논어집주대전(論語集註大全)』「선진(先進)」에는 "雲峯胡氏曰 : '夫子上接文王之傳, 則曰 : 天將喪斯文; 下失顔淵之傳, 則曰 : 天喪予. 然則道統之絶續, 皆天也.'"로 되어 있다.

102) 문왕(文王)의 전함을 접하면서 …… 사문(斯文)을 잃게 하려 하는구나.'라고 하였으며 : 『논어(論語)』「자한(子罕)」에서 "공자가 광 땅에서 두려워 하셨으니, 공자가 말하였다. '문왕이 이미 죽었으니 문이 이 몸에 있지 않으냐? 하늘이 장차 이 문을 잃게 할진댄 뒤에 죽을 사람이 이 문에 참여하지 못하였을 것이려니와, 하늘이 이 문을 잃지 않았으니 광 땅의 사람이 나를 어찌 하겠는가?'(子, 畏於匡, 曰 : '文王旣沒, 文不在玆乎? 天之將喪斯文也, 後死者, 不得與於斯文也; 天之未喪斯文也, 匡人, 其如予何?')"라고 하였다.

[11-9-1]

顔淵死, 子哭之慟, 從者曰 : "子慟矣."
안연이 죽음에 공자가 울기를 매우 슬퍼하였는데, 따르는 사람이 말하였다. "공자가 매우 슬퍼하였습니다."

朱註

'從', 去聲. '慟', 哀過也.
'종자왈(從者曰)'에서 '종(從)'자는 거성(去聲 : 隨從함)이다. '통(慟)'은 슬퍼함이 지나친 것이다.

詳說

○ 有訓無釋.
훈고는 있으나 경문의 풀이는 없다.

[11-9-2]

曰 : "有慟乎?
공자가 말하였다. "너무 슬퍼함이 있었더냐?

朱註

哀傷之至, 不自知也.
슬퍼하고 아파함이 지극하여 스스로 알지 못한 것이다.

詳說

○ 所以還以問之.
도리어 물어본 것이다.

○ 有釋無訓.
경문의 풀이는 있으나 훈고는 없다.

[11-9-3]

非夫人之爲慟, 而誰爲?"
저 사람을 위하여 울면서 슬퍼하지 않고 누구를 위하여 그렇게 하겠느냐?"

朱註

'夫', 音扶. '爲', 去聲. '夫人', 謂顔淵.
'비부인지위통(非夫人之爲慟)'에서 '부(夫)'자는 음이 부(扶)이다. '위(爲)'자는 거성(去聲 : 위하다)이다. '부인(夫人 : 저 사람)'은 안연(顔淵)을 이른다.

詳說

○ 猶言'斯人'.
'부인(夫人 : 저 사람)'은 '사인(斯人 : 이 사람)'이라고 말하는 것과 같다.

○ 訓.
훈고이다.

朱註

言其死可惜, 哭之宜慟, 非他人之比也.
그 죽음을 안타깝게 여길 만하여 울음에 마땅히 몹시 슬퍼한 것이고, 다른 사람과 견줄 것이 아님을 말하였다.

詳說

○ 釋.
경문의 풀이다.

朱註

○ 胡氏曰 : "痛惜之至, 施當其可, 皆情性[103]之正也."
호씨(胡氏 : 胡安國)가 말하였다. "아파하고 안타깝게 여김이 지극하며, 마음을 베

103) 情性 : 주자의 『논어집주(論語集註)』와 조선 영조 23년(1758)에 간행된 『논어집주대전』에는 '情性'으로 표기되어 있는 반면에, 영락(永樂)본 『논어집주대전』과 호병문의 『논어통』 등에는 '性情'으로 표기되어 있다.

품이 마땅히 알맞으니, 모두 정성(情性)의 바름인 것이다."

詳說

○ 首節.

'통석지지(痛惜之至 : 아파하고 안타깝게 여김이 지극함)'는 머리 구절이다.

○ 末節.

'시당기가(施當其可 : 마음을 베풂이 마땅히 알맞음)'는 마지막 구절이다.

○ 新安陳氏曰 : "哀之發而中節者."104)

신안 진씨(新安陳氏 : 陳櫟)가 말하였다. "슬퍼함이 드러나서 절도에 맞은 것이다."105)

○ 『語』中顔淵事, 凡有二十二章, 而在死後者居其八, 乃知夫子痛惜之, 至於終身也.

『논어(論語)』 가운데 안연(顔淵)의 일이 무릇 22장이 있는데, 죽은 뒤에 있는 것이 8장을 차지하니, 이에 공자가 몹시 안타깝게 여김이 몸을 마칠 때까지였음을 알 수 있다.

[11-10-1]

顔淵死, 門人, 欲厚葬之, 子曰 : "不可."

안연(顔淵)이 죽음에 문인들이 넉넉하게 장사지내고자 하였는데, 공자가 말하였다. "옳지 않도다."

詳說

○ 朱子曰 : "回之門人."106)

주자(朱子 : 朱熹)가 말하였다. "안회(顔回)의 문인이다."

---

104) 호광 편(胡廣 編), 『논어집주대전(論語集註大全)』「선진(先進)」에는 "新安陳氏曰 : '觀不自知其慟若過也. 然哭顔淵而慟, 非過也, 其哀之發而中節者歟.'"로 되어 있다.

105) 슬퍼함이 드러나서 절도에 맞은 것이다 : 『중용(中庸)』 제1장에서 "喜怒哀樂之未發, 謂之中; 發而皆中節, 謂之和."라고 하였다.

106) 호광 편(胡廣 編), 『논어집주대전(論語集註大全)』「선진(先進)」에는 "朱子曰 : '門人, 謂回之門人.'"라고 하였는데, 양백준(楊伯峻)은 『논어역주(論語譯註)』에서 '공자의 제자'로 보고 있다.

朱註

喪具, 稱家之有無, 貧而厚葬, 不循理也. 故夫子止之.

초상 때의 용구(用具)는 집안 사정의 있고 없음에 맞춰야 하니, 가난하면서 넉넉하게 장사 지냄은 도리를 좇지 않는 것이다. 그러므로 공자가 중지시켰다.

詳說

○ 去聲.[107]

'칭가지유무(稱家之有無)'에서 '칭(稱)'자는 거성(去聲 : 부합함)이다.

○ 出『禮記』「檀弓」.[108]

『예기』「단궁(檀弓)」에 나온다.

○ 潛室陳氏曰 : "分雖得爲, 而貧不能擧, 若分不得爲者, 不在此限."[109]

잠실 진씨(潛室陳氏 : 陳埴)가 말하였다. "명분은 비록 할 수 있더라도 가난하면 거행할 수 없으며, 만약 명분조차 할 수 없는 사람 같으면 이 한정에 들지도 않는다."

○ 有釋無訓.

경문의 풀이는 있으나 훈고는 없다.

[11-10-2]

門人, 厚葬之,

문인들이 넉넉하게 장사 지냈는데

朱註

蓋顔路聽之.

107) 호광 편(胡廣 編), 『논어집주대전(論語集註大全)』「선진(先進)」.

108) 호광 편(胡廣 編), 『논어집주대전(論語集註大全)』「선진(先進)」에 "『禮』「檀弓篇」, 子游問喪具, 夫子曰 : '稱家之有無.'"라고 하였는데, 이 내용은 『예기』「단궁 상(檀弓上)」에 보인다.

109) 호광 편(胡廣 編), 『논어집주대전(論語集註大全)』「선진(先進)」에는 "潛室陳氏曰 : '喪禮, 固有分, 亦須兼稱貧富固有, 分雖得爲, 而貧不能擧禮者. 故云 : 稱家之有無. 分不得爲者, 不在此限. 『孟子』不得不可以爲悅, 無財不可以爲悅, 兩言最盡.'"으로 되어 있다.

대개 안로(顔路)가 청종(聽從)한 것이다.

詳說

○ 新安陳氏曰："蓋疑辭, 以'請車'觀之, 疑路聽之."110)

신안 진씨(新安陳氏 : 陳櫟)가 말하였다. "대개 의심스런 말이니, '청거(請車 : 수레를 청함)'111)로써 살펴보면, 의심컨대 안로가 청종한 듯하다."

○ 有論, 無訓釋.

경문의 의미 설명은 있으나 훈고와 경문의 풀이가 없다.

[11-10-3]

子曰："回也, 視予猶父也, 予不得視猶子也, 非我也, 夫二三子也."
공자가 말하였다. "안회(顔回)는 나를 봄에 아버지같이 하였거늘, 나는 그를 봄에 아들같이 못하였으니, 나 때문이 아니라 대저 너희들 때문이로다."

朱註

'夫', 音扶. 歎112)不得如葬鯉之得宜, 以責門人也.

'부이삼자야(夫二三子也)'에서 '부(夫)'자는 음이 부(扶)이다. 리(鯉)를 장사 지냄에 마땅함을 얻은 것처럼 하지 못한 것을 탄식하면서 문인들을 질책한 것이다.113)

---

110) 호광 편(胡廣 編), 『논어집주대전(論語集註大全)』「선진(先進)」의 내용에서 발췌하였다. 그 전문은 다음과 같다. "新安陳氏曰 : '蓋疑辭, 以請車爲槨觀之, 疑顔路聽之也.'"

111) 청거(請車 : 수레를 청함) : 위의 장에 나온 "안연이 죽음에 안로가 청하여 공자의 수레로써 덧널을 만들고자 하였다.(顔淵死, 顔路請子之車, 以爲之槨.)"의 내용을 가리키는 것이다.

112) 歎 : 『논어집주(論語集註)』에는 '歎'으로 표기되어 있고, 『논어집주대전』에는 '嘆'으로 표기되어 있다.

113) 『주자어류(朱子語類)』 권39, 「논어21(論語二十一)」, 11조목에서는 "'문인들이 넉넉하게 장사 지냈는데'라고 했을 때 이는 안자의 문인들이다. '그를 봄에 아들같이 못하였으니'라는 것은 여러분들과 같이 공부하던 제자들이 있기 때문인데, 공자의 아들 리(鯉)를 장례 지내는 것 같이 마땅함을 얻지 못함을 탄식한 것이다. 이 옛 주석은 아주 좋게 말했고, 또 간결하고 힘이 있다.('門人厚葬', 是顔子之門人. '不得視猶子', 以有二三子故也, 歎不得如葬鯉之得宜. 此古注說得甚好, 又簡徑.)"라고 설명하였다.

詳說

○ 子.

'리(鯉)'는 공자(孔子)의 아들이다.

○ 無椁.

'득의(得宜 : 마땅함을 얻음)'는 덧널이 없이 장사 지낸 것이다.

○ 有釋無訓.

경문의 풀이는 있으나 훈고는 없다.

[11-11-1]

季路問事鬼神, 子曰 : "未能事人, 焉能事鬼?" "敢問死." 曰 : "未知生, 焉知死?"

계로(季路)가 귀신 섬김을 물었는데, 공자가 말하였다. "능히 사람을 섬기지 못하면서 어찌 능히 귀신을 섬길 수 있겠는가?" "감히 죽음에 대하여 물어보겠습니다." 공자가 말하였다. "사는 것을 알지 못하면서 어찌 죽음을 알겠는가?"

朱註

'焉', 於虔反.[114] '問事鬼神', 蓋求所以奉祭祀之意, 而死者, 人之所必有, 不可不知, 皆切問也.

'언(焉)'은 '어(於)'와 '건(虔)'의 반절(反切)이다. '문사귀신(問事鬼神 : 귀신 섬김을 물음)'은 대개 제사를 받드는 까닭에 대한 뜻을 구한 것인데, 죽음이라는 사안은 사람에게 반드시 있는 일이어서 알지 않을 수 없으니, 모두 간절한 질문이다.

詳說

○ 問事鬼神, 記之以事.

'문사귀신(問事鬼神 : 귀신 섬김을 물음)'은 일로써 기술한 것이다.

○ 敢問死, 記之以言.

'감문사(敢問死 : 감히 죽음에 대하여 물어봄)'는 말로써 기술한 것이다.

○ 祭先之法.

'봉제사지의(奉祭祀之意 : 제사를 받드는 뜻)'는 선조(先祖)에게 제사 지내는 방법이다.

○ 先揚其問.

'개절문야(皆切問也 : 모두 간절한 질문이다)'는 먼저 그 질문을 드러내서 밝힌 것이다.

114) 『논어주소(論語注疏)』「음의(音義)」에서도 "焉, 於虔反."이라고 하였다.

朱註

然非誠敬足以事人, 則必不能事神, 非原始而知所以生, 則必不能反終而知所以死.

그러나 정성스러움과 공경스러움이 충분하여 사람을 섬김이 아니면 반드시 귀신을 섬길 수 없으며, 시초에 근원하여 태어난 까닭을 앎이 아니면 반드시 끝으로 되돌아와서 죽는 까닭을 알지 못할 것이다.115)

詳說

○ 朱子曰 : "如出事公卿, 入事父兄."

'사인(事人 : 사람을 섬김)'에 대해, 주자(朱子 : 朱熹)가 말하였다. "나가서는 공경(公卿)을 섬기고, 들어와서는 부형(父兄)을 섬김과 같다."116)

---

115) 『주자어류(朱子語類)』 권39, 「논어21(論語二十一)」, 21조목에는 다음과 같은 설명이 있다. "서씨가 물었다: '『논어집주(論語集註)』에서 '귀신은 사람의 일에서 벗어나지 않는다.'고 하셨는데, 사람의 일에 어떻게 나타납니까?' 주희가 말하였다. '귀신은 두 기운이 굽혔다 폈다하며 왕래하는데, 사람의 일에서 예를 들어 복(福)과 착한 것[善], 재앙[禍]과 지나친 것[淫] 또한 귀신의 도리를 드러낸 것이라 할 수 있다. 『논어(論語)』에서는 이와 같은 말을 적게 하였다.' 다시 물었다. '움직임과 고요함, 말함과 침묵함 또한 이런 이치입니까?' 말하였다. '또한 그렇다. 그러나 성인들은 이와 같은 말을 완전하게 일찍이 사람들에게 말해 준 적이 없기 때문에 그 형상이나 그림자도 없어서 진실로 또한 말하기 어렵다. 이른바 '귀신을 공경하되 그를 멀리한다.'고 했는데, 이와 같이 말할 따름이다.'(徐問: '『集注』云'鬼神不外人事', 在人事中, 何以見?' 曰: '鬼神只是二氣屈伸往來. 在人事, 如福善禍淫, 亦可見鬼神道理. 論語少說此般話.' 曰: '動靜語黙, 亦是此理否?' 曰: '亦是. 然聖人全不曾說這般話與人, 以其無形無影, 固亦難說. 所謂'敬鬼神而遠之', 只如此說而已.')" 그러나 『논어(論語)』에는 이런 내용의 주석이 없다.

116) 나가서는 공경(公卿)을 섬기고, 들어와서는 부형(父兄)을 섬김과 같다 : 『논어(論語)』「자한(子罕)」에서 "공자가 말하였다. '나가서는 공경을 섬기고, 들어와서는 부형을 섬기며, 상사를 감히 힘쓰지 않음이 없으며, 술의 곤란이 되지 않나니, 무엇이 나에게 있겠는가?'(子曰 : '出則事公卿, 入則事父兄; 喪事不敢不勉; 不爲酒困, 何有於我哉?')"라고 하였다. 『주자어류(朱子語類)』 권39, 「논어21(論語二十一)」, 14조목에는 "或問: '二氣五行, 聚則生, 散則死; 聚則不能不散, 如晝之不能不夜. 故知所以生, 則知所以死. 苟於事人之道未能盡, 焉能事鬼哉?' 曰: '不須論鬼爲已死之物. 但事人須是誠敬, 事鬼亦要如此. 事人, 如'出則事公卿, 入則事父兄', 事其所當事者. 事鬼亦然. 苟非其鬼而事之, 則諂矣.'(어떤 이가 물었다. '이기와 오행이 모이면 살고 흩어지면 죽습니다. 모이면 흩어지지 않을 수 없는 것은 마치 낮이 밤이 되지 않을 수 없는 것과 같습니다. 그러므로 사는 까닭을 알면 죽는 까닭도 알게 됩니다. 진실로 사람을 섬기는 일에 대해서도 아직까지 다할 수 없는데, 어찌 귀신을 섬길 수 있겠습니까?' 주희가 말하였다. '귀신을 논할 필요가 없는 것은 이미 죽은 사물이기 때문이다. 그러나 사람을 섬기는 일은 모름

○ 『易』「繫辭」曰 : “原始反終. 故知死生之說.”117)

『주역(周易)』「계사(繫辭)」에서 말하였다. “시초에 근원하고 끝으로 되돌아온다. 그러므로 죽고 사는 이야기를 아는 것이다.”

○ 朱子曰 : “‘原’ · ‘反’, 皆就人說, ‘反’, 如回頭之意.”118)

주자(朱子 : 朱熹)가 말하였다. “‘원(原)’과 ‘반(反)’은 모두 사람에게서 말한 것이고, ‘반(反)’은 회두(回頭 : 되돌아오다)의 뜻이다.”

○ 慶源輔氏曰 : “死生者, 氣之聚散耳.”119)

경원 보씨(慶源輔氏 : 輔廣)가 말하였다. “죽고 산다는 것은 기운이 모이고 흩어지는 것뿐이다.”

지기 정성스럽고 공경스러워야 하는데, 귀신을 섬기는 것도 그와 같아야 한다. 사람을 섬길 때는 '밖에 나가서는 공경(公卿)을 섬기고, 집에 들어와서는 아버지와 형을 섬긴다.'는 것처럼 저마땅히 섬겨야 하는 사람들을 섬긴다. 귀신도 그러하다. 실제 귀신도 아닌데 그를 섬기는 것은 곧 아첨하는 짓이다.')"로 되어 있다.

117) 『주역(周易)』「계사전상(繫辭傳上)」에는 “原始反終. 故知死生之說. 精氣爲物, 游魂爲變. 是故知鬼神之情狀. 與天地相似. 故不違. 知周乎萬物, 而道濟天下. 故不過.(시초에 근원하고 끝으로 되돌아온다. 그러므로 죽고 사는 이야기를 아는 것이다. 정기가 물이 되고 유혼이 변이 된다. 이런 까닭으로 귀신의 정상을 아는 것이다. 천지와 더불어 서로 비슷하다. 그러므로 어긋나지 않는 것이다. 만물에 두루 미치며 천하를 인도하고 구제할 줄 안다. 그러므로 지나치지 않는 것이다.)”라 하였고, 『논어집주대전』에는 “新安陳氏曰 : ‘深意在二所以字, 『易』「繫辭」曰 : 原始反終. 故知死生之說.’”로 되어 있다.

118) 호광 편(胡廣 編), 『논어집주대전(論語集註大全)』「선진(先進)」에는 “朱子曰 : ‘反, 只是推轉來, 謂推原於始, 却折轉來, 看其終. 原字 · 反字, 皆就人說, 反, 如回頭之意.’”로 되어 있다.

119) 호광 편(胡廣 編), 『논어집주대전(論語集註大全)』「선진(先進)」에는 “慶源輔氏曰 : ‘死生者, 氣之聚散耳. 倘不能推原其始, 而知氣聚. 故生. 必不能反要於終, 而知氣散. 故死也.’”로 되어 있다. 『주자어류(朱子語類)』 권39, 「논어21(論語二十一)」, 17조목에는 다음과 같은 설명이 있다. “물었다. ‘천지의 변화는 비록 살고 살아도 다함이 없지만, 모임이 있으면 반드시 흩어짐이 있고, 삶이 있으면 반드시 죽음이 있습니다. 근원을 추구해 볼 때 그것이 모이면 산다는 것을 알 수 있으므로 반드시 그 뒤에도 흩어져 죽음을 알 것입니다. 저 삶을 알 수 있는 것은 기운이 변화하는 날에 얻어서 처음에는 정신을 크고 텅 빈 것에 깃들이는 일도 없었고, 저 죽음을 아는 것은 기운이 없으므로 다 흩어져서 다시는 형상을 가진 것으로 회복되지 않은 채 어두운 사막에 머뭅니다.' 주희가 말하였다. '죽으면 바로 모두 흩어져서 없게 된다.'(問: ‘天地之化, 雖生生不窮, 然而有聚必有散, 有生必有死. 能原始而知其聚而生, 則必知其後必散而死. 能知其生也, 得於氣化之日, 初無精神寄寓於太虛之中; 則知其死也, 無氣而俱散, 無復更有形象尙留於冥漠之內.’ 曰: ‘死便是都散無了.’)”

○ 蔡氏曰 : "事人 · 事鬼, 以所能之事言; 知生 · 知死, 以所知之理言."[120)]

채씨(蔡氏 : 蔡模)[121)]가 말하였다. "사람을 섬김과 귀신을 섬김은 능한 일로써 말한 것이고, 삶을 아는 것과 죽음을 아는 것은 아는 이치로써 말한 것이다."

朱註

蓋幽明 · 始終, 初無二理,

대개 유(幽)와 명(明), 시(始)와 종(終)은 처음에는 두 가지 이치가 없고,

詳說

○ 鬼.

'유(幽)'는 귀신이다.

○ 人.

'명(明)'은 사람이다.

○ 生.

'시(始)'는 삶이다.

○ 死.

'종(終)'은 죽음이다.

○ 非謂幽明與始終, 乃謂幽與明 · 始與終耳.

유명(幽明)과 시종(始終)을 이르는 것이 아니라, 이에 유(幽)와 명(明), 시(始)와 종(終)을 이를 뿐이다.

---

120) 호광 편(胡廣 編), 『논어집주대전(論語集註大全)』「선진(先進)」. 『주자어류(朱子語類)』 권39, 「논어21(論語二十一)」, 12조목에는 "'사람을 섬기고 귀신을 섬긴다.'는 것은 마음으로 말하였고, '삶을 알고 죽음을 안다.'는 것은 이치로 말하였다.('事人, 事鬼.' 以心言.; '知生, 知死.' 以理言.)"로 되어 있다.

121) 채모(蔡模 : 1188~1246) : 남송 시대의 학자로, 자가 중각(仲覺)이고, 호가 각헌(覺軒)이며, 채침(蔡沈)의 큰 아들이다. 학자들이 각헌선생(覺軒先生)이라고 불렀으며, 각헌 채씨(覺軒蔡氏) 또는 건안 채씨(建安蔡氏)라고도 일컬었다. 저서로는 『대학연설(大學演說)』 · 『논어집소(論語集疏)』 · 『맹자집소(孟子集疏)』 · 『역전집해(易傳集解)』 · 『속근사록(續近思錄)』 · 『하락탐신(河洛探賾)』 등이 있다.

朱註

但學之有序, 不可躐等. 故夫子告之如此.

다만 배우는 데 차례를 두어 차례를 뛰어넘어서는 안 된다. 그러므로 공자가 말한 것이 이와 같았다.

詳說

○ 新安陳氏曰 : "由明而幽, 由始而終."122)

'학지유서(學之有序 : 배우는 데 차례를 둠)'에 대해, 신안 진씨(新安陳氏 : 陳櫟)가 말하였다. "명(明)에 말미암아 유(幽)에 이르고, 시(始)에 말미암아 종(終)에 이른다."

○ 有釋無訓.

경문의 풀이는 있으나 훈고는 없다.

朱註

○ 程子曰 : "晝夜者, 死生之道也, 知生之道, 則知死之道; 盡事人之道, 則盡事鬼之道. 死生人鬼, 一而二, 二而一者也.123)

정자(程子 : 程頤)가 말하였다. "낮과 밤이라는 것은 죽음과 삶의 도이니, 삶의 도를 알면 죽음의 도를 알며, 사람 섬기는 도를 다하면 귀신 섬기는 도를 다하는 것이다. 죽음과 삶, 사람과 귀신은 하나이면서 둘이고, 둘이면서 하나인 것이다.

詳說

○ 叔子.

'정자(程子)'는 동생 정이(程頤)이다.

122) 호광 편(胡廣 編), 『논어집주대전(論語集註大全)』「선진(先進)」에는 "新安陳氏曰 : '由明而幽, 由始而終, 則爲有序, 未能事人而先欲事神, 未知生而先欲知死, 則爲躐等.'"으로 되어 있다.

123) 『주자어류(朱子語類)』 권39, 「논어21(論語二十一)」, 19조목에는 "先生說: '未能事人, 焉能事鬼.' 曾以一時趨平原者言之: '我於人之不當事者, 不妄事, 則於鬼神亦然. 所以程子云: '能盡事人之道, 則能盡事鬼之道, 一而二, 二而一.'(선생께서 '아직 사람을 섬길 수도 없는데, 어찌 귀신을 섬길 수 있겠는가?'를 말씀하신 것에 대해, 일찍이 한 때 평원을 좇던 사람들이 그것을 말한 적이 있다. '나는 사람들이 마땅히 섬기지 않은 것에 대해서는 망령되이 섬기지 않는데, 귀신에 대해서도 그렇다. 그러므로 정자는 '사람을 섬기는 도리를 다할 수 있으면, 귀신을 섬기는 도리를 다할 수 있으므로, 하나가 둘이고 둘이 하나이다.'라고 말한 것이다."라고 하였다.

○ 朱子曰 : "氣則二, 理則一."[124)]

주자(朱子 : 朱熹)가 말하였다. "기(氣)는 둘이고, 리(理)는 하나이다."

○ 潛室陳氏曰 : "理一而分殊."[125)]

잠실 진씨(潛室陳氏 : 陳埴)가 말하였다. "리(理)는 하나이지만 구분되어 나누어진다."

○ 以上下二事, 合作一事, 說與經文之意, 微異.

위와 아래의 두 가지 일로써 합쳐 한 가지 일로 만들었는데, 해설이 경문(經文)의 뜻과 약간 다르다.[126)]

朱註

或言'夫子不告子路', 不知此乃所以深告之也."

어떤 사람은 '공자가 자로(子路)에게 가르쳐 주지 않았다.'라고 말하였는데, 이것이 바로 깊이 가르쳐 준 뜻임을 알지 못하였다."

詳說

○ 止此.

'혹언부자불고자로(或言夫子不告子路 : 어떤 사람은 공자가 자로에게 가르쳐 주지 않았다)'의 '혹언(或言)'이 여기서 그친다.

○ 或人不知.

'부지(不知)'는 어떤 사람이 알지 못하는 것이다.

---

124) 호광 편(胡廣 編), 『논어집주대전(論語集註大全)』「선진(先進)」에는 "問 : '一而二, 二而一, 是兼氣與理, 言之否?' 朱子曰 : '有是理則有是氣; 有是氣則有是理, 氣則二, 理則一.'"이라 하였고, 『주자어류(朱子語類)』 권39, 「논어21(論語二十一)」, 20조목에는 "問: '伊川謂'死生人鬼, 一而二, 二而一', 是兼氣與理言之否?' 曰: '有是理, 則有是氣; 有是氣, 則有是理. 氣則二, 理則一.' (물었다. '이천은 '죽음과 삶, 사람과 귀신은 하나이면서 둘이고 둘이면서 하나이다.'라고 했는데, 기(氣)와 리(理)를 겸해서 말한 것입니까?' 주희가 말하였다. '이 이치가 있으면 이 기가 있고, 이 기가 있으면 이 이치도 있다. 기는 둘이고 리는 하나이다.'"라고 되어 있다.

125) 호광 편(胡廣 編), 『논어집주대전(論語集註大全)』「선진(先進)」에는 "潛室陳氏曰 : '死生人鬼, 雖幽明之事, 了不相關, 然天地間, 不過陰陽聚散屈伸. 聚則生, 散則死; 伸爲神, 屈爲鬼; 有聚必有散, 有伸必有屈. 理一而分則殊, 分殊而理則一, 非微昧不可究詰之事也.'"로 되어 있다.

126) 해설이 경문(經文)의 뜻과 약간 다르다 : 정자(程子)의 해설이 경문의 '유명(幽明)'이 아니라 '주야(晝夜)'로 설명한 점에 차이가 있음을 지적한 것이다.

○ **新安陳氏曰 : "告以所當先能先知者, 即所以深告之."**[127)]

신안 진씨(新安陳氏 : 陳櫟)가 말하였다. "마땅히 먼저 능히 해야 할 것과 먼저 알아야 할 것을 말해 주었으니, 곧 깊이 가르쳐 준 것이다."

○ **其迹則似不告, 其意則實告也.**

그 행적으로 보면 말해 주지 않은 것 같으나, 그 뜻으로 보면 실제로 말해 준 것이다.

---

127) 호광 편(胡廣 編), 『논어집주대전(論語集註大全)』「선진(先進)」에는 "新安陳氏曰 : '告之以所當先能先知者, 是即所以深告之.'"로 되어 있다.

[11-12-1]

閔子, 侍側, 誾誾如也; 子路, 行行如也; 冉有 · 子貢, 侃侃如也, 子樂.
민자(閔子 : 閔子騫)는 곁에서 모심에 은은(誾誾)한 듯하고, 자로(子路)는 항항(行行)한 듯하고, 염유(冉有)와 자공(子貢)은 간간(侃侃)한 듯하니, 공자가 즐거워하였다.

朱註

'誾' · '侃'音義, 見前篇. '行', 胡浪反. '樂', 音洛.
'은(誾)'자와 '간(侃)'자의 음의는 전편에 보인다.[128] '항항여야(行行如也)'에서 '항(行)'은 '호(胡)'와 '랑(浪)'의 반절(反切)이다. '자락(子樂)'에서 '락(樂)'자는 음이 락(洛)이다.

詳說

◯ '侍側'二字, 幷蒙下三子.
'시측(侍側 : 곁에서 모심)' 두 글자는 아울러서 아래의 세 글자[129]와 이어진다.

朱註

'行行', 剛強之貌.
'항항(行行)'은 굳세고 씩씩한 모양이다.

詳說

◯ 朱子曰 : "'誾誾', 外和內剛; '侃侃', 稍發露圭角; '行行', 發露得麤底."[130]

128) '은(誾)'자와 '간(侃)'자의 음의는 전편에 보인다 : 『논어(論語)』「향당(鄕黨)」에서 "朝, 與下大夫言, 侃侃如也; 與上大夫言, 誾誾如也."라고 하였고, 『논어집주(論語集註)』에서 "誾誾, 和悅而諍也."라고 하였다. 또한 『논어집주(論語集註)』 및 『논어집주대전』에서 "侃, 苦旦反. 誾, 魚巾反."이라고 하였다.

129) 세 글자 : '誾誾如'와 '行行如'와 '侃侃如'를 말한다.

130) 호광 편(胡廣 編), 『논어집주대전(論語集註大全)』「선진(先進)」에는 "朱子曰 : '誾誾者, 外和內剛, 德氣深厚, 所謂和悅而諍者也. 侃侃, 則和順不足而剛直稍外見矣, 前篇之訓, 固亦如此. …… 誾誾, 是深沉底; 侃侃, 是發露圭角底; 行行, 是發露得粗底.'"라고 하였고, 『주자어류(朱子語類)』 권39, 「논어21(論語二十一)」, 25조목에는 "誾誾, 是深沉底; 侃侃, 是發露圭角底; 行行, 是發露

주자(朱子 : 朱熹)가 말하였다. "'은은(誾誾)'은 겉으로 온화하고 속으로 강직함이며, '간간(侃侃)'은 조금 규각(圭角 : 모서리)을 드러냄이며, '항항(行行)'은 드러냄이 거친 것이다."

○ 蔡氏曰 : "四子, 皆無柔佞之失."131)

채씨(蔡氏 : 蔡模)가 말하였다. "네 명의 제자들이 모두 위선(僞善)과 아첨의 과실이 없다."

○ 訓也.

훈고이다.

朱註

'子樂'者, 樂得英才而教育之.

'자락(子樂 : 공자가 즐거워함)'이라는 것은 영재(英才)를 얻어 교육하는 일을 즐거워함이다.

詳說

○ 出『孟子』「盡心」.

『맹자(孟子)』「진심(盡心)」에 나온다.132)

○ 釋也.

경문의 풀이다.

得粗底.(은은(誾誾)은 깊이 침잠한 것이고, 간간(侃侃)은 규의 뾰족한 곳, 즉 성격의 모난 것을 드러내는 것이며, 항항(行行)은 거칠게 드러내는 것이다.)"로 되어 있다.

131) 호광 편(胡廣 編), 『논어집주대전(論語集註大全)』「선진(先進)」에는 "蔡氏曰 : '此章, 當以侍側時爲主, 以觀四子氣象, 四子皆無柔佞之失. 惟和悅而諍者, 得事上之宜; 剛直則施於敵己, 以下爲宜; 剛强則施於上下, 皆不當矣. 動容, 各適時中之謂禮, 觀四子侍師之禮, 可知其得失矣. 禮失其宜則凶, 悔吝之象, 可由之, 而見子路侍夫子, 行行如此, 於他人可知.'"로 되어 있다.

132) 『맹자(孟子)』「진심(盡心)」에 나온다 : 『맹자(孟子)』「진심상(盡心上)」에서 "得天下英才而教育之, 三樂也."라고 하였다.

[11-12-2]

若由也, 不得其死然.

"유(由 : 子路) 같은 사람은 그 죽음을 얻지 못할 것이로다."

朱註

尹氏曰 : "子路剛強, 有不得其死之理. 故因以戒之,

윤씨(尹氏 : 尹焞)[133]가 말하였다. "자로는 굳세고 씩씩하여 그 죽음을 얻지 못할 이유가 있었다. 그러므로 그것으로 인하여 경계한 것인데,

詳說

○ 承上.

'자로강강(子路剛強 : 자로는 굳세고 씩씩하여)'은 위의 글을 이은 것이다.

○ 朱子曰 : "然者, 未定之辭."[134]

'유부득기사지리(有不得其死之理 : 그 죽음을 얻지 못할 이유가 있었다)'에 대해, 주자(朱子 : 朱熹)가 말하였다. "'연(然)'이라는 것은 아직 정하지 못한 말이다."

○ 有釋無訓.

경문의 풀이는 있으나 훈고는 없다.

○ 此下, 乃取其本事以實之. 然非夫子設戒之本意也.

이 아래에 이에 그 본래의 일을 취하여 그것을 실증하였다. 그러나 공자가 경계를 베푼 본래의 뜻은 아니다.

朱註

其後, 子路卒死於衛孔悝之難."

그 뒤에 자로가 마침내 위(衛)나라 대부 공회(孔悝)의 난리에 죽었다."

---

133) 윤돈(尹焞 : 1071~1142) : 북송 시대 사람으로, 자가 언명(彦明) 또는 덕충(德充)이고, 하남(河南) 낙양(洛陽) 사람이며, 사호(賜號)가 화정처사(和靖處士)이다. 정자(程子 : 程頤)의 제자인데, 주희(朱熹)가 화정선생첩(和靖先生帖)을 얻어서 1180년에 백록동서원에 새겨 두었다고 한다. 저서로는 『화정선생집(和靖先生集)』·『논어해(論語解)』·『맹자해(孟子解)』 등이 있다.

134) 호광 편(胡廣 編), 『논어집주대전(論語集註大全)』「선진(先進)」에는 "朱子曰 : '然者, 未定之辭. 聖人雖謂其不得其死, 使子路, 能變其氣習, 亦必有以處此.'"로 되어 있다.

詳說

○ 音恢.[135]

'위공회지난(衛孔悝之難)'에서 '회(悝)'자는 음이 회(恢)이다.

○ 去聲.[136]

'위공회지난(衛孔悝之難)'에서 '난(難)'자는 거성(去聲 : 亂離)이다.

○ 見『左』「哀」十五年.[137]

『좌전』「애공(哀公)」 15년 기사에 보인다.

○ 朱子曰 : "子路以正名爲迂, 可見他不以出公爲非. 故事悝而不知其非義."[138]

주자(朱子 : 朱熹)가 말하였다. "자로는 정명(正名)을 어리석은 것으로 여겼는데, 그것은 출공(出公)을 그릇된 것으로 여기지 않은 데서 볼 수 있다. 그러므로 공회(孔悝)를 섬기면서 도리에 어긋남을 알지 못하였던 것이다."

朱註

洪氏曰 : "『漢書』, 引此句, 上有'曰'字." 或云 : "上文'樂'字, 即'曰'字之誤."

홍씨(洪氏 : 洪興祖)가 말하였다. "『한서(漢書)』에서 이 구절을 인용하면서 위에

---

135) 호광 편(胡廣 編), 『논어집주대전(論語集註大全)』「선진(先進)」.

136) 호광 편(胡廣 編), 『논어집주대전(論語集註大全)』「선진(先進)」.

137) 호광 편(胡廣 編), 『논어집주대전(論語集註大全)』「선진(先進)」.

138) 호광 편(胡廣 編), 『논어집주대전(論語集註大全)』「선진(先進)」에는 "子路爲人麤, 於精微處多未達. 其事孔悝, 蓋其心不以出公爲非故也. 何以見得他如此? 如衛君待子爲政, 夫子欲先正名, 他遂以爲迂, 可見他不以出公爲非. 故其事悝, 蓋自以爲善而爲之, 而不知其爲非義也."로 되어 있다. 『주자어류(朱子語類)』 권39, 「논어21(論語二十一)」, 31조목에 실려 있는 내용은 다음과 같다. "子路爲人粗, 於精微處多未達. 其事孔悝, 蓋其心不以出公爲非故也. 悝即出公之黨. 何以見得他如此? 如'衛君待子爲政', 夫子欲先正名, 他遂以爲迂, 可見他不以出公爲非. 故其事悝, 蓋自以爲善而爲之, 而不知其非義也.(자로는 사람됨이 거칠어 정미한 것에 대해서는 대부분 밝지 않았다. 그가 공회를 섬긴 것은 아마도 그의 마음이 출공이 그르다고 여기지 않았기 때문일 것이다. 회는 바로 출공의 무리이다. 무엇으로써 그가 이와 같다는 것을 알 수 있습니까? 예를 들어 '위나라 임금이 선생님을 모셔다가 국정을 다스리려고 하는데, 선생님께서는 무엇부터 하시겠습니까?'라는 질문에 공자께서 먼저 명분을 바로잡겠다고 하자, 그는 마침내 현실에 어둡다고 여겼는데, 이를 통해 그는 출공이 그르지 않다고 여겼음을 알 수 있다. 그러므로 그가 공회를 섬긴 것은 아마도 스스로 선이라고 여겼기 때문에 하였지만, 그것이 옳지 않다는 것은 몰랐다.)"

'왈(曰)'자를 두었다."[139] 어떤 사람이 이르렀다. "윗글의 '락(樂)'자는 곧 '왈(曰)'자의 착오이다."

詳說

○ 班固所撰.

'『한서(漢書)』'는 반고(班固)가 지은 것이다.

○ 當考.

마땅히 살펴보아야 한다.[140]

○ 句.

'인차구(引此句)'에서 구절이 끊어진다.

○ '曰若'二字, 文頗不便, 豈有'曰'而無'若'歟?

'상유왈자(上有曰字 : 위에 '왈' 자를 두었다)'는 '왈약(曰若)' 두 글자가 되어 글이 자못 불편하니, 어찌 '왈(曰)'자를 두고 '약(若)'자를 없앴겠는가?

○ 雙峰饒氏曰 : "於'行行', '樂'字, 終難說, 所以『集註』以爲或是'曰'字之誤. 朱子釋經之法, 到疑處, 且先就本文解後, 面却說破."[141]

쌍봉 요씨(雙峰饒氏 : 饒魯)가 말하였다. "'행행(行行)'에서 '락(樂)'자는 끝내 설명하기 어려우니, 『논어집주(論語集註)』에서 혹시 '왈(曰)'자의 착오로 여겼던 것이다. 주자의 경문 해석 방법은 의심나는 곳에 이르면 장차 먼저 본문에 대해 풀이한 뒤에, 각 방면을 다시 설파한다."

○ 如以'若'作'曰', 則樂誾·侃之事, 戒行行之言, 兩不相妨矣.

만일 '약(若)'자를 '왈(曰)'자로 쓴다면 은(誾 : 誾誾)과 간(侃 : 侃侃)을 즐거워하는 일과 행행(行行)을 경계하는 말이니, 두 가지가 서로 방해되지 않는다.

---

139) 『한서(漢書)』에서 이 구절을 인용하면서 위에 '왈(曰)'자를 두었다 : "若由也, 不得其死然."의 내용 앞에 '曰'자가 붙었다는 말이니, 곧 공자(孔子)의 말이 되는 것이다.

140) 마땅히 살펴보아야 한다 : 출처를 확인할 수 없으니, 실제로 『한서(漢書)』에 실려 있는지 살펴보아야 한다는 말이다.

141) 호광 편(胡廣 編), 『논어집주대전(論語集註大全)』「선진(先進)」에는 "問 : '於行行者, 有何樂?' 雙峯饒氏曰 : '樂字, 終難說, 所以集註以爲或是曰字之誤. 朱子釋經之法, 到疑處, 且先就本文解, 後面却說破.'"로 되어 있다.

[11-13-1]

魯人, 爲長府,
노나라 사람이 장부(長府)를 지었더니

朱註

'長府', 藏名, 藏貨財曰'府'.
'장부(長府)'는 창고 이름이니, 재물을 간직하는 곳을 '부(府)'라고 한다.

詳說

○ 去聲.[142)]
'장명(藏名)'에서 '장(藏)'자는 거성(去聲 : 저장함)이다.

○ 新安陳氏曰 : "『左』「昭」二十五年, '公居長府', 卽此也."[143)]
신안 진씨(新安陳氏 : 陳櫟)가 말하였다. "『춘추좌전(春秋左傳)』「소공(昭公)」 25년 기사에 '공이 장부에서 지냈다.'라는 말이 곧 이것이다."

○ 如字.[144)]
'장(藏)'은 본래의 음으로 읽는다.

○ 訓.
훈고이다.

朱註

爲, 蓋改作之.
'위(爲)'는 대개 고쳐서 짓는 것이다.

詳說

○ 以下節而知.

---

142) 호광 편(胡廣 編), 『논어집주대전(論語集註大全)』「선진(先進)」.

143) 호광 편(胡廣 編), 『논어집주대전(論語集註大全)』「선진(先進)」에는 "新安陳氏曰 : '『左傳』「昭公二十五年」, 公居於長府, 卽此長府也. 改作之事, 經傳不載, 使因閔子而止, 則仁人之言, 其利溥矣. 閔子本不尙言語, 而言必有中, 惟有德者能有言也. 專事言語者, 其言未必雍容簡當, 如此.'"로 되어 있다.

144) 호광 편(胡廣 編), 『논어집주대전(論語集註大全)』「선진(先進)」.

아래의 구절로써 알 수 있다.

○ 釋.

경문의 풀이다.

[11-13-2]

閔子騫曰:"仍舊貫如之何? 何必改作?"

민자건이 말하였다. "옛 사물을 그대로 말미암음이 어떠한가? 어찌 반드시 고쳐서 지어야만 하는가?"

朱註

'仍', 因也. '貫', 事也.

'잉(仍)'은 말미암음이다. '관(貫)'은 사물이다.

詳說

○ 訓畢.

훈고가 끝났다.

朱註

王氏曰:"'改作', 勞民傷財, 在於得已, 則不如仍舊貫之善."

왕씨(王氏 : 王安石)[145]가 말하였다. "'개작(改作 : 고쳐 지음)'은 백성을 수고롭게 하고 재물을 손해나게 하니, 마칠 수 있다면 옛 사물의 좋은 점을 그대로 말미암는 것만 같지 못하다."

詳說

○ '王氏', 『大全』曰:"名安石, 字介甫, 臨川人."[146]

145) 왕안석(王安石 : 1021~1086) : 송나라 때의 학자로, 자는 개보(介甫)이고, 호는 반산(半山)이며, 임천(臨川) 출신이다. 재상으로 있으면서 신법 개혁을 단행하였으며, 뒤에 시호 '문(文)'을 얻어 사람들이 '왕문공(王文公)'이라고 칭하였다. 저서로는 『논어통(論語通)』 등이 있다.

'왕씨(王氏)'에 대해, 『논어집주대전』에서 말하였다. "이름은 안석(安石)이고, 자는 개보(介甫)이며, 임천(臨川) 사람이다."

○ **釋畢.**

경문의 풀이가 끝났다.

○ **雙峰饒氏曰 : "始言'如之何', 有商量未決之意, 此和悅也. 継曰'何必', 有確乎不可易之意, 此諍也."**[147]

쌍봉 요씨(雙峰饒氏 : 饒魯)가 말하였다. "비로소 '여지하(如之何 : 어떠한가?)'를 말한 것은 헤아림에 결정하지 못한 뜻을 둔 것이니, 이는 화열(和悅 : 화합하며 기뻐함)함이다. 계속해서 '하필(何必 : 어찌 반드시 하는가?)'을 말한 것은 확실하여 바꿀 수 없는 뜻을 둔 것이니, 이는 쟁(諍 : 논쟁)이다."

○ **按, 介甫明於改府之利害, 而自昧於改法之利害, 此所謂能言之鸚鵡也. 朱子不以人廢言, 可見其公心也.**

살펴보건대, 개보(介甫)가 장부(長府)를 고쳐 지을 경우의 이익과 손해를 밝혔으나, 스스로 법을 개정함의 이익과 손해에 어두웠으니, 이는 이른바 말만 잘하는 앵무새인 것이다.[148] 주자(朱子 : 朱熹)가 사람으로써 말을 폐기하지 않았으니,[149] 그 공평한 마음을 볼 수 있다.

---

146) 호광 편(胡廣 編), 『논어집주대전(論語集註大全)』「선진(先進)」.

147) 호광 편(胡廣 編), 『논어집주대전(論語集註大全)』「선진(先進)」에는 "雙峯饒氏曰 : '觀此章, 可見閔子誾誾之氣象. 始言仍舊貫如之何, 辭氣雍容, 似有商量未决之意, 此和悅意也. 繼之曰何必改作, 則有確乎不可易者, 此諍之意也. 長府之不必改作, 人或能言之, 夫子所以稱之者, 不特取其言之當理, 亦喜其言之發而中節, 所謂有德之言也.'"로 되어 있다.

148) 개보(介甫)가 장부(長府)의 고쳐 …… 이른바 말만 잘하는 앵무새인 것이다 : 왕안석(王安石)의 개혁과 신법이 부국(富國)의 목표를 지닌 것이었지만 폐단과 한계를 극복하지 못하고 실패에 이른 사실에 대한 부정적 비판이다.

149) 주자(朱子 : 朱熹)가 사람으로써 말을 폐기하지 않았으니 : 『논어(論語)』「위령공(衛靈公)」에 나오는 내용에 근거하여 주자의 공평한 경문 해석 및 학문 태도를 말하였다. 그 내용은 다음과 같다. "공자가 말하였다. '군자는 말로써 사람을 거명하지 않으며, 사람으로써 말을 폐기하지 않는다.(子曰 : '君子, 不以言擧人; 不以人廢言.')"

[11-13-3]

子曰 : "夫人不言, 言必有中."
공자가 말하였다. "저 사람이 말하지 않을지언정, 말하면 반드시 맞음이 있도다."

朱註

'夫', 音扶. '中', 去聲. 言不妄發, 發必當理,
'부인불언(夫人不言)'에서 '부(夫)'자는 음이 부(扶)이다. '언필유중(言必有中)'에서 '중(中)'자는 거성(去聲 : 부합함)이다. 말을 망령되이 꺼내지 않고, 말을 꺼내면 반드시 이치에 합당하니,

詳說

○ 去聲.[150]
'발필당리(發必當理)'에서 '당(當)'자는 거성(去聲 : 합당함)이다.

○ 有釋無訓.
경문의 풀이는 있으나 훈고는 없다.

○ 此下一句, 又推原其德行而幷論之.
이 아래 한 구절에서 또 그의 덕행을 미루어 근원하고 겸하여 경문의 의미를 설명하였다.

朱註

惟有德者, 能之.
오직 덕이 있는 사람만이 그것을 잘할 수 있다.

詳說

○ 兼言語·德行.
언어와 덕행을 겸하였다.

150) 호광 편(胡廣 編), 『논어집주대전(論語集註大全)』「선진(先進)」.

[11-14-1]

子曰："由之瑟, 奚爲於丘之門?"
공자가 말하였다. "유(由)의 비파를 어찌하여 나의 문에서 타는가?"

詳說

○ '奚', 『諺』音誤.
'해위어구지문(奚爲於丘之門)'에서 '해(奚)'자는 『언해』의 음(音)이 잘못되었다.151)

朱註

程子曰："言其聲之不和, 與己不同也."
정자(程子 : 程頤)가 말하였다. "비파 소리가 조화롭지 못하여 자기와 더불어 같지 않음을 말한 것이다."

詳說

○ 當考.
'정자(程子)'는 마땅히 살펴보아야 한다.152)

○ 此二字, 從其人品說出.
'불화(不和 : 조화롭지 못함)'의 이 두 글자는 그 사람의 품격에 대한 말로부터 나온 것이다.

○ 有釋無訓.
경문의 풀이는 있으나 훈고는 없다.

○ 此下, 又取其一事爲證, 而遂申論'不和'二字.
이 아래에 또 한 가지 사례를 취하여 증거로 삼아서 마침내 '불화(不和 : 조화롭지 못함)' 두 글자를 거듭 논의하였다.

151) '해위어구지문(奚爲於丘之門)'에서 '해(奚)'자는 『언해』의 음(音)이 잘못되었다 : 『언해(諺解)』에서는 '해(奚)'라고 하였는데, 『광아』에서 '胡雞切'이라 하였듯이 본음이 '혜'라고 본 것이다.

152) '정자(程子)'는 마땅히 살펴보아야 한다 : '정자(程子)'가 정호(程顥)인지 정이(程頤)인지 분명하지 않아서 살펴보아야 한다고 말한 것이다.

朱註

『家語』云 : "子路鼓瑟, 有北鄙殺伐之聲", 蓋其氣質剛勇, 而不足於中和. 故其發於聲者, 如此.

『공자가어(孔子家語)』에서 이르기를, "자로가 비파를 연주함에 북쪽 변방에서 살벌한 소리가 있었다."라고 하였는데, 대개 그 기질이 굳세고 용맹하여 중화(中和)[153]에 부족하였다. 그러므로 그 소리에 드러난 것이 이와 같았다.

詳說

○ '『家語』', 「辨樂解篇」.

'『공자가어(孔子家語)』'는 「변악해편(辨樂解篇)」이다.

○ 邊裔.

'북비(北鄙)'는 변방 민족의 후예이다.

○ 『家語』止此.

'살벌지성(殺伐之聲 : 살벌한 소리)' 구절까지 『공자가어(孔子家語)』가 여기에 그친다.

○ 指'不和'.

'여차(如此)'는 '불화(不和 : 조화롭지 못함)'를 가리킨다.

[11-14-2]

門人, 不敬子路, 子曰 : "由也, 升堂矣, 未入於室也."

문인들이 자로(子路)를 공경하지 않았는데, 공자가 말하였다. "유(由 : 子路)는 집에는 오르고, 방에는 들어오지 못하였도다."

朱註

門人, 以夫子之言, 遂不敬子路. 故夫子釋之.

153) 중화(中和) : 조화로운 경계를 이루는 것을 말한다. 『중용장구(中庸章句)』 제1장에서 "喜怒哀樂之未發謂之中; 發而皆中節謂之和. 中也者, 天下之大本也; 和也者, 天下之達道也, 致中和, 天地位焉; 萬物育焉."라고 하였다.

문인들이 공자의 말로써 마침내 자로(子路)를 공경하지 않았다. 그러므로 공자가 오해를 풀어 준 것이다.

詳說

○ 諭解.

깨우쳐서 풀어 주었다.

朱註

'升堂'·'入室', 喩入道之次第. 言子路之學, 已造乎正大高明之域, 特未深入精微之奧耳,

'승당(升堂 : 집에 오름)'과 '입실(入室 : 방에 들어감)'은 학문의 도(道)에 들어가는 차례를 비유한 것이다. 자로의 학문이 이미 정대(正大)하고 고명(高明)한 영역에 나아갔으나, 다만 정밀하고 은미(隱微)한 깊은 곳에 깊숙이 들어가지 못하였을 뿐이니,

詳說

○ 音糙.[154]

'이조호(已造乎)'에서 '조(造)'자는 음이 조(糙)이다.

○ 雲峰胡氏曰 : "形容'堂'字."[155]

'정대고명지역(正大高明之域)에 대해, 운봉 호씨(雲峰胡氏 : 胡炳文)가 말하였다. "'당(堂)'자를 형용한 것이다."

○ 雲峰胡氏曰 : "形容'室'字."[156]

'심입정미지오(深入精微之奧)'에 대해, 운봉 호씨(雲峰胡氏 : 胡炳文)가 말하였다. "'실(室)'자를 형용한 것이다."

○ 釋畢.

경문의 풀이가 끝났다.

---

154) 호광 편(胡廣 編), 『논어집주대전(論語集註大全)』「선진(先進)」에는 "造, 七到反."이라고 하였다.

155) 호광 편(胡廣 編), 『논어집주대전(論語集註大全)』「선진(先進)」의 내용에서 발췌하였다. 그 전문은 다음과 같다. "雲峯胡氏曰 : '正大高明, 形容堂字; 精微之奧, 形容室字, 精矣. 未入於室, 是子路已學而未深入精微之奧; 亦不入於室, 是善人未學而不能入聖人之室者也.'"

156) 호광 편(胡廣 編), 『논어집주대전(論語集註大全)』「선진(先進)」의 내용에서 발췌하였다. 그 전문은 다음과 같다. "雲峯胡氏曰 : '正大高明, 形容堂字; 精微之奧, 形容室字, 精矣. ……'"

○ 此下, 又足其言外之意.

이 아래에서 또 그 말 밖의 뜻을 채웠다.

朱註

未可以一事之失而遽忽之也.

한 가지 일의 실수로써 갑자기 그를 소홀히 대해서는 안 됨을 말한 것이다.

詳說

○ 聲之不和.

'일사지실(一事之失 : 한 가지 일의 실수)'은 비파 소리의 조화롭지 못함이다.

○ 不敬.

'거홀지(遽忽之 : 갑자기 그를 소홀히 대함)'는 공경하지 않음이다.

○ 此章之先抑後揚, 與忮求章之先揚後抑, 足爲相對矣.

이 장에서는 억누름을 먼저하고 올려 줌을 뒤에 하였으니, 기구장(忮求章)[157]의 올려 줌을 먼저하고 억누름을 뒤에 한 것과 더불어 충분히 상대가 되는 것이다.

157) 기구장(忮求章) : 『시경(詩經)』「패풍(邶風) · 웅치(雄雉)」에서 "질투하여 해치지 않고 탐내어 요구하지 않으면, 어찌 착하게 되지 않겠는가?(不忮不求, 何用不臧?)"라고 한 것을 말한다.

[11-15-1]

子貢問 : "師與商也, 孰賢?" 子曰 : "師也, 過; 商也, 不及."
자공(子貢)이 물었다. "사(師 : 子張)와 상(商 : 子夏)이 누가 어진 사람입니까?" 공자가 말하였다. "사(師)는 지나치고, 상(商)은 미치지 못하였도다."

朱註

子張, 才高意廣, 而好爲苟難. 故常過中;
자장은 재능이 높고 의지(意志)가 넓었으나 구차하게 어려운 일을 하는 걸 좋아하였다. 그러므로 항상 중도에서 지나쳤으며,

詳說

○ 去聲.[158]
'이호위구난(而好爲苟難)'에서 '호(好)'자는 거성(去聲 : 애호함)이다.

○ 已見忠淸註.
'호위구난(好爲苟難 : 구차하게 어려운 일을 하는 걸 좋아함)'은 이미 충청장(忠淸章)의 주석에서 보였다.[159]

---

158) 호광 편(胡廣 編), 『논어집주대전(論語集註大全)』「선진(先進)」.

159) 충청장(忠淸章)의 주석에서 보였다 : 『논어집주대전』에서는 단지 "荀子曰 : '君子行不貴苟難.'" 이라고 하였으나, 여기에서는 『논어(論語)』「공야장(公冶長)」에 나오는 구체적인 내용을 적시하여 상설하였다. '충청(忠淸)'은 『논어(論語)』「공야장(公冶長)」에 나오는 다음의 내용을 말한다. "子張問曰 : '令尹子文, 三仕爲令尹, 無喜色; 三已之, 無慍色; 舊令尹之政, 必以告新令尹, 何如?' 子曰 : '忠矣.' 曰 : '仁矣乎?' 曰 : '未知. 焉得仁?' '崔子弑齊君, 陳文子有馬十乘, 棄而違之, 至於他邦, 則曰猶吾大夫崔子也, 違之, 之一邦, 則又曰猶吾大夫崔子也, 違之, 何如?' 子曰 : '淸矣.' 曰 : '仁矣乎?' 曰 : '未知. 焉得仁?'" 이에 대해 집주에서 다음과 같이 설명하였는데, 바로 이 안에 나오는 자장의 '구난(苟難)'을 가리키는 것이다. "내가 스승[李侗]에게 들었다. '이치에 합당하고 사심이 없으면 인이다.' 이제 이것으로써 두 사람의 일을 보면 비록 도덕과 행실이 높아서 미칠 수 없을 것 같으나, 모두 그 반드시 이치에 합당하고 진실로 사심이 없는 것인지 볼 수가 없다. 자장은 인의 본체를 알지 못하고 어려운 일을 구차하게 하는 것을 좋아하여 마침내 작은 것으로써 큰 것이라고 믿게 되었으니, 공자가 허여하지 않은 것이 마땅하다.(愚聞之師, 曰 : '當理而無私心, 則仁矣.' 今以是而觀二子之事, 雖其制行之高, 若不可及, 然皆未有以見其必當於理, 而眞無私心也. 子張, 未識仁體, 而悅於苟難, 遂以小者, 信其大者, 夫子之不許也, 宜哉.)"

朱註

子夏, 篤信謹守, 而規模狹隘. 故常不及.

자하는 돈독하게 믿고 삼가 지켰으나 규모가 좁았다. 그러므로 항상 미치지 못하였다.

詳說

○ 雙峯饒氏曰 : "篤信聖人."160)

'독신근수(篤信謹守)'에 대해, 쌍봉 요씨(雙峯饒氏 : 饒魯)가 말하였다. "성인을 돈독하게 믿는 것이다."

○ 朱子曰 : "看『語』中所載二子自言及夫子告處, 可見也. 子張有慷慨激揚之氣; 子夏謹守規矩."161)

---

160) 호광 편(胡廣 編), 『논어집주대전(論語集註大全)』「선진(先進)」에는 "雙峯饒氏曰: '觀答問交一章及曾子稱其堂, 堂, 可見子張才高意廣; 觀令尹子文 · 陳文子之事, 可見其好爲苟難; 觀先傳後倦章, 可見子夏能篤信聖人之教而謹守之. 觀可者與之, 不可者拒之之言, 可見其規模俠隘.'"로 되어 있다.

161) 호광 편(胡廣 編), 『논어집주대전(論語集註大全)』「선진(先進)」에는 "朱子曰 : '二子合下資質是這模樣, 子張常要將大話蓋將去, 子夏便規模謹守. 看『論語』中所載子張說話及夫子告子張處, 如多聞闕疑 · 多見闕殆之類, 如子張自說我之大賢歟, 於人何所不容? 我之不賢歟, 人將拒我, 如之何其拒人也? 此說話固是好, 只是他地位未說得這般話. 這是大賢以上聖人之事, 他便把來蓋人, 其踈曠多如此. 孔子告子夏, 如云無爲小人儒; 又云無欲速 · 無見小利; 如子夏自言可者與之 · 其不可者拒之; 小子當灑掃應對進退之類, 可見. 二子晩年進德, 雖不可知, 然子張之語, 終有慷慨激楊之氣, 子夏終是謹守規矩也.'"로 되어 있는데, 『주자어류(朱子語類)』 권39, 「논어21(論語二十一)」, 32조목에 실려 있는 내용과 다소 차이가 있다. 그 내용은 다음과 같다. "問 : '師也過, 商也不及. 看過與不及處, 莫只是二子知見上欠工夫?' 曰 : '也不獨知見上欠, 只二子合下資質是這模樣. 子張便常要將大話蓋將去, 子夏便規規謹守. 看『論語』中所載子張說話, 及夫子告子張處, 如多聞闕疑 · 多見闕殆之類. 如子張自說我之大賢歟, 於人何所不容? 我之不賢歟, 人將拒我, 如之何其拒人也! 此說話固是好, 只是他地位未說得這般話. 這是大賢以上, 聖人之事, 他便把來蓋人, 其疏曠多如此. 孔子告子夏, 如云無爲小人儒; 又云無欲速 · 無見小利; 如子夏自言可者與之 · 其不可者拒之; 小子當洒埽應對進退之類, 可見.' 又問 : '參也, 竟以魯得之. 魯, 卻似有不及之意. 然曾參雖魯, 而規模志向自大, 所以終能傳夫子之道. 子夏合下淺狹, 而不能窮究道體之大全, 所以終於不及.' 曰 : '魯, 自與不及不相似. 魯是質樸渾厚意思, 只是鈍; 不及底恰似一箇物事欠了些子.'(물었다. ''사[자장]야말로 지나치고, 상[자하]이야 말로 미치지 못한다.' 지나친 것과 미치지 못한 곳을 볼 때 이 두 사람은 위로 부족한 공부를 모릅니까?' 주희가 말하였다. '또한 위로 부족한 것을 알뿐만 아니라 이 두 사람은 처음부터 자질이 이 모양이었다. 자장은 늘 큰소리치며 덮어놓고 해가려고 했고, 자하는 규범마다 삼가 지키려고 하였다. 『논어(論語)』에 실려 있는 자장이 한 말과 공자께서 자장에게 하신 말씀을 보면, 예를 들어 '많이

주자(朱子 : 朱熹)가 말하였다. “『논어(論語)』 가운데 실려 있는 두 사람이 스스로 말한 것 및 공자(夫子)가 말해 준 곳을 보면 알 수 있다. 자장(子張)은 강개하고 격양하는 기개가 있었고, 자하는 법도를 삼가 지켰다.”

○ 慶源輔氏曰 : “過不及, 生乎氣稟之偏.”162)

경원 보씨(慶源輔氏 : 輔廣)가 말하였다. “지나치고 미치지 못함은 타고난 기질과 품성의 편벽됨에서 생긴다.”

○ 有釋無訓.

경문의 풀이는 있으나 훈고는 없다.

듣고 의심 가는 데가 있으면 보류해 두고, 많이 보고 의심 가는 부분도 마찬가지로 보류해 둔다.'는 것이 있다. 자장 스스로도 말하였다. '내가 아주 좋은 사람이라면 어떤 사람에게든지 용납되지 않을 수 있겠는가? 내가 나쁜 사람이라면 다른 사람들이 나를 거절할 것이니, 내가 어찌 다른 사람을 거절할 수 있겠는가?' 이렇게 말한 것은 좋지만, 그의 지위가 아직 이런 말을 할 수 없다. 이는 대현(大賢)이상인 성인의 일인데, 그는 그걸 잡고 사람들을 압도해버리니 그의 세밀하지 않고 허풍 치며 통 크게 하는 일들이 이처럼 많았다. 공자는 자하에게 '소인 같은 선비가 되지 말라.' 또 '일을 급하게 하려고 하지 말며, 작은 이익을 돌아보지 말 것이다.'라고 일러 주었다. 자하 스스로도 말하였다. '공자께서는 사귈 만한 사람은 가서 사귀되 사귈 만한 사람이 못되거든 거절하라고 말씀하셨습니다.' 또 '자하(子夏)의 제자들은 청소하고 손님을 접대하며 나아가고 물러가는 일에 대해 잘 한다.'고 했는데서도 알 수 있을 것이다.' 또 물었다. "'증삼이야말로 노둔함으로 도를 얻었다.'라고 하셨는데, 노(魯)는 도리어 미치지 못하다는 의미가 있는 것 같습니다. 증삼은 비록 노둔하였으나, 규모와 지향하는 것은 스스로 크게 했기 때문에 끝내 선생님의 도를 전할 수 있었습니다. 자하는 처음부터 식견이 얕고 편협해서 도체(道體)의 크고 온전한 것을 궁구할 수 없었으므로 끝내 미치지 못한 까닭입니다.' 주자(朱子 : 朱熹)가 말하였다. '노는 본디 미치지 못하는 것과 서로 비슷하지 않다. 노는 질박하고 온후하다는 의미인데, 둔할 뿐이다. 미치지 못한 것은 한 사물이 조금 부족한 것과 같다.')"

162) 호광 편(胡廣 編), 『논어집주대전(論語集註大全)』「선진(先進)」에는 “慶源輔氏曰 : '過不及, 生乎氣稟之偏. 中則指義理之當然處言也. 差之毫釐, 卽謂過與不及也. 初焉毫釐過乎中與不及乎中耳, 過而不知所以自抑, 則過者愈過; 不及乎中而不知所以自勉, 則不及者愈不及, 積之至久, 則相去不啻千里矣.'”로 되어 있다.

[11-15-2]

曰 : "然則師愈與?"
자공(子貢)이 말하였다. "그렇다면 사(師 : 子張)가 낫습니까?"

朱註

'與', 平聲.[163] '愈', 猶勝也.
'여(與)'자는 평성(平聲 : 의문어조사)이다. '유(愈)'는 승(勝)과 같다.

詳說

○ 有釋無訓.
경문의 풀이는 있으나 훈고는 없다.

○ 慶源輔氏曰 : "子貢以才質言."[164]
경원 보씨(慶源輔氏 : 輔廣)가 말하였다. "자공(子貢)은 재능과 기질로써 말한 것이다."

[11-15-3]

子曰 : "過猶不及."
공자가 말하였다. "지나침은 미치지 못함과 같다."

朱註

道, 以中庸爲至, 賢知之過, 雖若勝於愚不肖之不及.
'도(道)'는 중용으로써 지극함이 되니, 어진 사람과 지혜로운 사람의 지나침이 비록 어리석은 사람과 어질지 못한 사람의 미치지 못함보다 나을 것 같으나

---

163) 호광 편(胡廣 編), 『논어집주대전(論語集註大全)』「선진(先進)」.

164) 호광 편(胡廣 編), 『논어집주대전(論語集註大全)』「선진(先進)」에는 "慶源輔氏曰 : '子貢所謂然則師愈與者, 以才質言也; 夫子所謂過猶不及者, 以義理言也. 以才質論之, 則賢智之過, 雖若勝於愚不肖之不及; 以義理言之, 則過與不及, 皆爲失中, 而於道均爲未至也.'"로 되어 있다.

詳說

○ 先取'中庸'二字, 冠之.

먼저 '중용' 두 글자를 취하여 맨 위에 둔 것이다.

○ 去聲.165)

'현지지과(賢知之過)'에서 '지(知)'자는 거성(去聲 : 지혜)이다.

○ 新安陳氏曰 : "引『中庸』賢知 · 愚不肖之說, 以發明'過猶不及'之旨, 非指子夏爲愚不肖."166)

신안 진씨(新安陳氏 : 陳櫟)가 말하였다. "『중용(中庸)』의 어진 사람과 지혜로운 사람, 어리석은 사람과 어질지 못한 사람의 말167)을 인용하여 '과유불급(過猶不及)'의 뜻을 드러내서 밝힌 것이지, 자하가 어리석고 어질지 못한 사람이 됨을 가리킨 것은 아니다."

○ 微子 · 子貢而實奪之也.

미자(微子)와 자공(子貢)인데 실제로 그것을 잃은 것이다.

朱註

> 然其失中則一也.
>
> 그 중도(中道)를 잃은 것은 서로 똑같다.

詳說

○ 𥡴'猶'字.

'일(一)'자는 '유(猶 : 같다)'자에 가깝다.

○ 有釋無訓.

경문의 풀이는 있으나 훈고는 없다.

---

165) 호광 편(胡廣 編), 『논어집주대전(論語集註大全)』「선진(先進)」.

166) 호광 편(胡廣 編), 『논어집주대전(論語集註大全)』「선진(先進)」에는 "新安陳氏曰 : '『集註』, 不過引『中庸』賢知 · 愚不肖之說, 以發明過猶不及之旨, 非指子夏爲愚不肖也. 正文之意, 只言過不及, 均失中耳. 聖人之敎以下本文, 未有此意, 說聖人造就二子, 而欲歸之中道, 乃此章, 言外意.'"로 되어 있다.

167) 『중용(中庸)』의 어진 사람과 지혜로운 사람, 어리석은 사람과 어질지 못한 사람의 말 : 『중용장구(中庸章句)』 제4장에서 "子曰 : '道之不行也, 我知之矣. 知者過之; 愚者不及也. 道之不明也, 我知之矣. 賢者過之; 不肖者不及也.'"라고 한 것을 말한다.

○ 慶源輔氏曰 : "夫子以義理言."168)

경원 보씨(慶源輔氏 : 輔廣)가 말하였다. "공자는 의리로써 말하였다."

朱註

○ 尹氏曰 : "中庸之爲德也, 其至矣乎.

윤씨(尹氏 : 尹焞)가 말하였다. "중용의 덕 됨이 지극하도다.

詳說

○ 見「雍也」.

「옹야(雍也)」에 보인다.169)

朱註

夫過與不及, 均也, 差之毫釐, 繆以千里. 故聖人之教, 抑其過, 引其不及, 歸於中道而已."

대저 지나침과 미치지 못함은 고르니, 차이가 작은 털끝만 하다가 천리만큼 그릇되는 것이다. 그러므로 성인의 가르침이 그 지나침을 억누르고 그 미치지 못함을 이끌어서 중도(中道)로 돌아가게 할 따름이다."

詳說

○ 音扶.170)

'부과여불급(夫過與不及)'에서 '부(夫)'자는 음이 부(扶)이다.

○ 二句出『易緯』.

'차지호리, 류이천리(差之毫釐, 繆以千里 : 차이가 작은 털끝만 하다가 천리만큼 그릇되는 것)'의 두 구절은 『역위(易緯)』에 나온다.171)

---

168) 호광 편(胡廣 編), 『논어집주대전(論語集註大全)』「선진(先進)」에는 "慶源輔氏曰 : '子貢所謂然則師愈與者, 以才質言也; 夫子所謂過猶不及者, 以義理言也. ……'"로 되어 있다.

169) 「옹야(雍也)」에 보인다 : 『논어(論語)』「옹야(雍也)」에 "子曰 : '中庸之爲德也, 其至矣乎. 民鮮, 久矣.'"라고 하였다.

170) 호광 편(胡廣 編), 『논어집주대전(論語集註大全)』「선진(先進)」.

171) '차지호리, 류이천리(差之毫釐, 繆以千里 …… 두 구절은 『역위(易緯)』에 나온다 : 송(宋)나라 정형(程迥)의 『주역장구외편(周易章句外編)』에 의하면, "漢儒引易曰 : '君子正其始, 萬事理,

○ **新安陳氏曰 : "'故'以下, 乃本文言外意."**[172]

신안 진씨(新安陳氏 : 陳櫟)가 말하였다. "'고(故)'자 아래[173]는 이에 본문의 말 밖의 뜻이다."

○ **正二子之失, 所以教子貢也.**

두 사람[자장과 자하]의 잘못을 바로잡으면서 자공을 가르친 것이다.

差之毫釐, 繆以千里', 此緯書通卦驗之文也."라고 하였다. 『역위(易緯)』는 한나라 때 정현(鄭玄)이 주석한 『역위계람도(易緯稽覽圖)』·『역위변종비(易緯辨終備)』·『역위통괘험(易緯通卦驗)』·『역위건원서제기(易緯乾元序制記)』·『역위시류모(易緯是類謀)』 등을 말한다.

172) 호광 편(胡廣 編), 『논어집주대전(論語集註大全)』「선진(先進)」에는 "新安陳氏曰 : '『集註』不過引『中庸』賢知·愚不肖之說, 以發明過猶不及之旨, 非指子夏爲愚不肖也. …… 乃此章, 言外意.'"로 되어 있다.

173) '고(故)'자 아래 : 위의 집주 가운데 "故聖人之教, 抑其過, 引其不及, 歸於中道而已."를 말한다.

[11-16-1]

季氏富於周公, 而求也爲之聚斂而附益之.
계씨(季氏)가 주공(周公)보다 더 부유하였거늘 구(求 : 冉有)가 그를 위하여 모으고 거두어 보태고 더해 주었는데

朱註

'爲', 去聲. 周公, 以王室至親, 有大功, 位冢宰, 其富宜矣;
'이구야위지(而求也爲之)'에서 '위(爲)'자는 거성(去聲 : 위하다)이다. 주공은 왕실의 매우 가까운 친족으로써 큰 공이 있었고, 총재(冢宰)에 자리하였으니, 그 부유함이 마땅한 것이지만,

詳說

○ 『大全』曰 : "武王弟, 成王叔父."[174]
'주공(周公)'에 대해, 『논어집주대전』에서 말하였다. "무왕의 아우이고, 성왕의 숙부이다."

○ 三者, 有其一, 已足富, 況兼之乎.
세 가지(왕실의 매우 가까운 친족, 큰 공이 있는 것, 총재에 자리한 것) 가운데 그 하나라도 있으면 이미 충분히 부유한 것이거늘, 하물며 그것을 아우름에 있어서이랴.

○ 恐'富'字之累於周公. 故先明其富之當然.
'부(富)'자가 주공에게 누가 될까 염려한 것이다. 그러므로 먼저 그 부유함이 당연함을 밝힌 것이다.

朱註

季氏, 以諸侯之卿, 而富過之, 非攘奪其君, 刻剝其民, 何以得此? 冉求爲季氏宰, 又爲之急賦稅, 以益其富.
계씨(季氏)는 제후의 경대부로써 부유함이 주공(周公)보다 지나쳤으니, 그 임금을 물리쳐서 빼앗고 그 백성에게서 각박하게 박탈한 것이 아니라면 어떻게 이것을 얻었겠는가? 염구(冉求)가 계씨의 가재(家宰)가 되고, 또 그를 위해 세금을

174) 호광 편(胡廣 編), 『논어집주대전(論語集註大全)』「선진(先進)」.

핍박하여 그 부유함을 더해 주었던 것이다.

詳說

○ 又無功, 非至親.

'계씨(季氏)'는 또 공이 없었고, 매우 가까운 친족이 아니었다.

○ '於'字, 爲過義.

'부과지(富過之 : 부유함이 주공보다 지나침)'라 하니, '어(於 : 季氏富於周公)'자가 지나친 뜻이 된다.

○ 一作'有'.

'염구(冉求)'는 어떤 판본에는 '유(有 : 冉有)'라고 썼다.

○ 去聲.[175)]

'위(爲)'자는 거성(去聲 : 위하다)이다.

○ 刻之又刻, 剝之又剝.

'급부세(急賦稅)'는 각박하고 또 각박한 것이며, 박탈하고 또 박탈하는 것이다.

○ 有釋無訓.

경문의 풀이는 있으나 훈고는 없다.

○ 『孟子』「離婁」曰 : "無能改於其德, 而賦粟, 倍他日."[176)]

『맹자(孟子)』「이루(離婁)」에서 말하였다. "염구(冉求)가 계씨의 가재(家宰)가 되어 그의 덕을 고쳐 줄 수는 없었고, 곡물 거두는 것을 다른 날보다 배로 하였다."

○ 朱子曰 : "人最怕資質弱, 求云'可使足民', 而反爲季氏聚斂, 非所當取而取之."[177)]

---

175) 호광 편(胡廣 編), 『논어집주대전(論語集註大全)』「선진(先進)」.

176) 『맹자(孟子)』「이루상(離婁上)」에 "孟子曰 : '求也爲季氏宰, 無能改於其德, 而賦粟倍他日. 孔子曰 : 求非我徒也, 小子! 鳴鼓而攻之, 可也. 由此觀之, 君不行仁政而富之, 皆棄於孔子者也, 況於爲之强戰, 爭地以戰, 殺人盈野; 爭城以戰, 殺人盈城. 此所謂率土地而食人肉, 罪不容於死. 故善戰者, 服上刑; 連諸侯者, 次之; 辟草萊任土地者, 次之.'"라고 하였다.

177) 호광 편(胡廣 編), 『논어집주대전(論語集註大全)』「선진(先進)」에는 "朱子曰 : '人最怕資質弱, 若求之徒, 却是自扶不起. 如云可使足民, 而反爲季氏聚斂. 故范氏謂其心術不明. 他這所在, 都不自知. 他只緣以仕爲急. 故從季氏. 見他所爲如此, 又拔不出, 一向從其惡.'"으로 되어 있다. 『주자어류(朱子語類)』 권39, 「논어21(論語二十一)」, 36조목에 실려 있는 내용은 다음과 같다. "問'季氏富於周公'一章. 先生令擧范氏之說, 歎美久之, 云 : '人最怕資質弱. 若過於剛, 如子路雖不得其死, 百世之下, 其勇氣英風, 尙足以起頑立懦! 若冉有之徒, 都自扶不起. 如云可使足民, 他豈不知愛民, 而反爲季氏聚斂. 如范氏云其心術不明. 惟是心術不明, 到這般所在, 都不自知.' 又

주자(朱子 : 朱熹)가 말하였다. “사람 가운데 자질이 약한 사람이 가장 두려우니, 염구는 ‘하여금 백성들을 풍족하게 할 것이다.’라고 말해 놓고 도리어 계씨를 위해서 모으고 거두어들임에 마땅히 취할 것이 아닌데도 취하였던 것이다.”

○ **厚齋馮氏曰 : “『國語』, 季康子用田賦, 使冉求訪諸孔子, 孔子曰 : ‘若季孫行法, 則有周公之籍矣.’ 『左』「哀」十一年, 亦載此事, 所謂‘富於周公’者, 此也.”**[178]

후재 풍씨(厚齋馮氏 : 馮椅)가 말하였다. “『국어』에 계강자(季康子)가 농지에 부세(賦稅)하는 것으로써 염구(冉求)에게 공자를 방문하도록 하였는데, 공자가 말하였다. ‘만약 계손씨(季孫氏)가 징세(徵稅)의 법령을 시행한다면 주공의 세법(稅法)이 있는 것이다.’ 『좌전』「애공(哀公)」 11년 기사에 또한 이 일이 실려 있으니, 이른바 ‘주공(周公)보다 부유하였다.’라는 말이 이것이다.”

○ **雲峰胡氏曰 : “阿附田賦之罪, 明矣.”**[179]

운봉 호씨(雲峰胡氏 : 胡炳文)가 말하였다. “농지에 부세(賦稅)하는 것에 아부한 죄가 분명하다.”

云 : ‘以仕爲急, 他只緣以仕爲急. 故從季氏. 見他所爲如此, 又拔不出, 一向從其惡.’(‘계씨가 주공보다 부유하다’는 한 장에 대해 물었다. 선생님께서는 범씨의 설을 인용토록 하고, 오래도록 그것을 찬미하셨다. 주희가 말하였다. ‘사람들이 가장 두려워하는 것은 자질이 약한 것이다. 굳셈보다 지나치면 자로가 비록 제 명에 죽지는 못했지만, 백년 후에 그의 용기와 늠름한 기상은 오히려 우둔함을 일으키고 나약함을 세울 것이다! 염유의 무리들 같으면 모두 스스로 부축해서 일으켜 세울 수 없다. 예를 들어 ‘그가 삼년 안에 백성들을 풍족하게 만들 수 있다’고 했다면, 그는 어찌하여 백성을 사랑할 줄 모르고 도리어 계씨를 위해 모으고 거둬들였단 말인가! 범씨가 말한 대로 ‘그는 마음 씀이 밝지 못했기 때문일 것이다.’ 오직 마음 씀이 밝지 못했기 때문에 이러한 곳에 이르러도 스스로 몰랐을 것이다.’ 또 말하였다. ‘‘범씨가 말한 대로 출사하는 것을 급하게 여겼다.’ 그는 벼슬하러 가는 것을 급하게 여겼기 때문에 계씨를 좇은 것이다. 이와 같이 한 것을 볼 때, 또 자신이 저들의 무리에서 빠져 나올 수 없었던 것은 줄곧 저 악함을 좇았기 때문이다.’)”

178) 호광 편(胡廣 編), 『논어집주대전(論語集註大全)』「선진(先進)」에는 “厚齋馮氏曰 : ‘按『國語』, 季康子欲以田賦, 使冉求訪諸孔子, 孔子曰 : 若季氏行而法, 則有周公之籍矣; 若欲犯法, 則苟而賦, 又何訪焉. 季氏卒用田賦. 『左傳』「哀公十一年」, 亦載此事, 所謂富於周公者, 此也. 夫季氏欲變周公之法, 以自富其心, 猶不安於君子之論, 而使冉有問之, 冉有自止之可也; 不然聞孔子之言, 以反命而力止之可也; 又不然去之可也. 今不惟不能諫止, 而不能去, 反爲之宣力而不辭, 此夫子所以切責之也.’”로 되어 있다.

179) 호광 편(胡廣 編), 『논어집주대전(論語集註大全)』「선진(先進)」에는 “雲峯胡氏曰 : ‘『春秋』, 於爲長府不書, 必閔子諫止之, 力於此事. 『書』曰 : 用田賦, 其爲冉有阿附之罪, 明矣. 朱子以冉求之失, 不徒見於聚斂而已, 見於仕季氏之初, 然則閔子之得, 豈不在於辭費宰之初歟?’”로 되어 있다.

○ 按, 『左』·『國』云云, 似是因此章而附會其說耳. 『左傳』, 他事亦多有如此者, 所謂浮誇也誣也.

살펴보건대, 『춘추좌전(春秋左傳)』과 『국어』에서 운운한 것은 이 장에서 말미암은 것 같으나, 그 말에 붙어서 맞추었을 뿐이다. 『춘추좌전(春秋左傳)』의 다른 일도 또한 대부분은 이와 같은 것이 있으니, 이른바 허풍이고 속임이다.

[11-16-2]

子曰 : "非吾徒也, 小子! 鳴鼓而攻之, 可也."

공자가 말하였다. "우리의 무리가 아니니, 애들아! 북을 울려서 꾸짖는 것이 옳도다."

朱註

'非吾徒', 絶之也. '小子鳴鼓而攻之', 使門人, 聲其罪以責之也.

'비오도(非吾徒 : 우리의 무리가 아님)'는 단절함이다. '소자명고이공지(小子鳴鼓而攻之 : 애들아! 북을 울려서 꾸짖는 것)'는 문인들에게 그의 죄를 성토하여 질책하게 한 것이다.

詳說

○ 釋'鳴鼓'.

'성기죄(聲其罪 : 그의 죄를 성토함)'는 '명고(鳴鼓 : 북을 울림)'를 풀이한 것이다.

○ 釋'攻'字, 而意尤輕於攻.

'공(攻)'자를 풀이함에 뜻이 더욱 공(攻)의 의미보다 가볍게 하였다.[180]

○ 有釋無訓.

경문의 풀이는 있으나 훈고는 없다.

180) '공(攻)'자를 풀이함에 뜻이 더욱 공(攻)의 의미보다 가볍게 하였다 : '攻'의 본래 의미를 생각한다면 공격(攻擊)이나 공박(攻駁) 등으로 풀이해야 하겠지만, 여기서 공자가 말한 '攻'의 의미는 '叱責'이나 '責望'에 있음을 지적한 것이다.

○ 此下, 又申論之.

이 아래에서 또 거듭하여 경문의 의미를 설명하였다.

朱註

聖人之惡黨惡而害民也, 如此. 然師嚴而友親. 故已絶之, 而猶使門人正之, 又見其愛人之無已也.

성인이 악에 편당(偏黨)하여 백성들을 해롭게 함을 미워한 것이 이와 같았다. 그러나 스승은 근엄하고 친구는 친근한 것이다. 그러므로 이미 그를 단절하였는데 오히려 문인들에게 그를 바로잡게 하였으니, 또 사람을 사랑함에 그침이 없음을 보여준 것이다.

詳說

○ 去聲.[181]

'성인지오당(聖人之惡黨)'에서 '오(惡)'자는 거성(去聲 : 증오함)이다.

○ 黨於惡.

'당악(黨惡)'은 악한 사람에게 편당(偏黨)함이다.

○ 絶之.

'여차(如此)'는 그와 단절함이다.

○ 夫子.

'이(已)'는 공자[夫子]이다.

○ 及自責而爲正.

'사문인정지(使門人正之 : 문인들에게 그를 바로잡게 함)'는 스스로 질책하고서 바르게 되도록 하는 데 미친 것이다.

○ 又自正而爲愛.

'기애인지무이(其愛人之無已 : 사람을 사랑함에 그침이 없음)'는 또 스스로 바르게 잡으면서 사랑을 하는 것이다.

○ 新安陳氏曰 ; "汎觀, 鳴鼓攻之, 似是惟罪責棄絶之耳, 嚴厲之義氣中, 有愛厚之仁意, 微朱子, 孰能知孔子之心哉?"[182]

181) 호광 편(胡廣 編), 『논어집주대전(論語集註大全)』「선진(先進)」.

신안 진씨(新安陳氏 : 陳櫟)가 말하였다. "두루 살펴보건대, 북을 울려서 공박(攻駁)하는 것은 오직 죄를 질책하여 버리고 끊는 것 같을 뿐이고, 근엄하고 엄숙한 의기 가운데 사랑하고 도탑게 여기는 인자한 뜻이 있으니, 주자(朱子 : 朱熹)가 아니면 누가 능히 공자의 마음을 알겠는가?"

朱註

○ **范氏曰 : "冉有, 以政事之才, 施於季氏. 故爲不善, 至於如此, 由其心術不明, 不能反求諸身, 而以仕爲急故也.**

범씨(范氏 : 范祖禹)가 말하였다. "염유(冉有)는 정사(政事)의 재능으로써 계씨(季氏)에게 쓰였다. 그러므로 착하지 않음을 한 것이 이와 같음에 이르렀으니, 그 심술(心術 : 마음 쓰는 길)이 밝지 못함에 말미암아 능히 돌이켜서 자신을 구하지 못하였는데, 벼슬살이를 시급하게 여겼기 때문인 것이다."

詳說

○ **朱子曰 : "聖人不於其仕季氏而責之者, 猶望其小貞之吉也."**[183]

주자(朱子 : 朱熹)가 말하였다. "성인이 계씨(季氏)에게 벼슬할 때 그를 책망하지 않은 것은 오히려 소정지길(小貞之吉 : 작게 곧으면 길하다)[184]을 바랐던 것이다."

○ **慶源輔氏曰 : "不能如閔子見幾."**[185]

---

182) 호광 편(胡廣 編), 『논어집주대전(論語集註大全)』「선진(先進)」에는 "新安陳氏曰 : '泛觀, 鳴鼓攻之, 似是惟罪責棄絶之耳. 『集註』, 謂猶使門人正救之, 於嚴厲之義氣中, 有愛厚之仁意焉, 孔子之心, 微朱子, 其孰能知哉?'"로 되어 있다.

183) 호광 편(胡廣 編), 『논어집주대전(論語集註大全)』「선진(先進)」에는 "問 : '冉求學於夫子, 於門弟子中, 亦可謂明達者, 今乃爲季氏聚斂何耶?' 曰 : '冉求之失, 不待聚斂而後, 晃自其仕於季氏, 則已失之矣. …….' 曰 : '然則夫子曷不於其仕季氏而責之也?' 曰 : '聖人以不仕無義, 而猶望之以小貞之吉也.'"로 되어 있다.

184) 소정지길(小貞之吉 : 작게 곧으면 길하다) : 『주역(周易)』「둔괘(屯卦)」에서 "구오는 어려운 상태이니, 작게 바로잡으면 길하고, 크게 바로잡으면 흉할 것이다.(九五, 屯其膏, 小貞, 吉; 大貞, 凶.)"라고 하였고, 주자의 『주역본의』에서는 "작은 일은 바르게 하면 길하고, 큰일은 바르게 하여도 흉하리라.(小, 貞, 吉; 大, 貞, 凶.)"라고 하였는데, 지나치지 않는 중도(中道)의 행동거지를 나타낸 말이다.

185) 이는 송나라 장식(張栻)의 해설인데, 보광(輔廣)의 해설로 착오한 것 같다. 장식의 『논어해(論語解)』 권6의 내용은 다음과 같다. "此, 哀公十年用田賦之事也. 冉有時爲季氏宰, 攷之『國語』, 蓋嘗以此事訪於夫子, 而卒莫之救以冉有爲宰之時, 而季氏之賦倍他日, 此夫子所以有聚斂附益之

경원 보씨(慶源輔氏 : 輔廣)가 말하였다. "능히 민자(閔子 : 閔子騫)의 기미를 봄과 같을 수 없다."

○ **新安陳氏曰 : "能反身, 則知吾身自有良貴."**[186]

신안 진씨(新安陳氏 : 陳櫟)가 말하였다. "능히 자신을 반성할 줄 안다면, 내 몸에 스스로 선량하고 고귀함이 있음을 아는 것이다."

○ **或疑, 下節'子曰', 當在上節之首.**

어떤 사람이 의심하기를, 아래 구절의 '자왈(子曰)'은 마땅히 위 구절의 머리에 있어야 한다고 하였다.[187]

歛, 而『孟子』又發無能改於其德之論也. 冉有旣爲季氏之臣, 所當救正其非, 使之由於法度, 今旣不能正, 而又順其所爲, 私門益以封殖, 則公室益以衰弱, 此求之所以得罪於聖門爲深也. 原求所以至此, 蓋不能如閔子見幾而作, 因循陵遲而不自知也. 有志於學者, 亦鑒諸." 또한 진덕수(眞德秀)의 『서산독서기(西山讀書記)』 권29, 「공문제자지학(孔門諸子之學) · 정사염유계로(政事冉有季路)」에도 실려 있는데, 그 내용은 다음과 같다. "南軒曰 : '此, 哀公十年用田賦之事也. 冉有時爲季氏宰, 考左氏之『國語』, 蓋嘗以此事訪於夫子, 而卒莫之救, 私門益以封殖, 則公家益以衰弱, 此求之所以得罪於聖門爲深也. 原求所以至此, 蓋不能如閔子見幾而作, 因循陵遲而不自知也. 有志於學者, 亦鑒諸."

186) 호광 편(胡廣 編), 『논어집주대전(論語集註大全)』「선진(先進)」에는 "新安陳氏曰 : '使能反身脩德, 則知吾身自有良貴, 而不急於仕矣.'"로 되어 있다.

187) 아래 구절의 '자왈(子曰)'은 마땅히 위 구절의 머리에 있어야 한다고 하였다 : 아래 구절의 "子曰 : '非吾徒也, 小子! 鳴鼓而攻之, 可也.'"의 '子曰' 두 글자가 위 구절 "季氏富於周公, 而求也爲之聚歛而附益之."의 맨 앞에 놓여서 "子曰 : '季氏富於周公, 而求也爲之聚歛而附益之. 非吾徒也, 小子! 鳴鼓而攻之, 可也.(공자가 말하였다. '계씨가 주공보다 더 부유하였거늘 염유가 그를 위하여 모으고 거두어 보태고 더해 주었도다. 우리의 무리가 아니니, 애들아! 북을 울려서 공박하는 것이 옳도다.')"와 같이 되어야 한다는 말이다.

[11-17-1]

柴也, 愚;
시(柴 : 子羔)는 어리석고,

朱註

柴, 孔子弟子, 姓高, 字子羔.
'시(柴)'는 공자 제자이니, 성이 고(高)이고 자가 자고(子羔)이다.

詳說

○ 或作'皐'.
'자고(子羔)'는 혹은 '고(皐)'로도 쓴다.

○『家語』曰 : "齋人."
『공자가어(孔子家語)』에서 말하였다. "제나라 사람이다."

○ 鄭玄氏曰 : "衛人."
정현(鄭玄)씨가 말하였다. "위(衛)나라 사람이다."

○『史記』「仲尼弟子傳」曰 : "少孔子三十歲."
『사기(史記)』「중니제자열전(仲尼弟子列傳)」에서 말하였다. "공자보다 서른 살이 적다."

朱註

'愚'者, 知不足而厚有餘.
'어리석다'는 것은 지혜가 넉넉하지 못하지만 마음이 돈후(敦厚)하여 남음이 있는 말이다.188)

詳說

○ 去聲.189)

---

188)『주자어류(朱子語類)』 권39, 「논어21(論語二十一)」, 37조목에는 "'시는 어리석다.' 그는 조심하고 온후한 사람이라 일찍이 도리를 알 수 없었기 때문에 어리석다고 한 것이다.('柴也愚.' 他是箇謹厚底人, 不曾見得道理, 故曰愚.)"라고 설명하고 있다.

189) 호광 편(胡廣 編), 『논어집주대전(論語集註大全)』「선진(先進)」.

'지부족(知不足)'에서 '지(知)'자는 거성(去聲 : 지혜)이다.

○ 有訓無釋.

훈고는 있으나 경문의 풀이는 없다.

○ 此下, 引其數事以實之.

이 아래에 몇 가지 일을 인용하여 실증하였다.

朱註

『家語』, 記其足不履影; 啓蟄不殺; 方長不折; 執親之喪, 泣血三年, 未嘗見齒,

『공자가어(孔子家語)』에서는 그 발이 그림자를 밟지 않았고, 땅속에서 나온 벌레를 죽이지 않았고, 바야흐로 자라는 것을 꺾지 않았으며, 부모의 초상을 치름에 3년 동안 피눈물을 흘리고 일찍이 치아를 보인 적이 없었으며,

詳說

○ 人之影.

'영(影)'은 사람의 그림자이다.

○ 敬.

'불리영(不履影 : 그림자를 밟지 않았고)'은 공경함이다.

○ 上聲.[190)]

'방장부절(方長不折)'에서 '장(長)'자는 상성(上聲 : 성장함)이다.

○ 仁.

'방장부절(方長不折 : 바야흐로 자라는 것을 꺾지 않았음)'은 인(仁)이다.

○ 無聲出涕.

'읍혈(泣血)'은 소리 없이 눈물을 흘리는 것이다.

○ 音現.[191)]

'미상현치(未嘗見齒)'에서 '현(見)'자는 음이 현(現)이다.

○ 『大全』曰 : "笑也."[192)]

'현치(見齒 : 치아를 보임)'에 대해, 『논어집주대전』에서 말하였다. "웃는 것이다."

---

190) 호광 편(胡廣 編), 『논어집주대전(論語集註大全)』「선진(先進)」.

191) 호광 편(胡廣 編), 『논어집주대전(論語集註大全)』「선진(先進)」에는 "見, 賢徧反."이라고 하였다.

192) 호광 편(胡廣 編), 『논어집주대전(論語集註大全)』「선진(先進)」.

○ 孝.

'읍혈삼년, 미상견치(泣血三年, 未嘗見齒 : 3년 동안 피눈물을 흘리고 일찍이 치아를 보인 적이 없었으며)'는 효도(孝道)이다.

○ 以上, 見「弟子行篇」.193)

이 위는 『공자가어(孔子家語)』「제자행편(弟子行篇)」에 보인다.

朱註

避難而行, 不徑不竇, 可以見其爲人矣.

난리를 피하여 갈 때도 샛길로 가지 않고 구멍으로 나가지 않았으니, 그 사람됨을 볼 수 있는 것이다.

詳說

○ 去聲.194)

'피난이행(避難而行)'에서 '난(難)'자는 거성(去聲 : 위난)이다.

○ 此見「致思篇」.195)

이는 『공자가어(孔子家語)』「치사편(致思篇)」에 보인다.

○ 朱子曰 : "聖人微服過宋, 柴不徑不竇, 所以爲愚."196)

---

193) 호광 편(胡廣 編), 『논어집주대전(論語集註大全)』「선진(先進)」에는 "『家語』「弟子行篇」, 高柴自見孔子, 出入於户, 未嘗越履, 往來過之, 足不履影; 啓蟄不殺; 方長不折; 執親之喪, 泣血三年, 未嘗見齒, 是高柴之行也."로 되어 있다.

194) 호광 편(胡廣 編), 『논어집주대전(論語集註大全)』「선진(先進)」.

195) 호광 편(胡廣 編), 『논어집주대전(論語集註大全)』「선진(先進)」에는"「致思篇」, 蒯聵之亂, 季羔逃之走, 郭門守門者曰 : '彼有缺.' 季羔曰 : '君子不踰.' 又曰 : '彼有竇.' 季羔曰 : '君子不隧, 隧從竇出.' 又曰 : '於此有室.' 季羔乃入焉."으로 되어 있다.

196) 호광 편(胡廣 編), 『논어집주대전(論語集註大全)』「선진(先進)」에는 "朱子曰 : '不徑不竇, 只安平無事時可也. 若當有寇盜患難如阿? 專守此, 以殘其軀, 此柴所以爲愚. 觀聖人微服過宋, 只守不徑不竇之説不得. 然子羔也是守得定. 若更學到通變處, 儘好, 止緣他學, 有未盡處.' '柴也, 是箇謹厚底人, 不曾見得道理. 故曰愚.'"라 하였다. 『주자어류(朱子語類)』 권39, 「논어21(論語二十一)」, 39조목에 실려 있는 내용은 다음과 같다. "用之問'高子羔不竇不徑事.' 曰 : '怕聖人須不如此. 如不徑不竇, 只說平安無事時節. 若當有寇賊患難, 如何專守此以殘其軀, 此柴之所以爲愚. 聖人微服而過宋. 微服, 是著那下賤人衣服. 觀這意如此, 只守不徑不竇之說不得. 如途中萬一遇大盜賊, 也須走避, 那時如何要不由小徑去得! 然子羔也是守得定. 若更學到變通處, 儘好, 止緣他學, 有未盡處.'('용지가 고자고는 구멍으로 나아가지 않고 지름길로 가지 않았다는 것에

주자(朱子 : 朱熹)가 말하였다. "성인이 미복 차림으로 송나라를 지나갈 때 시(柴)가 샛길로 가지 않고 구멍으로 나가지 않아서 어리석다고 여긴 것이다."

[11-17-2]

參也, 魯;
삼(參 : 曾參)은 노둔하고,

朱註

魯, 鈍也.
'노(魯)'는 무딘 것이다.

詳說

○ 有訓無釋.
훈고는 있으나 경문의 풀이는 없다.

○ 此下, 則論也.
이 아래는 바로 경문의 의미를 설명한 것이다

朱註

程子曰 : "參也, 竟以魯得之."197)

대해 물었다. 말하였다. '아마도 성인은 모름지기 이와 같지 않았을 것이다. 예를 들어 지름길로 가지 않고 구멍으로 나아가지 않았다는 것은 평안하고 무사한 시절을 말한 것이다. 당시 떼도둑같이 세금을 거두는 환난이 있었더라면 어떻게 이를 지키며 그의 몸을 해롭게 했겠는가? 이것이 시가 어리석게 된 까닭이다. 성인께서 '평상시의 옷을 입고 송을 지나갈 수 있었다'고 했는데, 미복은 저 천한 사람들의 옷을 입는다는 말이다. 의미가 이와 같음을 볼 때, 지름길로 가지 않고 구멍으로 나아가지 않았다는 것만 지켜서는 안 된다. 예를 들어 길에서 큰 도적을 만나면 도망가서 피해야지 어떻게 조그마한 길로 가지 않을 수 있겠는가! 그러나 자고는 변함없이 지켰다. 다시 임기응변하는 것을 배웠더라면 좋았겠지만, 그의 배움에는 다하지 않은 사안이 있었을 것이다.')"

197) 주희, 『논어정의(論語精義)』 권6 상에는 "明道曰 : '……' 又曰 : '參也, 竟以魯得之也.'"라 하

정자(程子 : 程顥)가 말하였다. "삼(參 : 曾參)은 마침내 노둔함으로써 터득하였다."[198]

詳說

○ 伯子.

'정자(程子)'는 형 정호(程顥)이다.

○ 雙峰饒氏曰 : "用工, 人一己百."[199]

쌍봉 요씨(雙峰饒氏 : 饒魯)가 말하였다. "공력을 씀에 남이 한 번 하면 자기는 백 번 한 것이다."

朱註

又曰 : "曾子之學, 誠篤而已. 聖門學者, 聰明才辨, 不爲不多, 而卒傳其道, 乃質魯之人爾. 故學以誠實爲貴也."[200] 尹氏曰 : "曾子之才魯. 故其學也確, 所

였다. 『주자어류(朱子語類)』 권39, 「논어21(論語二十一)」, 43조목에는 "'明道謂曾子'竟以魯得之'. 緣他質鈍, 不解便理會得, 故着工夫去看, 遂看得來透徹, 非他人所及. 有一等伶俐人見得雖快, 然只是從皮膚上略過, 所以不如他. 且莫說義理, 只如人學做文章, 非是只恁地讀前人文字了, 便會做得似他底, 亦須是下工夫, 始造其妙. 觀韓文公與李翊書, 老蘇與歐陽公書, 說他學做文章時, 工夫甚麼細密! 豈是只恁從冊子上略過, 便做得如此文字也.'('명도는 증자가 '마침내 노둔함으로서 터득하였다.'라고 하였다. 그는 질박하고 노둔하므로 말미암아 게으르지 않고 이해할 수 있었기 때문에 착실히 공부하고 읽어 철저하게 간파해 낼 수 있었는데, 다른 사람들이 미칠 수 있는 것이 아니다. 일부 영리한 부류의 사람들은 빨리 알 수는 있겠지만, 표면적으로 대략 보고 지나치기 때문에 그만 못하다. 잠시 의리는 말하지 말고, 예를 들어 사람들이 문장 짓는 법을 배운다는 것은 그렇게 예전 사람들의 글을 읽는 것만이 아니고, 그와 비슷하게 지을 수 있는 것은 모름지기 공을 들여야만 훌륭하게 짓게 된다. 당나라 한유가 「이익에게 주는 편지」나 소철(蘇澈)과 구양수의 글을 보면, 그들이 문장 짓는 것을 배운 것을 말할 때 공부가 얼마나 자세하고 정밀하였던가! 어찌 그렇게 책을 좇아 대충 지나가기만 한다고 이와 같은 글을 지을 수 있겠는가?')"라고 설명하고 있다.

198) 노둔함으로써 터득하였다 : 『주자어류(朱子語類)』 권39, 「논어21(論語二十一)」, 45조목에는 "노둔은 조작함이 없다는 의미이다.(魯鈍則無造作.)"라고 하였고, 46조목에서는 "증자는 노둔하기 때문에 도를 터득했지만, 노둔한 사람은 도리어 그 마음을 전일하게 지킬 수 있다. 밝게 통달한 사람은 매사에 10%정도만 들어가려 하고, 반쯤 올라가다가 그만두기 때문에 대부분은 전일하지 않다.(曾子以魯得之, 只是魯鈍之人, 却能守其心專一. 明達者每事要入一分, 半上落下, 多不專一.)"라고 하였다.

199) 호광 편(胡廣 編), 『논어집주대전(論語集註大全)』「선진(先進)」에는 "雙峯饒氏曰 : '四者, 皆指其所偏, 唯曾子, 能於偏處用工. 故後來一貫之, 唯至鈍反成至敏.' 問 : '偏於鈍者, 如何用工?' 曰 : '人一己百, 人十己千而已.'"로 되어 있다.

以能深造乎道也."[201]

정자(程子 : 程頤)가 또 말하였다. "증자(曾子)의 학문은 성심(誠心)과 독실(篤實)함일 따름이다. 성인 문하의 학자들 가운데 총명하고 재치 있게 말 잘하는 사람이 많지는 않으나, 마침내 그 도(道)를 전한 것은 이에 질박하고 노둔한 사람뿐이었다. 그러므로 학문은 성심과 독실함을 귀하게 여기는 것이다." 윤씨(尹氏 : 尹焞)가 말하였다. "증자(曾子)의 재능은 노둔하였다. 그러므로 그 학문이 확실하였으니, 능히 도(道)에 깊이 나아갈 수 있었던 까닭이다."

詳說

○ 叔子.

'우왈(又曰)'의 주체는 동생 정이(程頤)이다.

○ 克角反.[202]

'고기학야확(故其學也確)'에서 '확(確)'은 '극(克)'과 '각(角)'의 반절(反切)이다.

○ 音糙.[203]

'소이능심조(所以能深造)'에서 '조(造)'자는 음이 조(糙)이다.

○ 尹氏, 又合程子二說而發明之, 所謂'確', 卽篤實也.

윤씨(尹氏 : 尹焞)가 또 정자(程子 : 程顥와 程頤)의 두 가지 해설을 합쳐서 뜻을 드러내어 밝혔는데, 이른바 '확(確)'은 곧 독실(篤實)함이다.

---

200) 주희, 『논어정의(論語精義)』 권6 상에는 "伊川曰 : '參也魯. 然顏子沒後, 終得聖人之道者, 曾子也. 觀其啓手足之時之言, 可以見矣. 所傳者, 子思孟子, 皆其學也.' 又曰 : '曾子傳聖人學, 只是一箇誠篤. 語曰參也魯, 如聖人之門, 子游子夏之言語, 子貢子張之才辨, 聰明者甚多, 卒傳聖人之道者, 乃質魯之人人, 要一箇誠, 貫聖人説, 忠信處最多. 曾子於孔子在時甚少, 後來所學不可測. 且如易簀之事, 非大賢以上, 作不得曾子之後, 有子思便可見.' 又曰 : '傳聖人之道, 以篤實者, 曾子是也. 易簀之際, 非幾於聖人者, 不及也, 推此志也, 禹稷之功, 其所優爲也. 易簀之際, 心卽理, 理卽心; 聲爲律, 身爲度. 仲尼沒, 得其傳之正者, 曾子而已. 曾子傳之子思; 子思傳之孟子, 至孟子而聖人之道, 益尊.'"으로 되어 있다.

201) 주희, 『논어정의(論語精義)』 권6 상에는 "尹曰 : '四子之才, 各有所偏, 知其偏則有以敎之也. 然而曾子之才魯. 故其爲學也確, 所以能深造乎道者, 以其魯也.'"로 되어 있다.

202) 호광 편(胡廣 編), 『논어집주대전(論語集註大全)』「선진(先進)」.

203) 호광 편(胡廣 編), 『논어집주대전(論語集註大全)』「선진(先進)」에는 "造, 七到反."이라고 하였다.

[11-17-3]

師也, 辟;
사(師 : 子張)는 편벽되고,

朱註

'辟', 婢亦反. '辟', 便辟也, 謂習於容止, 少誠實也.
'벽(辟)'은 비(婢)와 역(亦)의 반절(反切)이다. '벽(辟)'은 편벽(便辟 : 언변을 잘함)이니, 용모와 행동거지에만 익숙하게 하여 성실함이 적은 것을 이른다.

詳說

○ '辟', 此字音多. 故隨遇著音, 如參·荷·沮·壽·灑·幾·斷·契·猗之類, 皆是也.
'벽(辟)'의 경우, 이 글자는 음의(音義)가 많다. 그러므로 경우에 따라서 소리가 드러나는 것이니, 참(參)·하(荷)·저(沮)·수(壽)·쇄(灑)·기(幾)·단(斷)·계(契)·의(猗)와 같은 따위가 모두 이것이다.

○ 平聲.[204]
'편벽야(便辟也)'에서 '편(便)'자는 평성(平聲 : 언변을 잘함)이다.

○ 慶源輔氏曰 : "子張務外."[205]
경원 보씨(慶源輔氏 : 輔廣)가 말하였다. "자장(子張)은 외적(外的)인 것[206]에 힘썼다."

○ 有訓無釋.
훈고는 있으나 경문의 풀이는 없다.

○ 當與後篇'三友'註, 參看.
마땅히 후편의 '삼우(三友)'의 주석과 더불어 참조하여 보아야 한다.[207]

---

204) 호광 편(胡廣 編), 『논어집주대전(論語集註大全)』「선진(先進)」.

205) 호광 편(胡廣 編), 『논어집주대전(論語集註大全)』「선진(先進)」에는 "慶源輔氏曰 : '子張務外, 留意於容儀.'"로 되어 있다.

206) 외적(外的)인 것 : 용모나 구변(口辯) 따위를 말한다.

207) 마땅히 후편의 '삼우(三友)'의 주석과 더불어 참조하여 보아야 한다 : '삼우(三友)'는 『논어(論語)』「계씨(季氏)」에 나오는 말인데, 그 내용은 다음과 같다. "孔子曰 : '益者三友, 損者三友, 友直; 友諒; 友多聞, 益矣. 友便辟; 友善柔; 友便佞, 損矣.'" 여기서 특히 '편벽(便辟)'과 '편녕(便佞)'의 주석을 참조해야 한다고 말하였다. 주자(朱子)의 집주 내용에 보면, "便, 習熟也, 便

[11-17-4]

由也, 喭.
유(由 : 子路)는 거칠다.

朱註

'喭', 五旦反.[208] 喭, 粗俗也, 傳稱喭者, 謂俗論也.

'언(喭)'은 '오(五)'와 '단(旦)'의 반절(反切)이다. '언(喭)'은 거칠고 속됨이니, 서적(書籍)에서 '언(喭 : 상말)'이라고 일컬은 것은 비속한 말을 이른다.

詳說

○ 『諺』音誤.
'언(喭)'은 『언해』의 음이 잘못되었다.[209]

○ 去聲.[210]
'전칭언자(傳稱喭者)'에서 '전(傳)'자는 거성(去聲 : 주석. 해설. 서적)이다.

○ 倪殿反.
'언(喭)'은 '예(倪)'와 '전(殿)'의 반절(反切)이다.[211]

○ '喭', 與『諺』同. '傳', 蓋指『大學』·『孟子』·『左傳』等書也. 言凡傳之稱'喭'者, 皆指俗論也, 以明此章'喭'字之非指俗論, 而乃指粗俗也. 此句本『精義』呂氏說也, 蓋俗論之'喭', 非惟字義有異而已, 音亦不同云.
'언(喭)'은 『언해』와 같다. '전(傳)'은 대개 『대학(大學)』·『맹자(孟子)』·『좌전』

辟, 謂習於威儀而不直; 善柔, 謂工於媚悅而不諒; 便佞, 謂習於口語而無聞見之實."이라고 하였는데, '편벽(便辟)'의 '習於威儀'와 '편녕(便佞)'의 '習於口語'는 경문의 내용과 일치하는 것이므로 참고해야 한다.

208) 『논어주소(論語注疏)』「음의」에도 "喭, 五旦反."이라고 하였다.

209) '언(喭)'은 『언해』의 음이 잘못되었다 : 『언해』의 음은 '언'으로 되어 있는데, 『논어주소(論語注疏)』나 『논어집주(論語集註)』 등의 반절인 '안'과 차이가 있음을 지적한 것이다.

210) 호광 편(胡廣 編), 『논어집주대전(論語集註大全)』「선진(先進)」.

211) '언(喭)'은 '예(倪)'와 '전(殿)'의 반절(反切)이다 : 『광운』에서는 '魚變切', 『집운』에서는 '魚戰切'이라 하여 '연'·'언', 또 『광운』에서는 '五旰切', 『집운』에서는 '語限切'이라 하여 '안'이라고 하였다. 아마도 '거칠다'는 뜻 등에는 '안'이고, '상말' 등에는 '언'으로 사용되었음을 지적한 듯하다.

등의 서적이다. 무릇 서적에서 '언'을 일컬은 것은 모두 비속한 말을 가리킴을 말하고, 이 장의 '언'자가 비속한 말을 가리키는 것이 아니라 바로 거칠고 속됨을 가리킴을 밝힌 것이다. 이 구절은 『논어정의(論語正義)』의 여씨(呂氏 : 呂大臨)[212]의 해설[213]에 근본한 것이니, 대개 비속한 말의 '언'은 오직 글자의 뜻에 차이가 있을 따름만 아니라, 소리도 또한 같지 않은 것이다.

○ 慶源輔氏曰 : "夫子嘗以爲野."[214]

경원 보씨(慶源輔氏 : 輔廣)가 말하였다. "공자가 일찍이 촌스럽다고 여겼다."

○ 厚齋馮氏曰 : "由欠精密."[215]

후재 풍씨(厚齋馮氏 : 馮椅)가 말하였다. "유(由 : 子路)는 정밀함이 부족하다."

○ 有訓無釋.

훈고는 있으나 경문의 풀이는 없다.

朱註

○ 楊氏曰 : "四者, 性之偏, 語之, 使知自勵也."[216]

양씨(楊氏 : 楊時)[217]가 말하였다. "네 가지는 성질이 편벽된 것이므로, 그것을 일

---

212) 여대림(呂大臨 : 1040~1092) : 북송 시대 학자로, 자가 여숙(與叔)이고, 호가 운각(蕓閣)이며, 경조 남전(京兆藍田) 사람이다. 처음에는 장재(張載)에게 학문을 배우고, 금석학(金石學)에 조예가 있었으며, 유초(游酢) · 사양좌(謝良佐) · 양시(楊時)와 함께 정문사대제자(程門四大弟子)이다. 저서로는 『예기해』 · 『대학해』 · 『여씨가례』 · 『역장구(易章句)』 · 『대학설』 · 『예기전』 · 『논어해』 · 『맹자강의』 등이 있다.

213) 주희, 『논어정의(論語精義)』 권6 상. "呂曰 : '愚謂專而少變; 魯謂質而少文; 辟謂便而少誠; 喭謂俗而少學; 傳稱喭者, 俗論也.'"

214) 호광 편(胡廣 編), 『논어집주대전(論語集註大全)』「선진(先進)」에는 "慶源輔氏曰 : '由粗俗, 夫子嘗以爲野.'"로 되어 있다.

215) 호광 편(胡廣 編), 『논어집주대전(論語集註大全)』「선진(先進)」에는 "厚齋馮氏曰 : '柴參近道, 而柴欠疏通; 參欠明敏. 師由過中, 而師欠誠實; 由欠精密.'"로 되어 있다.

216) 주희, 『논어정의(論語精義)』 권6 상에는 "楊曰 : '愚則不明; 魯則不敏; 辟則未能弗畔; 喭則禦人以口給, 皆其性之偏蔽. 故語之, 使知自勵也.'"로 되어 있다.

217) 양시(楊時 : 1053~1135) : 북송 시대 사람으로, 자는 중립(中立)이고, 호는 구산(龜山)이다. 먼저 정호(程顥)와 정이(程頤)에게 배워서 유작(游酢) · 여대림(呂大臨) · 사양좌(謝良佐)와 함께 '정문사대제자(程門四大弟子)'라고 불렸으며, 나종언(羅從彦) · 이동(李侗)과 함께 '남검삼선생(南劍三先生)'이라고도 불려졌다. 만면에 구산(龜山)에 은거하여 학자들이 '구산선생'이라고 하였다.

러주어 그들에게 알아서 스스로 힘쓰도록 한 것이다."

詳說

○ '性之偏', 南軒張氏曰 : "氣稟之偏."[218)]

'성지편(性之偏)'에 대해, 남헌 장씨(南軒張氏 : 張栻)가 말하였다. "타고난 기질과 품성의 편벽됨이다."

○ 去聲.[219)]

'어지(語之)'에서 '어(語)'자는 거성(去聲 : 말해 줌)이다.

○ 總以論其言外之意, 有足當正釋云.

종합적으로 그 말 밖의 뜻을 논변하였으니, 충분하고 마땅하게 풀이를 바로잡음이 있다고 하겠다.

朱註

吳氏曰 : "此章之首, 脫'子曰'二字." 或疑下章'子曰', 當在此章之首, 而通爲一章.
오씨(吳氏 : 吳棫)가 말하였다. "이 장의 머리에 '자왈(子曰)' 두 글자가 빠졌다." 어떤 사람은 '자왈(子曰)'이 마땅히 이 장의 머리에 있어서 통틀어 하나의 장이 되어야 한다고 의심하였다.

詳說

○ 『大全』曰 : "甚是."[220)]

'탈자왈이자(脫子曰二字)'에 대해, 『논어집주대전』에서 말하였다. "매우 옳다."

○ 『大全』曰 : "二章語勢不類, 恐非."[221)]

『논어집주대전』에서 말하였다. "두 장의 어세(語勢)가 같지 않으니, 잘못된 것이 아닐까 염려된다."

---

218) 호광 편(胡廣 編), 『논어집주대전(論語集註大全)』「선진(先進)」에는 "南軒張氏曰 : '愚則專而有所不通; 魯則質而有所不敏; 辟則文頌; 喭則氣俗, 此皆其氣稟之偏. 夫子言之, 使之因所偏矯, 厲而擴充也.'"로 되어 있다.

219) 호광 편(胡廣 編), 『논어집주대전(論語集註大全)』「선진(先進)」에는 "語, 音御."라고 하였다.

220) 호광 편(胡廣 編), 『논어집주대전(論語集註大全)』「선진(先進)」.

221) 호광 편(胡廣 編), 『논어집주대전(論語集註大全)』「선진(先進)」.

○ 雙峰饒氏曰 : "此章指氣質之偏, 下章言二子造道與用心之異."222)

쌍봉 요씨(雙峰饒氏 : 饒魯)가 말하였다. "이 장에서는 기질(氣質)의 편벽됨을 지적하였고, 아래 장에서는 두 사람의 도(道)에 나아감과 마음 씀의 차이를 말하였다."

222) 호광 편(胡廣 編), 『논어집주대전(論語集註大全)』「선진(先進)」에는 "雙峯饒氏曰 : '此章與前章不同, 前章是指氣質之偏; 此章是言二子造道與用心之異. …… 故以顏子與之竝言, 欲其以此自厲也.'"로 되어 있다.

[11-18-1]

子曰 : "回也, 其庶乎, 屢空;
공자가 말하였다. "회(回)는 도(道)에 가까웠으나, 누차 궁핍하였다.

朱註

庶, 近也, 言近道也.[223]
'서(庶)'는 가까움이니, 도(道)에 가까움을 말한다.

詳說

○ 慶源輔氏曰 : "此與『易大傳』'其殆庶幾乎', 同."[224]
경원 보씨(慶源輔氏 : 輔廣)가 말하였다. "이는 『역대전(易大傳)』[225]의 '도에 거의 가까웠도다!'와 같다."[226]

○ 因訓而遂釋.
훈고에 말미암아 마침내 경문을 풀이하였다.

朱註

'屢空', 數至空匱也, 不以貧窶動心而求富. 故屢至於空匱也,
'누공(屢空)'은 자주 쌀통을 비우는 데 이름이니, 가난함으로써 마음을 움직여 부유함을 구하지 않은 것이다. 그러므로 자주 쌀통을 비우는 데 이른 것이니,

詳說

○ 去聲.[227]

---

223) 『논어집해의소(論語集解義疏)』 권6. 하안(何晏)의 집해(集解)에 의하면, "言回庶幾聖道, 雖數空匱, 而樂在其中矣."라고 하였다.

224) 호광 편(胡廣 編), 『논어집주대전(論語集註大全)』「선진(先進)」.

225) 『역대전(易大傳)』: 『주역(周易)』 가운데 7가지의 전(傳), 곧 「단(彖)」·「상(象)」·「문언(文言)」·「계사(繫辭)」·「설괘(說卦)」·「서괘(序卦)」·「잡괘(雜卦)」를 말한다.

226) 이는 『역대전(易大傳)』의 '도에 거의 가까웠도다!'와 같다 : 『주역(周易)』「계사전하(繫辭傳下)」에서 "공자가 말하였다. '안씨의 아들이 도에 거의 가까웠도다!(子曰 : '顏氏之子, 其殆庶幾乎!')"라고 한 구절과 같은 내용으로 보았다.

227) 호광 편(胡廣 編), 『논어집주대전(論語集註大全)』「선진(先進)」.

'공(空)'자는 거성(去聲 : 궁핍함)이다.

○ 音朔.[228]

'삭지공궤야(數至空匱也)에서 '삭(數)'자는 음이 삭(朔)이다.

○ 乏也.

'궤(匱)'는 가난함이다.

○ 郡羽反.[229]

'불이빈구동심(不以貧窶動心)'에서 '구(窶)'는 '군(郡)'과 '우(羽)'의 반절(反切)이다.

○ 因訓而遂釋.

훈고에 말미암아 마침내 경문을 풀이하였다.

○ 此下, 又合而申釋.

이 아래에서 또 합쳐서 거듭 풀이를 하였다.

朱註

言其近道, 又能安貧也.[230]

도(道)에 가까웠고, 또 능히 가난함을 편안하게 여겼음을 말한 것이다.

詳說

○ 潛室陳氏曰 : "與下文'貨殖', 正相反."[231]

---

228) 호광 편(胡廣 編), 『논어집주대전(論語集註大全)』「선진(先進)」.

229) 호광 편(胡廣 編), 『논어집주대전(論語集註大全)』「선진(先進)」.

230) 言其近道, 又能安貧也 : 『주자어류(朱子語類)』 권39, 「논어21(論語二十一)」, 47조목에는 "賀孫因問: '『集注』云, 顔回, 言其樂道, 又能安貧. 以此意看, 若顔子不處貧賤困窮之地, 亦不害其爲樂.' 曰: '顔子不處貧賤, 固自樂; 到他處貧賤, 只恁地更難, 所以聖人於此數數拈掇出來.'(하손이 계속해 물었다. '『논어집주(論語集註)』에서 말씀하시기를 '안회는 그 도를 즐거워하였고, 또 빈궁함을 편안히 할 수 있었다.'고 하셨습니다. 이 의미로 보면 안자 같은 경우는 빈천하고 곤궁한 상황에 처하지도 않았고, 또 그가 즐거움으로 삼은 것을 해치지도 않았습니다.' 주희가 말하였다. '안자는 빈천(貧賤)에 처하지도 않았고, 진실로 스스로 즐거워하였다. 그가 빈천에 처함에 이르면 그렇게 또 어려웠기 때문에 성인께서도 그것에 대해 자주 이야기를 꺼낸 것이다."라고 되어 있다.

231) 호광 편(胡廣 編), 『논어집주대전(論語集註大全)』「선진(先進)」에는 "潛室陳氏曰 : '簞瓢屢空, 到此境界, 不改其樂, 是幾於樂天之事. 以此說顔子事理平實, 與下文貨殖正相反, 而地位峻絶.'"로 되어 있다.

잠실 진씨(潛室陳氏 : 陳埴)가 말하였다. "아래 글의 '화식(貨殖 : 재물을 늘림)'과 더불어 정말 서로 반대이다."

[11-18-2]

賜, 不受命, 而貨殖焉, 億則屢中."

사(賜 : 子貢)는 명을 받아들이지 않고 재물을 늘렸는데, 헤아리면 자주 맞추었다."

朱註

'中', 去聲.

'억칙루중(億則屢中)'에서 '중(中)'자는 거성(去聲 : 부합함)이다.

詳說

○ 上下節'屢'字, 正相照應.

위 아래의 구절에 '루(屢)'자는 곧바로 서로 조응(照應)이 된다.

朱註

'命', 謂天命. '貨殖', 貨財生殖也. '億', 意度也.

'명(命)'은 천명을 이른다. '화식(貨殖)'은 재화(財貨)를 낳아서 불리는 일이다. '억(億)'은 속으로 헤아리는 것이다.

詳說

○ 『大全』曰 : "天所賦貧富 · 貴賤之命."232)

'천명(天命)'에 대해, 『논어집주대전』에서 말하였다. "하늘이 부여한 빈부(貧富)와 귀천(貴賤)의 운명이다."233)

---

232) 호광 편(胡廣 編), 『논어집주대전(論語集註大全)』「선진(先進)」.

233) 『주자어류(朱子語類)』 권39, 「논어21(論語二十一)」, 47조목에서는 다음과 같이 설명하고 있다. "자공은 빈궁하고 부유한 것이 천명(天命)으로 정해진 것을 몰랐고, 빈궁하고 부유한 사

○ 以貨取殖.

'화식(貨殖)'은 재물로써 증식(增殖)을 취하는 일이다.

○ 事見『史記』「貨殖傳」.[234]

일이 『사기(史記)』「화식열전(貨殖列傳)」에 보인다.

○ 入聲.[235]

'의탁야(意度也)'에서 '탁(度)'자는 입성(入聲 : 헤아리다)이다.

○ 訓畢.

훈고가 끝났다.

朱註

言子貢不如顏子之安貧樂道,

자공(子貢)이 안자(顏子 : 顏回)의 안빈낙도(安貧樂道 : 가난함에도 편안하게 여기고 도를 배우며 즐겁게 삶)만 같지 못하나

詳說

○ 音洛, 下幷同.[236]

'안빈낙도(安貧樂道)'에서 '락(樂)'자는 음이 락(洛)이니, 아래도 아울러서 같다.

○ 新安陳氏曰 : "'貨殖' 是不如安貧; 不受命, 是不如樂道."[237]

신안 진씨(新安陳氏 : 陳櫟)가 말하였다. "'화식(貨殖 : 재물을 불림)'은 안빈(安貧 : 가난함에도 편안하게 여김)만 같지 못하고, 불수명(不受命 : 천명을 받아들이지 않음)은 낙도(樂道 : 도를 배우며 즐겁게 삶)만 같지 못하다."

이에서 마음이 머무를 수밖에 없었기 때문에, 성인께서 그가 평소에 강론한 것이 대부분 억측하고 헤아리는 것을 내어도 맞아떨어진 것을 보았다.(子貢不知貧富之定命, 而於貧富之間不能無留情, 故聖人見其平日所講論者多出億度而中.')"

234) 호광 편(胡廣 編), 『논어집주대전(論語集註大全)』「선진(先進)」에는 "『史記』, 言子貢好廢舉, 與時轉貨貲注云, 廢舉, 停貯也; 與時, 逐時也. 物賤則買而停貯; 貴則逐時, 轉易貨賣."로 실려 있다.

235) 호광 편(胡廣 編), 『논어집주대전(論語集註大全)』「선진(先進)」에는 "度, 音鐸."이라고 하였다.

236) 호광 편(胡廣 編), 『논어집주대전(論語集註大全)』「선진(先進)」에는 "樂, 音洛, 下同."이라고 하였다.

237) 호광 편(胡廣 編), 『논어집주대전(論語集註大全)』「선진(先進)」.

朱註

然其才識之明, 亦能料事而多中也.

그러나 그 재능과 학식의 밝음이 또한 능히 일을 헤아려서 들어맞음이 많음을 말하였다.

詳說

◯ '亦'字, 有未盡善之意, 圈下云云, 已兆於此.

'역(亦)'자는 최선을 다하지 못한 뜻이 있으니, 동그라미(◯ : 圈) 아래에서 운운한 것은[238] 이미 여기서 미리 보인 것이다.

◯ 釋畢.

경문의 풀이가 끝났다.

◯ 此下, 特辨'貨殖'事, 蓋恐其終爲子貢之累也.

이 아래에서는 다만 '화식(貨殖)'의 일을 논의하였으니, 대개 마침내 자공(子貢)에게 누가 될까 염려한 것이다.

朱註

程子曰 : "子貢之貨殖, 非若後人之豐財, 但此心未忘耳.

정자(程子 : 程頤 · 程顥)가 말하였다. "자공(子貢)의 화식(貨殖 : 재물을 불림)은 후세 사람들의 재물을 풍부하게 함과 같은 것이 아니나, 다만 이에 대한 마음을 잊지 못하였을 뿐이다.

詳說

◯ '耳'以上叔子; '然'以下伯子.

'정자(程子)'는 '단차심미망이(但此心未忘耳)'까지는 동생 정이(程頤)의 말이고,[239] '연차역자공소시사(然此亦子貢小時事)' 아래로는 형 정호(程顥)의 말이다.[240]

---

238) 뒤에 나오는 주석 "范氏曰"아래의 구절을 말한다.

239) '단차심미망이(但此心未忘耳)'까지는 동생 정이(程頤)의 말이고 : 주희(朱熹), 『논어정의(論語精義)』 권6 상에 내용이 나온다. 그 내용은 다음과 같다. "又[伊川]曰 : '孔子弟子顔淵而下, 有子貢, 後人多以貨殖短之, 子貢之貨殖, 非若後世之豐財, 但此心未忘耳.'"

240) '연차역자공소시사(然此亦子貢小時事)' 아래로는 형 정호(程顥)의 말이다 : 주희(朱熹), 『논어정의(論語精義)』 권6 상에 내용이 나온다. 그 내용은 다음과 같다. "明道曰 : '顔子屢空, 空心受

○ 專意豐財.

'비약후인지풍재(非若後人之豐財 : 후세 사람들의 재물을 풍부하게 함과 같은 것이 아님)'는 오로지 풍재(豐財 : 재물을 풍부하게 함)만을 뜻하는 것이다.

○ 貨殖之心.

'차심(此心)'은 재물을 불리는 마음이다.

○ 所謂熟處難忘.

'미망(未忘 : 잊지 못함)'은 이른바 익숙하게 자리하여 잊기 어려운 것이다.

○ 此一說也.

이는 하나의 해설이다.

朱註

> 然此亦子貢少時事, 至聞'性與天道', 則不爲此矣."
>
> 그러나 이는 또한 자공이 젊었을 때의 일이지만, '성(性)과 천도(天道)'를 들음[241]에 이르러서는 이렇게 하지 않았던 것이다."

詳說

○ 去聲.[242]

'연차역자공소시사(然此亦子貢少時事)'에서 '소(少)'자는 거성(去聲 : 年少)이다.

○ 又一說也.

또 하나의 해설이다.

朱註

> 范氏曰 : "'屢空'者, 簞食瓢飮, 屢絶而不改其樂也, 天下之物, 豈有可動其中者哉? 貧富在天, 而子貢以貨殖爲心, 則是不能安受天命矣. 其言而多中者, 億而已, 非窮理樂天者也.

道. 子貢不受天命而貨殖, 億則屢中, 役聰明億度而知. 此子貢始時事, 至於言性與天道, 不可得而聞, 乃後來事, 其言如此, 則必不至於不受命而貨殖也.'"

241) '성(性)과 천도(天道)'를 들음 : 『논어(論語)』「공야장(公冶長)」에 나오는 다음 내용을 가리킨다. "자공이 말하였다. '공자의 문장은 얻어서 들을 수 있건마는, 공자의 성과 천도를 말한 것은 얻어서 들을 수가 없습니다.'(子貢曰 : '夫子之文章, 可得而聞也; 夫子之言性與天道, 不可得而聞也.')"

242) 호광 편(胡廣 編), 『논어집주대전(論語集註大全)』「선진(先進)」.

범씨(范氏 : 范祖禹)가 말하였다. "'누공(屢空)'이라는 것은 단사표음(簞食瓢飮 : 대그릇의 밥과 표주박의 마실 것)이 자주 떨어져도 그 즐거워함을 바꾸지 않았으니, 천하의 사물 가운데 어찌 그 마음속을 움직일 만한 것이 있었겠는가? 가난함과 부유함은 하늘에 달려 있거늘, 자공이 화식(貨殖 :재물을 늘림)으로써 마음을 삼았다면 이는 편안히 천명을 받아들이지 못한 것이다. 그가 말한 사안이 많이 맞은 것은 속으로 헤아린 뜻일 따름일 뿐, 천리(天理)를 궁구하고 천명(天命)에 순응하며 즐거워한 것이 아니다.

詳說

○ 音嗣.

'단사표음(簞食瓢飮)'에서 '사(食)'자는 음이 사(嗣)이다.

○ 合陋巷章言之.

'단사표음, 누절이불개기락야(簞食瓢飮, 屢絶而不改其樂也 : 대그릇의 밥과 표주박의 마실 것이 자주 떨어져도 그 즐거워함을 바꾸지 않았음)'는 누항장(陋巷章)[243]과 합쳐서 말한 것이다.

○ 取用司馬牛章語.

'빈부재천(貧富在天 : 가난함과 부유함은 하늘에 달려 있음)'은 사마우장(司馬牛章)[244]의 말을 취하여 쓴 것이다.

○ 慶源輔氏曰 : "不受命, 非樂天; 億中[245], 非窮理, 曰'屢中', 則不中者多矣."[246]

경원 보씨(慶源輔氏 : 輔廣)가 말하였다. "'불수명(不受命 : 천명을 받아들이지 않음)'은 타고난 본성[직분]을 즐거워하지 않음이고, '억즉누중(億則屢中 : 헤아리면 자주 맞춤)'은 궁리함이 아니며, '누중(屢中)'이라고 말하면 맞추지 못한 뜻이 많은 것이다."

○ 子騫之必中, 以其不言也; 子貢之屢中, 以其多言也.

---

243) 누항장(陋巷章) : 『논어(論語)』「옹야(雍也)」의 "子曰 : '賢哉回也! 一簞食一瓢飮, 在陋巷, 人不堪其憂, 回也不改其樂, 賢哉回也!'"라는 구절을 말한다.

244) 사마우장(司馬牛章) : 『논어(論語)』「안연(顔淵)」의 "司馬牛憂曰 : '人皆有兄弟, 我獨亡.' 子夏曰 : '商聞之矣, 死生有命; 富貴在天.'"라는 구절을 말한다.

245) 億中 : '億則屢中'을 줄여 표기한 것이다.

246) 호광 편(胡廣 編), 『논어집주대전(論語集註大全)』「선진(先進)」에는 "慶源輔氏曰 : '不受命而貨殖, 非樂天也; 億則屢中, 非窮理也. 人能樂天安命, 則心與理一, 自能發言中理, 不待億度; 若億而後中, 雖其才識之明, 亦幸而已, 其曰屢中, 則不中者多矣.'"로 되어 있다.

자건(子騫 : 閔子騫. 閔損)의 반드시 맞춤은 그 말을 하지 않았기 때문이고, 자공(子貢)의 자주 맞춤은 그 말을 많이 하였기 때문이다.

朱註

夫子嘗曰 : '賜不幸言而中, 是使賜多言也.' 聖人之不貴言也, 如是."[247]

공자가 일찍이 말하였다. '사(賜 : 子貢)는 불행하게도 말하면 맞았으니, 이것이 사(賜)에게 말을 많이 하게 하였다.' 성인이 말을 귀하게 여기지 않음이 이와 같았다."

詳說

○ 不幸而言則中.

'불행언이중(不幸言而中)'은 불행하게도 말하면 맞추는 것이다.

○ 見『左』「定」十五年.

'사사다언야(使賜多言也 : 사에게 말을 많이 하게 하다)'는 『춘추좌전(春秋左傳)』「정공(定公)」 15년 기사에 보인다.

○ 狃於中.

맞음을 탐하는 일이다.

○ 雙峯饒氏曰 : "子貢好方人. 故以顏子幷言, 欲其自厲也."[248]

쌍봉 요씨(雙峯饒氏 : 饒魯)가 말하였다. "자공(子貢)은 남을 비평하는 사람을 좋아하였다. 그러므로 안자(顏子)를 아울러 말하면서 스스로 경계하고자 한 것이다."

○ 顏子以外, 穎悟莫如子貢. 故夫子當有汲引企及之意, 必相形論之, 至聞一章, 則直使之自方而追及之.

안자(顏子) 이외에 빼어나게 총명함은 자공(子貢)만한 사람이 없다. 그러므로 인도(引導)하고 권면(勸勉)하는 뜻을 두고 반드시 서로 나타내어 경문의 의미를 설명하였으니, 문일장(聞一章)[249]에 이르면 곧바로 그에게 스스로 비평하고 뒤좇아서 미치도록 하였다.

---

247) 주희(朱熹), 『논어정의(論語精義)』 권6 상.

248) 호광 편(胡廣 編), 『논어집주대전(論語集註大全)』「선진(先進)」에는 "雙峯饒氏曰 : '此章與前章不同, 前章是指氣質之偏; 此章是言二子造道與用心之異, 庶乎與? 億則屢中, 對造道之異也; 屢空與不受命貨殖, 對用心之異也. 子貢好方人. 故以顏子與之竝言, 欲其以此自厲也.'"로 되어 있다.

249) 문일장(聞一章) : 『논어(論語)』「공야장(公冶長)」의 "子謂子貢曰 : '女與回也, 孰愈?' 對曰 : '賜也, 何敢望回? 回也, 聞一以知十; 賜也, 聞一以知二.' 子曰 : '弗如也. 吾與女弗如也.'"라는 구절을 말한다.

[11-19-1]

子張, 問善人之道, 子曰 : "不踐迹, 亦不入於室."

자장(子張)이 착한 사람의 도(道)를 물었는데, 공자가 말하였다. "성인의 자취를 밟지 않으면 또한 방에 들어가지 못한다."

朱註

善人, 質美而未學者也. 程子曰 : "'踐迹'[250], 如言'循途守轍'.

'선인(善人)'은 바탕이 아름다운데 아직 배우지 못한 사람이다. 정자(程子 : 程頤)가 말하였다. "'천적(踐迹 : 성인의 자취를 밟음)'은 길을 따르고 전철(前轍 : 앞서간 수레바퀴자국)을 지켜 나간다[251]는 말과 같다.

詳說

○ 叔子.

'정자(程子)'는 동생 정이(程頤)이다.

○ 程子曰 : "踐已前爲惡之迹."

정자(程子)가 말하였다. "이전의 악행을 한 자취를 밟는 것이다."

---

250) 踐迹 : 『주자어류(朱子語類)』 권39, 「논어21(論語二十一)」, 60조목에는 다음과 같이 설명하고 있다. "問: '尋常解'踐跡', 猶踏故步. '不踐跡'者, 亦有所進; '亦不入於室'者, 所進不遠也. 今『集注』解'踐跡', 不循樣轍之意, 如何?' 曰: '善人者以其心善, 故不假成法, 而其中自能運用, 故曰'不踐跡'. 據此, 止說善人未有進意.'(물었다. '보통 '천적'을 풀이할 때 옛 자취를 밟는 것과 같다고 합니다. '불천적'이라는 말 또한 나아간 것이 있습니다. '역불입어실'이라는 말은 나아간 것이 멀지 않다는 뜻입니다. 지금 『논어집주(論語集註)』에서 '천적'을 풀이할 때 본보기와 자취를 따르지 않는다는 의미는 어떻습니까?' 주희가 말하였다. '착한 사람이라는 것은 그의 마음이 착하기 때문에 이루어놓은 법을 빌리지 않더라도 그 마음에서 스스로 운용할 수 있으므로 '불천적'이라고 한다. 이에 의하면 착한 사람은 아직 나아간다는 의미가 없다는 말이다.')" 그런데 『논어집주(論語集註)』에는 "踐跡, '不循樣轍'"라는 주석이 없다.

251) 길을 따르고 전철(前轍 : 앞서간 수레바퀴자국)을 지켜 나간다 : 원문의 순도수철(循途守轍)은 법도를 지켜 나가는 것을 말한다. 주희(朱熹), 『회암집(晦庵集)』 권56, 「서(書)·답방빈왕(答方賓王)」에는 "不踐迹一章, 程子謂循塗守轍, 不知塗轍, 爲何也? …… 循塗守轍, 猶言循規蹈矩云爾."라 하였고, 『사서혹문(四書或問)』 권16에는 "惟張子及程子循塗守轍之說爲善."이라고 하였다. 왕정보(王定保), 『당척언(唐摭言)』 권1, 「통서과제(統序科第)」에도 이 내용이 보이는데, 다음과 같다. "範之漢革秦亂, 講求典禮, 亦解循塗守轍, 以須賢俊考德行, 則升孝廉而激浮俗; 掄道藝則第雋造, 而廣人文."

○ 猶言導驢舊迹.

나귀를 옛날 발자취로 이끈다고 말함과 같다.

○ 訓畢.

훈고가 끝났다.

朱註

善人, 雖不必踐舊迹, 而自不爲惡.

착한 사람이 비록 반드시 옛 자취를 밟지 않더라도 스스로 악행을 하지 않는 것이다.[252)]

詳說

○ 添'雖'字.

'수불필천구적(雖不必踐舊迹)'의 경우 '수(雖)'자를 덧붙였다.

○ 質美故也.

'자불위악(自不爲惡 : 스스로 악행을 하지 않는 것)'은 바탕이 아름답기 때문이다.

○ 雙峰饒氏曰 : "所以爲善人."

'자불위악(自不爲惡)'에 대해, 쌍봉 요씨(雙峰饒氏 : 饒魯)가 말하였다. "착한 사람이 되는 까닭이다."

○ 『精義』, 無'自不'句.[253)]

『논어정의』에는 '자불위악(自不爲惡 : 스스로 악행을 하지 않는 것)'이라는 구절이 없다.

---

252) 『주자어류(朱子語類)』 권39, 「논어21(論語二十一)」, 59조목에는 다음과 같이 설명하고 있다. "물었다. '착한 사람은 설마 천부적인 자질이 좋은 사람입니까? 그러므로 옛 사람들의 길과 자취를 따르고 지키지 않더라도 스스로 악한 것을 하지 않습니다. 그러나 그들은 학문을 모르기 때문에 성인의 최고 경지에 들어갈 수 없습니다. 이로 볼 때, 아름다운 자질은 한계가 있고 학문은 다함이 없다는 사실을 알 수 있는 것 아니겠습니까?' 주희가 말하였다. '그렇다.' (問: '善人莫是天資好人否? 故雖不必循守舊人塗轍, 而自不爲惡. 然其不知學問, 故亦不能入於聖人之室. 此可見美質有限, 學問無窮否?' 曰: '然.')"

253) 주희(朱熹), 『논어정의(論語精義)』 권6 상에는 "又『語録』曰 : '善人不踐迹, 亦不入於室之人也. 不踐迹, 是不踐已前爲惡之迹. 然亦未入道也.' 又曰 : '踐迹, 如言循途守轍, 善人雖不循守舊迹, 亦不能入聖人之室也.'"로 되어 있다.

朱註

然亦不能入聖人之室也."

그러나 또한 성인의 방에는 능히 들어가지 못하는 것이다."

詳說

○ 本文'亦'字, 不足於反義. 故添'然'字.

경문의 '역(亦)'자로는 의미를 되돌리기에 부족하다. 그러므로 '연(然)'자를 덧붙인 것이다.

○ 不學故也.

'불능입성인지실(不能入聖人之室 : 성인의 방에는 능히 들어가지 못하는 것)'은 배우지 못하였기 때문이다.

○ 雙峰饒氏曰 : "所以化於善人."

쌍봉 요씨(雙峰饒氏 : 饒魯)가 말하였다. "착한 사람을 교화하는 까닭이다."

○ 按, 伊川本說, 蓋以己之迹言之, 而『集註』取用之意, 則又似作古人之迹者. 且『語類』, 恪大雅兩錄, 皆以前人言, 更詳之.

살펴보건대, 이천(伊川 : 程頤)의 본래 해설은 대개 자기의 자취로써 말하였는데, 『논어집주(論語集註)』에서 취하여 쓴 뜻은 또 옛사람의 자취로 지은 것 같다. 또 『주자어류(朱子語類)』는 대아(大雅: 학문이 높고 재능이 큰 사람)의 두[이천(伊川)과 주자(朱子)] 기록을 모범으로 하였으니, 모두 이전 사람의 말로써 다시 상세하게 이야기한 것이다.

○ 釋畢.

경문의 풀이가 끝났다.

朱註

張子曰 : "善人, 欲仁而未志於學者也. 欲仁故, 雖不踐成法,

장자(張子 : 張載)가 말하였다. "착한 사람은 어질고자 하나 아직 학문에 뜻을 두지 않은 사람이다. 어질고자 하였기 때문에 비록 성인(聖人)이 이미 정해 놓은 법도를 밟지 않았더라도

詳說

○ 二字不如'質美'之爲確', 蓋備一說耳.

'욕인(欲仁 : 어질고자 함)'의 두 글자는 '질미(質美 : 바탕이 아름다움)'의 확실함이 되는 것만 같지 못하니, 대개 하나의 설명을 갖추었을 뿐이다.

○ **華陽范氏曰 : "古人已成之迹."**[254]

'성법(成法 : 성인이 이미 이루어 놓은 법도)'에 대해, 화양 범씨(華陽范氏 : 范祖禹)가 말하였다. "옛사람이 이미 이루어 놓은 자취이다."

朱註

亦不蹈於惡, 有諸己也, 由不學故, 無自而入聖人之室也."[255]

또한 악행을 따르지 않음을 자기에게 두지만, 배우지 않은 이유 때문에 어디서부터 성인(聖人)의 방에 들어가야 하는지 알지 못하는 것이다."

詳說

○ **有諸己故也.**

'유저기야(有諸己也 : 자기에게 둠)'는 자기에게 두었기 때문이다.

○ **從也.**

'자(自)'는 '부터[從]'이다.

○ **'善人', 此章之題目.**

'선인(善人: 착한 사람)'이 이 장의 제목이다.

---

254) 주희(朱熹), 『논어정의(論語精義)』 권6 상의 내용은 다음과 같다. "范曰 : '善人, 吾不得而見之矣. 得見有恒者, 斯可矣. 善人者, 君子之次也. …… 踐迹者, 蹈古人已成之迹而行之, 己不能自立也. 善人不止如是, 然亦不能入室覩聖人之奧也. ……'"

255) 『장자전서(張子全書)』 권2, 「정몽(正蒙)1 · 대심편(大心篇)제7」에는 "善人, 欲仁而未致其學者也. 欲仁故, 雖不踐成法, 亦不陷於惡, 有諸己也, 不入於室, 由不學. 故無自而入聖人之室也."로 되어 있다.

[11-20-1]

子曰："論篤, 是與, 君子者乎? 色莊者乎?"
공자가 말하였다. "언론이 독실한 사람을 이에 허여하면 군자의 사람인가? 낯빛이 장엄한 사람인가?"

朱註

'與', 如字. 言但以其言論篤實而與之, 則未知其爲君子者乎, 爲色莊者乎.
'여(與)'는 본래의 음으로 읽는다. 다만 그 언론(言論)이 독실함으로써 허여(許與)한다면 군자의 사람이 되는 것인지, 낯빛을 장엄하게 한 사람인지 알지 못하겠다고 말한 것이다.

詳說

○ 汎指人.
'기(其)'는 두루 사람을 가리킨다.

○ 尤菴曰："不知義理, 而惟論語, 是篤也."[256]
'언론독실(言論篤實 : 언론이 독실함)'에 대해, 우암(尤庵 : 宋時烈)이 말하였다. "의리를 알지도 못하면서 오직 말만 하는 것이 바로 독(篤)이다."

○ 許也.
'여(與)'는 허여함이다.

○ 一無'其'字.[257]
'미지기(未知其)'는 어떤 판본에는 '기(其)'자가 없다.

○ 猶言'色厲內荏'[258].
'色莊(색장)'은 '낯빛은 장엄한데 마음속은 나약(懦弱)함'을 말한 것과 같다.

○ 有釋無訓.
경문의 풀이는 있으나 훈고는 없다.

---

256) 송시열(宋時烈), 『송자대전(宋子大全)』「여이여구(與李汝九)」에는 "論篤, 是不知義理, 而惟論議, 是篤也."로 되어 있다.

257) 『논어집주(論語集註)』에는 '其'자가 있으나, 『논어집주대전』에는 '其'자가 없다. 조선 영조본 『논어집주대전』에도 '其'자가 없다.

258) 『논어(論語)』「양화(陽貨)」에서는 "色厲而內荏, 譬諸小人, 其猶穿窬之盜也與?"라고 하였다.

○ **此下, 申釋其意.**

이 아래에서 그 뜻을 거듭하여 풀이하였다.

朱註

言不可以言貌取人也.

말과 겉모습으로써 사람을 취함이 옳지 않다는 것을 말하였다.

詳說

○ **『大全』曰 : "'言'指論字, '貌'指色字."**[259)]

『논어집주대전』에서 말하였다. "'언(言)'은 논(論)자를 가리키고, '모(貌)'는 색(色)자를 가리킨다."

○ **程子曰 : "必觀其行事, 可也."**[260)]

정자(程子 : 程顥)가 말하였다. "반드시 그 일을 행하는 모습을 살펴봄이 옳다."

○ **雙峰饒氏曰 : "形於外者, 皆可謂之色, '色思溫', 專指面色言; '令色', 該貌而言; '色莊', 該言貌而言; '色取仁', 該言貌行事而言."**[261)]

쌍봉 요씨(雙峰饒氏 : 饒魯)가 말하였다. "외면에 나타난 것은 모두 색(色)이라고 이를 수 있으니, '색사온(色思溫 : 낯빛은 온화함을 생각함)'[262)]은 오로지 낯빛을 가리켜서 말하였고, '영색(令色 : 아름답게 꾸민 낯빛)'[263)]은 겉모습을 갖추어서 말하였으며, '색장(色莊 : 낯빛이 장엄함)'은 말과 겉모습을 갖추어서 말하였고, '색취인

---

259) 호광 편(胡廣 編), 『논어집주대전(論語集註大全)』「선진(先進)」.

260) 호광 편(胡廣 編), 『논어집주대전(論語集註大全)』「선진(先進)」에는 "程子曰 : '論篤, 言之篤厚者也, 取於人者, 惟言之篤厚者, 是與君子者乎; 色莊者乎, 未可知也. 不可以論篤遂與之, 必觀其行事, 乃可也.'"로 되어 있다.

261) 호광 편(胡廣 編), 『논어집주대전(論語集註大全)』「선진(先進)」에는 "雙峯饒氏曰 : '上言論篤, 下以論篤分君子與色莊, 論篤亦可謂之色莊乎? 蓋色字, 所該甚廣, 凡形於外者, 皆可謂之色, 經傳中, 有專指面色言者, 色思溫, 是也; 有該貌而言者, 巧言令色, 是也; 有該言貌而言者, 此章色莊, 是也; 有該言貌行事而言者, 色取仁, 是也.' 問 : '色取仁, 如何見得該行事而言?' 曰 : '居之似忠信; 行之似廉潔, 即所謂色取仁也.'"로 되어 있다.

262) 색사온(色思溫 : 낯빛은 온화함을 생각함) : 『논어(論語)』「계씨(季氏)」에서 "孔子曰 : '君子有九思, 視思明; 聽思聰; 色思溫; 貌思恭; 言思忠; 事思敬; 疑思問; 忿思難; 見得思義.'"라 하였다.

263) 영색(令色 : 아름답게 꾸민 낯빛) : 『논어(論語)』「학이(學而)」와 「양화(陽貨)」에서 "子曰 : '巧言令色, 鮮矣仁.'"이라 하였다.

(色取仁 : 낯빛이 어짊을 취함)'[264]은 말과 겉모습과 일하는 모습을 갖추어서 말하였다."

○ **'論篤', 此章之題目.**

'논독(論篤: 독실함을 논의하다)'이 이 장의 제목이다.

264) 색취인(色取仁 : 낯빛이 어짊을 취함) : 『논어(論語)』「안연(顔淵)」에서 "夫聞也者, 色取仁而行違, 居之不疑, 在邦必聞; 在家必聞."이라 하였다.

[11-21-1]

子路問 : "聞斯行諸?" 子曰 : "有父兄在, 如之何其聞斯行之?" 冉有問: "聞斯行諸?" 子曰 : "聞斯行之." 公西華曰 : "由也問聞斯行諸, 子曰有父兄在; 求也問聞斯行諸, 子曰聞斯行之, 赤也惑, 敢問." 子曰 : "求也退故, 進之; 由也兼人故, 退之."

자로(子路)가 물었다. "듣고서 이에 행할까요?" 공자가 말하였다. "부형(父兄)이 살아 있으니 어찌 듣고서 이에 행하겠는가?" 염유(冉有)가 물었다. "듣고서 이에 행할까요?" 공자가 말하였다. "듣고서 이에 행해야 하는 것이다." 공서화(公西華)가 말하였다. "유(由 : 子路)가 '듣고서 이에 행할까요?' 라고 물었거늘 공자께서 '부형(父兄)이 살아 있으니 어찌 듣고서 이에 행하겠는가?'라고 하셨는데, 구(求 : 冉有)가 '듣고서 이에 행할까요?'라고 물었거늘 공자께서 '듣고서 이에 행해야 하는 것이다.'라고 하시니, 적(赤 : 公西華)이 의혹하여 감히 묻는 것입니다." 공자가 말하였다. "구는 물러나기 때문에 나아가게 한 것이고, 유는 남보다 능력을 두 배로 겸하였기 때문에 물러나게 한 것이다."

朱註

'兼人', 謂勝人也

'겸인(兼人)'은 남보다 나음을 이른다.

詳說

○ 訓.

훈고이다.

朱註

張敬夫曰 : "聞義, 固當勇爲. 然有父兄在, 則有不可得而專者, 若不稟命而行, 則反傷於義矣.

장경부(張敬夫 : 張栻)265)가 말하였다. "도의(道義)를 들으면 진실로 마땅히 용감

265) 장식(張栻 : 1133~1180) : 남송 시대의 학자로, 자가 경부(敬夫) 또는 흠부(欽夫)·낙재(樂齋)

하게 해야 한다.266) 그러나 부형이 살아 있으면 마음대로 해서는 안 되는 일이 있으니, 만약 명을 받지 않고 행하면 도리어 도의를 해치는 것이다.

詳說

◯ 如子之所行, 雖善, 三年内, 遽改父之道, 則反傷於善矣.

자식의 행한 것이 비록 착하더라도 3년 안에 갑자기 아버지의 도(道)를 고치면 도리어 착함을 해치는 것과 같다.

朱註

子路有聞, 未之能行, 惟恐有聞, 則於所當爲, 不患其不能爲矣; 特患爲之之意, 或過而於所當稟命者, 有闕耳. 若冉求之資稟, 失之弱, 不患其不稟命也, 患其於所當爲者, 逡巡畏縮而爲之不勇耳. 聖人, 一進之一退之, 所以約之於義理之中, 而使之無過不及之患也.

자로(子路)는 들음이 있고 미처 능히 행하지 못하고서 오직 다시 들음이 있을까 두려워하였으니, 곧 마땅히 해야 할 것을 능히 하지 못하였음을 근심한 것이 아니라, 다만 하려는 뜻이 간혹 지나쳐서 마땅히 명을 받아야 할 것을 빠뜨림이 있을까 근심하였을 뿐이다. 염구(冉求)의 자질이나 품성 같으면 과실이 나약함이니, 명을 받지 못할까 근심한 것이 아니라, 마땅히 해야 할 것을 머뭇거리고 위축해서 그것을 하는 데 용감하지 못함을 근심하였을 뿐이다. 성인이 한 사람은 나아가게 하고 한 사람은 물러나게 하였으니, 의리 가운데에서 단속하여 그들에게 지나치거나 미치지 못하는 근심이 없도록 한 것이다.

이고, 호가 남헌(南軒)이라 학자들이 남헌선생(南軒先生)이라 불렀으며, 시호가 선(宣)이라 후세에는 장선공(張宣公)이라고도 불렀다. 한주면죽(漢州綿竹) 사람으로, 남송(南宋) 이종(理宗) 순우(淳祐) 1년(1241)에 공자 사당에서 제향된 뒤에 이관(李寬)·한유(韓愈)·이사진(李士眞)·주돈이(周敦頤)·주희(朱熹)·황간(黃幹)이 함께 석고서원(石鼓書院)에서 제사를 지내서 세상에서 석고칠현(石鼓七賢)이라고 불렀다. 저서로는 『남헌선생논어해(南軒先生論語解)』·『남헌선생맹자설(南軒先生孟子說)』·『남지역설(南地易說)』·『남헌선생문집(南軒先生文集)』 등이 있다.

266) 도의(道義)를 들으면 진실로 마땅히 용감하게 해야 한다 : 『논어(論語)』「위정(爲政)」에서 "子曰 : ' …… 見義不爲, 無勇也.'"라고 하였다.

詳說

○ 見「公冶長」.

'자로유문미지능행유공유문(子路有聞未之能行惟恐有聞)'은 「공야장(公冶長)」에 보인다.

○ 束縛.

'약(約)'은 속박함이다.

○ 釋畢.

경문의 풀이가 끝났다.

○ 新安陳氏曰 : "由 · 求之問, 未必同時, 亦未必互問, 問同答異. 赤偶見而疑之, 前師 · 商章尹氏說, 與此相發明云."[267)]

신안 진씨(新安陳氏 : 陳櫟)가 말하였다. "유(由 : 子路)와 구(求 : 冉有)의 물음이 반드시 때를 같이 하지 않고, 또한 반드시 서로 묻지 않은 것인데, 물음이 같고 대답이 다르니, 적(赤 : 公西華)이 우연히 보고서 의아하게 여긴 사안이다. 앞의 사 · 상장(師 · 商章)[268)]의 윤씨(尹氏 : 尹焞)의 설명[269)]이 이와 더불어 서로 경문의 뜻을 깨달아 밝힌 것이다."

---

267) 호광 편(胡廣 編), 『논어집주대전(論語集註大全)』「선진(先進)」에는 "新安陳氏曰 : '由 · 求之問, 未必同時, 亦未必互問, 問同答異. 赤偶見而疑之, 非其能問, 則聖人造化二子之心, 誰知之哉? 前「師 · 商孰賢章」, 尹氏所謂聖人之教, 抑其過, 引其不及, 歸於中道之說, 與此章參看, 正可相發明云.'"으로 되어 있다.

268) 사 · 상장(師 · 商章) : 『논어(論語)』「선진(先進)」의 "子貢問 : '"師與商也, 孰賢?' 子曰 : '師也, 過; 商也, 不及.' 曰 : '然則師愈與?' 子曰 : '過猶不及.'"라는 구절을 말한다.

269) 윤씨(尹氏 : 尹焞)의 설명 : 『논어집주(論語集註)』「선진(先進)」에서 "尹氏曰 : '中庸之爲德也, 其至矣乎. 夫過與不及, 均也, 差之毫釐, 繆以千里. 故聖人之教, 抑其過, 引其不及, 歸於中道而已.'"라고 한 것을 말한다.

[11-22-1]

子畏於匡, 顔淵後, 子曰 : "吾以女爲死矣." 曰 : "子在, 回何敢死?"
공자가 광 땅에서 두려워하실 적에 안연(顔淵)이 뒤에 있었더니, 공자가 말하였다. "나는 네가 죽은 것으로 생각하였다." 안연이 말하였다. "공자께서 살아 계시는데 회(回)가 어찌 감히 죽을 수 있겠습니까?"

朱註

'女', 音汝. '後', 謂相失在後. '何敢死', 謂不赴鬪而必死也.
'오이녀위사의(吾以女爲死矣)'에서 '여(女)'자는 음이 여(汝)이다. '후(後)'는 서로 잃어서 뒤에 있는 것이다. '하감사(何敢死 : 어찌 감히 죽음)'는 싸움터에 나아가서도 반드시 죽지 않음을 이른다.

詳說

○ 上蔡謝氏曰 : "非不敢之敢, 乃果敢之敢."270)
'하감사(何敢死)의 '감(敢)'에 대해, 상채 사씨(上蔡謝氏 : 謝良佐)271)가 말하였다. "감히 하지 못하는 감(敢)이 아니라, 이에 과감한 감(敢)인 것이다."

○ 訓兼釋.
훈고에 경문의 풀이를 겸하였다.

○ 此下, 又申論釋之.
이 아래에서는 또 거듭하여 경문의 의미를 설명하면서 풀이하였다.

朱註

胡氏曰 : "先王之制, 民生於三, 事之如一, 惟其所在, 則致死焉. 况顔淵之於孔子, 恩義兼盡,

---

270) 호광 편(胡廣 編), 『논어집주대전(論語集註大全)』「선진(先進)」. 주희(朱熹), 『논어정의(論語精義)』 권6상에는 "謝曰 : '敢, 非不敢之敢, 乃果敢之敢, 猶言必死也. 其意, 謂夫子不免, 則回必死, 難矣.'"로 되어 있다.

271) 사량좌(謝良佐 : 1050~1103) : 북송 시대 학자로, 자가 현도(顯道)이고, 호가 상채(上蔡)이며, 하남성 사람이다. 유초(游酢)·여대림(呂大臨)·양시(楊時)와 함께 정자(程子) 문하의 4대 제자로 불린다. 저서로는 『논어설(論語說)』·『상채어록(上蔡語錄)』 등이 있다.

호씨(胡氏 : 胡安國)가 말하였다. "선왕의 제도에 의하면, 백성들은 세 가지[君·師·父]에 의해 사는 것이니, 섬기기를 한결같이 하여 오직 그 살아 있는 곳에 자기 죽음이 이르도록 해야 한다. 하물며 안연(顔淵)은 공자에게 은혜와 의리를 아울러 다하였으니,

詳說

○ 見『國語』「晉語」.
'유기소재즉치사언(惟其所在則致死焉)'은 『국어』「진어(晉語)」에 보인다.

○ 雙峰饒氏曰 : "義雖師生, 恩猶父子."272)
쌍봉 요씨(雙峰饒氏 : 饒魯)가 말하였다. "의리는 비록 스승과 제자 사이라도 은혜는 아비와 자식 사이와 같다."

朱註

又非他人之爲師弟子者而已. 卽夫子不幸而遇難, 回必捐生而赴之矣.
또 다른 사람들처럼 스승과 제자가 되는 것이 아닐 따름이다. 곧 공자가 불행하게도 위난(危難)을 만난다면 안회(顔回)가 반드시 목숨을 버리고 나아갔을 것이다.

詳說

○ 去聲.273)
'즉부자불행이우난(卽夫子不幸而遇難)'에서 '난(難)'자는 거성(去聲 : 위난)이다.

○ 朱子曰 : "已遇難, 此與不許友以死之義, 別."274)
주자(朱子 : 朱熹)가 말하였다. "이미 위난을 만났다면, 이는 친구에게 죽음의 의리를 허여하지 않는 것과는 다르다."

○ 吳氏曰 : "'子在回何敢死'句內, 增二'不'字, 互觀之, 則暸然矣."275)

---

272) 호광 편(胡廣 編), 『논어집주대전(論語集註大全)』「선진(先進)」에는 "雙峯饒氏曰 : '孔之於顔, 敎愛兩極, 其至義, 雖師生, 恩猶父子, 所以爲恩義兼盡.'"으로 되어 있다.

273) 호광 편(胡廣 編), 『논어집주대전(論語集註大全)』「선진(先進)」.

274) 호광 편(胡廣 編), 『논어집주대전(論語集註大全)』「선진(先進)」에는 "問 : '顔路在顔子, 許人以死何也?' 朱子曰 : '事至此, 只得死, 此與不許友以死之意, 別, 不許友以死, 在未遇難之前, 乃可如此, 處已遇難, 却如此說不得.'"으로 되어 있다.

275) 호광 편(胡廣 編), 『논어집주대전(論語集註大全)』「선진(先進)」에는 "吳氏曰 : '子在, 回何敢死,

오씨(吳氏 : 吳仲迂)[276]가 말하였다. "'자재회하감사(子在回何敢死 : 공자께서 살아 계시는데 회가 어찌 감히 죽을 수 있겠습니까?)'의 구절 안에 두 개의 '불(不)'자를 보태 서로 살펴보면 명료해진다."

○ 使夫子而不幸, 則非惟顔淵也, 子路亦必能之矣. 蓋雖曰 : "所在致死", 而古今爲師死者, 甚寥寥. 如方正學之門人, 皆生死也, 非赴死也. 惟尤翁門人宋尙敏, 特爲之死; 且年前堤川義兵時, 有洪思九者, 爲其師安承禹赴而幷命. 事係罕有, 故及之.

공자에게 불행하게 한다면 오직 안연(顔淵)뿐 아니라 자로(子路)도 또한 반드시 능히 하였을 것이다. 대개 비록 말하기를, "살아 있는 곳에 죽음이 이르도록 해야 한다."라고 하였는데, 예나 지금이나 스승을 위하여 죽는 사람이 매우 적었다. 예를 들면 방정학(方正學 : 方孝孺)[277]의 문인들은 모두 살고 죽음에서 죽음에 나아간 것이 아니다. 오직 우옹(尤翁 : 宋時烈)의 문인 송상민(宋尙敏)[278]만이 특별하게 스승을 위하여 죽었으며, 또 지난해 제천(堤川) 의병 때 홍사구(洪思九)[279]라는 사람이 있었는데, 그 스승 안승우(安承禹)[280]를 위하여 나아가서 목숨을 함께 하였다.

則子不在, 回何敢不死, 甚明, 子不在, 非所當言也. 故言子在, 以見意, 讀者, 第於句內, 增二不字, 而反正互觀之, 則瞭然矣. 顔子以德行稱, 而善於說辭如此, 豈諸子所能及哉?'"로 되어 있다.

276) 오씨(吳氏 : 吳仲迂) : 원나라 때의 학자로, 호가 가당(可堂)이고, 번양(番陽) 또는 부량(浮梁) 사람이라고 한다. 박학(博學)하여 경전에 밝았으며, 벼슬을 하지 않고 은거하였다. 저서로는 『사서어록(四書語錄)』·『경전발명(經傳發明)』·『춘추기문(春秋紀聞)』 등이 있다.

277) 방효유(方孝孺 : 1357~1402) : 명나라 때의 학자로, 자가 희직(希直) 또는 희고(希古)이고, 호가 손지(遜志)이며, 영해(寧海) 사람이다. 일찍이 고향 구성(緱城) 마을에서 손지(遜志)로써 서재(書齋) 이름을 정하고 학문에 몰두하니 당시 사람들이 구성선생(緱城先生)이라 불렀으며, 또 한중부(漢中府) 교수를 맡았을 때 촉나라 헌왕(獻王)이 그 독서하는 곳의 이름을 정학(正學)이라 하여 내려 주자 사람들이 정학선생(正學先生)이라고 불렀다. 저서로는 『손지재집(遜志齋集)』·『방정학선생집(方正學先生集)』 등이 있다.

278) 송상민(宋尙敏 : 1626~1679) : 조선 숙종 때 학자로, 자가 자신(子愼)이고, 호가 석곡(石谷)이며, 본관이 은진(恩津)이다. 송시열(宋時烈)·송준길(宋浚吉)의 문인으로, 1674년 효종의 후비 인선대비(仁宣大妃)가 죽자 모후 조대비(趙大妃)의 복제 문제로 송시열이 유배되자 상소를 올렸다가 탄핵을 받고 궁궐 앞에서 장살되었다. 1680년 공조좌랑에 추증되었고, 정절서원(靖節書院)에 배향되었다. 저서로는 『석곡봉서(石谷封書)』가 있다.

279) 홍사구(洪思九 : 1878~1896) : 조선 말기 의병장으로, 자가 우용(又容)이고, 본관이 남양이다. 어릴 때부터 안승우(安承禹)에게 수학하여 1895년(고종32)에 안승우가 유인석과 함께 제천에서 의병을 일으키자 함께 참여하였으며, 1896년에 안승우가 부상을 당하자 그 곁에서 호위하다가 함께 전사하였다.

280) 안승우(安承禹 : 1865~1896) : 조선 말기 의병장으로, 자가 계현(啓賢)이고, 호가 하사(下沙)이다. 일찍이 유중교(柳重敎)에게 수학하였고, 1895년에 이춘영(李春永)·유인석(柳麟錫) 등과

섬기는 일에 계루되는 것이 드물게 있기 때문에 언급하는 것이다.

朱註

捐生而赴之, 幸而不死, 則必上告天子, 下告方伯, 請討以復讎, 不但已也.
목숨을 버리고 나아가서 다행히 죽지 않았다면 반드시 위로 천자에게 아뢰고 아래로는 방백(方伯)에게 알려서 토벌하여 복수할 것을 청원하였을 것이며, 다만 그냥 두지는 않았을 것이다.

詳說

○ **此本伊川語.**[281]

'상고천자하고방백청토(**上告天子下告方伯請討** : 위로 천자에게 아뢰고 아래로는 방백(方伯)에게 알려서 토벌을 청원함)'는 이는 본래 이천(伊川 : 程頤)의 말이다.

○ **'卽'字以下, 假設之言也.**

'즉(卽)'자 이하는 임시로 설정한 말이다.[282]

朱註

夫子而在, 則回何爲而不愛其死, 以犯匡人之鋒乎?"
공자가 살아 있었거늘 안회가 어찌하여 그 죽음을 아끼지 않고 광 땅 사람의 칼날에 해를 입겠는가?"

詳說

○ **趙氏曰 : "不以死爲重, 而以不輕於死爲重也."**[283]

함께 의병을 일으켜 항거하다가 전사하였다.

281) 주희(朱熹), 『논어정의(論語精義)』 권6 상에 보인다. "伊川曰 : '死字, 當爲先字. 子在, 回何敢先死者, 非回之所當爲也. 當爲者, 上足以告天子, 下足以告方伯, 以討其罪耳.'"

282) '즉(卽)'자 이하는 임시로 설정한 말이다 : 위의 주석 "卽夫子不幸而遇難, 回必捐生而赴之矣. ……"를 말한다.

283) 호광 편(胡廣 編), 『논어집주대전(論語集註大全)』「선진(先進)」에는 "趙氏曰 : '死生亦大矣. 云何敢死, 則不以死爲重, 而以不輕於死爲重也.'"로 되어 있는데, 조순손(趙順孫), 『논어찬소(論語纂疏)』 권6에 의하면 다음과 같다. "愚謂, 後爲相失者, 因夫子以顔淵爲死而知也. 死爲赴鬬而死者, 因顔子言何敢死而知也. 死生亦大矣, 以爲何敢死, 則不以死爲重, 而以輕於死爲重也. 當問答之時, 爲師者, 知弟子必能赴義而已. 不疑其重死以求生, 爲弟子者, 亦不以死爲難, 但以

조씨(趙氏 : 趙順孫)가 말하였다. "죽음을 중요하게 여기는 것이 아니라, 죽음을 가볍게 여기지 않음을 중요하게 여기는 것이다."

死而合於義爲難, 於死生猶然, 他可知已."

[11-23-1]

季子然問 : "仲由冉求, 可謂大臣與?"
계자연(季子然 : 姬姓)이 물었다. "중유(仲由)와 염구(冉求)는 대신이라고 이를 수 있겠습니까?"

朱註

'與', 平聲. 子然, 季氏子弟.
'가위대신여(可謂大臣與)'에서 '여(與)'자는 평성(平聲 : 의문어조사)이다. '자연(子然)'은 계씨(季氏)의 아들이다.

詳說

○ 厚齋馮氏曰 : "季孫, 意如之子."[284]
후재 풍씨(厚齋馮氏 : 馮椅)가 말하였다. "계씨(季氏) 후손인 의여(意如)의 아들이다."

○ 訓.
훈고이다.

朱註

自多其家得臣二子. 故問之.
스스로 그 집안에 가신(家臣) 두 사람을 둔 것에 대해 훌륭하게 여겼다. 그러므로 물은 것이다.

詳說

○ 慶源輔氏曰 : "言色之間, 必有矜大之意."[285]
경원 보씨(慶源輔氏 : 輔廣)가 말하였다. "말과 낯빛 사이에 반드시 자랑하고 크게

284) 호광 편(胡廣 編), 『논어집주대전(論語集註大全)』「선진(先進)」에는 "厚齋馮氏曰 : '子然, 季孫意如之子, 意如, 逐昭公者也. 子然習於其父之所爲, 懷無君之心久矣, 今得臣二子. 故問夫子, 蓋將君魯而以爲大臣也, 既抑之, 以其臣及其以從之爲問. 故明以弑父與君不從, 折之.'"로 되어 있다.

285) 호광 편(胡廣 編), 『논어집주대전(論語集註大全)』「선진(先進)」에는 "慶源輔氏曰 : '二子, 以聖門高弟, 而仕於季氏, 雖視顔閔爲慊, 然其德望才業固非常人, 比季氏之家, 其必知所尊敬矣. 故子然以此自多, 而致問也.'" ; "慶源輔氏曰 : '季然自, 多其家得臣二子而致問. 則其言色之間, 必有矜大之意. 且大臣既非家臣所可當, 而二子又不足以盡大臣之道. 故特輕以抑之.'"로 되어 있다.

여기는 뜻이 있다."

○ 以論釋之.

경문의 의미 설명으로 풀이하였다.

[11-23-2]

子曰 : "吾以子爲異之問, 曾由與求之問."
공자가 말하였다. "나는 자네가 색다른 것을 물으리라 생각하였더니, 이에 유(由 : 子路)와 구(求 : 冉有)를 묻는구나."

朱註

'異', 非常也. '曾', 猶乃也.
'이(異)'는 예사롭지 않음이다. '증(曾)'은 내(乃)와 같다.

詳說

○ 通人與事而言.

'이(異)'는 사람과 일을 통틀어서 말한 것이다.

○ 近於反.

'증(曾)'은 반어(反語)에 가깝다.

○ 訓畢.

훈고가 끝났다.

朱註

輕二子, 以抑季然也.
두 사람을 가볍게 여겨서 계자연(季子然)을 억제한 것이다.

詳說

○ 抑其自多之意.

그 스스로 훌륭하다고 여기는 뜻을 억제하였다.[286)]

○ 以論釋之.

경문의 의미 설명으로 풀이하였다.

[11-23-3]

所謂大臣者, 以道事君, 不可則止,

이른바 대신(大臣)이라는 것은 도로써 임금을 섬기다가 가당치 않거든 그치나니

朱註

'以道事君'者, 不從君之欲; 不可則止者, 必行己之志.

'이도사군(以道事君 : 도로써 임금을 섬긴다)'는 것은 임금의 욕심을 좇지 않고, 가당

---

286) 『주자어류(朱子語類)』 권40, 「논어22(論語二十二)」, 1조목에는 다음과 같이 설명하고 있다. "물었다. '중유와 염유의 기질은 같지 않습니다. 그만큼 염구는 보증할 만한 사람은 아니고, 중유는 끝내 굴복하지 않은 듯합니다.' 주희가 말하였다. '그들의 기질을 논하지 마라. 임금과 신하의 대의를 어찌 그들이 모르겠는가? 성인께서는 그가 반드시 보증할 만하다는 것을 아셨다. 그러나 재앙과 난리에서 죽는 것은 쉬운 일이지만, 빼앗을 수 없는 절개 때문에 죽는 것은 어려운 일이다. 문 밖에 나가서 임금을 섬기려면 이 몸이 자기 것이 아니므로 이른바 '임금을 섬길 때는 자신의 몸을 바칠 수 있어야 한다.'는 것이 옳다. 예를 들어 한 고을의 태수가 되거나 한 읍의 현장(縣長)이 되며, 한 위(尉)를 맡았을 때 도적의 근심이 있으면 쉴 수가 없다! 죽음으로 그것을 지켜야 하는 것은 또한 어려운 일이 아니다. 다만 임금과 신하가 크게 바뀜을 만나 이로움과 해로움 사이에서 사소한 것으로 다투게 되면 이는 진실로 어렵다. 지금 잡초와 띠에 거하면서 이와 같은 일을 말하는 것은 아마도 자신을 절실히 하지 않은 것이다. 역사서와 책략에 실린 것을 살펴볼 때 찬탈하고 바뀌는 시기가 줄곧 어려운 곳이다. 찬탈하고 시해하는 도적은 당신이 그를 좇지 않으면 그는 당신을 죽일 것이지만, 당신이 그를 따르면 바로 죽이지는 않는다. 그러나 목숨을 아끼고 죽음을 애석히 여기는데 어찌 이르지 않겠는가!'(問 : 仲由冉求氣質不同, 恐冉求未必可保, 仲由終是不屈.' 曰 : '不要論他氣質. 只這君臣大義, 他豈不知. 聖人也是知他必可保. 然死於禍難是易事, 死於不可奪之節是難事. 才出門去事君, 這身己便不是自家底, 所謂'事君能致其身'是也. 如做一郡太守, 一邑之宰, 一尉之任, 有盜賊之虞, 這不成休了! 便當以死守之, 亦未爲難. 惟卒遇君臣大變, 利害之際只爭些子, 這誠是難. 今處草茅, 說這般事, 似未爲切己. 看史策所載, 簒易之際, 直是難處. 簒弒之賊, 你若不從他, 他便殺了你; 你從他, 便不死. 旣是貪生惜死, 何所不至!')"

치 않으면 그치는 것이니, 반드시 자기의 뜻을 행함이다.287)

詳說

○ 朱子曰: "不合則去."288)

주자(朱子 : 朱熹)가 말하였다. "합당치 않으면 떠나가는 것이다."

○ 有釋無訓.

경문의 풀이는 있으나 훈고는 없다.

[11-23-4]

今由與求也, 可謂具臣矣.

이제 유(由 : 子路)와 구(求 : 冉有)는 구신(具臣)이라고 이를 만하도다.

朱註

'具臣', 謂備臣數而已.

'구신(具臣)'은 신하의 숫자만 갖출 따름임을 이른다.

287) 『주자어류(朱子語類)』 권40, 「논어22(論語二十二)」, 4조목에는 다음과 같은 대화가 있다. "물었다. ''도로써 임금을 섬기다가 가당치 않으면 그치는 것이다.'와 '충심으로 권고하여 잘 인도하되 따르지 않거든 그만둔다.'에 대해, 장자소가 이것을 풀이하여 말하였다. '응당 그 미세한데 통하지 않은 것이 있으면 즉시 그곳에서 물러나고, 그 일이 실패하는 것을 기다리지 말고 과실이 드러난 후에는 힘써 그곳을 물러난다.'' 주희가 말하였다. '자소의 설명은 통하지 않고 앞뒤 글의 의미가 서로 이어지지 않는다. 최근 세상의 배우는 사람들은 대부분 이 설을 취하고 그 신기함을 좋아 하지만, 그것이 이치에 타당하지 않음을 살피지는 않는다. 이는 아주 일을 해치는 것이므로 알지 않을 수 없다.'(問: ''以道事君, 不可則止.'; '忠告而善道之, 不可則止.' 張子韶解此, 謂: '當其微有不可, 則隨卽止之; 無待其事之失, 過之形, 而後用力以止之也.'' 曰: '子韶之說不通, 與上下文義不相貫. 近世學者多取此說, 愛其新奇, 而不察其不當於理. 此甚害事, 不可不知也.')"

288) 호광 편(胡廣 編), 『논어집주대전(論語集註大全)』「선진(先進)」에는 "朱子曰: '不可則止, 謂不合則去.'"라고 하였다.

詳說

◯ 有訓無釋.

훈고는 있으나 경문의 풀이는 없다.

[11-23-5]

曰 : "然則從之者與?"

계자연이 말하였다. "그러면 좇기만 하는 사람입니까?"

朱註

'與', 平聲. 意二子旣非大臣, 則從季氏之所爲而已.

'여(與)'자는 평성(平聲 : 의문어조사)이다. 두 사람이 이미 대신(大臣)이 아니라면 계씨(季氏)의 하는 것을 좇을 따름이라고 생각한 것이다.[289)]

289) 『주자어류(朱子語類)』 권40, 「논어22(論語二十二)」, 3조목에는 다음과 같은 의견이 있다. "계씨에게 출사한 제자들은 (중궁은 계씨의 현장(縣長)이 되었다.) 또한 배반한 신하는 아니었다. 노나라가 약한 틈을 타서 권세를 믿고 재물을 모아 자신에게 돌아가게 했을 따름이다. 그러나 끝내 감히 찬탈하지는 않은 것은 조조와 같다. 그러므로 소공(昭公)이 여러 차례 출타를 했을 때도 계씨는 끝내 취하지 않았다. 세 큰 경족(卿族)이 진나라를 나눔에 이르러서도 또한 천자의 명령을 기다리고 이에 편안해 하였다. 다만 당시 노나라 군주가 스스로 행하지 않았을 뿐이다. 약하면 늘 이와 같았지만, 강하면 소공답게 행동하였다. 만약 공자께서 그것을 처리했다면 반드시 도가 있었을 것이다. 예를 들어 세 도읍을 무너뜨린 것도 그들이 무너지려할 때를 틈타 무너뜨린 것이고, 세 도읍이 무너지므로 세 나라에서 믿던 것도 잃어버렸다. 그러므로 그 세력도 저절로 약해졌다. …… 세 가문은 본디부터 사이가 나빴는데, 예를 들면 닭싸움의 일을 통해서도 알 수 있다. 세 가문은 그것을 급하게 하면 합쳐졌지만, 그것을 느리게 하면 저절로 사이가 좋지 않았다.(仕於季氏之門者, (仲弓爲季氏宰.) 亦未是叛臣. 只是乘魯之弱, 招權聚財歸己而已. 然終不敢簒, 如曹操. 故昭公出許多時, 季氏卒不敢取. 至於三卿分晉, 亦必俟天子之命乃安. 只是當時魯君自做不行. 弱則常如此, 强則爲昭公. 若孔子處之, 則必有道矣. 如墮三都, 是乘他要墮而墮之, 三都墮而三家之所恃者失矣, 故其勢自弱. …… 三家自不相能, 如鬥雞之事可見. 三家, 急之則合, 緩之, 又自不相能.)"

詳說

○ 有釋無訓.

경문의 풀이는 있으나 훈고는 없다.

[11-23-6]

子曰 : "弑父與君, 亦不從也."

공자가 말하였다. "아버지와 임금을 시해(弑害)함은 또한 좇지 않을 것이다."

朱註

言二子雖不足於大臣之道. 然君臣之義則聞之熟矣, 弑逆大故, 必不從之.

두 사람이 비록 대신(大臣)의 도리에는 충분하지 않으나, 임금과 신하의 의리는 견문이 익숙하니, 윗사람을 시해하는 중대한 사고는 반드시 좇지 않을 것임을 말하였다.

詳說

○ 有釋無訓.

경문의 풀이는 있으나 훈고는 없다.

○ 此下, 又以論申釋之.

이 아래에서 또 경문의 의미 설명으로 거듭 풀이하였다.

朱註

蓋深許二子以死難不可奪之節, 而又以陰折季氏不臣之心也.

대개 두 사람이 죽음으로 위난(危難)을 이기는 빼앗을 수 없는 절개가 있음을 깊이 허여하고, 또 계씨의 신하 노릇하지 않으려는 마음을 몰래 꺾었다.

詳說

○ 去聲.[290]

'이사난불가탈지절(以死難不可奪之節)'에서 '난(難)'자는 거성(去聲 : 위난)이다.

○ 子然請問之本意, 只在'從之'二字. 故夫子深折之.

계자연(季子然)이 물음을 청한 본래의 생각은 다만 '종지(從之 : 그를 좇음)' 두 글자에 있다. 그러므로 공자가 깊이 꺾은 것이다.

朱註

○ **尹氏曰 : "季氏專權僭竊, 二子仕其家而不能正也, 知其不可而不能止也, 可謂具臣矣. 是時, 季氏已有無君之心. 故自多其得人, 意其可使從己也. 故曰'弑父與君, 亦不從也', 其庶乎二子可免矣."**[291]

윤씨(尹氏 : 尹焞)가 말하였다. "계씨가 권력을 전횡하며 과분하게 절취(竊取)하였는데 두 사람이 그 집안에서 벼슬하면서 능히 바로잡지 못하였고, 옳지 않은 것을 알면서도 능히 그만두지 못하였으니, 구신(具臣)이라고 이를 만하다. 이때 계씨가 이미 임금을 업신여기는 마음이 있었다. 그러므로 스스로 그 사람을 얻을 것을 훌륭하게 여기고 자기를 좇게 할 수 있으리라 생각하였다. 그러므로 '아버지와 임금을 시해(弑害)함은 또한 좇지 않을 것이다.'라고 말하였으니, 아무쪼록 두 사람은 면할 수 있었다."

詳說

○ 力不可正.

'지기불가(知其不可 : 가당치 않음을 앎)'는 힘써서 바로잡지 않는 것이다.

○ 去也.

'지(止)'는 떠나감이다.

○ '其庶'以下, 是楊氏說, 而檃栝取之耳.[292]

---

290) 호광 편(胡廣 編), 『논어집주대전(論語集註大全)』「선진(先進)」.

291) 주희(朱熹), 『논어정의(論語精義)』 권6 상에는 "尹曰 : '季氏執國命, 仲由 · 冉求仕其家而不能止也. 知其不可而不能止也, 可謂備數之臣而已. 季氏有無君之心, 自多得其人, 意其可使從己也, 故又曰若弑逆之惡, 必不從也.'"로 되어 있다.

292) 실제로는 "故對以弑父與君, 亦不從也, 其庶乎二子可免矣."까지가 양씨(楊氏)의 해설이다. 주희(朱熹), 『논어정의(論語精義)』 권6 상에 실려 있는 내용은 다음과 같다. "楊曰 : '由 · 求爲季氏宰. 故季子然以由 · 求爲問, 意其爲大臣, 可與共成事功也. 季氏旅於太山而不能救, 將伐顓 · 臾二臣, 皆不欲而不能諫, 是謂具臣矣. 非大臣以道事君, 不可則止也. 然季氏至僭用天子之禮, 則其簒逆之心, 已兆矣. 故對以弑父與君, 亦不從也, 其庶乎二子可免矣.'"

'기서(其庶)' 이하는 양씨(楊氏 : 楊時)의 해설이니, 바로잡으려고 취하였을 뿐이다.

○ **新安陳氏曰 : "夫子實欲折季氏之不臣. 故許由 · 求爲死節之臣耳."**[293)]

신안 진씨(新安陳氏 : 陳櫟)가 말하였다. "공자가 실제로 계씨(季氏)가 신하 노릇하지 않으려는 마음을 꺾으려고 한 것이다. 그러므로 유(由 : 子路)와 구(求 : 冉有)가 죽음으로써 절개를 지키는 신하가 된다고 허여하였을 뿐이다."

○ **'具臣', 此章之題目.**

'구신(具臣: 신하의 숫자만 갖출 따름이다)'이 이 장의 제목이다.

---

293) 호광 편(胡廣 編), 『논어집주대전(論語集註大全)』「선진(先進)」에는 "新安陳氏曰 : '弑逆, 非不可之大者歟. 平常能不可則止者, 於弑逆, 必不從. 未能不可則止者, 未可保, 其必不從也. 由 · 求於君臣大義, 固熟聞之, 但察之恐未精耳. 觀由仕於出公, 末爲之死; 求於伐顓臾, 惟知爲季氏子孫憂於父子君臣之義, 能精察之否乎. 夫子於此, 實欲折季氏之不臣. 故許由 · 求爲死節之臣耳.'"로 되어 있다.

[11-24-1]

子路, 使子羔, 爲費宰,
자로(子路)가 자고(子羔 : 高柴)에게 비 땅의 읍재(邑宰)가 되게 하였는데

朱註

'費', 音秘.[294] 子路, 爲季氏宰, 而擧之也.
'위비재(爲費宰)'에서 '비(費)'자는 음이 비(秘)이다. 자로(子路)가 계씨의 가재(家宰)가 되어 그를 천거한 것이다.

詳說

○ 有釋無訓.
경문의 풀이는 있으나 훈고는 없다.

[11-24-2]

子曰 : "賊夫人之子."
공자가 말하였다. "남의 아들을 해치는 일이다."

朱註

音扶, 下同.[295]
'부(夫)'자는 음이 부(扶)이니, 아래도 같다.

詳說

○ 此'夫人', 與前兩章'夫人', 微異.
여기에 '부인(夫人)'은 앞의 두 장에 나온 '부인(夫人 : 저 사람)'과 약간 다르다.[296]

294) 『논어주소(論語注疏)』「음의」에는 "費, 悲位反."이라고 하였다.
295) 『논어주소(論語注疏)』「음의」에는 "夫, 音符, 下同."으로 표기되어 있다.
296) 여기에 '부인(夫人)'은 앞의 두 장에 나온 '부인(夫人 : 저 사람)'과 약간 다르다 : 『논어(論語)』「선진(先進)」의 "顔淵死, 子哭之慟, 從者曰 : '子慟矣.' 曰 : '有慟乎? 非夫人之爲慟, 而誰爲?'라는

朱註

'賊', 害也.

'적(賊)'은 해침이다.

詳說

○ 訓.

훈고이다.

[11-24-3]

子路曰 : "有民人焉, 有社稷焉, 何必讀書然後, 爲學?"

자로가 말하였다. "백성들이 있으며 사직이 있으니, 어찌 반드시 글을 읽은 뒤라야 학문을 하는 것이라고 하겠습니까?"

朱註

言治民事神, 皆所以爲學.

백성들을 다스리고 신을 섬김이 모두 학문하는 일임을 말한 것이다.

詳說

○ 有釋無訓.

경문의 풀이는 있으나 훈고는 없다.

[11-24-4]

子曰 : "是故, 惡夫佞者."

공자가 말하였다. "이런 까닭으로 말재주 있는 사람을 미워한다."

구절의 '夫人'과, "子曰 : '夫人不言, 言必有中.'의 '夫人'을 가리키는 말인데, 이는 모두 '저 사람' 이라는 대명사의 의미로 사용되었다. 이는 여기서 어조사로 쓰인 '夫人'의 '夫'자와 디르다.

朱註

'惡', 去聲.[297] 治民事神, 固學者事, 然必學之已成然後, 可仕以行其學, 若初未嘗學, 而使之即仕以爲學, 其不至於慢神而虐民者, 幾希矣.

'오부녕자(惡夫佞者)'에서 '오(惡)'자는 거성(去聲 : 미워함)이다. 백성을 다스리고 신을 섬김은 진실로 배우는 사람의 일이다. 그러나 반드시 배움이 이미 이루어진 뒤에 벼슬을 해야 그 배움을 행할 수 있다. 만약에 처음부터 일찍이 배우지 않고서 그에게 벼슬에 나아가서 배운 것을 하게 한다면 신을 업신여기고 백성을 학대하는 데 이르지 않을 사람이 거의 드물 것이다.

詳說

○ 南軒張氏曰 : "德立於己而後, 可以言, 無適而非學也."[298]

남헌 장씨(南軒張氏 : 張栻)가 말하였다. "덕이 자기에게 선 뒤에 말을 할 수 있으니, 어디를 가더라도 배움 아닌 것이 없다."

朱註

子路之言, 非其本意. 但理屈詞窮, 而取辦於口, 以禦人耳.

자로의 말은 그 본래의 뜻이 아니다. 다만 논리가 꺾이고 할 말이 없다 보니 입말만 갖추어서 남의 말을 막았을 뿐이다.

詳說

○ 初非欲子羔之以仕爲學, 而擧爲宰耳.

'비기본의(非其本意 : 그 본래의 뜻이 아님)'는 애당초 자고(子羔)가 벼슬 때문에 학문을 하도록 한 것은 아니며, 천거하여 읍재(邑宰)로 삼았을 뿐이다.

○ 無以自解於'賊'一字.

'이굴사궁(理屈詞窮 : 논리가 꺾이고 할 말이 없음)'에서 볼 때, '적(賊)'이라는 한 글

---

297) 『논어주소(論語注疏)』「음의」에는 "惡, 烏路反."이라 하였다.

298) 호광 편(胡廣 編), 『논어집주대전(論語集註大全)』「선진(先進)」에는 "南軒張氏曰 : '子羔學未充而遽使爲宰, 其本不立而置之於事物酬酢之地. 故夫子有賊夫人之歎. 夫民人社稷, 固無非學, 然學必貴於讀書者, 以夫多識前言往行, 古之人所以蓄德者, 實有賴乎. 是德立於己而後, 可以言, 無適而非學也. 如子路之言, 將使學者以聰明爲可恃, 而無敦篤潛泳之功, 其甚至於廢古而任意爲弊, 有不可勝言者. 故夫子所以責之之深也.'"로 되어 있다.

자를 스스로 이해시킬 수 없었다.

◯ 『大全』曰 : "本前篇'禦人口給'而言."[299]

'어인(禦人 : 남의 말을 막음)'에 대해, 『논어집주대전』에서 말하였다. "전편[公冶長]의 '어인구급(禦人口給 : 입말만 잘하여 남의 말을 막음)'[300]에 근거하여 말한 것이다."

◯ 朱子曰 : "託此, 以自解耳."[301]

주자(朱子 : 朱熹)가 말하였다. "이것에 의탁하여 스스로 이해하였을 뿐이다."

朱註

故夫子不斥其非, 而特惡其佞也.

그러므로 공자가 그 그릇됨을 지척(指斥)하지 않고, 다만 그 말만 잘하는 사안에 대해 미워한 것이다.[302]

---

299) 호광 편(胡廣 編), 『논어집주대전(論語集註大全)』「선진(先進)」에는 "本前'焉用佞? 禦人以口給', 而言."으로 되어 있다.

300) 어인구급(禦人口給 : 입말만 잘하여 남의 말을 막음) : 『논어(論語)』「공야장(公冶長)」의 "或曰 : '雍也, 仁而不佞.' 子曰 : '焉用佞? 禦人以口給, 屢憎於人, 不知其仁, 焉用佞?'"라는 구절을 말한다.

301) 호광 편(胡廣 編), 『논어집주대전(論語集註大全)』「선진(先進)」에는 "朱子曰 : '子路非謂不學而可以爲政, 但謂爲學不必讀書耳. 上古未有文字之時, 學者固無書可讀, 而中人以上, 固有不待讀書而自得者. 但自聖賢有作, 則道之載於經者詳矣. 雖孔子之聖不能離, 是以爲學也. 捨是不求而欲以政學, 既失之矣, 况又責之中材之人乎. 然子路使子羔爲宰, 本意未必及此. 但因夫子之言, 而託此以自解耳. 故夫子以爲佞而惡之.'"로 되어 있다.

302) 『주자어류(朱子語類)』 권40, 「논어22(論語二十二)」, 5조목에는 '말만 잘하는, 말재주 있는 사람은 미워하는' 데 대해 다음과 같이 언급하고 있다. "물었다. '하필 책을 읽은 후에야 학문을 했다고 합니까?' 주희가 말하였다. '자로가 처음에 자고에게 비현의 현장이 되도록 한 의도는 어떠한지 모르겠다. 본래 그와 같지는 않았을 텐데, 다만 큰 소리로 대답하자 공자께서 그의 말 잘하는 것을 싫어한 것이다.' 물었다. '이것은 아마도 잃어버림이 치우친 것입니까?' 주희가 말하였다. '모름지기 강학을 해야만 이와 같이 할 수 있을 것이다. 『춘추좌전』에서 자산은 '배운 다음에야 정무(政務)를 관리하는데 참가하지, 정사(政事) 관리하는 것을 배움의 대상으로 삼는다는 말은 들어보지 못하였다.'라는 한 단락을 말했는데, 정확하게 지적한 것이다. 자로 같은 경우는 오히려 정사 관리하는 것을 배움의 대상으로 삼은 사람이다.' (問 : '何必讀書, 然後爲學.' 曰 : '子路當初使子羔爲費宰, 意不知如何. 本不是如此, 只大言來答, 故孔子惡其佞.' 問 : '此恐失之偏否?' 曰 : '亦須是講學, 方可如此做. 左傳子産說'學而後從政, 未聞以政學'一段, 說得好. 如子路, 却是以政學者也.')"

詳說

○ 以仕爲學之非.

'기비(其非)'는 벼슬하는 일을 학문의 그릇됨으로 여기는 것이다.

○ 朱子曰 : "'佞'不是諂佞, 是口快底人, 臨時撰得話好."303)

주자(朱子 : 朱熹)가 말하였다. "'녕(佞)'은 아첨하며 말을 잘하는 것이 아니라, 말만 잘하는 사람이니, 때에 임하여 잘 갖추어서 이야기를 좋게 하는 것이다."

○ 以論釋之, 無訓.

경문의 의미로 풀이하였으나 훈고는 없다.

朱註

范氏曰 : "古者, 學而後入政, 未聞以政學者也. 蓋道之本, 在於修身, 而後及於治人. 其說具於方冊, 讀而知之, 然後能行, 何可以不讀書也? 子路乃欲使子羔, 以政爲學, 失先後本末之序矣. 不知其過, 而以口給禦人故, 夫子惡其佞也."

범씨(范氏 : 范祖禹)가 말하였다. "옛날에는 배운 뒤에 정계에 입문하였으니, 정사(政事)로써 배운다는 말은 들어보지 못하였다. 대개 도의 근본은 수신(修身)에 있으며, 그 뒤에 치인(治人)에 미친다. 그 말이 책 속에 갖추어져 있으니, 읽어서 그것을 알아야 그런 뒤에 능히 행할 수 있거늘 어찌 책을 읽지도 않고 가능할 수 있겠는가? 자로(子路)가 이에 자고(子羔)에게 정사로써 배움을 삼도록 하였으니, 선후(先後)와 본말(本末)의 차례를 잃은 것이다. 그 잘못을 알지도 못하고 말만 잘하여 남의 말을 막았기 때문에 공자가 그 말만 잘함을 미워하였다."

詳說

○ 出『左』「襄」三十一年.304)

'학이후입정, 미문이정학자야(學而後入政, 未聞以政學者也 : 배운 뒤에 정계에 입문하였으니, 정사로써 배운다는 말은 들어보지 못하였다)'는 『춘추좌전(春秋左傳)』「양공(襄公)」 31년 기사에 나온다.

303) 호광 편(胡廣 編), 『논어집주대전(論語集註大全)』「선진(先進)」에는 "朱子曰 : '佞不是諂佞, 是口快底人事. 不問是不是, 臨時撰得話來也好, 可見其佞.'"으로 되어 있다.

304) 호광 편(胡廣 編), 『논어집주대전(論語集註大全)』「선진(先進)」에는 "『左傳』「襄公」三十一年, 子産曰 : '僑聞學而後入政; 未聞以政學者也.'"로 되어 있다.

○ 未學入政.

‘기과(其過)’는 배우지도 않고 정계(政界)에 입문하는 일이다.

○ 以政爲學.

‘구급어인(口給禦人 : 말만 잘하여 남의 말을 막음)’은 정사(政事)로써 배움을 삼는 것이다.

[11-25-1]

子路 · 曾晳 · 冉有 · 公西華, 侍坐,
자로와 증석과 염유와 공서화가 공자를 모시고 앉아 있었더니

朱註

'坐', 才卧反.[305] 晳, 曾參父, 名點.
'시좌(侍坐)'에서 '좌(坐)'는 '재(才)'와 '와(臥)'의 반절(反切)이다. 석(晳)은 증삼(曾參)의 아버지이니, 이름이 점(點)이다.

詳說

○ 音昔.
'석(晳)'자는 음이 석(昔)이다.

○ 前顔路章本文, 以顔淵冠之故, 『註』因而訓之曰 : "淵之父", 此註直擧曾子名者, 爲父子之間而謹之也.
앞의 안로장(顔路章) 본문에서 안연(顔淵)을 머리에 두었기 때문에[306] 『논어집주(論語集註)』에서도 따라서 그것을 새겨서 말하기를 "안연의 아버지이다."[307]라고 하였는데, 여기 주석에서 곧바로 증자(曾子)의 이름을 거론한 것은 아버지와 자식 사이가 되어서 삼간 것이다.

○ 『史記』「仲尼弟子傳」曰 : "蒧."[308]
'명점(名點)'은 『사기(史記)』「중니제자열전(仲尼弟子列傳)」에서 말하였다. "증점(曾蒧)이다."

○ 此不言弟子者, 以有'顔路'註'始教受學'四字, 足以相照耳, 蓋顔 · 曾一體父子均也.
여기서 제자들을 말하지 않은 것은 안로장(顔路章)의 주석에 '시교수학(始教受學 : 공자가 비로소 가르칠 때 배움을 받았다)'[309] 네 글자로써 충분히 서로 비추어볼

---

305) 『논어주소(論語注疏)』「음의」에는 "坐, 才卧反, 又如字."라고 하였다.
306) 앞의 안로장(顔路章) 본문에서 안연(顔淵)을 머리에 두었기 때문에 : 『논어(論語)』「선진(先進)」에서 "顔淵死, 顔路請子之車, 以爲之椁."라고 하였다.
307) 안연의 아버지이다 : 『논어집주(論語集註)』「선진(先進)」에서 "顔路, 淵之父, 名無繇."라고 하였다.
308) 『사기(史記)』「중니제자열전(仲尼弟子列傳)」에서 "曾蒧, 字晳."이라고 하였다.
309) 시교수학(始教受學 : 공자가 비로소 가르칠 때 배움을 받았다) : 『논어집주(論語集註)』「선진

수 있을 뿐이니, 대개 안로(顔路)와 증석(曾晳)은 한 몸으로 아버지와 아들이 균등하다.

○ 有訓無釋.

훈고는 있으나 경문의 풀이는 없다.

○ 侍於坐也, 非侍而坐也. 音訓可考, 『諺』釋恐誤. 且以點獨言作者推之, 豈三子皆立侍歟? 或皆坐至問更端乃起歟? 四子之坐與立不可知, 而本文'坐'字之爲夫子所坐, 則無疑耳.

앉은 자리에서 모신 것이지, 모시고서 앉은 것은 아니다. 소리와 뜻을 살펴보아야 하니 『언해』의 풀이가 아마도 잘못되었다.[310] 또 증점(曾點)이 혼자서 말한 것을 『논어(論語)』를 만든 사람들이 추측한 것이니, 어찌 세 사람이 모두 서서 모셨겠는가? 혹은 모두 앉았다가 질문이 다시 다른 일에 이를 때마다 이에 일어난 것인가? 네 사람의 앉음과 일어섬은 알 수 없으나, 본문에 '좌(坐)'자로 볼 때 공자가 앉은 것은 의심할 것이 없다.

[11-25-2]

子曰 : "以吾一日長乎爾, 毋吾以也.

공자가 말하였다. "나를 보면 한 날이라도 너희들보다 어른이라고 하겠으나, 나를 어른으로 생각하지 말라.

朱註

'長', 上聲. 言我雖年少長於女, 然女[311]勿以我長而難言.

'이오일일장호이(以吾一日長乎爾)'에서 '장(長)'자는 상성(上聲 : 어른)이다. 내가 비록 너희들보다 나이가 조금 어른이지만, 그러나 너희들은 내가 나이 많은 것으로써 말하기를 어려워하지 말라고 한 것이다.

(先進)」에서 "孔子始教而受學焉."라고 하였다.

310) 『언해』의 풀이가 아마도 잘못되었다 : 『언해』본에는 "뫼셔 안잣더니"로 되어 있다.

311) 女 : 『논어집주(論語集註)』와 『논어집주대전』에는 '女'로 표기되어 있고, 조선 영조본 『논어집주대전』에는 '汝'로 표기되어 있다.

詳說

○ 差也.

'소(少)'는 조금이다.

○ 音汝, 下幷同.[312)]

'여(女)'자는 음이 여(汝)이니, 아래도 아울러 같다.

○ 言'一日長' 謙辭也, 猶朱子言'數年長'也. 夫師生之稱先生弟子, 此以人合而進乎天屬之名也. 故師事者必少, 所師者必長, 雖一日數年之間, 亦所當計也. 且弟子中, 序齒亦不可廢, 况師生之齒, 又何可不計乎? 『語』中, 弟子序齒與師生計齒之事, 莫備於此章. 故及之.

'일일장(一日長 : 한 날이라도 나이 많음)'이라고 말한 것은 겸사이니, 주자(朱子 : 朱熹)가 '수년장(數年長 : 몇 해나 나이 많음)'이라고 말한 것과 같다. 무릇 스승과 학생을 선생과 제자라고 일컬으니, 이는 인륜의 결합으로써 천속(天屬)의 이름에 나아가는 일이다. 그러므로 스승을 섬기는 사람은 반드시 나이가 적고, 스승이 된 사람은 반드시 나이가 많으니, 비록 하루나 몇 년의 사이라도 또한 마땅히 헤아려야 한다. 또 제자 가운데서 나이 서열(序列)을 또한 없애서는 안 되거늘, 하물며 스승과 학생의 나이에 또 어찌 헤아리지 않을 수 있겠는가? 『논어(論語)』 가운데 제자들의 나이 서열과 아울러 스승과 제자의 나이를 헤아리는 일이 이 장보다 갖춰진 것이 없다. 그러므로 언급한 것이다.

○ 有釋無訓.

경문의 풀이는 있으나 훈고는 없다.

○ 此下, 則論其言外之意.

이 아래에서는 곧 그 말 밖의 뜻을 논의하였다.

朱註

蓋誘之盡言, 以觀其志, 而聖人和氣謙德, 於此亦可見矣.

대개 말을 다하도록 권하여 그 뜻을 살펴본 것인데, 성인의 온화한 기상과 겸양의 덕성을 여기서 또한 볼 수 있었다.

312) 호광 편(胡廣 編), 『논어집주대전(論語集註大全)』「선진(先進)」에는 "女, 音汝."라고 하였다.

詳說

○ 取後節'志'字, 而冠之於此.

뒤에 나오는 구절의 '지(志)'자[313]를 취하여 여기서는 앞에 두었다.

○ 東陽許氏曰: "其學之所至, 固知, 而欲爲之志, 則不能知也. 問之, 使之自奮, 非獨觀人, 亦所以敎也."[314]

동양 허씨(東陽許氏: 許謙)[315]가 말하였다. "그 학문이 이른 곳은 진실로 알고 있지만 하고자 하는 뜻을 알 수가 없었다. 그들에게 물어서 그들에게 스스로 분발하도록 하였으니, 오직 사람을 살펴볼 뿐만 아니라 또한 가르쳤다."

[11-25-3]

居則曰: '不吾知也', 如或知爾, 則何以哉?"

평상시에 말하기를, '나를 알지 못한다.'라고 하니, 만일 혹시 너희들을 알아준다면 어떻게 할 것이냐?"

朱註

言女平居則言人不知我, 如或有人知女, 則女將何以爲用也.

너희들이 평상시에 곧 사람들이 나를 알아주지 못한다고 말하는데, 만일 혹시 사람들이 너를 알아줌이 있다면 너는 장차 어떻게 쓰임이 되겠느냐고 말한 것이다.

---

313) 뒤에 나오는 구절의 '지(志)'자: 『논어(論語)』「선진(先進)」에서 "子曰: '亦各言其志也已矣.'"라고 한 구절의 '志'자를 말한다.

314) 호광 편(胡廣 編), 『논어집주대전(論語集註大全)』「선진(先進)」에는 "東陽許氏曰: '夫子之於弟子, 於其平日言行問答之間, 固知其學力之所至. 然其將有所待而欲爲之志, 則不能知也. 問之者, 欲知其自知之如何, 使之知有未至而自厲, 非獨觀人, 亦所以敎也.'"로 되어 있다.

315) 허겸(許謙: 1269~1337): 원나라 때 학자로, 자가 익지(益之)이고, 호가 백운산인(白雲山人)이고, 시호가 문의(文懿)이며, 절강성 동양(東陽) 사람이다. 어려서 아버지가 돌아가시자 어머니 도씨(陶氏)가 직접 『효경(孝經)』·『논어(論語)』를 가르쳤다. 원 대 말기에 이르러 금화(金華)에 하기(何基)·왕백(王柏)·김이상(金履祥)·허겸(許謙)의 사현서원(四賢書院)을 세웠다. 저서로는 『백운집』 외에 『사서총설』·『시집전명물초(詩集傳名物鈔)』·『관사치홀기미(觀史治忽機微)』 등이 있다.

詳說

◯ 添'女'字'人'字.

'여평거칙언인부지아(女平居則言人不知我 : 너희들이 평상시에 곧 사람들이 나를 알아주지 못한다고 말함)'는 '여(女)'자와 '인(人)'자를 덧붙인 말이다.

◯ 用於世.

'용(用)'은 세상에 쓰임이다.

◯ 有釋無訓.

경문의 풀이는 있으나 훈고는 없다.

[11-25-4]

子路率爾而對曰 : "千乘之國, 攝乎大國之間, 加之以師旅, 因之以饑饉, 由也爲之, 比及三年, 可使有勇, 且知方也." 夫子哂之.

자로가 경솔하게 대답하여 말하였다. "천승(千乘)의 나라가 큰 나라 사이에 끼여서 군사(軍士)의 압박이 더해지고, 그로 인해 기근이 들었거든 유(由)가 다스려서 3년에 미치면 백성들에게 용맹함을 가지게 하고, 또 나아갈 방향을 알게 할 것입니다." 공자가 웃었다.

朱註

'乘', 去聲. '饑', 音機. '饉', 音僅. '比', 必二反, 下同. '哂', 詩忍反. '率爾', 輕遽之貌. '攝', 管束也. 二千五百人, 爲'師'; 五百人, 爲'旅'. '因', 仍也. 穀不熟曰'饑'; 菜不熟曰'饉'.

'천승지국(千乘之國)'에서 '승(乘)'자는 거성(去聲 : 수레)이다. '인지이기근(因之以饑饉)'에서 '기(饑)'자는 음이 기(機)이고, '근(饉)'자는 음이 근(僅)이다. '비급삼년(比及三年)'에서 '비(比)'는 '필(必)'과 '이(二)'의 반절(反切)이니, 아래도 같다. '부자신지(夫子哂之)'에서 '신(哂)'은 '시(詩)'와 '인(忍)'의 반절(反切)이다. '솔이(率爾)'는 경솔하고 조급한 모습이다. '섭(攝)'은 관리하고 속박함이다. 2천 5백 인이 '사(師)'가 되고, 5백 인이 '려(旅)'가 된다. '인(因)'은 잇달음이다. 곡식이 숙성되지 않은 것을 '기(饑)'라 하고, 채소가 숙성되지 않은 것을 '근(饉)'이라 한다.

詳說

○ 諺音誤.

'솔이(率爾)'에서 '솔(率)'자는 『언해』의 음이 잘못되었다.316)

○ 可見其勇而麁.

'솔이(率爾)'에서 그 용맹하면서 거친 것을 볼 수 있다.

○ 新安陳氏曰 : "介居."317)

'섭(攝)'에 대해, 신안 진씨(新安陳氏 : 陳櫟)가 말하였다. "끼어 있는 것이다."

○ 猶言荐也.

'인(因)'은 천(荐 : 接連)이라고 말하는 것과 같다.

○ 猶治也.

'위(爲)'는 치(治 : 다스리다)와 같다.

朱註

'方', 向也, 謂向義也. 民向義, 則能親其上, 死其長矣.

'방(方)'은 향함이니, 도의로 향함을 이른다. 백성들이 도의로 향하면 그 윗사람을 친애하고 그 어른을 위하여 죽을 수 있는 것이다.

詳說

○ 再轉訓也.

'방(方)은 향함이니, 도의로 향함을 이른다.'라고 한 구절은 두 번 전환하면서 새긴 것이다.

○ 上聲.318)

'사기장의(死其長矣)'에서 '장(長)'자는 상성(上聲 : 어른)이다.

---

316) '솔이(率爾)'에서 '솔(率)'자는 『언해』의 음이 잘못되었다 : 『언해』본에는 '솔'로 되어 있는데, 아마도 『광운』에서 '所律切'이라고 하였듯이 본음을 '술'로 본 것 같다.

317) 호광 편(胡廣 編), 『논어집주대전(論語集註大全)』「선진(先進)」에는 "新安陳氏曰 : '國介居大國間, 勢難爲當兵, 荒後時難爲能致富强. 且化民使向義, 必政敎兼擧而後能之.'"로 되어 있다.

318) 호광 편(胡廣 編), 『논어집주대전(論語集註大全)』「선진(先進)」.

○ 此句, 出『孟子』「梁惠王」.

'백성들이 도의로 향하면 그 윗사람을 친애하고 그 어른을 위하여 죽을 수 있는 것이다.'라고 하였는데, 이 구절은 『맹자(孟子)』「양혜왕」에 나온다.319)

○ 三轉訓也.

세 번 전환하면서 새긴 말이다.

○ 勇而知方, 則可使用之以戰. 此當與前篇治賦章, 參看.

용맹하면서 향방을 알면 전투에 쓸 수 있다. 이는 마땅히 전편[공야장]의 치부장(治賦章)320)과 더불어 참조하여 보아야 한다.

○ 朱子曰: "子路使民, 非若後世之孫·吳."321)

주자(朱子 : 朱熹)가 말하였다. "자로가 백성을 부림은 후세의 손무(孫武 : 孫子)나 오기(吳起)와 같은 것이 아니다."

朱註

哂, 微笑也.

'신(哂)'은 미소(微笑 : 빙긋이 웃음)이다.

---

319) 이 구절은 『맹자(孟子)』「양혜왕」에 나온다 : 『맹자(孟子)』「양혜왕하(梁惠王下)」에서 "君行仁政, 斯民親其上, 死其長矣."라고 하였다.

320) 치부장(治賦章) : 『논어(論語)』「공야장(公冶長)」의 "孟武伯問 : '子路, 仁乎?' 子曰 : '不知也.' 又問, 子曰 : '由也, 千乘之國, 可使治其賦也, 不知其仁也.' '求也, 何如?' 子曰 : '求也, 千室之邑, 百乘之家, 可使爲之宰也, 不知其仁也.' '赤也, 何如?' 子曰 : '赤也, 束帶立於朝, 可使與賓客言也, 不知其仁也.'"라는 구절을 말한다.

321) 『주자어류(朱子語類)』 권40, 「논어22(論語二十二)」, 20조목에는 다음과 같이 되어 있다. "問: '四子言志.' 曰: '曾點與三子, 只是爭箇粗細. 曾點與漆雕開, 只是爭箇生熟. 曾點說得驚天動地, 開較穩貼. 三子在孔門豈是全不理會義理. 只是較粗, 不如曾點之細.' 又曰: '子路使民, 非若後世之孫吳; 冉有足民, 非若後世之管商.'(네 명의 제자가 뜻을 말한 것에 대해 물었다. 주희가 말하였다. '증점과 세 명의 제자는 거친 것과 세련된 것을 다투었다. 증점과 칠조개는 낯선 것과 익숙한 것을 다투었다. 증점은 하늘을 놀라게 하고 땅을 움직이게 말하였지만, 칠조개는 비교적 온당하게 하였다. 세 제자가 공자의 문인 가운데 어찌 의리를 온전히 이해하지 않았겠는가? 비교적 거칠어서 증점의 세밀함만 못하였을 뿐이다.' 또 말하였다. '자로가 백성을 부린 것은 후세의 춘추시기 손무(孫武)와 전국시기의 오기(吳起)만 못하고, 염유가 백성을 풍족하게 한 것은 후세의 관중과 상앙만 못하다.')"

詳說

○ 蓋哂其率爾, 且自負也. 子路此言必欲得盤錯而別利器, 如後世功名之士所言云.
대개 그 경솔하고 조급함에 대해 웃는 것은 또 스스로 떠맡는 것이다. 자로(子路)가 여기서 반드시 서로 뒤섞여도 걸출한 재능을 구별하려고 말한 것이니, 후세에 공을 세워 이름이 알려진 선비가 말한 것과 같다.

○ 有訓無釋.
훈고는 있으나 경문의 풀이는 없다.

○ 厚齋馮氏曰 : "子路·冉有, 皆以三年爲斷, 古者, 三載考績, 要其成也."322)
후재 풍씨(厚齋馮氏 : 馮椅)가 말하였다. "자로(子路)와 염유(冉有)는 모두 3년으로써 단정하였는데, 옛날에 3년마다 실적을 살폈으니,323) 그 성과를 요구한 것이다."

○ 新安陳氏曰 : "子路, 蓋以其實才展盡底, 蘊而言也."324)
신안 진씨(新安陳氏 : 陳櫟)가 말하였다. "자로는 대개 그 진실한 재능을 다 펼친 것이니, 온축(蘊蓄)하여 말하였다."

[11-25-5]

"求! 爾何如?" 對曰 : "方六七十, 如五六十, 求也爲之, 比及三年, 可使足民, 如其禮樂, 以俟君子."
"구(求 : 冉有)야! 너는 어떠하냐?" 대답하여 말하였다. "사방 60, 70리와 혹은 50, 60리에 구(求)가 다스리면 3년에 미쳐서 백성들에게 풍족하게 할 수 있거니와 그 예(禮)와 악(樂)에서는 군자를 기다릴 것입니다."

---

322) 호광 편(胡廣 編), 『논어집주대전(論語集註大全)』「선진(先進)」에는 "厚齋馮氏曰 : '子路齒先諸子, 又勇於進道. 故夫子有問, 必先諸子言之, 其言與冉有, 皆以三年爲斷, 蓋古者三載考績, 要其成也, 夫子亦曰三年有成.'"으로 되어 있다.

323) 옛날에 3년마다 실적을 살폈으니 : 『서경(書經)』「순전(舜典)」에서 "三載考績. 三考, 黜陟幽明."라고 하였다.

324) 호광 편(胡廣 編), 『논어집주대전(論語集註大全)』「선진(先進)」에는 "新安陳氏曰 : '國介居大國間, 勢難爲當兵, 荒後時難爲能致富强. 且化民使向義, 必政敎兼擧而後能之. 子路蓋以其實才展盡底蘊而言也.'"로 되어 있다.

朱註

'求爾何如', 孔子問也, 下放此. '方六七十'里, 小國也. '如', 猶或也.

'구이하여(求爾何如)'는 공자가 물은 것이니, 아래도 이에 준거(準據)한다. '방육칠십(方六七十)'리는 작은 나라이다. '여(如)'는 혹(或 : 간혹)과 같다.

詳說

○ **'赤爾' · '點爾'.**

'하방차(下放此)'에서 '하(下)'는 '적이(赤爾 : 적아! 너는)'와 '점이(點爾 : 점아! 너는)'이다.

○ **倣同.**

'방(放)'은 방(倣 : 준거하다, 의거하다)과 같다.

○ **'如五'之'如'字也, 下節'如會[325]'之'如'字同.**

'여오(如五)'의 '여(如)'자는 아래 구절의 '여회(如會)'의 '여(如)'자와 같다.

○ **'若'字, 亦多作'或'字義用.**

'약(若)'자도 또한 대부분 '혹(或 : 간혹, 만일)'자의 의미로 쓴다.

朱註

'五六十里', 則又小矣. '足', 富足也.

'오륙십리(五六十里)'이면 또 작은 것이다. '족(足)'은 풍부하고 충족함이다.

詳說

○ **继富公西, 附益季氏, 皆其治財之事, 蓋冉有政事之才, 長於治財.**

공서(公西)에게 부유함을 더해 주고, 계씨(季氏)에게 이익을 더해 준 것은 모두 재물을 다스리는 일이니, 대개 염유(冉有)가 정사(政事)하는 재능은 재물을 다스리는 데 뛰어났다.

○ **朱子曰 : "冉有足民, 非若後世之管 · 商."[326]**

주자(朱子 : 朱熹)가 말하였다. "염유가 백성들을 풍족하게 함은 후세에 관중(管仲)이나 상앙(商鞅)과 같은 것이 아니다."

---

325) 여회(如會) : 다음 경문에 나오는 "宗廟之事, 如會同."을 말한다.

326) 『주자어류(朱子語類)』 권40, 「논어22(論語二十二)」, 20조목.

○ 訓畢.

훈고가 끝났다.

朱註

'俟君子', 言非己所能.

'사군자(俟君子)'는 자기가 능한 것이 아님을 말한다.

詳說

○ 釋也.

경문의 풀이다.

○ 此下, 則論也.

이 아래는 곧 경문의 의미를 설명하였다.

朱註

冉有謙退, 又以子路見哂. 故其辭益遜.

염유(冉有)는 겸손하게 물러나고, 또 자로(子路)는 웃음거리가 되었다. 그러므로 그 말이 더욱 겸손한 것이다.

詳說

○ 素性.

'염유겸퇴(冉有謙退)'는 본래의 성품이다.

○ 卽事.

'자로견신(子路見哂)'은 바로 앞에서 생긴 일이다.

[11-25-6]

"赤! 爾何如?" 對曰:"非曰能之, 願學焉. 宗廟之事, 如會同, 端章甫, 願爲小相焉."

"적(赤)아! 너는 어떠하냐?" 대답하여 말하였다. "능하다고 말하는 것이 아니라 배우기를 원합니다. 종묘의 일과 간혹 회동(會同)함에 검은 복장과 검은 갓을 갖추고 의례(儀禮)를 맡는 관리가 되기를 원합니다."

朱註

'相', 去聲.327) 公西華, 志於禮樂之事, 嫌以君子自居. 故將言己志而先爲遜辭, 言未能而願學也.

'원위소상언(願爲小相焉)'에서 '상(相)'자는 거성(去聲 : 도와주다)이다. 공서화는 예(禮)와 악(樂)의 일에 뜻을 두었으나, 군자로써 자처하는 것을 싫어하였다. 그러므로 장차 자기의 뜻을 말하면서 먼저 겸양의 말을 하였으니, 아직 능하지 못하므로 배우기를 원한다고 말한 것이다.

詳說

○ 素志.

'지어예악지사(志於禮樂之事 : 예와 악의 일에 뜻을 둠)'는 본래부터 지닌 뜻이다.

○ 卽事.

'혐이군자자거(嫌以君子自居 : 군자로써 자처하는 것을 싫어함)'는 바로 앞에서 생긴 일이다.

○ 新安陳氏曰:"求云'禮樂俟君子', 赤若毅然欲從事禮樂, 則是以君子自居."328)

신안 진씨(新安陳氏 : 陳櫟)가 말하였다. "구(求 : 염유)가 '예(禮)와 악(樂)에서는 군자를 기다릴 것입니다.'라고 하였는데, 적(赤 : 공서화)이 만약 의연히 예와 악에 종사하였다면 이 때문에 군자로 자처하는 것이다."

○ 求後謙; 赤先謙.

---

327) 『주례(周禮)』「추관(秋官) · 사의(司儀)」에서 "司儀掌九儀之賓客擯相之禮."라고 하였는데, 정현(鄭玄)의 주석에 의하면 "出接賓曰擯, 入贊禮曰相."이라고 설명하였다.

328) 호광 편(胡廣 編), 『논어집주대전(論語集註大全)』「선진(先進)」에는 "新安陳氏曰 : '求云如其禮樂以俟君子, 今赤若毅然欲從事於禮樂, 則是以君子自居. 故必先爲遜辭也.'"로 되어 있다.

'선위손사(先爲遜辭)'에서 구(求 : 염유)는 겸양을 뒤에 하였고, 적(赤 : 공서화)은 겸양을 먼저 하였다.

○ 先釋上一半, 無訓.

먼저 위의 절반을 풀이하였는데, 훈고는 없다.

朱註

'宗廟之事', 謂祭祀. 諸侯時見曰'會', 衆覜曰'同'. 端, 玄端服; 章甫, 禮冠. 相, 贊君之禮者. 言小, 亦謙辭.

'종묘의 일'을 제사라고 이른다. 제후가 때에 맞게 뵙는 것을 '회(會)'라고 하며, 제후들이 서로 만나는 것을 '동(同)'이라고 한다. 단(端)은 현단복이고, 장보(章甫)는 예관(禮冠)이다. 상(相)은 임금의 예를 돕는 사람이다. 소(小)라고 말한 것은 또한 겸손하는 말이다.

詳說

○ 音現.[329]

'제후시현왈'회'(諸侯時見曰'會')'에서 '현(見)'자는 음이 현(現)이다.

○ 『大全』曰 : "無常期."[330]

'시현왈회(時見曰會 : 때에 맞게 뵙는 것을 회라고 함)'에 대해, 『논어집주대전』에서 말하였다. "일정한 시기가 없다."

○ 有時而見.

때를 두어서 뵙는 것이다.

○ 音眺.[331]

'중조왈'동'(衆覜曰'同')'에서 '조(覜)'자는 음이 조(眺)이다.

○ 二句, 出『周禮』「大宗伯」.[332]

---

329) 호광 편(胡廣 編), 『논어집주대전(論語集註大全)』「선진(先進)」에는 "見, 形甸反."이라고 하였다.

330) 호광 편(胡廣 編), 『논어집주대전(論語集註大全)』「선진(先進)」에 『주례』「춘관(春官) · 대종백(大宗伯)」의 정현(鄭玄)의 주석에 해당하는 "時見者, 言無常期."로 실려 있다.

331) 호광 편(胡廣 編), 『논어집주대전(論語集註大全)』「선진(先進)」.

332) 호광 편(胡廣 編), 『논어집주대전(論語集註大全)』「선진(先進)」에는 "『周禮』「春官 · 大宗伯」, '春見曰朝, 夏見曰宗, 秋見曰覲, 冬見曰遇; 時見曰會, 殷見曰同.' 此六禮者, 以諸侯見王爲文,

‘시현왈회, 중조왈동(時見曰會, 衆覜曰同 : 때에 맞게 뵙는 것을 회라고 하며, 제후들이 서로 만나는 것을 동이라고 함)’의 두 구절은 『주례』「대종백(大宗伯)」에 나온다.

○ 『大全』曰 : “十二歲, 六服盡朝.”333)

‘중조왈동(衆覜曰同)’에 대해, 『논어집주대전』에서 말하였다. “12년에 육복(六服 : 제후들)334)이 다 조회한다.”

○ 厚齋馮氏曰 : “‘會同’, 諸侯朝於天子之禮, 兩君相見, 亦曰‘會’. 又有同盟時, 諸侯朝天子, 寡矣. 華之言, 當爲兩君相見而設.”335)

후재 풍씨(厚齋馮氏 : 馮椅)가 말하였다. “‘회동’은 제후들이 천자를 조회하는 예이며, 두 임금이 서로 만나봄도 또한 ‘회(會)’라고 한다. 또 동맹관계에 있을 때는 제후들이 천자를 조회함은 적다. 화(華 : 공서화)의 말은 마땅히 두 임금이 서로 만나봄을 위하여 베푼 것이다.”

六服之內, 四方以時分來, 或朝春, 或宗夏, 或覲秋, 或遇冬, 更遞而徧. 時見者, 無常期, 諸侯有不順服者, 王將有征討之事, 則既朝覲, 王爲壇於國外, 合諸侯而命事焉. 『春秋傳』曰 : ‘有事而會, 不協而盟’, 是也. 殷, 猶衆也. 十二歲王如不巡守, 則六服盡朝, 朝禮既畢, 王亦爲壇, 合諸侯以命政焉. 所命之政, 如王巡守. 殷見, 四方四時分來, 終歲以偏. ‘時聘曰問, 殷覜曰視.’ 時聘, 亦無常期, 天子有事, 乃聘之焉. 境外之臣, 既非朝歲, 不敢瀆爲小禮. 殷頫, 謂一服朝之歲, 以朝者少, 諸侯乃使卿以大禮衆聘焉. 一服朝在元年 · 七年 · 十一年.”으로 되어 있다. 『周禮注疏』 권18, 「春官 · 大宗伯」의 내용은 다음과 같다. “‘春見曰朝, 夏見曰宗, 秋見曰覲, 冬見曰遇; 時見曰會, 殷見曰同.’ 注, 此六禮者, 以諸侯見王爲文. 六服之內, 四方以時分來, 或朝春, 或宗夏, 或覲秋, 或遇冬, 名殊禮異, 更遞而徧. 朝猶朝也, 欲其來之早. 宗, 尊也, 欲其尊王. 覲之言勤也, 欲其勤王之事. 遇, 偶也, 欲其若不期而偶至. 時見者, 言無常期, 諸侯有不順服者, 王將有征討之事, 則既朝覲, 王爲壇於國外, 合諸侯而命事焉. 『春秋傳』曰 : ‘有事而會, 不協而盟’, 是也. 殷, 猶衆也. 十二歲王如不巡守, 則六服盡朝, 朝禮既畢, 王亦爲壇, 合諸侯以命政焉. 所命之政, 如王巡守. 殷見, 四方四時分來, 終歲則徧. ‘時聘曰問, 殷覜曰視.’ 注, 時聘者, 亦無常期, 天子有事乃聘之焉. 境外之臣, 既非朝歲, 不敢瀆爲小禮. 殷覜, 謂一服朝之歲, 以朝者少, 諸侯乃使卿以大禮衆聘焉. 一服朝在元年 · 七年 · 十一年.”

333) 호광 편(胡廣 編), 『논어집주대전(論語集註大全)』「선진(先進)」. 『주례』「춘관(春官) · 대종백(大宗伯)」의 정현(鄭玄) 주석에 해당하는 구절에는 “十二歲王如不巡守, 則六服盡朝, 朝禮既畢, 王亦爲壇, 合諸侯以命政焉.”으로 되어 있다.

334) 육복(六服 : 제후들) : 왕기(王畿) 외의 제후 나라를 복(服)이라 하며, 그 등차에 여섯 개가 있으니, 후복(侯服) · 전복(甸服) · 남복(男服) · 채복(采服) · 위복(衛服) · 만복(蠻服)이 그것이다.

335) 호광 편(胡廣 編), 『논어집주대전(論語集註大全)』「선진(先進)」에는 “厚齋馮氏曰 : ‘會同, 諸侯朝於天子之禮也, 而兩君相見, 亦曰會. 又有同盟, 當是時, 諸侯朝於天子寡矣. 華之言, 當爲兩君相見而設.’”로 되어 있다.

○ **慶源輔氏曰 : "'玄端', 古者, 君臣, 皆得服之. '章甫', 緇布冠也."**[336]

경원 보씨(慶源輔氏 : 輔廣)가 말하였다. "'현단(玄端)'은 옛날에 임금과 신하가 모두 입었던 옷이다. '장포(章甫)'는 검은 베로 만든 갓이다."

○ **佐也.**

'찬(贊)'은 도움이다.

○ **與求之言'五六十', 同.**

'소(小)'는 구(求)가 50, 60대를 말한 것과 더불어 같다.

○ **厚齋馮氏曰 : "子華, 又謙於冉有."**[337]

후재 풍씨(厚齋馮氏 : 馮椅)가 말하였다. "자화(子華 : 공서화)는 또 염유(冉有)보다 겸손하다."

○ **下一半. 有訓無釋.**

아래 절반이다. 훈고는 있으나 경문의 풀이는 없다.

[11-25-7]

"點! 爾何如?" 鼓瑟希鏗爾, 舍瑟而作, 對曰 : "異乎三子者之撰." 子曰 : "何傷乎? 亦各言其志也." 曰 : "莫春者, 春服旣成, 冠者五六人, 童子六七人, 浴乎沂, 風乎舞雩, 詠而歸." 夫子喟然歎曰 : "吾與點也."

"점(點)아! 너는 어쩌겠느냐?" 비파 연주를 띄엄띄엄 깽깽이 하더니 비파를 놓고 일어서서 대답하여 말하였다. "세 사람이 갖추고 있는 것과 다릅니다." 공

---

336) 호광 편(胡廣 編), 『논어집주대전(論語集註大全)』「선진(先進)」에는 "慶源輔氏曰 : '禮有玄端而冕, 若「玉藻」, 天子龍袞以祭, 玄端朝日, 諸侯玄端以祭, 是已有玄端而冠, 若朝玄端, 夕深衣, 是已有玄端而章甫如此. 章端章甫, 是已有玄端而委貌. 若晏平仲端委立於虎門是已. 鄭云端取其正, 謂士之衣袂, 皆二尺二寸, 而屬幅廣袤等也. 然則玄端之服, 古者, 君臣, 皆得服之, 章甫, 緇布冠也. 夏曰毋追, 音牟堆; 商曰章甫; 周曰委貌, 其制相比, 皆以漆布爲之, 蓋三代常服行道之冠也.'"로 되어 있다.

337) 호광 편(胡廣 編), 『논어집주대전(論語集註大全)』「선진(先進)」에는 "厚齋馮氏曰 : '會同, 諸侯朝於天子之禮也, …… 夫擯紹, 禮樂之末也, 小相, 又擯紹之末也. 二子, 以子路蒙哂. 故其辭謙, 而子華又謙於冉有也.'"로 되어 있다.

자가 말하였다. "무엇이 해롭겠는가? 또한 각각 그 뜻을 말하는 것이다." 증점이 말하였다. "늦봄에 봄옷이 이미 이루어지거든 갓을 쓴 사람 대여섯 명, 어린아이 예닐곱 명과 기수에서 목욕하고 무우에서 바람쐬며 노래하고서 돌아올 것입니다." 공자가 소리 내어 감탄하며 말하였다. "나는 증점을 허여한다."

朱註

'鏗', 苦耕反. '舍', 上聲. '撰', 士免反. '莫'·'冠', 幷去聲. '沂', 魚依反.[338] '雩', 音于. 四子侍坐, 以齒爲序, 則點當次對, 以方鼓瑟故, 孔子先問求·赤而後及點也.
'고슬희갱이(鼓瑟希鏗爾)'에서 '갱(鏗)'은 '고(苦)'와 '경(耕)'의 반절(反切)이다. '사슬이작(舍瑟而作)'에서 '사(舍)'자는 상성(上聲 : 놓다)이다. '이호삼자자지선(異乎三子者之撰)'에서 '선(撰)'은 '사(士)'와 '면(免)'의 반절(反切)이다. '모춘자(莫春者)'에서 '모(莫)'자와 '관자오륙인(冠者五六人)'에서 '관(冠)'자는 모두 거성(去聲 : 저물다, 갓 쓰다)이다. '욕호기(浴乎沂)'에서 '기(沂)'는 '어(魚)'와 '의(依)'의 반절(反切)이다. '풍호무우(風乎舞雩)'에서의 '우(雩)'자는 음이 우(于)이다. 네 사람이 모시고 앉아서 나이대로 차례를 한다면, 증점(曾點)이 마땅히 두 번째로 대답해야 하는데, 바야흐로 비파를 연주하였기 때문에 공자가 먼저 구(求)와 적(赤)에게 물은 뒤에 증점에게 미친 것이다.

詳說

○ 首節之序.
머리 장절의 차례이다.

○ 張氏存中曰 : "曾參少孔子四十六歲, 則曾點必少孔子十餘歲, 合居子路之次."[339]
장존중(張存中)이 말하였다. "증삼이 공자보다 46세 어리다면 증점은 공자보자 10여세가 어리니, 자로(子路) 다음에 자리함이 합당하다."

---

338) '魚'는 『논어집주(論語集註)』에는 '漁'로 표기되어 있고, 『논어집주대전』에는 '兼'으로 표기되어 있다.

339) 호광 편(胡廣 編), 『논어집주대전(論語集註大全)』「선진(先進)」에는 "張存中曰 : '『史記』「仲尼弟子傳」, 仲由, 字子路, 卞人也, 少孔子九歲. 曾點, 字晳, 與子參, 皆侍孔子. 冉求, 字子有, 仲弓之族也, 少孔子二十九歲. 公西赤, 字子華, 魯人, 少孔子四十二歲. 按, 『史記』·『家語』, 載曾參少孔子四十六歲, 則曾點必少孔子十餘歲, 合居子路之次.'"로 되어 있다.

○ 一作'夫'.

'공(孔)'은 어떤 판본에는 '부(夫)'로 썼다.340)

○ 此亦聖人之時中也.

'공자선문구 · 적이후급점(孔子先問求 · 赤而後及點 : 공자가 먼저 구(求)와 적(赤)에게 물은 뒤에 증점에게 미친 것)'은 이는 또한 성인의 시중(時中 : 지나치거나 모자람이 없이 그때의 사정에 알맞게 함)이다.

○ 先論序齒事.

먼저 나이를 차례 짓는 일에 대하여 논의하였다.

朱註

'希', 間歇也. '作', 起也. '撰', 具也.

'희(希)'는 띄엄띄엄 하는 것이다. '작(作)'은 일어남이다. '선(撰)'은 갖춤이다.

詳說

○ 去聲.341)

'간헐야(間歇也)'에서 '간(間)'자는 거성(去聲 : 이간(離間))이다.

○ 審聽三子之言志, 次當及己. 故間歇耳.

세 사람[자로 · 염유 · 공서화]이 뜻을 말하는 것에 대해 자세히 듣고서 차례가 마땅히 자기에게 미친 것이다. 그러므로 띄엄띄엄 말한 것뿐이다.

○ 鼓瑟故坐, 將對故起.

비파를 연주하였으므로 앉은 것이고, 장차 대면해야 하므로 일어난 것이다.

○ '舍', 釋也, '鏗舍', 瑟聲.

'사(舍)'는 놓음이고, '갱사(鏗舍)'는 비파 소리이다.

○ 朱子曰 : "方見三子言志, 時有些下視他, 曰 : '異乎三子之撰.' 看其意, 有鳳凰翔于千仞底氣象."342)

---

340) '공(孔)'은 어떤 판본에는 '부(夫)'로 썼다 : 『논어집주(論語集註)』에는 '夫'자로 표기되어 있고, 호광본 『논어집주대전』이나 영조본 『논어집주대전』에는 '孔'자로 표기되어 있다.

341) 호광 편(胡廣 編), 『논어집주대전(論語集註大全)』「선진(先進)」.

342) 호광 편(胡廣 編), 『논어집주대전(論語集註大全)』「선진(先進)」에는 "朱子曰 : '曾點所見不同, 方侍坐之時, 見三子言志, 想見有些下視他幾箇, 作而言曰 : 異乎三子者之撰. 看其意, 有鳳凰翔于千仞底氣象.'"으로 되어 있다.

주자(朱子 : 朱熹)가 말하였다. "바야흐로 세 사람이 뜻을 말하는 것을 보면서 때때로 약간 낮춰서 다른 사람과 비교해 봄이 있었으니, 말하기를 '세 사람의 갖춤과 다르다.'라고 하였다. 그 뜻을 보면 봉황이 천 길을 날아올라 갈 기상이 있다."

○ **又曰 : "曾點天資高"[343], 便是'狂簡'.**

주자(朱子 : 朱熹)가 또 말하였다. "증점의 타고난 자질이 높다." 곧 이것이 '광간(狂簡 : 뜻이 높고 크나 간소함)'[344]이다.

○ **非惟異乎三子之撰而已, 於夫子所問, 知'爾何以'之義, 亦有異. 故先以實告, 待夫子之廣其義, 然後乃言, 可見其狂而直.**

오직 세 사람의 갖춤이 다를 따름이 아니라, 공자의 질문에 '너는 어떠하냐?'라는 뜻에서 또한 다름이 있음을 알 수 있다. 그러므로 먼저 사실대로 말하고 공자가 그 뜻을 넓혀 주는 것을 기다린 뒤에 말하였으니, 그 뜻이 높고 크면서 강직함을 볼 수 있다.

朱註

'莫春', 和煦之時. '春服', 單袷之衣. '浴', 盥濯也, 今上巳祓除, 是也.

'모춘(莫春)'은 온화하고 따뜻한 때이다. '춘복(春服)'은 홑옷과 겹옷이 있는 옷이다. '욕(浴)'은 씻는 일이니, 오늘 상사(上巳 : 삼짇날)에 재앙을 없애는 제사를 준비하는 일이 이것이다.

詳說

○ **温也.**

'후(煦)'는 따뜻함이다.

○ **新安陳氏曰 : "想亦對莫春之時, 使非對景而言, 亦無意思."[345]**

---

343) 『주자어류(朱子語類)』 권40, 「논어22(論語二十二)」, 41조목에는 "曾點天資高明, 用志遠大. 故能先見其本; 往往於事爲之間, 有不屑用力者焉. 是徒見其忠之理, 而不知其恕之理也. 曾子一日三省, 則隨事用力, 而一貫之說, 必待夫子告之而後知."라고 하였다.

344) 광간(狂簡 : 뜻이 높고 크나 간소함) : 『논어(論語)』「공야장(公冶長)」에서 "吾黨之小子狂簡, 斐然成章, 不知所以裁之."라고 하였고, 그 주석에서 "狂簡, 志大而略於事也."라고 하였다.

345) 호광 편(胡廣 編), 『논어집주대전(論語集註大全)』「선진(先進)」에는 "新安陳氏曰 : '曾點所言, 想正對莫春之時, 使非對景而言, 亦無意思. 又按, 三子所言者, 事功其志實而小; 點所言者, 理趣其志高而大. 點不及三子所行之實, 三子不及點所見之高. 以一時所言觀之, 三子規規於事爲之末, 而點超然於理趣之高, 宜夫子獨與之也. 自今而論學者, 必有曾點見處之高, 以立其體. 又有三子

신안 진씨(新安陳氏 : 陳櫟)가 말하였다. "생각하건대, 또한 늦은 봄의 때를 맞은 것이지만, 경치나 풍경에 대하여 말하게 하거나, 또한 생각이 없게 한 것도 아니다."

○ 音夾.[346]

'단겹지의(單袷之衣)'에서 '겹(袷)'자는 음이 협(夾)이다.

○ 新安陳氏曰 : "單衣 · 袷衣."[347]

단겹지의(單袷之衣)에 대해, 신안 진씨(新安陳氏 : 陳櫟)가 말하였다. "홑옷과 겹옷이다."

○ 音管.[348]

'관탁야(盥濯也)'에서 '관(盥)'자는 음이 관(管)이다.

○ 朱子曰 : "只是盥濯手足, 不是解衣浴也."[349]

주자(朱子 : 朱熹)가 말하였다. "다만 손과 발을 씻는 일이지, 옷을 벗고 목욕하는 것은 아니다."

○ 音弗.[350]

'금상사불제(今上巳祓除)'에서 '불(祓)'자는 음이 불(弗)이다.

○ 朱子曰 : "『漢志』, 三月上巳祓除, 官民潔於東流水上, 蔡邕引此爲證."[351]

주자(朱子 : 朱熹)가 말하였다. "『한서지리지(漢書地理志)』에는 '3월 삼짇날에 관리와 백성들이 동쪽 시냇물 가에서 몸을 깨끗이 닦는다.'라고 하였는데, 채옹(蔡邕)

行處之實, 以達於用, 始爲無弊不然, 鮮不流於狂妄.'"으로 되어 있다.

346) 호광 편(胡廣 編), 『논어집주대전(論語集註大全)』「선진(先進)」.

347) 호광 편(胡廣 編), 『논어집주대전(論語集註大全)』「선진(先進)」에는 "新安陳氏曰 : '單, 單衣; 袷, 袷衣. 至此時則衣無絮也.'"로 되어 있다.

348) 호광 편(胡廣 編), 『논어집주대전(論語集註大全)』「선진(先進)」.

349) 『주자어류(朱子語類)』 권40, 「논어22(論語二十二)」, 11조목에는 "林恭甫問浴沂事. 曰 : '想當時也眞是去浴. 但古人上巳祓禊, 只是盥濯手足, 不是解衣浴也.'(임공보가 기수에서 목욕하는 일을 물었다. 주희가 말하였다. '생각하건대 당시에는 진짜로 목욕하러 갔을 것이다. 옛날 사람들은 상사(上巳)날에 물가에서 몸을 깨끗이 하고 상서롭지 못한 것을 없애는 제사[祓禊]를 지낼 때, 대야 물에 손발을 씻었지 옷을 벗고 목욕한 것은 아니었다.)"라고 하였다.

350) 호광 편(胡廣 編), 『논어집주대전(論語集註大全)』「선진(先進)」.

351) 호광 편(胡廣 編), 『논어집주대전(論語集註大全)』「선진(先進)」에는 "問浴之爲盥濯祓除. 朱子曰 : '『漢志』, 三月上巳祓除, 官民潔於東流水上, 而蔡邕引此爲證, 是也. 韓愈 · 李翱, 疑裸身出浴之非禮, 而改浴爲沿, 不察此耳.'"로 되어 있다.

이 이를 인용하여 증거로 삼았다."

朱註

'沂', 水名, 在魯城南, 『地志』以爲有溫泉焉, 理或然也. '風', 乘涼也. '舞雩', 祭天禱雨之處, 有壇墠樹木也. '詠', 歌也.

'기(沂)'는 물 이름이니 노나라 성의 남쪽에 있으며,[352] 『지지(地志)』에서 온천이 있다고 하였는데, 지리상 혹시 그럴 것이다. '풍(風)'은 서늘한 바람을 맞는 것이다. '무우(舞雩)'는 하늘에 제사하여 비를 기원하는 곳이니, 단선(壇墠 : 흙을 쌓고 땅을 깎아 만들어 놓은 제사 장소)과 나무들이 있다. '영(詠)'은 노래함이다.

詳說

○ 『諺』音誤.

'기(沂)'는 『언해』본의 음이 잘못되었다.[353]

○ 當考.

'『지지(地志)』'는 마땅히 살펴보아야 한다.[354]

○ 水溫故, 春已可浴.

물이 따뜻하기 때문에 봄에도 이미 목욕할 수 있었다.

○ '禱雨', 曰'雩舞[355]', 或其地名也.

'도우(禱雨 : 비 내리기를 기원함)'를 '무우(舞雩)'라고 하며, 혹은 그 땅 이름이다.

○ 音善.[356]

'유단선수목야(有壇墠樹木也)'에서 '선(墠)'자는 음이 선(善)이다.

---

352) '기(沂)'는 물 이름이니 노나라 성의 남쪽에 있으며 : 『좌전(左傳)』「소공(昭公)」 25년 기사의 두예(杜預)의 주석에 의하면, "魯城南, 自有沂水."라고 하였다.

353) '기(沂)'는 『언해』본의 음이 잘못되었다 : 『논어언해』「선진(先進)」에는 '긔'라고 하였는데, 『논어집주(論語集註)』에서 '漁衣反'이라 하고, 『논어집주대전』에서 '魚衣反'이라고 하였듯이 그 본음이 '이'라고 본 것 같다.

354) '『지지(地志)』'는 마땅히 살펴보아야 한다 : 출처가 『한서지리지』인지 명확하지 않아, 마땅히 살펴보아야 한다고 말하였다.

355) 雩舞 : '舞雩'를 잘못 옮긴 것이다.

356) 호광 편(胡廣 編), 『논어집주대전(論語集註大全)』「선진(先進)」.

○ 地高而有樹, 宜於乘涼也.

'유단선수목(有壇墠樹木 : 단선과 나무들이 있다)'은 땅이 높고 나무가 있어서 시원한 바람을 맞기에 마땅한 것이다.

○ 此節, 記之者, 特詳. 故註亦詳, 訓如此.

이 장절에 기록한 것이 특히 상세하다. 그러므로 주석 또한 상세하여 훈고가 이와 같다.

○ 訓畢.

훈고가 끝났다.

朱註

曾點之學, 蓋有以見夫人欲盡處, 天理流行, 隨處充滿, 無所欠闕.

증점의 학문은 대개 저 인욕(人欲)이 다하는 곳에 천리(天理)가 유행하여 곳에 따라서 가득하게 차 있어 모자람이나 빠지는 것이 없음을 보여준다.

詳說

○ 有斟酌.

'개(蓋)'는 짐작함이 있는 것이다.

○ 音扶.[357]

'부인욕진처(夫人欲盡處)'에서 '부(夫)'자는 음이 부(扶)이다.

○ 新安陳氏曰 : "此等句, 皆想像曾點胸次, 於無中, 形容出有來."[358]

신안 진씨(新安陳氏 : 陳櫟)가 말하였다. "이러한 구절은 모두 증점의 마음속을 상상한 것으로, 아무 것도 없는 가운데 형용하여 나온 것이다."

○ 因其言志, 而泝其學.

그 뜻을 말함에 말미암아 그 배움을 소급하였다.

---

357) 호광 편(胡廣 編), 『논어집주대전(論語集註大全)』「선진(先進)」.

358) 호광 편(胡廣 編), 『논어집주대전(論語集註大全)』「선진(先進)」에는 "新安陳氏曰 : '此等句, 皆是就本文反復玩味, 以想像曾點胷次, 而於無中, 形容出有來.'" ; "集註此一節二十二字, 又是自無, 形容出有來, 其言外之妙趣, 不可以尋常解書訓詁體貼之例. 求之必待學力進, 眼目高後, 自然黙會之, 可也."로 되어 있다.

朱註

故其動靜之際, 從容如此,

그러므로 움직이거나 가만히 있을 때 차분한 모습이 이와 같아서

詳說

○ **七容反.**359)

'종용여차(從容如此)'에서 '종(從)'은 '칠(七)'과 '용(容)'의 반절(反切)이다.

○ **朱子曰 : "'鼓瑟希鏗爾, 舍瑟而作', 悠然自得, 灑落自在."**360)

주자(朱子 : 朱熹)가 말하였다. "'고슬희갱이, 사슬이작(鼓瑟希鏗爾, 舍瑟而作 : 비파 연주를 띄엄띄엄 깽깽이 하더니 비파를 놓고 일어섬)'은 침착하고 여유있게 스스로 터득한 것이며, 상쾌하고 깨끗할 정도의 자유로움이다."

○ **又曰 : "悠然遜避, 若終不肯見, 所爲者, 及夫子慰安之然後, 不得已而言."**361)

주자(朱子 : 朱熹)가 또 말하였다. "유연히 겸손하게 몸을 피하여 마치 끝내 즐겨

---

359) 호광 편(胡廣 編), 『논어집주대전(論語集註大全)』「선진(先進)」.

360) 『주자어류(朱子語類)』 권40, 「논어22(論語二十二)」, 13조목에는 "都不待著力說. 只是他見得許多自然道理流行發見, 眼前觸處皆是, 點但擧其一事而言之耳. 只看他'鼓瑟希, 鏗爾, 舍瑟而作', 從容優裕, 悠然自得處, 無不是這箇道理. 此一段都是這意思. 今人讀之, 只做等閑說了. 當時記者, 亦多少子細. 曾點見子路·冉有·公西華幾箇所對, 都要著力出來做, 他肚裏自覺得不足爲. 若以次對, 當於子路對後, 便問他. 聖人見他鼓瑟, 意思恁地自得, 且問從別人上去, 待都說了, 卻問他.(모두 힘써서 말할 필요는 없다. 허다한 자연의 이치가 널리 행해지는 것이 나타나고, 눈앞의 어디든지 모두 그렇다는 것을 알았기 때문에 증점은 그 하나의 일을 들어서 말했을 뿐이다. 그가 '타는 거문고[瑟]가 마침 마지막 곡을 연주하는데, 뚱땅하는 소리를 한번 내더니 거문고를 내려놓고 일어서는' 것을 보면, 차분하고 여유가 있으며 여유로운 가운데 즐거움이 있어, 이 도리가 아닌 것이 없다. 이 한 단락은 모두 이런 의미이다. 오늘날 사람들이 그것을 읽으면 예사롭지 않은 것으로 삼아 말할 뿐이다. 당시 기록한 사람 또한 어느 정도 자세하다. 증점은 자로와 염유, 공서화가 몇 가지 대답에서 모두 힘써 해내려는 것을 보았지만, 그는 마음속으로 하기에 부족하다고 스스로 깨달았다. 차례로 대답했다면 마땅히 자로가 대답한 후에 그에게 물었을 것이다. 성인께서는 그가 거문고를 뜯고 있는 것을 보았고 의미도 그렇게 스스로 얻었기 때문에, 다른 사람부터 차례로 물어 갔고, 모두 말하기를 기다렸다가 도리어 그에게 물었다.)"로 되어 있다.

361) 호광 편(胡廣 編), 『논어집주대전(論語集註大全)』「선진(先進)」에는 "問 : '夫子何以與點也?' 曰 : '方三子之競言所志也, 點獨鼓瑟其間, 漠然若無聞者, 及夫子問之然後, 瑟音少間乃徐, 舍瑟起對焉, 而悠然遜避, 若終不肯見, 所爲者, 及夫子慰安之然後, 不得已而言而其志之所存, 又未嘗少出其位, 蓋澹然若將終身焉者, 此夫子所以與之也.'"로 되어 있다.

보지 않으려는 듯이 하였으며, 행하는 것이 공자에게 미쳐서 위로하고 편안하게 한 뒤에 어쩔 수 없어서 말한 것이다."

朱註

而其言志, 則又不過即其所居之位, 樂其日用之常,

그 뜻을 말하면 또 곧 있는 자리에서 그 날마다 쓰는 상도(常道)를 즐김에 지나지 않았으며,

詳說

○ **音洛.**[362)]

'락기일용지상(樂其日用之常)'에서 '락(樂)'자는 음이 락(洛)이다.

○ **朱子曰 : "道理流行發見, 觸處皆是, 但擧其一事而言耳."**[363)]

주자(朱子 : 朱熹)가 말하였다. "도리가 유행하고 발현하여 부딪치는 곳마다 모두 이것이니, 다만 하나의 일을 들어서 말하였을 뿐이다."

○ **慶源輔氏曰 : "不願乎外, 無入而不自得."**[364)]

경원 보씨(慶源輔氏 : 輔廣)가 말하였다. "벗어남을 원하지 않으며,[365)] 어느 곳을 들어가더라도 스스로 터득하지 않음이 없는 것이다.[366)]"

---

362) 호광 편(胡廣 編), 『논어집주대전(論語集註大全)』「선진(先進)」.

363) 『주자어류(朱子語類)』 권40, 「논어22(論語二十二)」, 13조목에는 다음과 같이 되어 있다. "敬之又問曾點章, 曰 : '都不待著力說. 只是他見得許多自然道理流行發見, 眼前觸處皆是, 點但擧其一事而言之耳. 只看他鼓瑟希鏗爾, 舍瑟而作, 從容優裕悠然自得處, 無不是這箇道理. 此一段都是這意思.'"

364) 호광 편(胡廣 編), 『논어집주대전(論語集註大全)』「선진(先進)」에는 "慶源輔氏曰 : '即其所居之位, 則無出位之思, 樂其日用之常, 則無作意之爲. 便見得曾點, 不願乎外, 無入而不自得之意. 初無舍己爲人之意, 說得點之事, 實胷次悠然以下數句, 又形容得點之樂處.'"로 되어 있다.

365) 벗어남을 원하지 않으며 : 『중용장구(中庸章句)』 제14장에서 "君子素其位而行, 不願乎其外."라고 하였다.

366) 어느 곳을 들어가더라도 스스로 터득하지 않음이 없는 것이다 : 『중용장구(中庸章句)』 제14장에서 "素富貴, 行乎富貴; 素貧賤, 行乎貧賤; 素夷狄, 行乎夷狄; 素患難, 行乎患難, 君子無入而不自得焉."라고 하였다.

朱註

初無舍己爲人之意, 而其胸次悠然, 直與天地萬物, 上下同流, 各得其所之妙, 隱然自見於言外,
애초에 자기를 버리고 남을 위하는 뜻이 없었는데, 그 가슴속이 유연하여 곧바로 천지의 만물과 더불어 위와 아래에서 같이 흐르면서 각각 그 곳의 오묘함을 얻어서 은연중에 저절로 말밖에 드러냈으니,

詳說

○ 上聲.[367)]
'초무사기위인지의(初無舍己爲人之意)'에서 '사(舍)'자는 상성(上聲 : 버리다)이다.

○ 去聲.[368)]
'초무사기위인지의(初無舍己爲人之意)'에서 '위(爲)'자는 거성(去聲 : 위하다)이다.

○ 胡氏曰 : "如必得國而治之然後, 見其用, 則在我者輕, 在人者重."[369)]
'사기위인지의(舍己爲人之意 : 자기를 버리고 남을 위하는 뜻)'에 대해, 호씨(胡氏 : 胡泳)가 말하였다. "만일 반드시 나라를 얻어서 다스린 뒤에 그 쓰임을 본다면, 나에게는 가볍게 하고, 남에게는 무겁게 하는 것이다."

○ 與天地上下同流, 見『孟子』「盡心」.
천지와 더불어 아래위로 흐름을 같이한다는 말은 『맹자(孟子)』「진심」에 보인다.[370)]

○ 新安陳氏曰 : "'直與', 至'之妙', 作一句, 細分之. '上下同流', 接'天地'字, '各得其所', 接'萬物'字."[371)]
신안 진씨(新安陳氏 : 陳櫟)가 말하였다. "'직여(直與)'부터 '지묘(之妙)'까지 하나의 구절로 하되 세분해야 한다. '상하동류(上下同流 : 위와 아래에서 같이 흐름)'는

---

367) 호광 편(胡廣 編), 『논어집주대전(論語集註大全)』「선진(先進)」.

368) 호광 편(胡廣 編), 『논어집주대전(論語集註大全)』「선진(先進)」.

369) 호광 편(胡廣 編), 『논어집주대전(論語集註大全)』「선진(先進)」에는 "胡氏曰 : '即其所居至之常者, 莫春, 融和之時. 沂水祓除之事, 與其朋儕游泳自得, 乃其分所宜爲而目前所可爲也. 初無舍己爲人之意者, 如必得國而治之然後, 見其用, 則在我者輕; 在人者重. 人必知我, 則有以自見; 人不我知, 則將無所用於世矣. 此點所以異於三子也.'"로 되어 있다.

370) 천지와 더불어 아래위로 흐름을 같이한다는 말은 『맹자(孟子)』「진심」에 보인다 : 『맹자(孟子)』「진심상(盡心上)」에서 "夫君子, 所過者化, 所存者神. 上下與天地同流, 豈曰小補之哉?"라고 하였다.

371) 호광 편(胡廣 編), 『논어집주대전(論語集註大全)』「선진(先進)」.

‘천지(天地)’자와 이어지고, ‘각득기소(各得其所 : 각각 그 곳을 얻음)’는 ‘만물(萬物)’자와 이어진다.”

○ 音現.

‘은연자현어언외(隱然自見於言外)’에서 ‘현(見)’자는 음이 현(現)이다.

○ 朱子曰 : “‘浴 · 風 · 詠 · 歸’, 其樂雖若止於一身, 以心而論, 則固天地生物之心, 聖人對時育物之事也.”[372]

주자(朱子 : 朱熹)가 말하였다. “‘욕(浴) · 풍(風) · 영(詠) · 귀(歸)’는 그 즐거움이 비록 한 몸에 그치는 것 같지만, 마음으로써 논의한다면 진실로 천지자연의 만물을 살리는 마음이고, 성인이 온종일 만물을 기르는 일이다.”

○ 新安陳氏曰 : “此二十二字, 又自無, 形容出有來, 其言外之妙趣, 不可以尋常解書訓詁體貼之例求之, 可默會也.”[373]

신안 진씨(新安陳氏 : 陳櫟)가 말하였다. “이 22글자[374]는 또 아무 것도 없는 데서 형용하여 나온 것이니, 그 말 밖의 오묘한 뜻은 보통의 글자를 이해하고, 자구를 해석하고, 세심하게 체득하고 이해하는 예로써 구해서는 안 되며, 묵묵히 이해하는 것이 좋다.”

○ 慶源輔氏曰 : “『集註』此一段, 凡三次改削.”[375]

경원 보씨(慶源輔氏 : 輔廣)가 말하였다. “『논어집주(論語集註)』 가운데 이 한 단락은 무릇 세 차례나 고치고 깎아 낸 곳이다.”

---

372) 호광 편(胡廣 編), 『논어집주대전(論語集註大全)』「선진(先進)」에는 “曰 : ‘何以言其與天地萬物同流, 各得其所也?’ 曰 : ‘莫春之日, 生物暢茂之時也, 春服既成, 人體和適之候也. 冠者五六人, 童子六七人, 長少有序而和也. 沂水舞雩, 魯國之勝處也. 既浴而風, 又詠而歸, 樂而得其所也. 夫以所居之位而言, 其樂雖若止於一身. 然以心而論, 則固藹然天地生物之心, 聖人對時育物之事也. 夫又安有物我內外之間哉? 程子以爲與聖人之志同, 便是堯舜氣象者, 正謂此也.’”로 되어 있다.

373) 호광 편(胡廣 編), 『논어집주대전(論語集註大全)』「선진(先進)」에는 “『集註』, 此一節二十二字, 又是自無, 形容出有來, 其言外之妙趣, 不可以尋常解書訓詁體貼之例求之, 必待學力進眼目高後, 自然黙會之, 可也.”로 되어 있다.

374) 22글자 : “與天地萬物, 上下同流, 各得其所之妙, 隱然自見於言外.”를 말한다.

375) 호광 편(胡廣 編), 『논어집주대전(論語集註大全)』「선진(先進)」에는 “慶源輔氏曰 : ‘『集註』, 此一段, 凡三次改削然後, 見得如此平實, 學者當深味之.’”로 되어 있다.

朱註

視三子規規於事爲之末者, 其氣象不侔矣. 故夫子歎息而深許之.
세 사람이 일과 행동의 말단에 자잘하게 얽매인 것과 비교해보면 그 기상이 같지 않은 것이다. 그러므로 공자가 탄식하며 깊이 허여하였다.

詳說

○ 一有'之'字.
'시삼자(視三子)'는 어떤 판본에는 '지(之)'자가 있다.376)

○ 猶言區區.
'규규(規規)'는 구구(區區 : 자질구레함)라고 말함과 같다.

○ 朱子曰 : "曾點以樂於今日者, 對三子以期於異日者, 對學者須是有三子之事業, 又有曾點之襟懷, 方始不偏."377)
주자(朱子 : 朱熹)가 말하였다. "증점이 오늘 즐거워한 것은 세 사람에게서 다른 날에 기약할 것이니, 배우는 사람에게서는 모름지기 세 사람의 사업이 있어야 하고, 또 증점의 가슴속 생각이 있어야 바야흐로 비로소 치우치지 않는 것이다."

○ 又曰 : "曾點, 雖超乎事物之外, 實不離乎事物之中."378)
주자(朱子 : 朱熹)가 또 말하였다. "증점은 비록 사물 밖에 초월하였으나 실제로는 사물 안을 떠나지 못하였다."

○ 以論釋之, 而釋文義者, 居少; 釋意思者, 居多. 此節記之者, 特詳故, 註亦詳, 釋如此.
경문의 의미 설명으로 풀이한 것인데, 경문의 뜻을 풀이한 것이 적고, 생각하는 뜻을 풀이한 것이 많다. 이 구절에 기록한 것이 특히 상세하므로 주석도 또한 상세하고 풀이도 이와 같다.

---

376) '시삼자(視三子)'는 어떤 판본에는 '지(之)'자가 있다 : 『논어집주(論語集註)』에는 '視三子之規規'로 표기되어 있음을 말한다.

377) 호광 편(胡廣 編), 『논어집주대전(論語集註大全)』「선진(先進)」에는 "曾點以樂於今日者, 對三子以期於異日者, 對學者須是有三子之事業, 又有曾點之襟懷, 方始不偏, 蓋三子是就事上理會; 曾點是見得大意, 曾點雖見大意, 又少却事上工夫, 三子雖就事上學, 又無曾點脫灑意思."로 되어 있다.

378) 호광 편(胡廣 編), 『논어집주대전(論語集註大全)』「선진(先進)」에는 "曾點見得道理大, 所以堯舜事業優爲之, 視三子規規於事爲之末, 固有間矣. 是他見得聖人氣象如此, 雖超乎事物之外, 而實不離乎事物之中, 是箇無事無爲底道理, 却做有事有爲之功業. 天樣大事也做得; 鍼樣小事也做得. 此所謂大本, 所謂忠, 所謂一者, 是也."로 되어 있다.

朱註

而門人記其本末, 獨加詳焉, 蓋亦有以識此矣.

그래서 문인들이 그 본말을 기록함에 오직 상세함을 더하였으니, 대개 또한 이에 대해 앎이 있었던 것이다.

詳說

○ 視他, 加詳.

다른 사람에 비교해보면 더욱 상세하다.

○ 指點之學.

증점(曾點)의 배움을 가리킨다.

○ 此則論記者之善. 凡『註』中論記者少, 讀者宜詳味之.

이는 곧 기록한 사람의 잘한 점을 논의한 것이다. 무릇 『논어집주(論語集註)』 가운데 기록한 사람에 대해 논변한 것이 적으니, 읽는 사람이 마땅히 상세하게 음미해야 할 것이다.

[11-25-8-1]

三子者出, 曾晳後, 曾晳曰: "夫三子者之言, 何如?" 子曰: "亦各言其志也已矣."

세 사람이 나가거늘 증석(曾晳)이 뒤에 있었더니, 증석이 말하였다. "저 세 사람의 말이 어떠합니까?" 공자가 말하였다. "또한 각각 그 뜻을 말하였을 뿐이다."

朱註

'夫', 音扶.[379]

'부삼자자지언(夫三子者之言)'에서 '부(夫)'자는 음이 부(扶)이다.

詳說

○『集註』, 無文.

379) 호광 편(胡廣 編), 『논어집주대전(論語集註大全)』「선진(先進)」에는 "夫三之夫, 音扶."로 되어 있다.

『논어집주(論語集註)』에 글이 없다.380)

○ 點獨後者, 蓋將有事在耳. 上節云 : "亦各言其志", 是自三子而之點之辭; 此云 : "亦各言其志", 是自點而之三子之辭, 上下之間, 點與三子, 替相賓主云.

증점(曾點)만 오직 뒤에 한 것은 대개 장차 일에 달려 있을 뿐이다. 위 구절에서 이르기를 "또한 각각 그 뜻을 말하는 것이다."라고 한 것은 세 사람부터 증점에게 간 말이고, 여기서 이르기를 "또한 각각 그 뜻을 말하였다."라고 한 것은 증점부터 세 사람에게 간 말이니, 위와 아래 사이에 증점이 세 사람과 더불어 교체하면서 서로 손님과 주인이 된 것이다.

[11-25-8-2]

曰 : "夫子何哂由也?"

증석이 말하였다. "공자께서는 어찌 유(由 : 子路)에 대하여 웃으셨습니까?"381)

朱註

點以子路之志, 乃所優爲, 而夫子哂之故, 請其說.

증점(曾點)은 자로의 뜻이 이에 뛰어남이 된다고 여겼거늘, 공자가 웃었기 때문에 그 설명을 요청하였다.

詳說

○ 有釋無訓.

경문의 풀이는 있으나 훈고는 없다.

380) 주자의 주석이 없다는 말이다.

381) 증석이 말하였다. "공자께서는 어찌 유(由 : 子路)에 대하여 웃으셨습니까?" : 『논어집주(論語集註)』나 『논어집주대전』과는 달리 박문호(朴文鎬)는 독자적으로 이 장절을 두 개로 나누었다.

[11-25-9]

曰 : "爲國以禮, 其言不讓. 是故, 哂之."

공자가 말하였다. "나라 다스림은 예(禮)로써 하는 것이거늘 그 말이 겸양(謙讓)하지 않았다. 이러므로 웃었다."

詳說

○ 卽前篇'禮讓', 爲國之意也.

곧 전편[里仁]의 '예양(禮讓 : 예로써 겸양함)'[382]이 나라를 다스리는 뜻이다.

朱註

夫子蓋許其能, 特哂其不遜.

공자가 대개 그 능함을 허여하였으나, 다만 그 겸손하지 못함을 웃은 것이다.

詳說

○ 照上節'與'字而言'許'.

'허기능(許其能)'은 위 구절의 '여(與)'자[383]에 비추어 '허여함'을 말하였다.

○ 辭氣太快.

'솔이이대(率爾而對 : 경솔하게 대답함)'는 말의 기운이 너무 방종(放縱)하다.

○『禮記』「曲禮」曰 : "長者問, 不辭讓而對, 非禮也.[384] 侍於君子, 不顧望而對, 非禮也.[385]"

『예기』「곡례」에서 말하였다. "어른이 묻거든 사양하지 않고 대답하는 것은 예의가 아니다. 군자를 모심에 좌중(座中)을 둘러보지 않고 대답하는 것은 예의가 아니다."

○ 有釋無訓.

경문의 풀이는 있으나 훈고는 없다.

---

382) 전편[里仁]의 '예양(禮讓 : 예로써 겸양함)' :『논어(論語)』「이인(里仁)」에서 "能以禮讓爲國乎? 何有? 不能以禮讓爲國, 如禮何?"라고 한 것을 가리킨다.

383) 위 구절의 '여(與)'자 :『논어(論語)』「선진(先進)」의 "子曰 : '論篤, 是與, 君子者乎? 色莊者乎?'"라는 구절의 '與'자를 말한다.

384)『예기』「곡례상(曲禮上)」.

385)『예기』「곡례하(曲禮下)」.

[11-25-10]

"唯求則非邦也與?" "安見方六七十, 如五六十而非邦也者?"
"오직 구(求 : 冉有)는 나라가 아닙니까?" "사방 60, 70리와 혹은 50, 60리로 되 나라가 아닌 것을 어디서 보겠는가?"

朱註

'與', 平聲, 下同.
'유구즉비방야여(唯求則非邦也與)'에서 '여(與)'자는 평성(平聲 : 의문조사)이니, 아래도 같다.

詳說

○ 此兩節問答, 皆不著'曰'字者, 蓋蒙上而省之耳.
이 두 개 구절의 문답에서 모두 '왈(曰)'자를 붙이지 않은 것은 대개 위를 이어받아 생략하였을 뿐이다.

朱註

曾點, 以冉求亦欲爲國, 而不見哂. 故微問之, 而夫子之答, 無貶詞, 蓋亦許之.
증점은 염구도 또한 나라를 다스리고자 하였는데 웃음거리가 되지 않았다. 그러므로 슬쩍 물었거늘 공자의 대답에 폄하하는 말이 없었으니, 대개 또한 허여한 것이다.

詳說

○ 承上節.
'불견신(不見哂 : 웃음거리가 되지 않음)'은 위의 구절을 이은 것이다.

○ 點亦知夫子之哂不讓, 非哂爲國也, 姑託此爲問; 欲以知求之果能爲其所自言之事, 其意微矣. 故云 : '微問'也.
증점이 또한 공자가 겸양하지 못한 것에 대해 웃은 것이지, 나라를 다스리는 일에 대해 웃은 것이 아님을 알아서, 짐짓 이에 의탁하여 질문한 것이며, 구(求 : 염유)가 과연 능히 그 스스로 말한 일을 할 수 있는지 알고자 한 것인데, 그 뜻이 은미하였다. 그러므로 이르기를, '미문(微問 : 슬쩍 물음)'이라고 한 것이다.

○ 悲檢反.[386)]

'무폄사(無貶詞)'에서 '폄(貶)'은 '비(悲)'와 '검(檢)'의 반절(反切)이다.

○ 照上註, 蓋許而言'亦'.

위의 주석[387)]에 비추어서 대개 허여하는 것이므로, '역(亦 : 또한)'이라고 말하였다.

○ 有釋無訓.

경문의 풀이는 있으나 훈고는 없다.

[11-25-11]

"唯赤, 則非邦也與?" "宗廟會同, 非諸侯而何? 赤也爲之小, 孰能爲之大?"

"오직 적(赤 : 公西華)은 나라를 다스림이 아닙니까?" "종묘와 회동(會同)함이 제후가 아니고서 누가 하겠는가? 적(赤)이 작음이 된다면 누가 능히 큼이 되겠는가?"

朱註

此亦曾晳問, 而夫子答也. '孰能爲之大', 言無能出其右者, 亦許之之詞.

이는 또한 증석이 물음에 공자가 대답한 것이다. '숙능위지대(孰能爲之大 : 누가 능히 큼이 되겠는가?)'는 능히 위에 나타날 사람이 없음을 말한 것이니, 또한 허여하는 말이다.

詳說

○ 承上註而先總提.

위의 주석을 이어서 먼저 모두 제시하였다.

○ 猶其也.

'숙능위지(孰能爲之)'의 '지(之)'는 기(其)와 같다.

○ '言無能出其右者', 求所云'禮樂俟君子', 雖曰'謙辭', 實亦如是. 故夫子不復擧之.

386) 호광 편(胡廣 編), 『논어집주대전(論語集註大全)』「선진(先進)」.

387) 위의 주석 : "夫子蓋許其能, 特哂其不遜."을 말한다.

赤之'願爲小相', 則是謙而又謙, 實則不然. 故特言而明之.

'언무능출기우자(言無能出其右者 : 능히 위에 나타날 사람이 없음을 말한 것)'는 구(求 : 염유)가 '예악사군자(禮樂俟君子 :예와 악은 군자를 기다리겠습니다)'라고 이른 것으로, 비록 '겸양의 말'이라고 하더라도 실제로 또한 이와 같았다. 그러므로 공자가 다시 거론하지 않은 것이다. 적(赤 : 공서화)의 '원위소상(願爲小相 : 의례를 맡는 관리가 되기를 원합니다)'은 곧 겸손하고 겸손하나 실제로는 그렇지 못하였다. 그러므로 특별히 말하여 밝힌 것이다.

○ 照上註'蓋亦', 而言'亦'.

위의 주석 '개역허지(蓋亦許之)의 '개역(蓋亦)'에 비추어서 '역허지(亦許之)의 '역(亦)'이라고 말한 것이다.

○ 有釋無訓.

경문의 풀이는 있으나 훈고는 없다.

朱註

程子曰 : "古之學者, 優柔厭飫, 有先後之序, 如子路·冉有·公西赤, 言志如此, 夫子許之, 亦以此, 自是實事. 後之學者, 好高, 如人遊心千里之外, 然自身却只在此."388)

정자(程子 : 程頤)가 말하였다. "옛날 학자들은 차분히 탐구하여 찾아내고 한껏 체득하여 음미함에 먼저하고 뒤에 하는 차례가 있었다. 예를 들면, 자로와 염유와 공서적이 뜻을 말한 것이 이와 같았는데 공자가 허여함에 또한 이로써 하였으니, 저절로 실질적인 일이 된다. 후세의 학자들은 고원(高遠 : 이상이 높고 원대함)한 것을 좋아하여 마치 사람이 마음을 천리 밖에서 노는 것과 같이하나, 자기 몸은 도리어 다만 여기에 있는 것이다."

詳說

○ 叔子.

388) 주희(朱熹), 『논어정의(論語精義)』 권6 상에는 "伊川曰 : '古之學者, 優柔厭飫, 有先後之序, 今之學者, 却只做一場話說, 務高而已. 嘗愛杜元凱語, 如江海之浸, 膏澤之潤, 渙然氷釋, 怡然理順然後, 爲得也. 今之學者, 往往以游夏爲小, 不足學. 然游夏一言一事, 却總是實. 如子路·公西赤, 言志如此, 夫子許之, 亦以此, 自是實事. 後之學者, 好高, 如人游心千里之外, 然自身却只在此.'"로 되어 있다.

‘정자(程子)’는 동생 정이(程頤)이다.

○ 四字, 出杜預「左傳序」.389)

‘우유염어(優柔厭飫 : 차분하게 탐구하여 찾아내고 한껏 체득하여 음미함)’라는 네 글자는 두예(杜預)의 「좌전서(左傳序)」에 나온다.

○ 句. 或云 : “句於下‘此’字.”

‘부자허지(夫子許之)’에서 구절이 끊어진다. 어떤 사람은 말하였다. “아래 ‘역이차(亦以此)’의 ‘차(此)’자에서 끊어야 한다.”

○ 以其實事故, 許之.

‘자시실사(自是實事 : 저절로 실질적인 일이 됨)’는 실질적인 일로써 하였기 때문에 허여한 것이다.

○ 去聲.390)

‘호고(好高)’에서 ‘호(好)’자는 거성(去聲 : 좋아하다)이다.

○ 新安陳氏曰 : “此條, 專言三子言志平實無高遠之弊.”391)

신안 진씨(新安陳氏 : 陳櫟)가 말하였다. “이 조항에서는, 오로지 세 사람의 뜻을 말한 것이 평실(平實 : 평온하고 착실함)하여 고원(高遠)한 폐단이 없음을 말하였다.”

朱註

又曰 : “孔子與點, 蓋與聖人之志同, 便是堯舜氣象也. 誠異三子者之撰, 特行有不掩焉耳, 此所謂‘狂’也.

정자(程子 : 程顥)가 또 말하였다. “공자가 증점을 허여한 것은 대개 성인의 뜻과 더불어 같았기 때문이니. 곧 이는 요·순(堯·舜)의 기상이다. 참으로 세 사람이 갖춘 것과 다른데, 다만 행동거지에 가리지 못함이 있을 뿐이니, 이는 이른바 ‘광(狂)’이다.

389) 두예(杜預)의 「춘추좌씨전서(春秋左氏傳序)」에 실려 있는 관련 내용은 다음과 같다. “將令學者, 原始要終, 尋其枝葉, 究其所窮, 優而柔之, 使自求之; 饜而飫之, 使自趨之, 若江海之浸, 膏澤之潤, 渙然氷釋, 怡然理順然後, 爲得也.”

390) 호광 편(胡廣 編), 『논어집주대전(論語集註大全)』「선진(先進)」.

391) 호광 편(胡廣 編), 『논어집주대전(論語集註大全)』「선진(先進)」.

詳說

○ 伯子.[392]

'우왈(又曰)'의 주체는 형 정호(程顥)이다.

○ 與夫子之志同. 故與之.

'여성인지지동(與聖人之志同 : 성인의 뜻과 더불어 같음)'은 공자의 뜻과 더불어 같았다. 그러므로 허여한 것이다.

○ 朱子曰 : "堯舜之心, 只是要萬物各遂其性."[393]

주자(朱子 : 朱熹)가 말하였다. "요 · 순(堯 · 舜)의 마음은 다만 만물이 각각 그 본성을 이루기를 바라는 것이다."

---

392) 주희(朱熹), 『논어정의(論語精義)』 권6 상에는 정호(程顥)의 논변으로 실려 있는데, 그 내용은 다음과 같다. "明道曰 : '孔子與點, 蓋與聖人之志同, 便是堯舜氣象也. 誠異二三子者之撰, 特行有不掩焉耳, 此所謂狂也. 子路等, 所見者小, 子路只爲不達爲國以禮道理. 是以哂之, 若達, 却便是這氣象也.'"

393) 호광 편(胡廣 編), 『논어집주대전(論語集註大全)』「선진(先進)」에는 "問 : '曾點言志如何是有堯舜氣象?' 朱子曰 : '明道言萬物各遂其性, 此句, 正好看堯舜氣象. 且看莫春時物態舒暢如此, 曾點情思, 又如此, 便是各遂其性處. 堯舜之心, 亦只是要萬物皆如此耳. 然曾點却只是見得, 未必能做得堯舜事, 孟子所謂狂士其行不掩焉者也.'"로 되어 있다. 『주자어류(朱子語類)』 권40, 「논어22(論語二十二)」, 38조목에는 "問: '曾點言志, 如何是有'堯舜氣象'?' 曰: '明道云: '萬物各遂其性.' 此一句正好看'堯舜氣象'. 且看莫春時物態舒暢如此, 曾點情思又如此, 便是各遂其性處. 堯舜之心, 亦只是要萬物皆如此爾. 孔子之志, 欲得'老者安之, 少者懷之, 朋友信之', 亦是此意.' 又問: '上蔡云: '子路冉有公西華皆未免有意、必之心; 曾點却不願仕, 故孔子與之.' 此說如何?' 曰: '亦是. 但此意逼窄爾.' 又問: '曾點之狂如何?' 曰: '他雖知此理, 只是踐履未至.'(물었다. '증점이 뜻을 말한 것에 어떻게 '요순의 기상이' 있습니까?' 주희가 말하였다. ''명도가 말했다: '만물은 각기 그 본성을 이루게 한다.' 이 한 구절이 바로 '요순의 기상'을 본 것이다. 게다가 늦은 봄날 만물의 상태를 보면 그와 같이 편안하고 쾌적한데, 증점의 정감과 생각도 그와 같았기 때문에 곧 각기 그 본성이 처한 것을 이루게 한 것이다. 요순의 마음은 또한 만물이 모두 그와 같기를 요구한 것이다. 공자의 뜻은 '늙은이에게 편하도록 하고, 친구에게 나를 신임하도록 하며, 젊은이들이 나를 생각하게 하고 싶다.'고 한 것도 이 뜻이다.' 또 물었다. '상채가 말하였다. '자로와 염유, 공서화는 모두 생각이 있었고, 반드시 가려는 마음을 면할 수 없지만, 증점은 도리어 출사하는 것을 원하지 않았기 때문에 공자께서 그에게 동의하신 것이다.' 이 설은 어떻습니까?' 말하였다. '또한 옳다. 하지만 그 생각은 너무 편협하다.' 또 물었다. '증점의 과격함은 어떻습니까?' 말하였다. '그는 비록 이치를 알았지만, 실천이 미치지 못했을 뿐이다.'"라고 하였다.

○ 去聲.[394]

'특행유불엄언이(特行有不掩焉耳)'에서 '행(行)'자는 거성(去聲 : 행동거지)이다.

○ 朱子曰 : "只是見得, 未必能做得堯舜事."[395]

주자(朱子 : 朱熹)가 말하였다. "증점이 다만 아는 것만으로는 반드시 요순의 일을 해낼 수가 없다."

○ 又曰 : "曾點之學, 無聖人爲之依歸, 怕有老莊意思."[396]

주자(朱子 : 朱熹)가 또 말하였다. "증점의 학문은 성인에게 귀의함이 없고, 아마도 노장(老莊)의 뜻이 있다."

○ 二句, 出『孟子』「盡心」.

'불엄언이, 차소위광야(不掩焉耳, 此所謂狂也 : 가리지 못함이 있을 뿐이니, 이는 이른바 광(狂)이다)'의 두 구절은 『맹자(孟子)』「진심」에 나온다.[397]

朱註

子路等, 所見者小. 子路只爲不達爲國以禮道理, 是以哂之, 若達却, 便是這氣象也."

자로 등이 견문(見聞)한 것은 작았다. 자로는 다만 나라를 다스림에 예(禮)로써 하는 도리를 통달하지 못함에 말미암아 이 때문에 웃음거리가 되었으니, 만약

394) 호광 편(胡廣 編), 『논어집주대전(論語集註大全)』「선진(先進)」.

395) 『주자어류(朱子語類)』 권40, 「논어22(論語二十二)」, 40조목에는 "問 : '程子謂便是堯舜氣象, 如何?' 曰 : '曾點卻只是見得, 未必能做得堯舜事. 孟子所謂狂士其行不掩焉者也. 其見到處, 直是有堯舜氣象. 如莊子亦見得堯舜分曉.'(물었다. '정자가 말한 '바로 요순의 기상이다.'고 한 것은 어떻습니까?' 주희가 말하였다. '증점은 알았을 뿐이지, 반드시 요순처럼 일할 수 있었던 것은 아니다. 맹자가 말한 '광사'는 '자신의 행동을 가리지 못하는 사람이다.' 그가 이른 곳을 볼 때, 진실로 요순의 기상이 있다. 예를 들어 장자도 요순처럼 분명하게 알 수 있었다.')"라고 하였다.

396) 호광 편(胡廣 編), 『논어집주대전(論語集註大全)』「선진(先進)」에는 "行有不掩, 非言行背馳之謂, 但行不到所見處爾. 曾點之學, 無聖人爲之依歸, 怕有老莊意思也. 未便做老莊, 只怕其流入於老莊."으로 되어 있다.

397) 『맹자(孟子)』「진심」에 나온다 : 『맹자(孟子)』「진심하(盡心下)」. "'敢問. 何如斯可謂狂矣?' 曰 : '如琴張曾晳牧皮者, 孔子之所謂狂矣.' '何以謂之狂也.' 曰 : '其志嘐嘐然, 曰古之人古之人, 夷考其行而不掩焉者也.'" 『맹자집주(孟子集註)』에 다음과 같은 내용이 실려 있다. "程子曰 : '曾晳言志而夫子與之, 蓋與聖人之志同, 便是堯舜氣象也, 特行有不掩焉耳, 此所謂狂也.'"

통달하고 난다면 바로 저[증점] 기상인 것이다.”

詳說

○ 朱子曰："未免局於一君一國之小."[398]

'소견자소(所見者小 : 견문한 것은 작음)'에 대해, 주자(朱子 : 朱熹)가 말하였다. “한 임금과 한 나라의 작음에 국한됨을 면하지 못한 것이다.”

○ 去聲.[399]

'지위(只爲)'에서 '위(爲)'자는 거성(去聲 : 말미암다)이다.

○ 句.

'약달각(若達却 : 만약 통달하고 난다면)'에서 구절이 끊어진다.[400]

○ 曾點, 氣象.

'저기상(這氣象)'은 증점의 기상이다.

○ 朱子曰："可使有勇且知方上面, 却是這箇氣象, 求·赤二子, 雖是謹細, 却只是安排來."[401]

---

398) 호광 편(胡廣 編), 『논어집주대전(論語集註大全)』「선진(先進)」에는 “三子所志, 雖皆是實, 然未免局於一君一國之小, 向上更進不得. 若曾點所見, 乃是大根大本. 使推而行之, 則將無所不能, 雖其功用之大, 如堯舜之治天下, 亦可爲矣. 蓋言其所志者大, 而不可量也. 譬之於水, 曾點之所用力者, 水之源也; 三子之所用力者, 水之流也; 用力於派分之處, 則其功止於一派; 用力於源, 則放之四海, 亦猶是也. 然使點遂行其志, 則恐未能掩其言故, 以爲狂者也.”로 되어 있다. 이는 『주자어류(朱子語類)』 권40, 「논어22(論語二十二)」, 41조목에 실려 있는데, 그 내용은 다음과 같다. “吳兄問曾晳言志一段. 先生曰 : '何謂視其氣象, 雖堯舜事業亦可爲?' 吳兄無對. 先生曰 : '曾點但開口說一句異乎三子者之撰時, 便自高了. 蓋三子所志者, 雖皆是實, 然未免局於一國一君之小, 向上更進不得. 若曾點所見, 乃是大根大本. 使推而行之, 則將無所不能, 雖其功用之大, 如堯舜之治天下, 亦可爲矣. 蓋言其所志者大, 而不可量也. 譬之於水, 曾點之所用力者, 水之源也; 三子之所用力者, 水之流也. 用力於派分之處, 則其功止於一派; 用力於源, 則放之四海, 亦猶是也. 然使點遂行其志, 則恐未能掩其言, 故以爲狂者也. 某嘗謂, 曾點父子爲學, 每每相反. 曾點天資高明, 用志遠大, 故能先見其本; 往往於事爲之間, 有不屑用力者焉. 是徒見其忠之理, 而不知其恕之理也. 曾子一日三省, 則隨事用力, 而一貫之說, 必待夫子告之而後知. 是先於恕上得之, 而忠之理則其初蓋未能會也. 然而一唯之後, 本末兼該, 體用全備, 故其傳道之任, 不在其父, 而在其子. 則其虛實之分, 學者其必有以察之!'”

399) 호광 편(胡廣 編), 『논어집주대전(論語集註大全)』「선진(先進)」.

400) '약달각(若達却 : 만약 통달하고 난다면)'에서 구절이 끊어진다 : 일반적으로 '若達'에서 끊어 읽는 것과 달리 '却'을 '도리어'가 아니라 '後'의 뜻을 보아 '若達却'에서 끊어야 한다고 본 것이다.

주자(朱子 : 朱熹)가 말하였다. "그에게 용기를 갖고 또 윗면으로 향하는 것을 알게 한다면 도리어 저러한 기상일 것이다. 구(求 : 염유)와 적(赤 : 공서화) 두 사람은 비록 삼가고 세심하지만, 도리어 다만 적절하게 처리하였을 뿐이다."

○ **又曰 : "若達時, 雖事爲之末, 亦是理也. 莫春春服, 何嘗不是事爲末."**[402]

주자(朱子 : 朱熹)가 또 말하였다. "만약 통달하였을 때는 비록 행위가 말단이더라도 또한 도리이다. 늦은 봄에 봄옷이 어찌 일찍이 행위의 말단이겠는가?"

○ **又曰 : "子路志氣激昂, 不若曾點之閒暇平和.**[403] **到爲國以禮分上, 自然有點氣象.**[404]**"**

---

401) 호광 편(胡廣 編), 『논어집주대전(論語集註大全)』「선진(先進)」에는 "問三子皆事爲之末何故子路達得便是這氣象曰子路才氣去得他雖粗暴些纔理會這道理便就這箇比及三年可使有勇且知方上面却是這箇氣象求赤二子雖是謹細却只是安排來底又更是他才氣小了子路是甚麼樣才氣."로 되어 있다.

402) 호광 편(胡廣 編), 『논어집주대전(論語集註大全)』「선진(先進)」에는 "問 : '子路就使達得, 却只是事爲之末, 如何比得這箇?' 曰 : '若達時, 事事都見得是自然底天理. 理會得道理, 雖事爲之末, 亦是理也. 莫春者, 春服旣成, 何嘗不是事爲來?'"로 되어 있다.

403) 호광 편(胡廣 編), 『논어집주대전(論語集註大全)』「선진(先進)」에는 "問 : '爲國不循理, 則必任智力; 不任智力, 則循理不能出, 此二途. 點有見乎長育流行之體, 天地萬物之理, 所謂自然而然者, 但吾不以私意撓之, 則天地順序而萬物各得其所, 此堯舜事業也. 子路則以才氣之勝, 自以爲, 當敗壞, 不可支持之處, 而吾爲之, 亦能使之有成, 子路誠足以任此矣. 然不免有任智力之意故, 志氣激昂而氣象勇銳, 不若曾點之閒暇平和也.' 曰 : '是.'"로 되어 있다. 이는 주희, 『회암집(晦庵集)』 권59, 「서(書) · 답조치도(答趙致道)」에 다음과 같이 실려 있다. "四子言志一條, 程子曰 : '夫子與點, 蓋與聖人之志同, 便是堯舜氣象. 故子路若達爲國以禮道理, 却便是這氣象也, 何也? 蓋爲國不循理道, 則必任智力; 不任智力, 則循理道不能出, 此二途也. 曾點有見乎發育流行之體, 而天地萬物之理, 所謂自然而然者, 但吾不以私智撓之, 則天地順序而萬物各得其所, 此堯舜事業也. 子路則以才氣之勝, 自以爲, 雖當顚沛敗壞, 不可支持之處, 而吾爲之, 亦能使之有成, 子路誠足以任此矣. 然不免有任智力之意故, 志意激昂而氣象勇銳, 不若曾點之閒暇和平也. 然不曰理而曰禮者, 蓋言理則隱而無形; 言禮則實而有据, 禮者理之顯, 設而有節文者也, 言禮則理在其中矣. 故聖人之言, 體用兼該本末一貫, 若曾點, 則見其體而不及用; 識其本而達其末, 所以行有不掩, 而失於狂矣.'"

404) 『주자어류(朱子語類)』 권40, 「논어22(論語二十二)」, 43조목에는 "或問曾點氣象. 曰 : '曾點氣象, 固是從容灑落. 然須見得他因甚得如此, 始得. 若見得此意, 自然見得他做得堯舜事業處.'(어떤 이가 증점의 기상을 물었다. 주희가 말하였다. '증점의 기상은 진실로 차분하면서도 초연하고 대범하다. 그러나 그가 계속하여 그와 같이 심할 수 있었다는 것을 알 수 있으면 비로소 좋다. 만약 이 의미를 알 수 있으면 자연스럽게 그가 요순의 일과 업적을 할 수 있었던 곳을 알 수 있을 것이다.')"로 되어 있고, 『주자어류(朱子語類)』 권40, 「논어22(論語二十二)」, 50조목에는 "問 : '孔子語子路爲國以禮, 只是以子路不遜讓, 故發此言. 程先生云云, 如何?' 曰 : '到爲國以禮分上, 便是理明, 自然有曾點氣象.'(물었다. '공자께서 자로에게 '나라를 다스리는 것은 예로써 한다.'고 알려준 것은 자로가 겸손하거나 사양하지 않다고 생각했기 때문에 하신

주자(朱子 : 朱熹)가 또 말하였다. "자로의 뜻과 기상이 격앙(激昻)됨은 증점의 한가하고 평화로운 것만 같지 못하다. 나라를 예로써 다스린다는 데 이르러 구분하게 되면 자연스럽게 증점의 기상이 있다."

○ **此與前篇無憾章圈下註, 當參看.**

이는 전편[公冶長] 무감장(無憾章)의 동그라미(○ : 圈) 아래의 집주[405]와 더불어 마땅히 참조하여 보아야 한다.

朱註

又曰 : "三子, 皆欲得國而治之. 故夫子不取.

정자가 또 말하였다. "세 사람은 모두 나라를 얻어서 다스리고자 하였다. 그러므로 공자가 취하지 않았다.

詳說

○ **當考.**[406]

'우왈(又曰)'의 주체에 대해서는 동생 정이인지 형 정호인지 마땅히 살펴보아야 한다.

것이다. 정선생은 이런저런 말을 하였는데 어떻습니까?' 주희가 말하였다. ''나라를 다스리는 것은 예로써 한다.'라는 부분에 이른 것이 곧 이치에 밝은 것이므로 자연스럽게 증점의 기상이 있다.')"라고 하였다.

405) 무감장(無憾章)의 동그라미(○ : 圈) 아래의 집주 : 무감장(無憾章) : 『논어(論語)』「공야장(公冶長)」에서 "顔淵季路侍, 子曰 : '盍各言爾志?' 子路曰 : '願車馬, 衣輕裘, 與朋友共, 敝之而無憾.' 顔淵曰 : '願無伐善, 無施勞.' 子路曰 : '願聞子之志.' 子曰 : '老者安之; 朋友信之; 少者懷之'."라고 한 구절을 말한다. 이에 대한 『집주(集註)』에서 "程子曰 : '夫子安仁; 顔淵不違仁; 子路求仁.' 又曰 : '子路·顔淵·孔子之志, 皆與物共者也, 但有小大之差爾.' 又曰 : '子路勇於義者, 觀其志, 豈可以勢利拘之哉? 亞於浴沂者也, 顔子不自私己. 故無伐善, 知同於人. 故無施勞, 其志可謂大矣. 然未免於有意也, 至於夫子, 則如天地之化工, 付與萬物而己不勞焉, 此聖人之所爲也. 今夫羈靮以御馬, 而不以制牛, 人皆知羈靮之作, 在乎人, 而不知羈靮之生, 由於馬, 聖人之化, 亦猶是也. 先觀二子之言, 後觀聖人之言, 分明天地氣象, 凡看『論語』, 非但欲理會文字, 須要識得聖賢氣象.'"라고 하였다.

406) 주희(朱熹), 『논어정의(論語精義)』 권6 상에는 정호(程顥)의 논의로 실려 있다. 그 내용은 다음과 같다. "明道曰 : …… 又曰 : '子路·冉有·公西華, 皆欲得國而治之. 故孔子不取, 曾點狂者也, 未必能爲聖人之事, 而能知孔子之志. 故曰 : 浴乎沂, 風乎舞雩, 詠而歸, 言樂而得其所也. 孔子之志, 在於老者安之; 朋友信之; 少者懷之, 使萬物莫不遂其性, 曾點知之. 故孔子喟然歎曰 : 吾與點也.'"

○ 一作'孔'.

'부(夫)'는 어떤 판본에는 '공(孔)'으로 썼다.[407]

○ 新安陳氏曰: "以夫子與點, 分別而言之. 故云: '不取', 非謂眞不許其得國而治之也."[408]

신안 진씨(新安陳氏: 陳櫟)가 말하였다. "공자가 증점을 허여함에 분별하여 말하였다. 그러므로 이르기를, '취하지 않았다.'고 하였는데, 진실로 그 나라를 얻어서 다스리는 일을 허여하지 않음을 이른 것은 아니다."

○ 夫子之所問, 雖本在於治國, 以之觀人之意, 則不限於此.

공자가 질문한 것은 비록 본래 나라를 다스리는 일에 있으나, 그것으로써 사람에게 보여주는 뜻은 곧 이것에 한정되지 않는다.

朱註

曾點, 狂者也, 未必能爲聖人之事, 而能知夫子之志. 故曰: "浴乎沂, 風乎舞雩, 詠而歸", 言樂而得其所也. 孔子之志, 在於老者安之; 朋友信之; 少者懷之, 使萬物莫不遂其性, 曾點知之. 故孔子喟然歎曰: "吾與點也."

증점은 광자(狂者)이니 반드시 능히 성인의 일을 하지 못하지만 능히 공자의 뜻을 알아차렸다. 그러므로 말하기를, "기수에서 목욕하고 무우에서 바람을 쐬며 노래하고서 돌아올 것입니다."라고 하였으니, 즐거워하면서 그 뜻이 있는 것을 터득하였음을 말하였다. 공자의 뜻이 늙은 사람을 편안하게 하며, 친구들을 믿을 수 있게 해 주며, 어린 사람들을 품어 주는 데 만물에게 그 본성을 이루지 못함이 없도록 하였는데, 증점이 그것을 알았다. 그러므로 공자가 소리 내어 감탄하여 말하기를, "나는 증점을 허여한다."라고 한 것이다.

詳說

○ 雖三子之事, 恐亦有所遜處.

'미필능위성인지사(未必能爲聖人之事: 반드시 능히 성인의 일을 하지 못함)'는 비록 세 사람의 일이라도 또한 미치지 못함이 있을까 염려한 것이다.

---

407) '부(夫)'는 어떤 판본에는 '공(孔)'으로 썼다: 조순손(趙順孫), 『논어찬소(論語纂疏)』와 호병문(胡炳文), 『논어통(論語通)』 등에는 '孔'으로 표기되어 있다.

408) 호광 편(胡廣 編), 『논어집주대전(論語集註大全)』「선진(先進)」에는 "新安陳氏曰: '以夫子與點, 分別而言之. 故云: 夫子不取, 非謂夫子眞不許其得國而治之也.'"로 되어 있다.

○ 三子之所未知.

'능지부자지지(能知夫子之志 : 능히 공자의 뜻을 알아차림)'는 세 사람[자로 · 염유 · 공서화]이 알지 못하는 것이다.

○ 此三句, 自然爲韻語, 足以入詠, 可見其樂, 意之言之不足而烏可已也?

'욕호기, 풍호무우, 영이귀(浴乎沂, 風乎舞雩, 詠而歸 : 기수에서 목욕하고 무우에서 바람을 쐬며 노래하고서 돌아올 것)'의 세 구절은 자연스럽게 운어(韻語 : 압운이 있는 말)가 되어 충분히 읊을 수 있고 그 즐거움을 볼 수 있으니, 생각하고 말을 함에도 부족하거늘 어찌 멈출 수 있겠는가?

○ 音洛.[409]

'언락이득기소야(言樂而得其所也)'에서 '락(樂)'자는 음이 락(洛)이다.

○ 去聲.[410]

'소자회지(少者懷之)'에서 '소(少)'자는 거성(去聲 : 年少)이다.

○ 合前篇夫子言志而言.

'공자지지, 재어노자안지; 붕우신지; 소자회지(孔子之志, 在於老者安之; 朋友信之; 少者懷之 : 공자의 뜻이 늙은 사람을 편안하게 하며, 친구들을 믿을 수 있게 해주며, 어린 사람들을 품어 주는 데 있음)'는 전편[공야장]에서 공자가 뜻을 말한 부분[411]을 합쳐서 말하였다.

○ 物各付物.

'사만물막불수기성(使萬物莫不遂其性 : 만물에게 그 본성을 이루지 못함이 없도록 하였음)'은 온갖 사물마다 각각 부여한 본성이다.

○ 胡氏曰 : "融和之時, 與朋儕游泳自得, 乃其分所宜爲."

'증점지지(曾點知之 : 증점이 그것을 알았음)'에 대해, 호씨(胡氏)가 말하였다. "융합하고 화합하는 따뜻한 시절에 친구 및 동료들과 더불어 노닐고 헤엄치며 스스로 흡족하였으니, 이에 본분에 마땅히 할 것이었다."

○ 一作'夫'.

---

409) 호광 편(胡廣 編), 『논어집주대전(論語集註大全)』「선진(先進)」.

410) 호광 편(胡廣 編), 『논어집주대전(論語集註大全)』「선진(先進)」.

411) 전편[공야장]에서 공자가 뜻을 말한 부분 : 『논어(論語)』「공야장(公冶長)」에서 "顔淵季路侍, 子曰 : '盍各言爾志?' …… 子路曰 : '願聞子之志.' 子曰 : '老者安之; 朋友信之; 少者懷之.'"라고 하였다.

'공(孔)'은 어떤 판본에는 '夫'로 썼다.[412]

朱註

又曰 : "曾點 · 漆雕開, 已見大意."

정자(程子 : 程顥)가 또 말하였다. "증점과 칠조개(漆雕開)는 이미 큰 뜻을 보였다."

詳說

○ 伯子.[413]

'우왈(又曰)'의 주체는 형 정호(程顥)이다.

○ 當與漆雕開章註, 參看.

마땅히 칠조개장(漆雕開章)의 주석[414]과 더불어 참조하여 보아야 한다.

○ 朱子曰 : "點見雖高, 開却確實."[415]

주자(朱子 : 朱熹)가 말하였다. "증점(曾點)은 견문이 비록 높으나, 칠조개(漆雕開)는 도리어 확실하다."

○ 又曰 : "點與參相反, 父子之爲學, 大不同, 虛實之分也.[416] 雖然自回參而論之, 點誠有未至; 自學者論之, 點之所見, 豈可忽哉? 恐未易以狂語點也."[417]

---

412) '공(孔)'은 어떤 판본에는 '夫'로 썼다 : 호병문(胡炳文), 『논어통(論語通)』과 첨도전(詹道傳), 『논어찬전(論語纂箋)』 등에는 '夫'로 표기되어 있다.

413) 주희(朱熹), 『논어정의(論語精義)』 권6 상에 정호(程顥)의 논의로 실려 있다. "明道曰 : …… 又曰 : '曾點 · 漆雕開, 已見大意.'"

414) 칠조개장(漆雕開章)의 주석 : 칠조개장(漆雕開章)은 『논어(論語)』「공야장(公冶長)」의 "子使漆雕開仕, 對曰 : '吾斯之未能信.' 子說."이라는 구절을 말하는데, 이에 대한 『집주(集註)』에서 "程子曰 : '漆雕開已見大意. 故夫子說之. 又曰 : 古人, 見道分明. 故其言如此. 謝氏曰 : 開之學, 無可考, 然聖人使之仕, 必其材可以仕矣. 至於心術之微, 則一毫不自得, 不害其爲未信, 此聖人所不能知, 而開自知之, 其材可以仕, 而其器不安於小成, 他日所就, 其可量乎? 夫子所以說之也.'"라고 하였다.

415) 호광 편(胡廣 編), 『논어집주대전(論語集註大全)』「선진(先進)」에는 "朱子曰 : '曾點見雖高, 漆雕開却確實.'"로 되어 있다.

416) 호광 편(胡廣 編), 『논어집주대전(論語集註大全)』「선진(先進)」에는 "朱子曰 : …… '點與參相反, 父子間爲學大不同. 點天資高明, 用志遠大. 故能先見其本, 往往於事, 爲間有不屑用力者. 參也三省, 隨事用力, 旋旋捱去, 一貫之說, 必待夫子告之而後知. 然一唯之後, 本末兼該, 體用全備, 一是從下做到, 一是從上見得. 故傳道之任, 不在其父而在其子, 虛實之分, 學者必有以辨之.'"로 되어 있다.

417) 호광 편(胡廣 編), 『논어집주대전(論語集註大全)』「선진(先進)」에는 "問 : '孔門英才多矣, 何爲

주자(朱子 : 朱熹)가 또 말하였다. "증점과 증삼(曾參)은 서로 반대여서 아버지와 아들의 학문이 크게 같지 않으니, 허(虛)와 실(實)의 구분됨이 있다. 비록 그러하나 안회(顏回)와 증삼(曾參)의 차원에서 논의하면 증점이 참으로 이르지 못함이 있으며, 학자의 차원에서 논의하면 증점의 견문을 어찌 소홀히 할 수 있겠는가? 아마도 광(狂)으로써 증점을 말하기 쉽지 않을 것이다."

不得乎此, 而點獨得之, 回 · 參不必類乎點也, 而又獨得斯道之傳, 何也?' 勉齋黃氏曰 : '資稟高則不局於卑; 志量大則不溺於小, 見識明則異說不能惑; 趨向正則外誘不能移, 此點之學所以人不能及也. 人品不同則學之志, 亦異人, 爲技藝之學者, 有一見而超然解悟, 有終日矻矻而竟無所得者, 亦無恠點之獨得也. 若顏子, 則其資稟志量見識趨向, 當無異乎點, 而深厚沈潛淳實中正, 必有過於點者. 故其見雖同而其得則異於點也. 點之子參, 其見不及乎晳, 而其學則近於回, 以其用力之篤, 則遂與回等而非點所及也. 曰晳之不及乎回 · 參, 而卒未免爲狂者之歸, 何也? 曰天下之理, 固根於人心, 而未嘗不形見於事物, 爲學之方, 固當存養乎德性, 而亦不可不省察乎實行. 夫是以精粗不遺, 而表裏相應内外交養動静如一然後, 可以爲聖學之全功也. 點之志則大; 質則高; 識則明; 趣則遠. 然深厚沉潛淳實中正之意, 有不足焉, 則見高而遺卑, 見大而畧小, 見識有餘, 而行不足趨向, 雖正而行則違. 此所以不及乎回 · 參也. 雖然自回 · 參而論之, 點誠有未至; 自學者論之, 點之所見, 豈可忽哉? 規規翦翦於文義之間, 事爲之末, 而胷中無所見焉, 恐未易以狂語點也.'"로 되어 있다.

연구번역자 소개

신창호(申昌鎬)

현) 고려대학교 교수
고려대학교 박사(동양철학/교육사철학 전공)
고려대학교 교육문제연구소 소장
한국교육철학학회 회장·한중철학회 회장
「『중용』 교육사상의 현대적 조명」(박사학위논문), 『유교의 교육학 체계』 외 다수의 논문·번역·저서가 있음

김학목(金學睦)

현) 고려대학교 연구교수
건국대학교 박사(한국철학 전공)
해송학당 원장(동양학·사주명리 강의)
「박세당의 『신주도덕경』 연구」(박사학위논문), 『한국주역대전』 외 다수의 논문·번역·저서가 있음

윤원현(尹元鉉)

전) 고려대학교 연구교수
私立中國文化大學 박사(朱子哲學 전공)
한중철학회 회장
「從朱子思想中之天人架構闡論其義理脈絡」(박사학위논문), 『성리대전』 외 다수의 논문·번역·저서가 있음

조기영(趙麒永)

현) 고려대학교 연구교수
연세대학교 박사(한문학 전공)
서정대 교수·연세대국학연구원 연구원
「하서 김인후 시 연구」(박사학위논문), 『한국시가의 정신세계』 외 다수의 논문·번역·저서가 있음

김언종(金彦鍾)

현) 고려대학교 명예교수
國立臺灣師範大學(韓國經學 전공)
한국고전번역원 이사·고전번역학회 회장
「丁茶山論語古今注原義總括考徵」(박사학위논문), 『(역주)시경강의』 외 다수의 논문·번역·저서가 있음

임헌규(林憲圭)

현) 강남대학교 교수
한국학중앙연구원 박사(동양철학 전공)
동양고전학회 회장
「유가의 심성론 연구 – 맹자와 주희를 중심으로」(박사학위논문), 『공자에서 다산 정약용까지 – 유교 인문학의 동서철학적 성찰』 외 다수의 논문·번역·저서가 있음

허동현(許東賢)

현) 경희대학교 교수
고려대학교 박사(한국근대사 전공)
경희대학교 학부대학 학장·한국현대사연구원 원장
「1881년 조사시찰단 연구」(박사학위논문), 『한국의 국가 형성과 민주주의』 외 다수의 논문·번역·저서가 있음

논어집주상설 연구번역 연구진

연구책임자

신창호(고려대학교)

전임연구원	공동연구원
김학목(고려대학교)	김언종(고려대학교)
윤원현(고려대학교)	임헌규(강남대학교)
조기영(고려대학교)	허동현(경희대학교)
	박성빈(고려대학교, 전산)

논어집주상설 6

초판발행 2019년 8월 25일

지은이 박문호
책임역주 신창호
공동역주 김학목 · 윤원현 · 조기영 · 김언종 · 임헌규 · 허동현
펴낸이 노현

편 집 문선미
표지디자인 BEN STORY
제 작 우인도 · 고철민

펴낸곳 ㈜ 피와이메이트
서울특별시 금천구 가산디지털2로 53 한라시그마밸리 210호(가산동)
등록 2014. 2. 12. 제2018-000080호
전 화 02)733-6771
f a x 02)736-4818
e-mail pys@pybook.co.kr
homepage www.pybook.co.kr
ISBN 979-11-90151-11-5 94140
979-11-90151-05-4 (세트)

정 가 23,000원 (세트 210,000원)

박영스토리는 박영사와 함께하는 브랜드입니다.